伝承遊び考 ●● 加古里子

1

絵かき遊び考

伝承遊び考●●1●●絵かき遊び考

伝承遊び考 1

絵かき遊び考

目次

第1章・ことのはじまり

『春がきた』の子どもたち

キンギョのとりこ

この小論を、私のささやかな体験からはじめることをお許し願いたい。それは一九五一（昭和二六）年のこと、私は神奈川県川崎市古市場《ふるいちば》（現・川崎市幸区古市場）という工場労働者住宅街の一角で、休日ごと子ども会の世話をしていた。ある日、子どもたちが次のような遊びをしているのを見つけた。なにやら文部省唱歌『春がきた』のような節で、ことば（以下歌詞と称する）を口ずさみながら、番号順に円や線を描いてゆくと、かわいいキンギョの絵ができあがる遊びであったので、仮に「キンギョ」と名づけて記録した。

キンギョ①（神奈川）

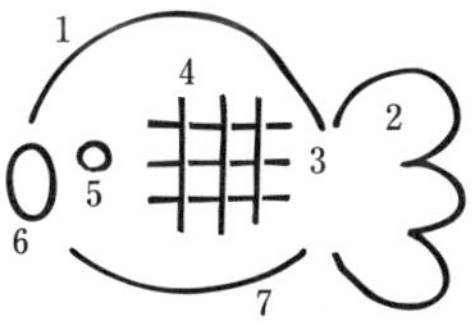

1・山があって

2・里があって

3・大根ばたけに

4・麦ばたけ

5・石があって

6・池があって

7・きんぎょに
なっちゃった

キンギョA

〈採譜地・川崎〉

やまがあって さとがあって だいこんばたけに むぎばたけ
いしがあって いけがあって きんぎょになっちゃった

キンギョB

〈採譜地・川崎〉

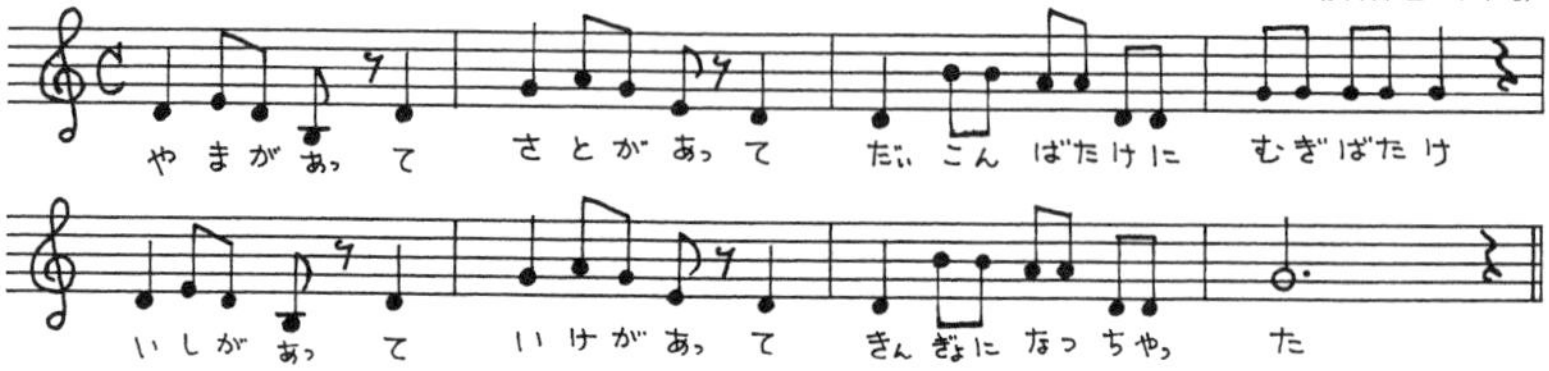
やまがあって さとがあって だいこんばたけに むぎばたけ
いしがあって いけがあって きんぎょになっちゃった

春がきた

文部省唱歌

はるがきた はるがきた どこにきた
やまにきた さとにきた のにもきた

歌といっても子どもたちのは、正乱破調さまざまの節まわしや音階が入りまじり、地面やコンクリートに棒きれやろう石で描くものだから、線が曲がり比率も歪《ゆが》んだ図となるけれど、最後にランチュウだか出目金の絵（以下、絵かき遊びで描出される絵のことを画図と称する）が出現する。

歌詞は対句をなし、頭・脚の韻をふんでいる。歌があり絵があり、詩をなしながら、みずみずしいユーモアをたたえたこんなすてきなものを、あの鼻たれやおしっこたれが楽しんでいることを知ってうれしくなった。

若気の至り、次々子どもたちからほかの絵かき遊びを教えてもらっては、そのたびごとうれしがっていたが、もしそれだけだったら、あるいはこんな文をお目にかけず、個人の思い出で終わったことだろう。偶然は時にとんでもない不幸や幸いも運んでくる。折も折、東京都の上水取水地である西多摩郡羽村《はむら》（現・羽村市）を訪れた私は、そこの中学生から同じような絵かき遊びを伝授された。

キンギョ②（東京）

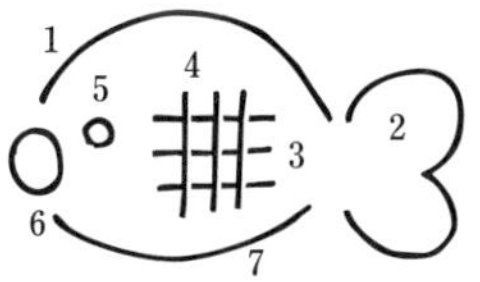

1・山があって

2・里があって

3・トマトばたけに

4・ネギばたけ

5・豆があって

6・石があって

7・きんぎょになっちゃった

「キンギョ」①②は、明らかに同類である。教えてくれたのが小学生と中学生の違いがあったが、年齢や地域の差をこえる相似はどうしてなのか。また微妙な相違は何を物語るのか。そんな疑問を持った矢先、おせっかいな知人と喫茶店で話しこみ、コーヒーの汁で、教えてもらったのが決定的な間違いのもととなった。

キンギョ③（群馬）

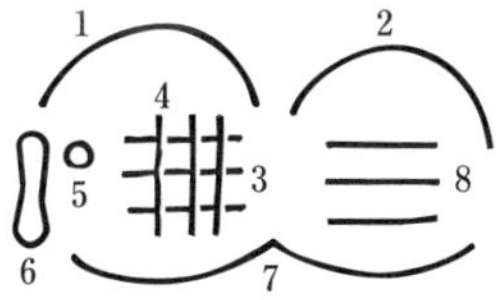

1・山があって

2・山があって

3・段々ばたけに

4・段ばたけ

5・豆がなって

6・きうりができて*

7・きんぎょが

8・ひーらひら

＊きうり＝「きゅうり」のことか。本書では絵かき遊びの歌詞は入手資料の表記をそのまま掲載した。

この三例が私を深い子どもの森へと誘惑し、奥知れぬ遊びの世界を彷徨《ほうこう》させる端緒となった。以来「キンギョのとりこ」となって路上・塀・壁・道ばたにキンギョを求め、ノートに記録した歌詞と画図の両面から、重複しているものや微小な差のものを集約していった結果、「キンギョ」の基本事項を知ることができた。それを要約すると次のごとくである。

❶山の句によってはじまり、里と応えるが、そのほか、「谷（静岡・島根）、野原（富山・岡山）、林（山形・新潟）、川（石川・山口）」などの句により、外形の主部が描かれる。

❷それに続く畑の種類は、既出以外に、「ナス（和歌山・群馬）、クワ（三重・福島）、キビ（岡山・鳥取）、ナンキン（大分）、ニンジン（静岡・富山）、ゴボウ（石川・静岡）、クリ（愛媛・富山）」などのほか、「サンバタケ（青森）、クロバタケ（佐賀）、シロバタケ（広島）、ハジバタケ（栃木）、ウチバタケ（三重）、ヤセバタケ（長野）」などと多彩で、それにより十字や斜交のアミ目で、うろこ模様が描かれる。

❸その畑の作物や、「ツボ（宮崎）、車（高知）、おぼん（愛知）、さら（長野）」などにより、目や口、時にはエラやヒレが付けられる。

❹結句は既出のものが大部分であるが、「およいでる（広島）、できました（青森）、もってかえりましょ（山形）、あっという間に（群馬）、おやおどろいた（東京）、おっとどっこい（北海道）、さても見事な（群馬）」などと多彩な句によって画図が完成する。

要するに基本的には定型の歌詞で所定の画図を描くが、その小部分を地域や生活に合ったものにおきかえ、同類であるが少しずつ違う「キンギョ」群をなしているのである。
この集約を得た私は、この時かくれている大きな伏線に気づかなかった（なお本稿に記載の県名地名は、最初にその資料を得た採取地か、同種資料を多数入手した場所を参考のため付記したもので、ほかの地方に存在しないとかその県のみということではない、念のため。また、歌詞については、入手資料の表記をそのまま掲載した）。

サカナとの遭遇

「キンギョ」の資料の中の小さなことが何だか気になってきた。それは次のような点である。

キンギョ④（長野）

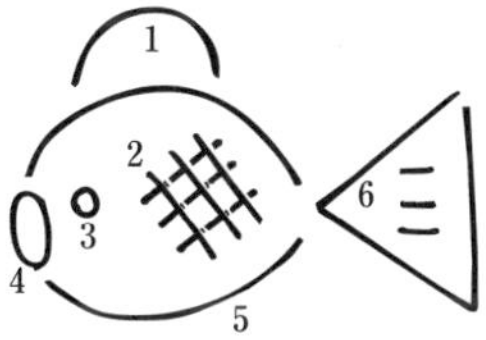

1・山があって
　山があって
2・段々ばたけ
　山ばたけ
3・豆をつくり
4・いもをつくり
5・さかなが
6・ひーらひら

歌詞や画図からいって、「キンギョ」③に類似の仲間であることは間違いない。そしてキンギョは魚の一種だから何の問題も、あるはずはない。だが何となく、しっくりしない違和感が私には残った。なぜか？　やがて私は、次のような例に出会った。

キンギョ⑤（富山）

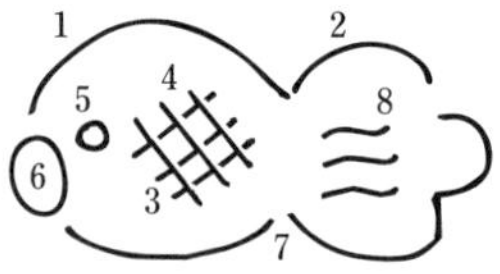

1・山があって
2・もひとつ山があって
3・だんだん畠
4・だん畠
5・石があって
6・岩があって
7・イワナが
8・およいでる

ここでようやく「キンギョ」④の違和感の原因がはっきりした。④の歌詞からは山間《さんかん》耕地の情景と渓谷を泳ぐ魚を思い浮かべるのに「ひーらひら」であり、⑤ではちゃんとイワナと名指ししているのに、口を丸くあけ、だらりとした三尾の姿であるから違和感を持ったのである。そして間もなく、次のような資料に出会った。

キンギョ⑥（北海道）

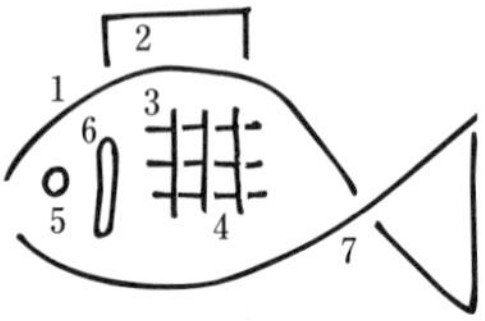

1・山があって
2・里があって
3・だいこん畠に
4・いも畠
5・豆があって
6・きゅうりがあって
7・おっとどっこい
きんぎょさん

⑥の画図は明らかに急湍《きゅうたん》をすばやく泳ぐ魚影なのに奇怪にもキンギョとよばれている。

この「キンギョ」④〜⑥の違和感、矛盾に困惑している間、次々と同類と思える「サカナ」の資料群に遭遇することとなった。

資料数は二〇〇〇をこえ、そこから得られた「サカナ」の基本画図は四九種に及んだ。その数例を示すと次のごとくである（「キンギョ」「サカナ」は採取当時の仮名称のまま記し、番号も分けずに一連番号を付した。この両者の名称に関しては、後に整理する）。

サカナ⑦（佐賀）

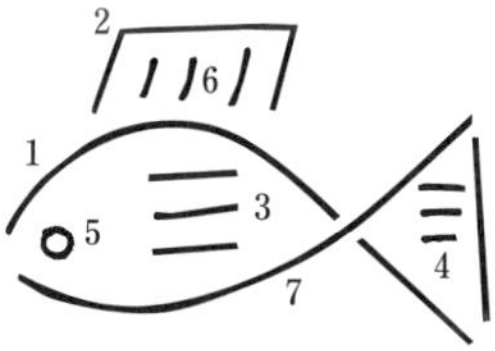

1・山があって
2・畠があって
3・だんだん畠に
4・雪つもる
5・豆をまいて
6・雨がふって
7・さかなに
なっちゃった

サカナ⑧（埼玉）

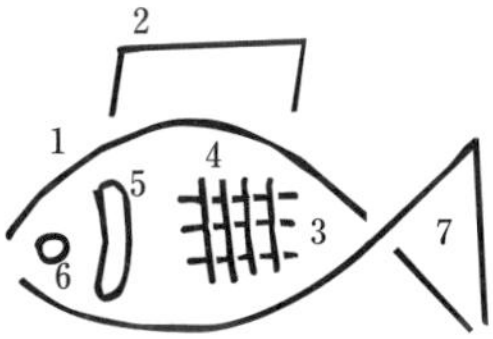

1・山があって
2・谷があって
3・だんだん畠に
4・くり林
5・きゅうりがなって
6・豆がなって
7・おさかな
およいでる

さらに同工異曲ではあるが、栽培手法などに工夫したものが登場する。

サカナ⑨（山梨）

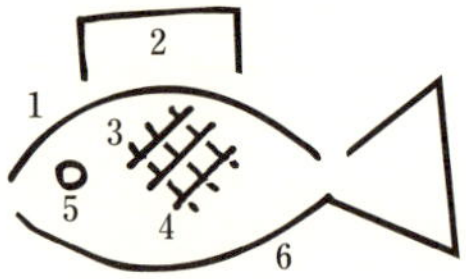

1・山があって

2・*くろがあって

3・だんだん畠

4・むぎ畠

5・豆をまいたら

6・魚の出来上り

サカナ⑩（山梨）

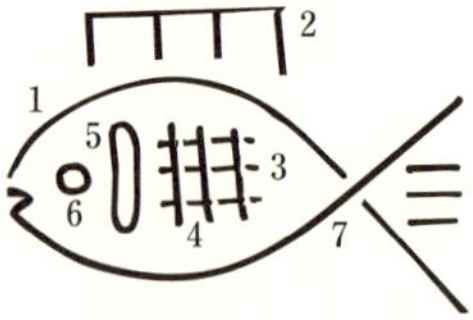

1・お山があって

2・畠があって

3・だんだん畠

4・ほりかえし

5・ごぼうをとって

6・豆をとって

7・おやおや魚が
およいでる

サカナ⑪（山梨）

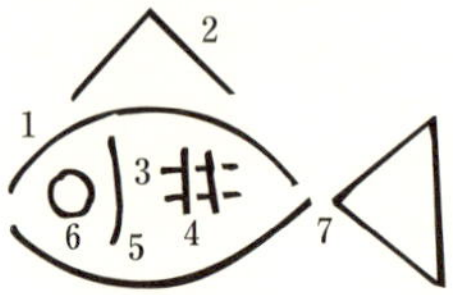

1・山があって

2・山があって

3・でこぼこ畠に

4・いも畠

5・つるがのびて

6・すいかができて

7・魚といっしょに
かえりましょ

こうした資料群によって、

❶基本的には「キンギョ」と同じ系統であるが、表現、姿態が違うもの。

❷特徴として背ビレ・尾ビレが直線的、鋭角的で、全体がスマートな紡錘形を示すもの。

❸とくに円形をした開口の消失または口があっても小さいもの。

❹結句は「キンギョ」の場合に類似しているが、魚名として既出のイワナのほか「タイ（大分）、フナ（栃木）」あるいは「オトト（静岡）、トト（長野）、オサカナ（群馬）」、あるいは「サカナ（全国）」と述べているもの。

を便宜的に「サカナ」とよぶこととした。

また、前記の「キンギョ」④〜⑥のごとく一部に「キンギョ」の特徴を有しているものの、一方に「サカナ」の特徴も混在させている「亜キンギョ」群とも称するものも存在していた。

これら「キンギョ」「亜キンギョ」「サカナ」群の画図を、それぞれ尾ビレ、背ビレ、エラ、方向などの項目により、系統的行列表（いわゆるマトリックス）として分類整理し、表1〜3を得た。

この表の空白の個所は、該当の資料がなかったもので、将来資料を得て、全部が埋まるかもしれない。しかしこの表の上下左右の連結状況を、連続する遷移や進化の行列（マトリックス）として見るならば、その流れの方向や、源泉の所在を推測することができる。

したがって単に資料不足の空白をなげくより、逆に資料の配置と充足状況より、その変遷を推測することに大きな意味を持つ。

＊くろ＝くろはあぜ、すなわち一般的には関東以北で田のあぜや畑のうねをいっているが、地域により多少意味を異にしている。

表１　「キンギョ」の系統的行列表

尾ビレの枚数	うろこの線	背ビレ								腹ビレあり	右向き
		なし	あり								
			丸形			山形		角形			
2枚	直交		—				—	—	—	—	—
	斜交		—	—	—	—	—	—	—	—	—
	尾に線		—	—	—	—	—	—	—	—	—
3枚	直交			—		—	—			—	
	斜交			—		—	—	—			
	尾に線			—	—	—	—	—	—	—	—
その他	直交		—	—			—	—	—	—	—
	斜交		—	—	—	—	—	—		—	—
	尾に線			—	—	—	—	—		—	

表２　「亜キンギョ」の系統的行列表

尾ビレの形	うろこの線	背ビレ								腹ビレあり	右向き
		なし	あり								
			丸形			山形		角形			
丸形	直交				—		—		—	—	—
	斜交		—	—	—	—	—	—	—	—	
	尾に線		—	—		—	—	—	—	—	—
三角形	直交					*	—				—
	斜交			—			—	—	—	—	
	尾に線						—	—		—	—

表3 「サカナ」の系統的行列表

エラの線	うろこの線	背ビレなし	背ビレあり 山形 ∧	山形 〰	山形 ∧∧∧	角形 ⊓	角形 ⊓⊓	角形 ⊓⊓⊓	腹ビレあり	右向き
0本	直交	○	○	−	−	○	○	○	○	−
0本	斜交	○	−	−	○	○	○	−	○	○
0本	尾に線	○	○	○	−	○	○	○	○	−
1本	直交	○	○	○	−	○	○	○	−	−
1本	斜交	−	○	−	−	○	○	○	−	−
1本	尾に線	−	−	○	−	○	○	○	○	−
2本	直交	−	○	○	−	○	○	−	−	−
2本	斜交	−	○	−	−	○	○	○	−	−
2本	尾に線	−	−	−	−	○	○	○	○	−

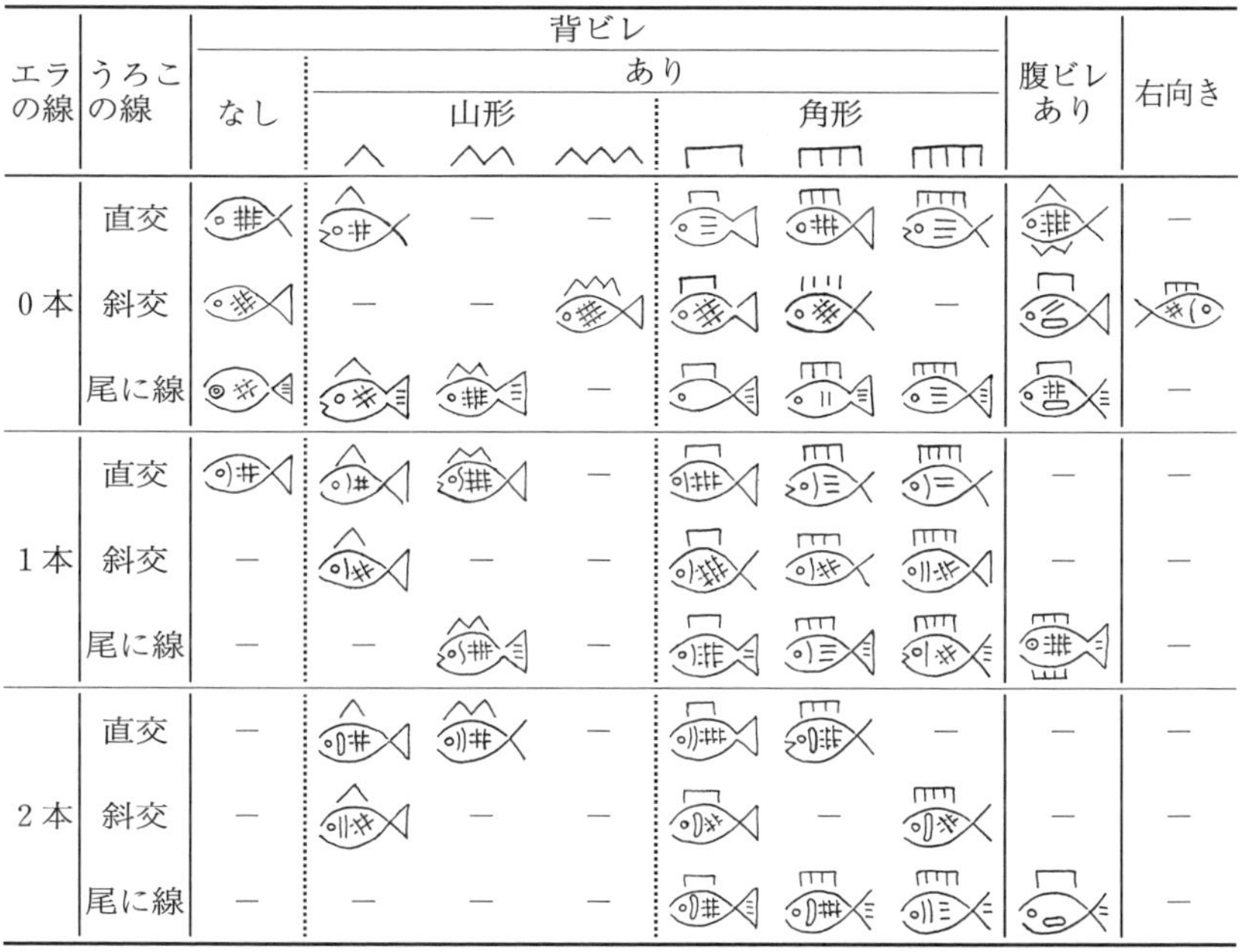

＊表2中イラスト＝うろこの線直交の変形。

すなわち「キンギョ」群では「背ビレなし・二〜三枚尾ビレ」の区域に、「サカナ」群では「エラなし〜一本・角背ビレ」の区域に伝承の始源があると推定される。

また歌詞・画図の完成安定度から「キンギョ」の方がまとまっているが、「サカナ」は背ビレ・尾ビレ・エラの三方向に分離して発達していることがうかがえる。

一方「亜キンギョ」では、「サカナ」からの変異より、尾ビレの変化による「キンギョ」からの移行が主であるように看取できる。

だがこれらの表からは、どのようにして「キンギョ」が発生したか、動物学でいうように淡水魚「サカナ」から「キンギョ」が突然変異で生じたのかは、まったく知ることができない。

双魚の夢　春秋の教え

「キンギョ」あるいは「サカナ」のいずれが起源であり、母型がどんなのであったろうかと思い迷い、想像の夢を描いていた時、離れた地域の二種類の資料に目を見はった。

既述のように、この遊びが子どもたちによって実用（?）される時、文部省唱歌の『春がきた』の曲に似た節まわしで歌詞が述べられるが、その替え歌のような、二番続きの資料であった。

サカナ⑫（静岡）

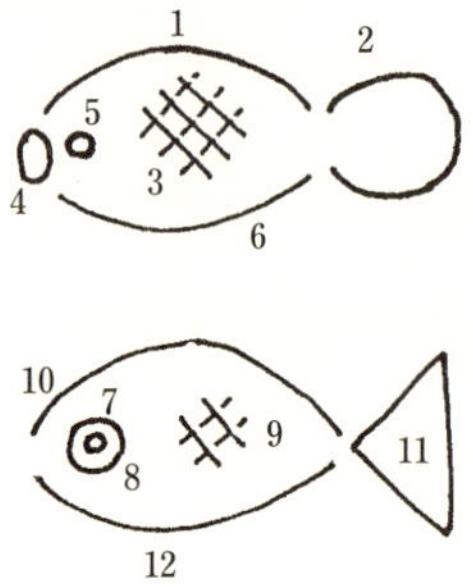

1・はるがきた
2・はるがきた
3・どこにきた
4・山にきた
5・さとにきた
6・野にもきた
7・花がさく
8・花がさく
9・どこにさく
10・山にさく
11・里にさく
12・野にもさく

サカナ⑬（茨城）

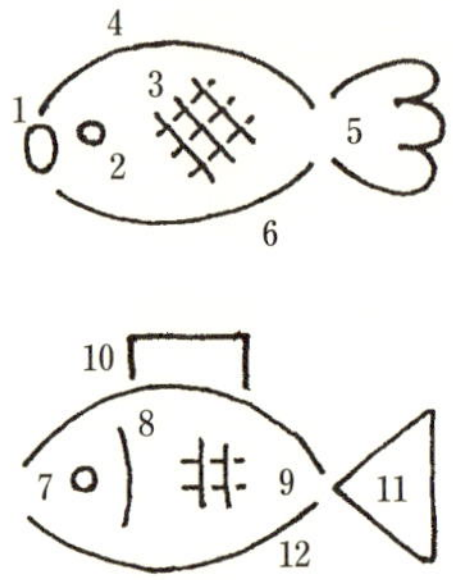

1・はるがきた
2・はるがきた
3・どこにきた
4・やまにきた
5・さとにきた
6・のにもきた
7・くりがなる
8・かきがなる
9・どこになる
10・やまになる
11・さとになる
12・ととになる

⑫⑬は、表1〜3に照合するまでもなく「キンギョ」と「サカナ」の両者を連続連継して描いている。絵かき遊びでふたつの画図を描くのは極めて珍しいが、同系でありながら微妙な差を示すこの資料が静岡と茨城の離れた所から得られたことは貴重であった。それは「キンギョのとりこ」となって以来、私はずっとなぜ「キンギョ」が『春がきた』で歌われるのか不思議に思っていたからである。春はキンギョの産卵孵化《ふか》など関係する専門業者にとっては大事な季節なのかもしれないが、子どもにとっては関係がない。「サカナ」の場合も、単に「キンギョ」からの変化だけでは不可解で、偶然にしても、何らかの遠因がなければなるまいと、「亜キンギョ」群以上の違和感をずっと持ち続けていたのであるが、この二資料により明快な解答を示されたように思った。

⑬の歌詞1〜6で描くのは春の「キンギョ」であり、歌詞7〜12は秋の「サカナ」である。「キンギョ」「サカナ」はそもそも『春がきた』をバックミュージックにして、春秋の双魚を描いたのが母型だったのではないだろうか。母型にも変異があって表3もそのひとつであり、したがって⑫の「花がさく」は秋の花をいっているのかもしれない。こうした母型の双魚が子どもから子どもへ、うつろいやすい遊びの世界で伝承伝播《でんぱ》していく間、忘れたり失念したりして双魚は別々となり、それぞれの変化と遷移をたどるようになったのではないだろうか。

重要な鍵となる⑫⑬系のもっと多くの双魚を求めて、この地区のみならず各地をさまよったが、魚や動物の絵かき遊びを愛好する男の子はより活動的な遊びに移行していったため、一九七〇年代以降、近代都市化現象の中で急速に「キンギョ」「サカナ」の資料は得られなくなり、推測を補強するに至らなかった。

しかし、この遊びは次のようなことを私に教えてくれた。

❶「キンギョ」「サカナ」の遊びは、とくに唱歌『春がきた』との関係対応から、少なくとも同根同系であり、これまで別種として記述してきたが、別々に扱うより、同一の「キンギョ・サカナ」群、略記する場合は広義をとって「サカナ」と記述するのが妥当であろう。

❷しかしこの「サカナ」は、その伝承の過程で「キンギョ」と「サカナ」さらには「亜キンギョ」に分かれ、それぞれの伝承経過をたどることとなった。

❸その間、周辺の景観風物、作物などを歌詞に取りこみ、改変していった。それは遊びの主人公である子どもが、伝承の歌詞、画図の中で許容できるところとそうでないものを峻別《しゅんべつ》し、後者はほかの適していると思うものにかえてゆく作業を行ったことを物語る。

❹何を残し、何にかえるかという時、子どもは自らの好みに従う。詩人が喜びそうなものを選ぶのではなく、生活に関係のあるもの、自分の生活感情に合うものを選び、周囲の子ども大衆の矯正《きょうせい》、支持により定着させていった。

❺歌詞と描画の世界が、結句と最終の加筆で一変し、意外性とユーモアの完成が子どもたちを満足させる。この特徴は、ドタバタやくすぐりで子どもに対処している現今のマスコミや児童関係者への大きな警告を示している。

したがって資料を仔細に見ぬくなら、脈うつ子どもらの情感と希求の一面を読みとることができる。自然の中で結実したこうした歌詞、画図、心情は、稚拙であっても「文化」とよぶに値する。

――以上が私に「キンギョ」たちが伝えてくれたものである。

(本書では絵かき遊びの資料について、仮の名称では「　」とし、資料名が確定したものを〈　〉で記し区別した。よって、前記本文中に用いた「キンギョ」「サカナ」「亜キンギョ」は採取途次の仮名称で、以後は同系一連のものとして〈サカナ〉と一括し、一連番号で表記した)

絵かき遊びの調査と準備

伝承資料の収集と検証

「キンギョ」から思いがけぬ〈サカナ〉への展開を見た私は、いっそう資料の採取に力を注いだ。私は次の四つの方法で資料を集めた。

❶絵かき遊びをしている子を見つけ、その子から直接聞き取りをして採取（約二二〇〇）。

❷知人や友人に私信を送り、趣意を述べ、知っているものを記載してもらい、郵送により入手（約一七〇〇）。

❸私の講演会、講習会、ワークショップなど大小の集会の折、参加者にアンケートを配り、当日の感想とともに記入したものを回収（約五万三〇〇〇）。

❹新聞・雑誌等への寄稿、テレビ等への出演の折、末尾で収集を訴え、有志の来信により収集（約四万二〇〇〇）。

これらの方法の中で、私は遊びの中における実態、実状を知ろうとしていたので、❶に最も力を注いだが、一九七〇年頃より交通事情や誘かい事件等のゆえか急速に機会は失われ、資料入手が困難となった。最も多くの資料が得られた❸は、年間五〇～八〇回開催される大小の集会の終了前五分ほどで趣旨を述べ協力を要請した。集会が児童文学、保育、読書関係のためかいずれも非常によい結果を得た。❷❹は面接ではなく、数も❸に及ばなかったが、私の希望以外の「ヨケイナコト」が添記されていて、社会的背景や人間成長の対応等、多くの示唆となった。

また、資料を得たのは一九四〇年代後半から九〇年代にかけての間であったが、提供者の中には高齢者もおり、本書収録の絵かき遊びが実施、実用されていたのは一九一〇年代までさかのぼると推測される。

こうして得た「ナマ資料」はまず伝承遊びであるか否かをチェックした。

多くの子どもの手あかや、時代の澱《おり》が付着したような「伝承遊び」に対して、検査なんか不要という批判もあるが、前記の〈サカナ〉の実例のように、子どもたちの自恣《じし》による集約結果には、書物や大人の提示のように鋭さや論理性を欠くが、開放された野性の力を感じていたので、そうした主柱が失われないようにしたいと思っていたからである。

一方消極的理由として、近時子ども向けの雑誌や番組で浅薄なストーリーテリングやセリフ付きの略画の描き方などが、キャラクターを動員して子どもの世界に流布させているものとの差をはっきりしておかなければならなかったからである。単に一時的な子ども世界の流行やブームと、「伝承」とを区別しておかなければ、「伝承」の価値も意義もあやしいものとなってしまうと考えた。ではその「伝承」とはいったい何なのか。

遊びの伝承伝播の問題

一口に「伝承」といっても、それは非常に難しい問題をはらんでいる。「絵かき遊び」の伝承とは、子どもたちの広範な口承伝播《でんぱ》によって社会変動などものともせず、しっかり支持確保されてゆく不動の面と、多くの子の参加関与による創造改変、時に欠落消滅という不安定な変動面とが共存しているからである。

子どもたちが生きていると同様に「遊び」も生きている証左となるけれど、具体的に資料を採取、選択する折には困ったこととなる。たとえば多くの類似の資料を得たとしても、それは伝承されたものではなく、前述のようなマスコミの喧伝《けんでん》操作した結果かもしれないし、逆にたった一例だけしか資料を得られなくても、数年後に全国を席捲《せっけん》するに至る潜在伝播力のあるものを、どのように判断したらいいのだろうか。

本書では「伝承遊び」の目安を、次の三項目にしぼることとした。

❶創出、出典、源泉は、子どもであると大人であると、出版マスメディア、あるいは外国渡来のものであるとを問わないこと。

❷伝播、伝承、あるいは改変、入替、時には終息、廃絶に、個人としての子どもが複数関与していること。

❸その成立過程で、口承公開に基づく支持、参画、協力、使用、寄与などにより、結果として一般子ども大衆の共有財産となること。

それぞれの項目を補足すると❶において、実際の「絵かき遊び」では「読み人知らず」ばかりでなく、発祥や出典がわかり、個人の創作がもととなっているものも含まれ、その具体的対象はあらゆる分野に及んでいるということである。❷の伝承流布の形態、方法は口承口伝いわゆる口コミで、人数は複数。だからひとりだけが知っていたり、行っていたなどは除外されることとなる。こうした判断の基準として、

❶必ず類例、縁例、同系を伴うこと（逆にいえば寸分たがわぬもの一種だけというのは、本書では伝承が不十分として伝承絵かき遊びとせず、資料保管の処置をした）。

❷地域、年齢、時代を異にして存在すること（離れた遠隔地への伝播、少なくも一年以上の時間差があっても伝えられるものと、数カ月で終わる流行ブームとを区別した）。

❸個人的行為のため、記憶、経験を第一とし、出版物や情報化されたものは二義的に考慮する（子どもの遊び世界では、既成の文献や記録は誤った予見や判断におちいりやすいゆえ）。

などの点でチェックを行った。

また❸は子どもたちの共有であるから、その成立流布使用には何の条件、制約、負担、責務を伴わず、著作権や占有権問題の判断指針となる。

こうした立場と基準を旨としたが、実際の検証にあたっては少なくとも一九〇〇（明治三三）年以降現在に至る間の、子どもの生活と社会動向を常に対照考慮することとした。

以上の結果、総数一〇万一〇〇〇余のナマ資料をチェックし、歌詞と画図ならびに採取地名（予想も含む）を記録し、本書の資料とした。この間、よい内容でも単独孤立していたり、伝承が疑わしい場合は保

留の予備資料とし、本書には採用しなかった。

歌詞と「遊び歌」の問題

絵かき遊びのことばの部分を文字で記述し、本稿では、「歌詞」と名づけた。「キンギョ」のところで述べたごとく、時に韻をふんでいる「詩」という一面もあるので詩文といってもよいが、実際の場にあってはこの「ことば」は発声しながら述べられる。「なにやら文部省唱歌『春がきた』の節で」と前記したように、「キンギョ」では採譜してまわり、原曲とおぼしき文部省唱歌との差異を比べたりしたが、十人十曲に近く、しかも同一人でもくり返すと、音の高さや間のとり方が異なり、追求すれば事もなげに「どっちでもいいんだよ」と叱られたものである。こうして、鼻をするとともに音階が少しあがったものを丹念に集め、統計処理と原曲の断片や、日本的伝統音階といわれているヨナ抜き旋律を見出しても、〈サカナ〉の母型に至らなかったように真の原曲を見出すのは困難であった。

歌曲らしき集約が得られる場合はまだよい方で、以下各論で述べる大部分は拍子もリズムも旋律もない、平板な「ことば」の発声が主軸であった。したがって絵かき遊びには必ず歌曲があってその「ことば」部分を歌詞と称したのではない。ある時は歌うがごとく、となえるがごとく、ある時はつぶやくように、誦するようないろいろの音声なので、「発声を伴うことば」の意をこめて「歌詞」と名づけたのである。

一方「キンギョ」などはわらべ歌の一種の「遊び歌」「絵かき歌」として主として音楽関係者により調査研究されてきた面がある。前述のごとく各自特有の発声、抑揚、息づかいが「標準曲」に統一調整されるのは問題であるとともに、「伝承」の実態を音楽的にひとつの「歌」や「曲」でとらえようとするには当初より無理と限界があり、もっと巨視的な観点や総合的な立場が必要と考えられる。

具体的に述べるなら、個々の子どもが声に出す「ことば」を、音の高低長短、音質の差としてだけでなく、発声器以前の気管や呼吸器、内臓の状況と体調、自他の聴覚に達する物理刺激を生むに至る、子どもの思惟心理背景まで考察に含むということである。

「わらべ歌」あるいは「絵かき歌」という立場からは、従来こうした「ことば」の背後までの考察は不十分であった。また「伝承童謡」に関心を寄せる一部の詩人の活動がかつてあったけれど、その大部分は「文意」や「音韻」という「ことば」の表面に注意が注がれたようである。

〈サカナ〉の例で知られたごとく、その「ことば」による千変万化の叙述と追求の跡には、子どもたちの工夫・創意・生活の反映が累々として残っていた。それを知れば、子どもたちのエネルギーがいかに「ことば」に託され注入されたかを察知することができる。子どもたちの共通して抱いている思念、渦まいている感情、しっかり燃えている成長の焔が、それぞれの声色や句調、くり返しを伴う「ことば」の詠唱となっていることに気づく。詩人でない普通の子どもたちが、伝承によってみがきあげた「ことば」は、詩のごとき光と香気を放ち、何よりも強く、子どもたちを魅了し共感させるのである。

なにゆえ、絵かき遊びの歌詞は、歌ではないのに歌のように、子どもたちに歌われるのか、なにゆえ詩ではないのに、歌詞は詩のごとき魅力をたたえているのか。

それはその歌詞が、単なる会話や文ではなく「遊び」のことばであるからである。遊びによって生み出され、遊びによって改変、練磨され、遊びに使われる「ことば」であるから、その楽しさ、面白さが歌のごとくに表出され、その追求と選択が詩のごとき結晶となっているのである。したがって本文中に数点、歌詞に楽譜を付したのは、未知の方への参考にすぎない。

画図と「概念画」の問題

この絵かき遊びのもうひとつの構成要素は歌詞を口ずさみながら描く図形・画像である。この視覚展開があるのが、ほかの遊びとの大きな差であり、最大の特徴、特質となっている。

したがってこの図形や画像の分析や、描出表現の解析解明をぬきに、この遊びを論じても実体から程遠くなる。ところが意外にもこの点に焦点をあてた調査も研究もほとんど見あたらなかった。あっても単にその画図とおぼしきものを少数添示するだけで、そこには図形的検討が何らされていない。そこで私は、この児戯調査の最も多くを画図の分析と解明に注ぐこととした。

子どもたちはこの遊びを、おおむね戸外の地面や道路などでくりひろげる。描かれるのは完全な平坦ではないが平面図形であり、緻密微妙な表現は不適なので略画的画像となる。使われるのは、単純な直線や円、三角などであるが、幾何模様でも、抽象絵画の構成でもない。時に数字や文字が描かれるが、もちろん算数や習字の練習ではない。対象・題材となるのは人の顔や、動植物などもあるが、決して図画作品や絵画の制作に連なる類ではない。なぜなら女の子の姿を描いても、手足は同型の直線、丸、点のくり返しで表出される特殊な画像である。描く子も、ほかの子にも、何を描いたのかがすぐにわかる、明快さと一般性、それに共通の楽しさを備えた図形である。

ところが、ちょうど私が絵かき遊びを調査しはじめた頃、一部の美術教育界から批難する意見を聞いたことがある。その人たちは当時、型にはまった絵しか描かない子や児童画を脱去させようと、いわゆる「概念画くだき」に精を出していた。それで前述したような、手足を直線で描いて付した女の子なんか「概念画」の代表で、それをすすめるごときは美術教育の敵だというのらしかった。子どもたちは遊びの場で絵画を描こうとしているのではなく、画図すなわち図形を描く遊びをしているのに、そんな子どもの楽しみは無視し、子どもが描くものは図形であろうが、落書きであろうが、すべて児童画で、己れの美術教育論に従わねば、敵とみなす早計な「概念」こそ、砕かれなければなるまい。児童画教育の場ではないゆえ、これ以上深入りはしないが、実は私は子ども会で子どもたちと遊ぶとともに、絵の指導をしていた。夜勤の父親が寝ている、狭い住宅の子どもたちの絵は、はじめは、暗いまとまりのない絵であったが、子どもたちのくせや寝相がわかるようになる頃、次々すごい絵を描いてくれた（当時廉価な画用紙を買っていたため、五〇年経た今、まわりがボロボロになっているものの、その絵は私の宝となっている）。

その子どもたちが、次々私に絵かき遊びを伝授してくれ、前述の〈サカナ〉に見られたように、同じような画図を描きながらも、子どもたちの生活を知っていれば、くっきりと個性を見ることができた。要するに個々の子どもの全容の把握と絵を描こうという意欲の醸成、絵を描く喜びへの誘いなしに、「概念画」を排除しても、絵画教育の目的は達成できないというのが私の考えであった。

誤解を招かぬため明記しておくが、私が子どもたちに絵かき遊びを一度も教えなかったのは、この「概念画」という批難をおそれたためではなく、冒頭に述べたごとく、この遊びをひとつも知らなかったからである。くり返すが、絵かき遊びを教えてくれたのは子どもたちで、教えられたのは私である。この遊びだけではなく、多種の鬼ごっこも、石けりも、じゃんけんの言い方・出し方などにとどまらず、遊びの面白さと要点、楽しむ準備のいろいろ、遊びの真髄を、実行動の中で伝授してくれたのである。

「絵かき遊び」とは、こうした遊ぶ子の心情や成長過程に合致した画像・図形を描出してゆくものであるが、最重点は「遊び」であって、残ったのは足跡のような残像である。もちろん作図とも絵画とも違うので「画図」と称したゆえんである。

さらに付言するなら、足跡としての画図より描き出しから次々描き加えてゆく過程、完成に至る道程が遊びの中心であり、楽しさが積もってゆく花のコースである。このコースで子どもたちは傍観者や観客ではなく、たちまち主役となる。

そして歌詞との相乗作用により、順序や配置、起伏や流れがひとつの筋道となり、描いてきた跡といまだ加筆せぬ余白との釣り合いの中に、動的に進行する楽しみを生み、ついには最終に至った喜びで、全体図をながめ返す。こうした時間的要素を持った小歌劇的展開、起承転結の演劇的集積としての画図であるから、推移過程をフィルムやビデオで記録するのも一法だが、本書では対応する歌詞の番号を画図に付し、その描画順序と時間経過を知っていただくこととした。

総合の遊びに総合の力

前述までにより、この遊びを構成するふたつの要素「歌詞」と「画図」には、いろいろな側面と問題が付随していることがわかった。

「歌詞」をことばと音声としてとらえ、前者を歌文や句章、後者を歌曲旋律面に分け、「画図」では、その題材や描出法などを、それぞれの専門領域の問題として論ずることは、「木を見て森を見ぬ」欠点におちいる危険を持っている。この遊びには「ことば」や「歌」そして「絵」や「文字・数字」など、多種多元な要素が登場するが、これらはすべてこの遊びの要素として登場し、遊びを支えているのであって、それ以上でもそれ以下でもない。したがって個々の側面をとらえ過大な期待や要求をしても、本質をはずれた不適なこととなる。

「歌詞」と「画図」とふたつの要素を抽出したが、それは便宜的な処置であって、この遊びの特質は、子どもの遊びの中でも珍しく、多種多元な要素の総合された形態で成立していることである。そしてその実

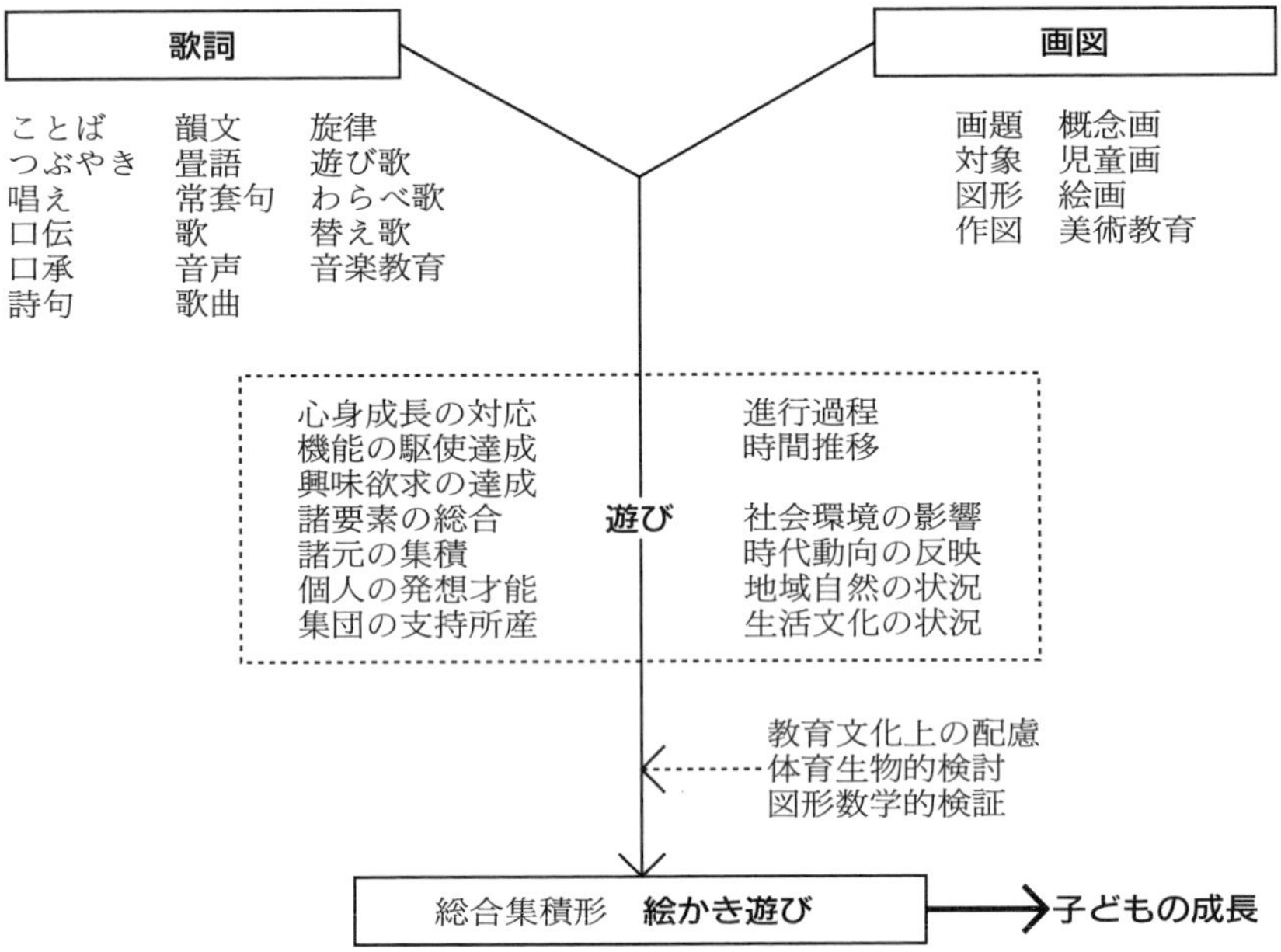

図1　絵かき遊びとは

際の展開は、描いてゆく時間経過と平面図の集積変化により、演劇のような推移をしながら最盛の興味に達するので、「絵かき遊び」と称することとした。

さらに得られたナマ資料を分類整理する際、図形学と位相幾何（トポロジー）の見地を加え、各地各時代の異同を明確客観化するようにした。この際、遊びという主点を損わぬように配慮したのはもちろんである。

端的に述べれば、絵かき遊びという総合集積形に対し、持っている力を総集してあたらなければ、教えてくれた子どもたちに申し訳ないというのが私の判断であった。

予備の調査と準備は整った。一刻も早く本論に入るとしよう。

第2章・波瀾の時代と子どもたち

身辺生活用具の遊びいろいろ

子どもの身辺にあって、日常生活に使用される道具類は、その形状や機能をよく知り得るため、遊びの題材となるのは当然である。それらは多種多様であるため、数多くあっても然るべきなのに、伝承流布間におこる淘汰《とうた》のためか、登場は案外少数である。その中で「コウモリガサ」「ヤカン」そして子どもの意識下に出没する「ガイコツ」（これが日常用具？）など、それぞれ異なった展開を示している。

コウモリガサの模範

絵かき遊びの対象は、やはり子どもの生活の根拠である家庭の用具が多く、そのひとつに雨具の傘がある。

カサ①（京都）

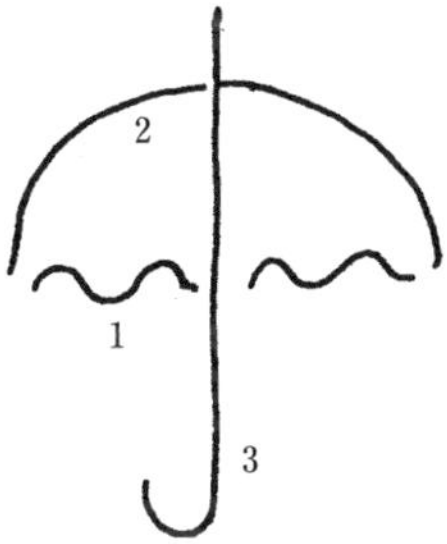

1・へびさん　へびさん
　どこいくの

2・丸橋とおって

3・かさかいに

遊びの対象となるには、その形をよく知っていること、描きやすいこと、描いたものが何であるかすぐわかること――が最低必要となる。

この点で〈カサ〉は十分その三条件をみたしているため、子どもたちに大いに愛好活用されることとなる。

カサ②（岡山）

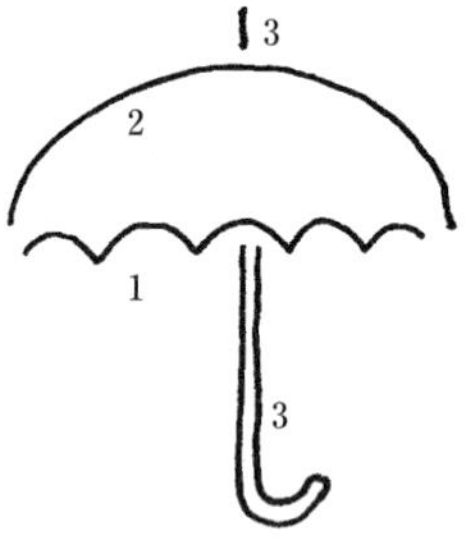

1・へびさん　へびさん
どこへいく

2・大山こえて

3・あっという間に　かーさ

歌詞1の「へび」が「どじょう（島根）、なみ（愛知）、みみず（大阪）、むしさん（三重）、ながれ（長野）、小川（兵庫）、うねうね川（静岡）」となり、歌詞2は「あの橋（岐阜）、大橋（広島）、この橋（北海道）、あの山（大阪）、この山（三重）、お山（兵庫）、虹をわたして（長野）」となり、結句は「かさかりに（岡山）、こうもりかいに（島根）、杖かいに（静岡）、かりたかさ（福島）、かさした（石川）」などと変化する。

そして同じような画図であるが、多少の変化形もあらわれる。

③の歌詞2が「小学校は　どこにある（千葉）」というものや「1ザブザブ　ザブザブ　2雨がふる　3橋をわたって　4かさかいに（愛知）」「1へびが　ニロニロ　2はいだして　3山をこえて　4かさまがり（富山）」などのほか、まったく違う次のような歌詞もあらわれる。

カサ③（北海道）

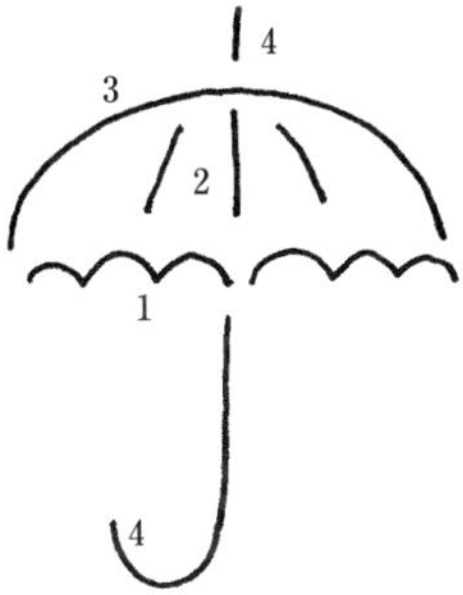

1･大波小波　大波小波

2･どこへゆく

3･この橋　わたって

4･かさかいに

カサ④（東京）

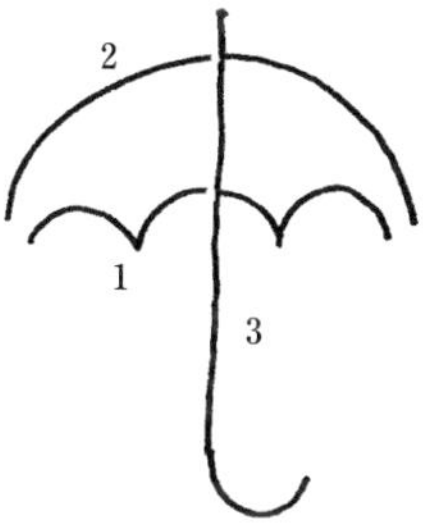

1･一だん二だん
三だんとびで

2･せかいきろくの

3･はなまがり

この④は、一九六七年に得たもので、東京オリンピック（一九六四年）の影響と考えられる。しかしこれ以上の新種は〈カサ〉では得られなかった。

単純明快といえば聞こえはいいが、いささか幼稚・簡単すぎる〈カサ〉に、意外な発展変身型が随伴していた。

カサ⑤（岡山）

1・へびさん　へびさん
どこいくの

2・あの山　こえて

3・かささがし

4・あっと　いうまに

5・お客さま

カサ⑥（大阪）

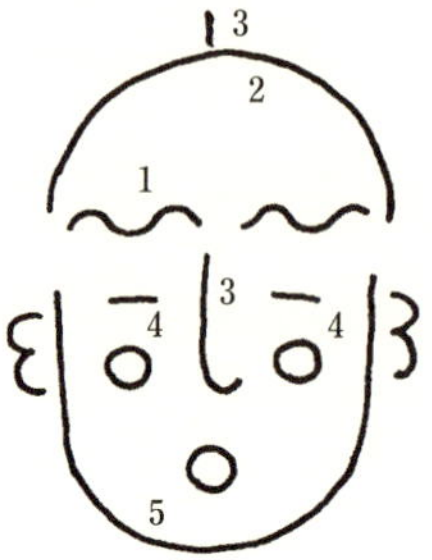

1・へび　へび
どこへゆく

2・むこうの山こえ

3・かさかいに

4・一円もって
パンかって
一円もって
パンかって

5・大きな　食パン
33円

児童心理から見れば、人の顔に子どもが関心を持つのは当然であるが、ふだん見なれた生活用具の図より、正面向きの顔の方がずっといいというだけではない。はじめの何の変哲もない〈カサ〉の図が、目の前でたちまち人の顔に変貌変容する、それが子どもをとりこにするこの遊びのヒミツなのである。

そしてそれは一朝一夕にできたのではない。前記の平凡な、しかし年齢や能力にみあった、簡単な〈カサ〉を何回も、何日も、何人もが描いている間、誰かが、どこかで、何の気なしに、傘から落ちる雨だれか、水滴かを描いたのだろう。その偶然が人の顔への変身という、新しい展開のきっかけを作ったと思われる。そうした名残を次の例は垣間《かいま》見せてくれる。

カサ⑦（和歌山）

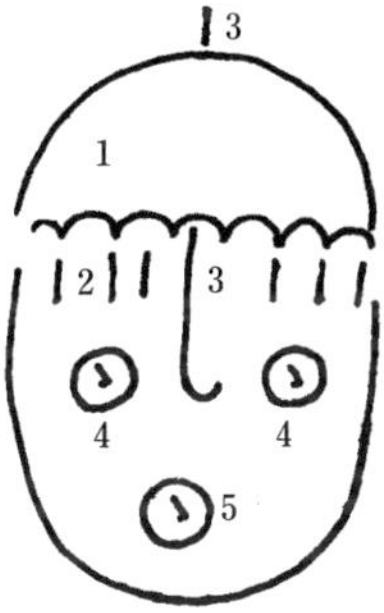

1・山にいったら　くもがでて
2・雨がザアザア　ふってきた
3・かさをさしても　雨ザアザア
4・丸してチョン　丸してチョン
5・大丸かいて　丸してチョン

カサ⑧（兵庫）

1・山にのぼって　くもがでた
くもがでた
2・雨が　ザアザア
ふってきた
3・かさをさして　ひとやすみ
4・小さなパンが　1円で
小さなパンが　1円で
5・大きなまんじゅう
6円なり

こうして〈カサ〉は、題材の選択選定、展開提示の方法、歌詞と画図の関係、そして変身の意外性と興味ある結末など、絵かき遊びのひとつの典型を簡潔に示してくれたのである。

したがって〈カサ〉は絵かき遊びの模範例、あるいはすぐれた教材ということができるであろう。

〈ヤカン〉の見事さ

家庭用具を題材にした中で、資料となったものに、湯沸し／ヤカンの類がある。

ヤカン①（神奈川）

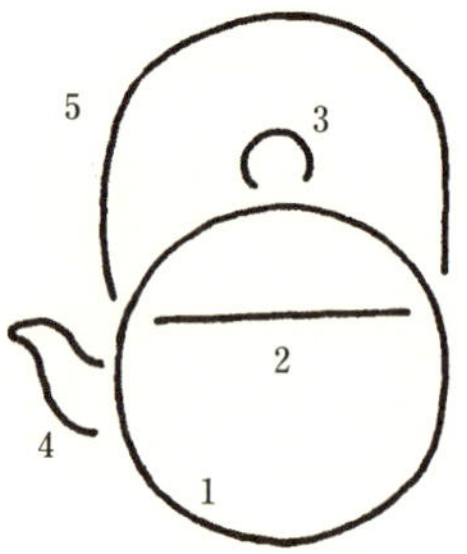

1・まるちゃんが
2・棒でぶたれて
3・こぶ出して
4・お口とんがらかして
5・ヤカンです

歌詞2の部分が「一等とって（千葉）、一番はじめに（北海道）、丸太ん棒で（山梨）」となったり、口の方向が左右いずれとも不定であるばかりか、以下の例のごとく、描かれるのはヤカンだけでなくドビン、チビン、チャビンなどと異称されるものが登場する。

ヤカン②（岡山）

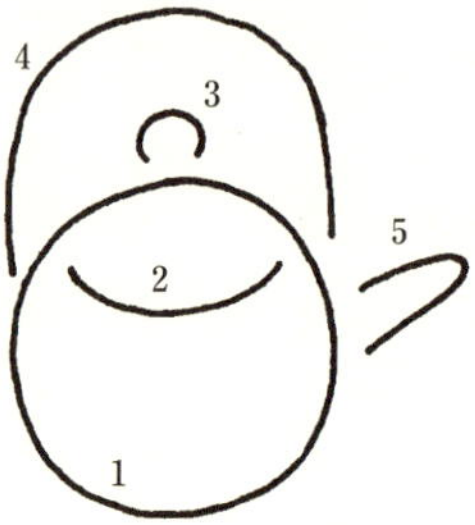

1・まるちゃんが
2・お池にはまって
3・こぶだして
4・ほうたいまいて
5・ベロだした

〈ヤカン〉①との差は、フタの円周が、②では円弧状により写実化（?）されている点で、したがって歌詞2は「土手をまわって（宮城）、おぜんの上で（兵庫）、えんがわすべって（香川）、廊下をまわって（滋賀）、裏にまわって（静岡）」など微妙な差を示しており、歌詞5も「した見せた（長野）、あかんべい（岡山）」などがある。

ヤカン③（福島）

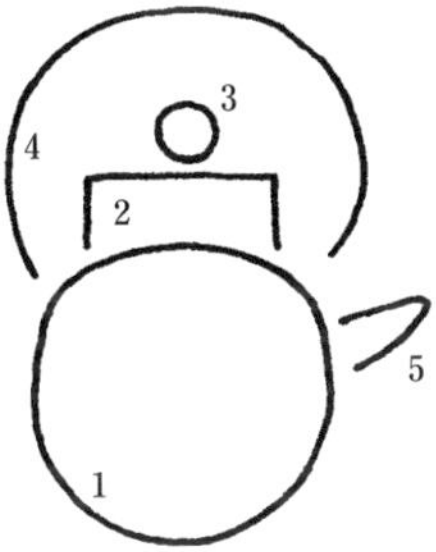

1･まるちゃんが

2･二階からおちて

3･こぶだして

4･ほうたいまわして

5･しただした

③はそのフタの形に特徴があり、それを表示する歌詞2はほかに「階段／石段／ふみ台／玄関／窓わく／入口／裏木戸／格子戸」などがある。

ヤカン④（岡山）

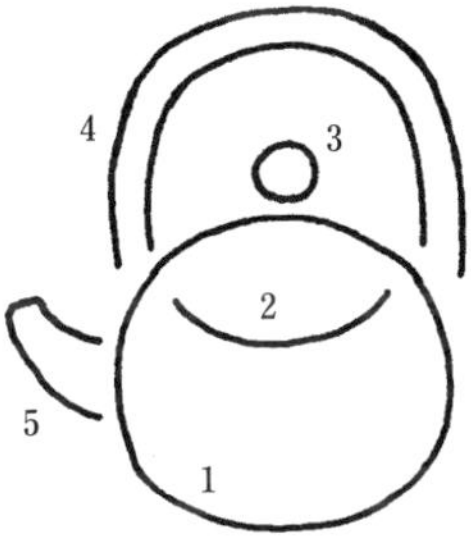

1･まるちゃんが

2･縁側からおちて

3･こぶだして

4･ほうたいぐるぐる

5･したベロリ

④は取手の所が二重になっているのが特徴で、その表現としての歌詞４は「ほうたいしっかり／まきつけ／まくうて／ぐるぐる／くるくる／まるまって／くくって」などとなっている。

ヤカン⑤（山形）

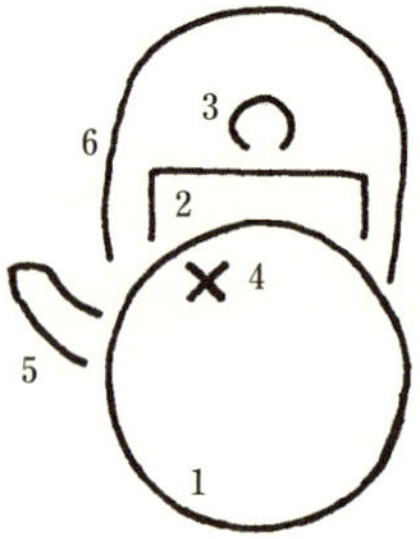

1･まるちゃんが

2･二階のまどで

3･こぶつくり

4･ばんそこはって

5･べろ出して

6･あっという間にもうヤカン

この資料を得た時は、×印の意味がわからず、蒸気孔か割れ傷ぐらいに推測していた。その理由は次の諸例で明らかとなった。

ヤカン⑥（広島）

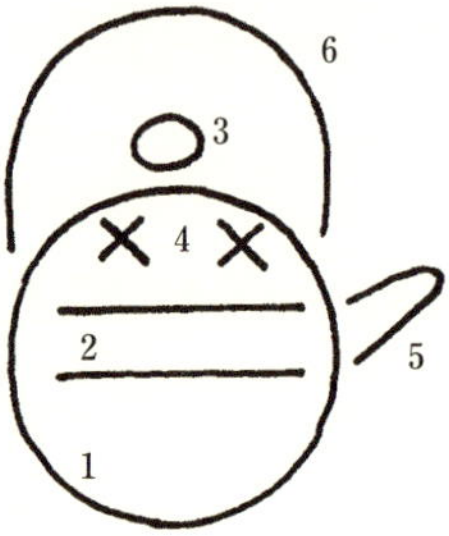

1･まるどんが

2･廊下ですべって

3･こぶつくり

4･ばんそうこはって

5･ベロ出して

6･おやっと思ったら　ドビンです

ヤカン⑦（奈良）

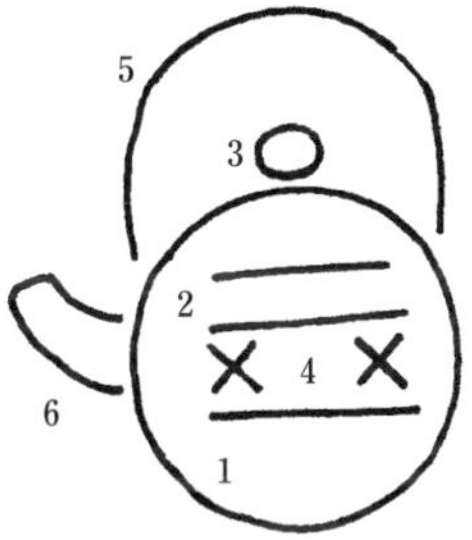

1･まるちゃんが

2･石段はずして

3･こぶ出して

4･ばんそこはって

5･ほうたいまいて

6･ベロ出しドビン

ヤカン⑧（京都）

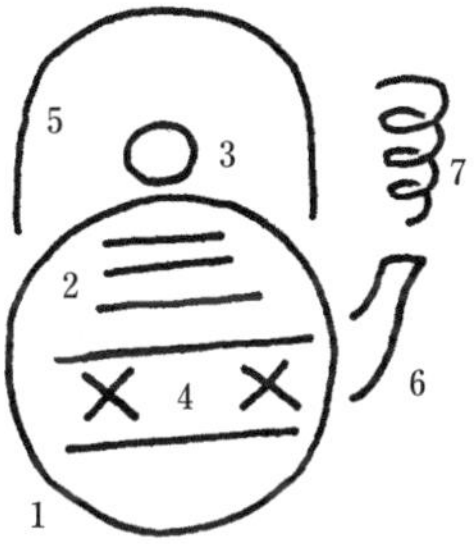

1･まるちゃんが

2･階段すべって

3･こぶ出した

4･ばんそこはっても

5･ほうたいまいても

6･ベロ出して

7･ないたとおもたら　まるドビン

×印は欠けたドビンをつくろう絆創膏《ばんそうこう》かと思っていたのだが〈ヤカン〉⑥〜⑧での×印の位置などからわかるように、それは側部に付した飾り模様であり、その一部が欠落したものが〈ヤカン〉⑤だったのである。

さらにこうした〈ヤカン〉の絵かき遊びのひとつに、次のように少しかわった描写と結末を示すものがある。

これまで歌詞1はほとんどが「まるちゃん／まるどん／まるさん／まるくん」ではじまり、次いで「こぶの出現」のため、すべったりあたったりと理由が述べられていたが、それを「もちをやく」ことにおきかえ、しゃれ言葉で最後をしめくくっているのが何とも小憎らしい。

生活様式の都市化、近代化や核家族少子化、そして台所のシステム電化などによって、ドビンや鉄ビンはもちろん、ポット、ジャーなどの普及でヤカンさえ消え去ろうとしているが、以上の〈ヤカン〉はその中に、その当時の日本の生活実態や日常状況を封じこめていたのを知る。さらに得られた一三〇点の資料から、子どもたちの関心が簡明な湯沸し器兼注水器の外容をあらわすことから、観察がその側面の装飾にまでおよんでいることもわかった。

同じ身近な生活用具をとりあげながら、〈カサ〉は途中で（一部）変身というはなれ業を示したが、この〈ヤカン〉はそうした特技は示さなかった。しかし冒頭から歌詞によって描き進め、最終になってはじめて「注ぎ口」が付けられることで、何を描いていたかを知るに至る進行の段落は、あたかも落語のオチ

ヤカン⑨（岡山）

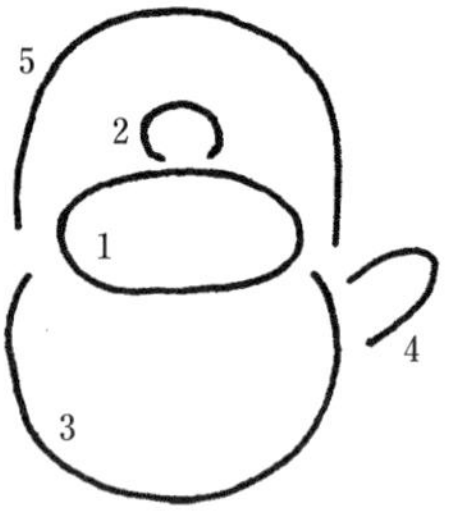

1･おもちをやいたら

2･こぶが出た

3･もうひとつやいたら

4･こぶが出た

5･それではこれで
もうヤ（ア）カン

のごとく、あるいは舞台の幕切のように、完結の見事な安堵をもたらしている。

ドクロの冒険

児童文学の名作、スティーブンソン作『宝島』の海賊旗や、街頭紙芝居の傑作、鈴木《すずき》一郎《いちろう》・永松《ながまつ》健夫《たけお》作の『黄金バット』の勇姿を示すまでもなく、今も昔もドクロやシャレコウベに、子どもたちはぞくぞくする思いを抱く。

ガイコツ①（神奈川）

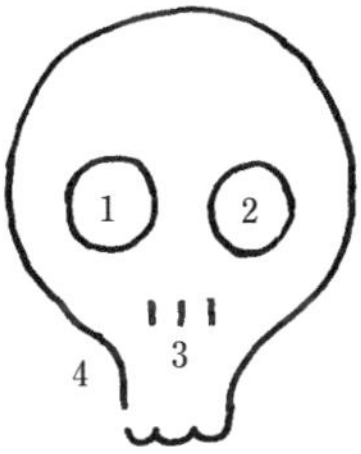

1·めがねやさん

2·めがねやさん

3·あなたのおかおは

4·ガイコツね

この〈ガイコツ〉①を表現する歌詞3以下は、地域によってさまざまに変化する。

「3ハイハイハイ　4お前の顔はガイコツだ（東京）」「3雨がポツポツふってきた　4あっという間にガイコツよ（福井）」「3どん　どん　どん　4ぐるっとまわってガイコツだ（和歌山）」

私が感服するのは、微妙に変化した次の一群である。

ガイコツ②（鳥取）

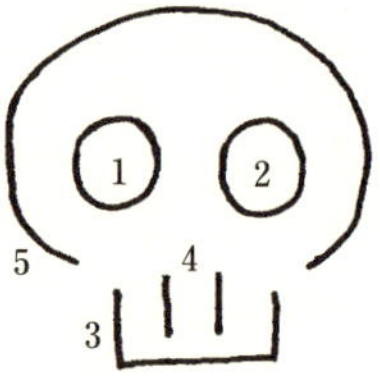

1・まるちゃんと
2・まるちゃんが
3・おふろに入って
4・11時
5・あれっという間に
ガイコツだ

〈ガイコツ〉②の目を描く時の表現を、「まるちゃんが　レイ点で（京都）、まる子さん　まるまって（宮城）、豆たべて　豆たべて（島根）、まるにまる（静岡）」としたものや、末尾を「なんだと思ったら（山口）、ぐるっとまわって（岐阜）、これはいやいや（大分）、アレおそろしい（茨城）」などとしたものがある。

ガイコツ③（山形）

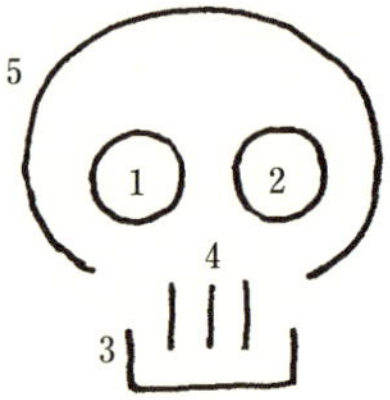

1・まるちゃん
2・まるまって
3・おふろに入って
4・ゆげぽっぽ
5・くるっとまわって
ガイコツくん

ガイコツ④（新潟）

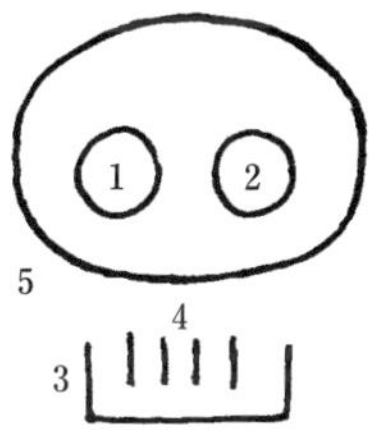

1・まるちゃんと
2・まるちゃんが
3・おふろに入った
4・ゆげぼうぼう
5・あっという間に
ガイコツだ

ガイコツ⑤（宮城）

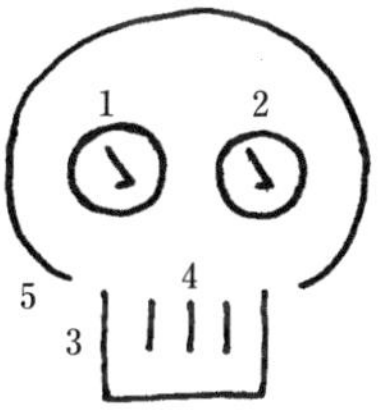

1・丸かいてチョン
2・丸かいてチョン
3・いい湯に入れば
4・ゆげ三本
5・あらという間に
ガイコツさん

なぜ〈ガイコツ〉が〈カサ〉や〈ヤカン〉など日用品を題材とした絵かき歌の項目にあるのかと不思議に思われたかもしれないが、その理由は歌詞にある。

歌詞に述べられているのは、日常生活の入浴が主となっているからである。

とくに子どもにとっては、洗髪の苦難さえなければ、スッポンポンの楽しさと、石けんの泡と湯おけなどの遊び道具があるから、入浴が面白くないはずはない。それに時折、大きな声では言えない生理現象がおこる。

ガイコツ⑥（茨城）

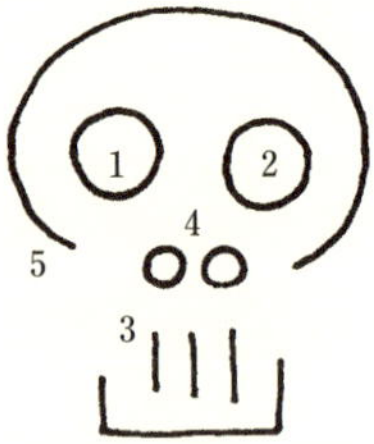

1・まるべえと

2・まるべえが

3・おふろに入って
いいきもち

4・おならをこいて
いいきもち

5・あららという間に
ガイコツじゃ

また観光温泉に配慮したのもあらわれる。

ガイコツ⑦（熊本）

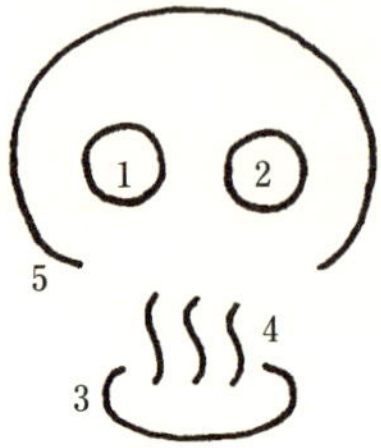

1・まる子さん

2・まる子さん

3・おふろに入って

4・ゆげたてて

5・おっとどっこい
ガイコツさん

②〜⑦では、楽しい入浴の道行の終点が意外なドクロの画図に至るという落差があり、子どもたちはそれを楽しむ。

意外性や落差といえば、

ガイコツ⑧（北海道）

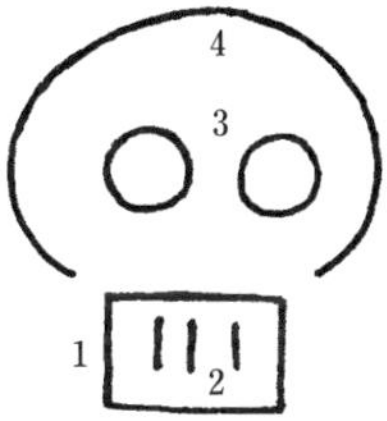

1･コンニャク　ひとつ

2･切れ目を入れて

3･まんじゅう　ふたつで

4･シャレコウベ

ガイコツ⑨（岡山）

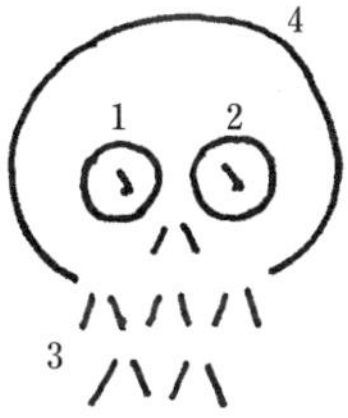

1･丸かいて　チョン

2･丸かいて　チョン

3･*ハハ　ハハ　ハッハッハ

4･ドクロの　わらい

と、なかなかの展開を示す。

ところで子どもたちの日常生活の一コマである入浴の状況を借りながら、意外な画図〈ガイコツ〉を得るのが、この遊びの展開の特徴であったのに、どうしたいきさつからか、額に深い傷跡を刻む資料があらわれてきた。

＊ハハ＝最初の「ハハ」で最上段の「ハ」を、次の「ハハ」で三段目、最後の「ハッハッハ」で二段目を描く。

ガイコツ⑫（愛知）

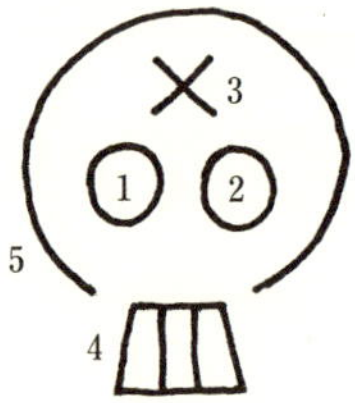

1·まる子さん

2·０点とって

3·バツとって

4·睡眠薬のんで

5·死んじゃった

ガイコツ⑪（岡山）

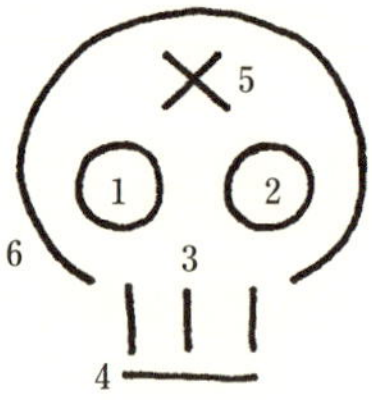

1·めがねやさん

2·めがねやさん

3·ハイハイハイ

4·あなたは

5·ペケです

6·死刑です

ガイコツ⑩（北海道）

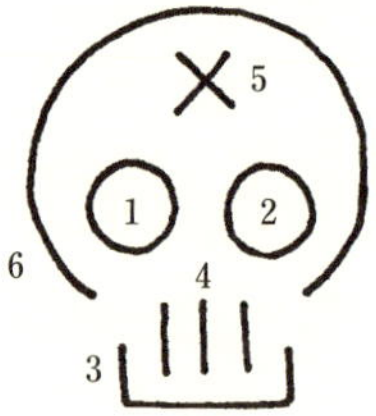

1·まるちゃんが

2·まるもろて

3·おふろに入って

4·ゆげ三本

5·毒薬のんで

6·死んじゃった

⑩〜⑫では、それまでの〈ガイコツ〉と異なり、額に深い傷を刻み、それだけではなく、描出される〈ガイコツ〉の前奏曲としてなのか、歌詞におそろしいことばがちりばめられている。①〜⑨が平穏無事な歌詞で〈ガイコツ〉の画図を登場させたのに対し、⑩〜⑫は「毒薬／死刑／睡眠薬」などの「ことば」を配して、恐怖の先導をしている。この点が構成の大きな違いであり、次はどのような方向へ進むのであろうか。

そのひとつの方向が、次の二例となって示された。

ガイコツ⑬（鹿児島）

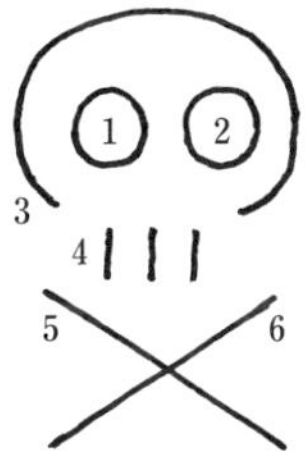

1･まるちゃんと

2･まるちゃんが

3･おふろに入って

4･ゆげたてて

5･あっという間に

6･ガイコツじん

ガイコツ⑭（群馬）

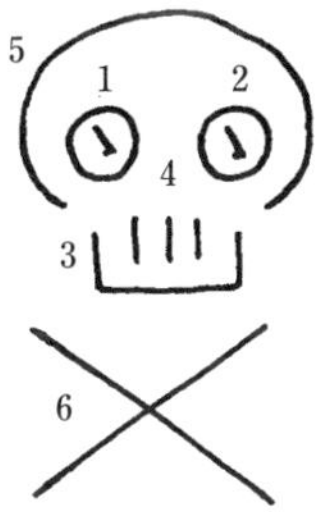

1･丸かいてチョン

2･丸かいてチョン

3･おふろに入って

4･ゆげぼうぼう

5･てぬぐいかぶって

6･カイゾクだ

⑬⑭の画図はジョリー・ロジャーとよばれる万国共通（?）の海賊の旗印である。⑩〜⑫で示された額の傷の〈ガイコツ〉は、その恐怖の歌詞とあいまって、暗い呪咀《じゅそ》と陰惨さをただよわせたが、⑬⑭では恐怖のことばは消え、湯気と入浴の歌詞に戻り、額に刻まれた傷は、大きな骨の交叉となって、下方に位置することで、恐怖や驚愕《きょうがく》はうすれ、『宝島』のジム少年のように冒険心をかきたてるようになっている。〈ガイコツ〉の画図をドクロであらわすのではなく、メルヘンめいた海賊のシンボルマークにかえてしまったこの巧妙さは、いったい誰のしわざなのだろうか。

それを解くもうひとつの資料がある。

ガイコツ⑮（和歌山）

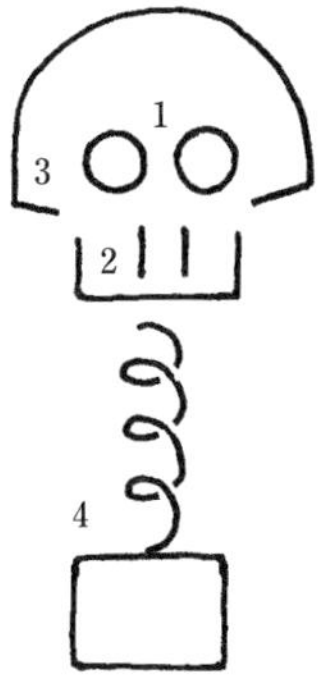

1･れい点で　れい点で

2･おふろに入って　11時

3･あっという間に　ガイコツで

4･くるくるパーの　びっくりばこ

恐怖とか驚愕といっても、子どもの遊びでは、本来そう深刻陰惨なものではない。生活をとりまく大人の社会環境が陰湿爛熟《らんじゅく》を極め、その余波で遊びの中まで恐怖の度をつのらせる場合があっても、次の子に伝わり、複数の子の参加と矯正を受ける時、過度な表現は緩和され、不適な部分は修正され、不足していたユーモアが追加され、健康なものに再生するものである。前記の⑬⑭の画図は、⑩〜⑫と構成要素ではほとんどかわらないのに、「恐怖の傾斜」から「冒険の楽しさ」に変貌した原動力は、⑮の「ビックリ箱」によって一挙に逆転回生したと同様、子どもの力であろう。

子どもという生きる存在、成長する生物の習性として喜びたいところだが、前述の「恐怖のことば」が見られたのは（明確な記録ではないが）一九六〇年代の後半から七〇年代前半にかけてのいわゆる石油ショックなどの社会状況下であった。この頃からほかの〈カサ〉〈ヤカン〉など日常生活用具には出てこなかったのに、「0点／ペケ／11時」など、学力テスト、進学、受験に連なる単語が、絵かき遊びの歌詞中にしだいに多く見られるようになってきた。こうした外部からの影響に対しては意外に敏感で、無視することはできない。

ちなみにこの〈ガイコツ〉の総計三一八資料の提供者は、意外（？）にも女子（成人女性を含む）が七割をこえていたことを付記しておく。

以上のように、日常用具や身辺の諸事を題材とした絵かき遊びにおいて、子どもは単にその絵を描いているのではなかった。〈カサ〉では意外な変貌転換を行い、〈ヤカン〉では形状、機能、各部の細密な観察をしており、〈ガイコツ〉ではさまざまな社会の反映と子どもの心の深層裏面への屈折を見ることができたことをまとめとして、次節に移るとしよう。

変動するヒロインと社会

私に資料を提供してくれたのは、一九四〇年代から五〇年程の間、ようやく画図を描けるようになった子から七〇歳をこえた方までであったので、その資料には大正から昭和全時代が背景となっていた。子どもの世界にもさまざまな英雄やヒロインが登場した激動の時代であった。

お尻で失礼、ベッティさん

一般社会の動きが、子どもの遊び世界に及ぶ影響と伝承への波及を示す例に〈ベッティ〉がある。

ベッティ①（神奈川）

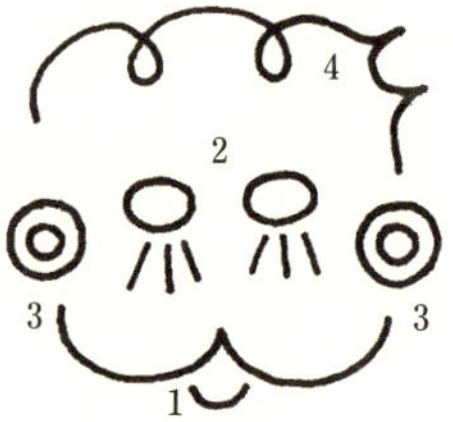

1･からすのおしりに
ゴミついて

2･卵がわれて　つゆが出て
卵がわれて　つゆが出て

3･ドーナツ　ホイ
ドーナツ　ホイ

4･あっという間に
ベッティさん

ベッティ②（東京）

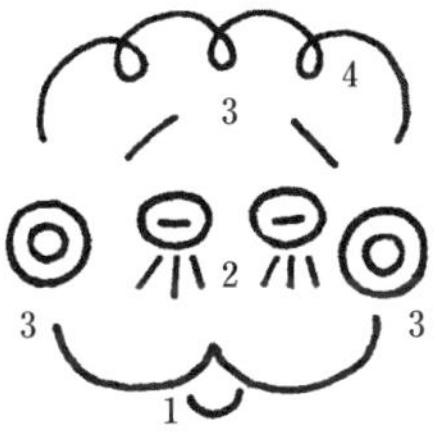

1・はんたい山から　月が出て
2・卵がわれて　みがながれ
卵がわれて　みがながれ
3・おわん　頂戴　ハシ　頂戴
4・パーマネントを　かけすぎて
あれあれたちまち
ベテーちゃん

本書においてベティ、ベテー、ベッテなどとよばれ、画図となって登場する〈ベッティ〉とはアメリカのフライシャー兄弟プロダクションから一九三一〜三九年に製作公開されたアニメ映画のヒロイン「ベティ・ブープ」のことで、長い睫毛《まつげ》、大きな瞳、細い垂れ眉《まゆ》、ちぢれっ毛、それに広い角型の顔におちょぼ口という特異なマスクが、たちまち当時の子どもたち、とりわけ女の子の人気を得、絵かき遊びのスターとなっていった。

この絵かき遊びの画図はおおむね顔の下部から一［頬・口］、二［目・鼻］、三［耳飾り］、四［頭髪］、五［体軀《たいく》・結句］の順序で描き進んでゆく。

まず、一［頬・口］は「お尻に豆がはさまった③（青森）、お尻のわれ目に卵をはさみ④（広島）、お尻のすき間にダンゴをいれて（奈良）、お尻にもちがくっついて（岐阜）、あったらお尻にうんこたれ（佐賀）」など、いささか品のない「お尻系」と、「カラスがとんで豆をたべ⑤（三重）、カラスのお尻に豆は

図2　ベティ・ブープの模写

さみ⑥（香川）、反対カラスが卵うみ⑦（千葉）、カモメのおなかに石をつけ（愛知）」などの「鳥類系」、そして「さんちゃんがベロ出して⑧（埼玉）、三ちゃんがダンゴたべ⑨（山形）、おさるのおしりに皿おいて（大分）、さんカブおじょうさん⑩（兵庫）」など、「数字系」の三派によってあらわされる。

　次の二［目・鼻］は、前掲の「卵がわれてつゆが出て」「卵がわれて　みがながれ」や「卵がわれて　めっちゃめちゃ（宮城）、卵に傷つきぐちゃぐちゃ（岡山）」、あるいは「お山へお山へパンかいにパンかいに⑤、せんべい一枚せんべい一枚⑥、のり下さい、のり下さい⑪（香川）、へんだね　へんだね　のんきで　のんき⑫（宮城）、めが出て、めが出て、へいへいへいへい⑬（山口）、のり頂戴　へい、のり頂戴　へい　もっと頂戴⑭（京都）」など多彩な表現をくりひろげている（⑫⑬⑭などの歌詞については480ページ〔「へのへのもへじ」の資料と分析〕参照）。

　ここで歌詞に盛んに出てくる「卵」について一言付け加えておくと、近時は衛生やアレルギーの関係で、生卵を食べることが少なくなったけれど、一九六〇年頃までは、旅館の朝食には必ず生卵がつく、貴重な食品であった。だから当時の子どもにとって殻を上手にわって、なかみを出すのは羨望《せんぼう》必需の技であったので、それが頻出する「卵をわって……」のかくれた意味である。

一方、三［耳飾り］の描出は、前記した、丸や二重丸のほか「3月3日⑧、33銭③、6月6日（広島）、6ひく6は0だね0だね⑫、8月8日⑨、88銭（兵庫）、88円（奈良）、はっちくりんのはっちくりん⑮（鳥取）、9月9日⑪、99銭⑤、9銭だ9銭だ④、くるしんでくるしんで⑥」など、数字を借用した表現が多い。

最も苦心と工夫をこらしているのが四［頭髪］の左右に分かれたちぢれっ毛の表現で、戦争前、女性の整髪に大いに用いられた「パーマネント・ウェーブ」が大活躍し、「パーマネントがくりくりくり⑧、ぐ

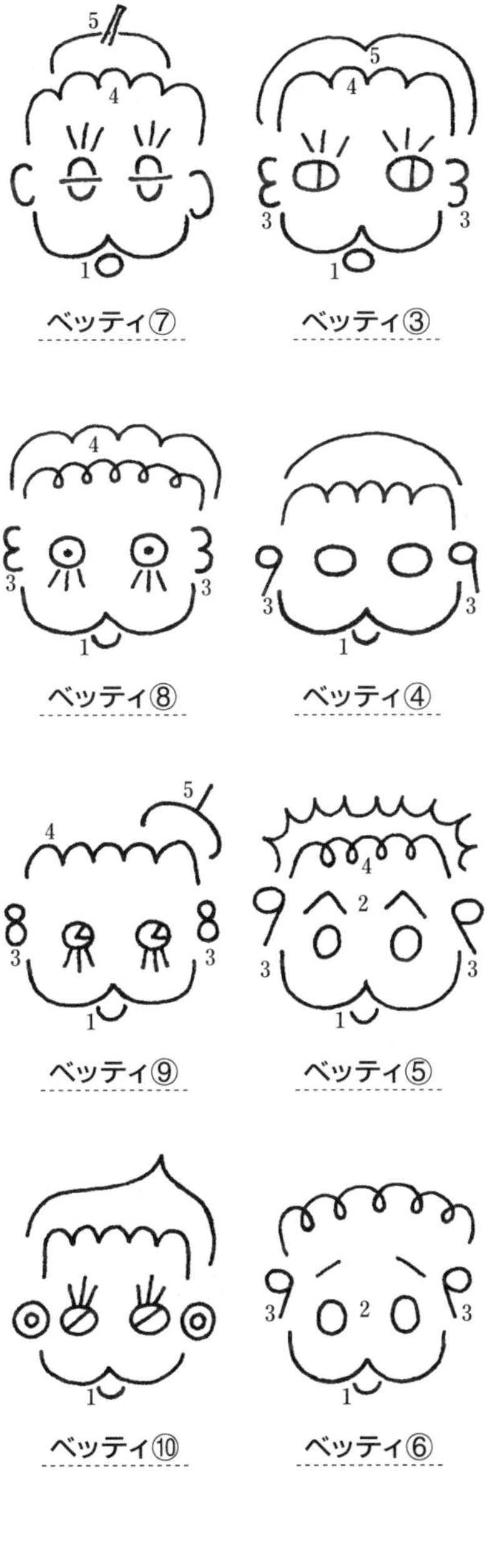

っしゃぐしゃ⑨、があらがら③、ちーりちり（島根）、ぐうるぐる（広島）、ぶうぶくぶう（岡山）、びーりびり⑦、がっちゃがちゃ（長野）、くっしゃくしゃ（東京）」などのほか、「ぶくぶく泡がたってきて⑤、泡がたった泡がたつ⑪、大波小波　波がたつ（静岡）、ぐちゃぐちゃのりがひっついて⑭」などで描出される。

そして五［体軀・結句］においては、「あっと驚く」などの常套句《じょうとうく》や「いつの間にやら（新潟）、にっこり笑って（東京）、帽子をかぶれば⑦、よこっちょ帽子で⑨、ふろしきかぶって⑮、ぐるりとまわせば③」などに続いて「ベッキィ／ベッチィ／ベッチ／ベッキ／ベキー／ベッキー／ペンキー」などヒロインの異称変名が登場して結末となる。

ベッティ⑪

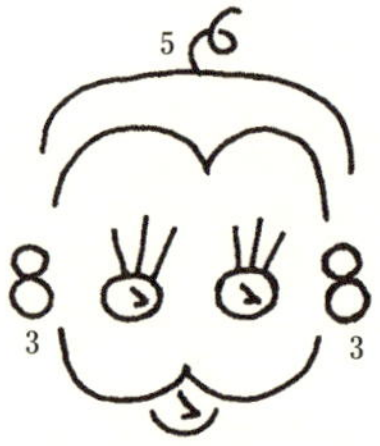
ベッティ⑮

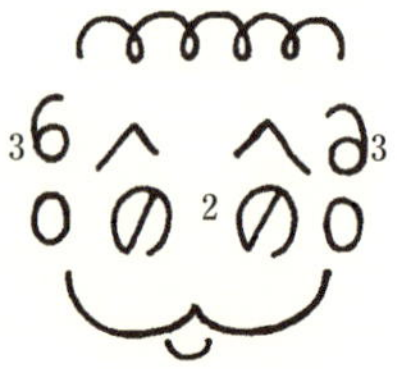
ベッティ⑫

ベッティ⑬

ベッティ⑭

キューピーへの転化

〈ベッティ〉のモデルは、アメリカのアニメ映画のヒロインであることは前述したが、当時の子どもたちは全員映画館でそうした映像を見たわけではない。春夏の学校の休みとなっても、当時は映画館で「アニメ大会」が開催されたこともなく、もし開かれたとしても、見に行けたのは都会のごく少数の子どもだけだったろう。それなのにアニメ映画のヒロイン〈ベッティ〉が全国の子に知られるに至ったのは時折地域で開かれる野外の映画会——当時の言葉でいえば、「活動大写真会」「活動写真大会」のゆえである。町や村の広場や、校庭などに丸太と青竹を組み、つぎはぎの白布がはられると、何キロもの道をいとわず、まだ明るい夕方からゴザを持って一家総出で見に行く。町の有志や青年団などの世話役が、どこをどう工面したのか、近くの電柱から長いコードをひいて映写機につなぎ、ようやく夜となって待ちに待った映写機から強い光芒が放たれると、子どもたちは手の影を映したりしてはじまる映画会の冒頭には、二、三本の短編アニメがあって、そこに登場してくるのがベティやミッキーだった。

当時の子どもは、この短い映画によって、そのヒーローやヒロインの像を記憶し、遊びに取りいれたのである。しかし平穏な日々は一九三七年頃までで、中国との戦争が本格化すると、「非常時局ニ鑑《かんが》ミ」敵性映画は公開をはばかられ、「ベッティーさん」も見られなくなった。

こうした状況の下〈ベッティ〉と同工異曲の新人が絵かき遊びに登場することとなる。

ベッティ⑯（千葉）

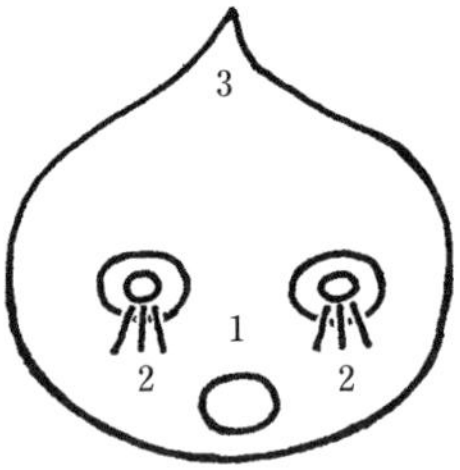

1・お皿が三つ　あったとさ

2・卵がわれて　黄身が出た
卵がわれて　黄身が出た

3・あっという間に
キュピーちゃん

ベッティ⑰（愛知）

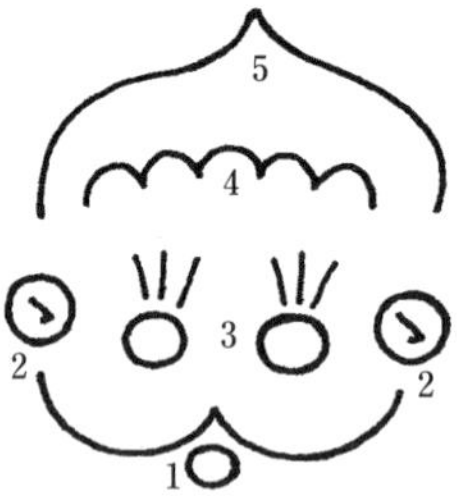

1・お尻に　おだんご

2・丸かいてチョン
丸かいてチョン

3・卵がわれて　めっちゃめちゃ
卵がわれて　めっちゃめちゃ

4・パーマネントを　かけにいき

5・あらまあ　かわいい
キューピちゃん

外国女性をモデルとした〈ベッティ〉が排除された時代下で、同じ紅毛碧眼《こうもうへきがん》のキューピーちゃんがどうして存在し得たのか。

理由がふたつあった。

外国人とはいえ、キューピーは赤子であり、天使であり、何の悪意も策謀もないことは、裸の全身が示していて、つまらぬ難くせなど空転したからである。

もうひとつの理由の方が大きな意味を持つ。当時キューピー人形は、日本の子どもの玩具ではなく、外国、とりわけアメリカ乳幼児向けに作られ、しかも、それを作っていたのが経済不況にあえぐ日本の、小さな工場や貧しい内職家庭であった。遊びに訪れた級友の家の、暗い部屋の裸電球の下で（その透明な電球の先端も、当時はキューピーと同じくツンとがっていたが）セルロイド製の人形の絵付け内職に励む主婦の様子を小学生の私は何度も目撃した思い出がある。その内職代は一ダース一〜二銭という低賃金で、全世界の八割が日本で生産されていたのを知ったのは、不覚にも何十年後のことであるが、しかし絵付けを終え、大きな竹かごに投げ入れる乾いた軽い音は、今もはっきり私の耳に残っている。

日本の農村の娘たちが紡績工場で作った絹靴下と同じように、キューピー人形は「軽工業製品」として当時の日本経済を支えていたから、紅毛碧眼といえども「キューピーちゃん」をむやみに排撃できなかったのである。

こうした理由と背景によって、ベッティにかわる女の子の遊びの対象がキューピーに託されていった。

ベッティ⑱（佐賀）

1・おさるのお尻
　ベロだして

2・卵がわれて　しるがとび
　卵がわれて　しるがとび

3・3月3日に
　パーマネントかけて

4・あっという間に
　キューピィさん

このキューピー人形もまた映画フィルムと同じく、セルロイド製で火薬と同じ原料を使うので、やがて製造禁止となり、「パーマネント」も敵性語だからいかんというので「電髪」と新聞用語では言いかえたものの、戦争の激化とともに消滅していった。

次の例はその戦争下の状況と「ベッティ」の名を同時に遊びにとどめた貴重な資料である。

ベッティ⑲（北海道）

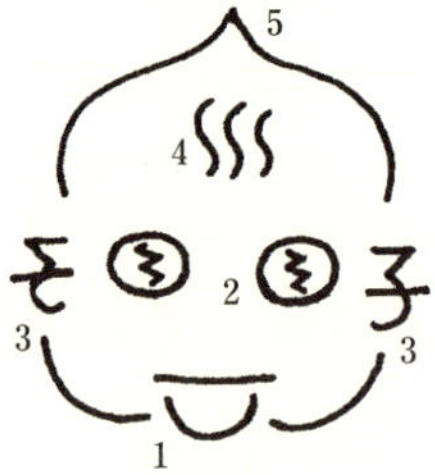

1·おわんに　みそ汁
　たくさんいれて

2·卵をわって　卵をわって

3·子どもと　子どもに

4·ゆげがでて

5·おっとどっこい
　キューピーさん

ベッティ⑳（兵庫）

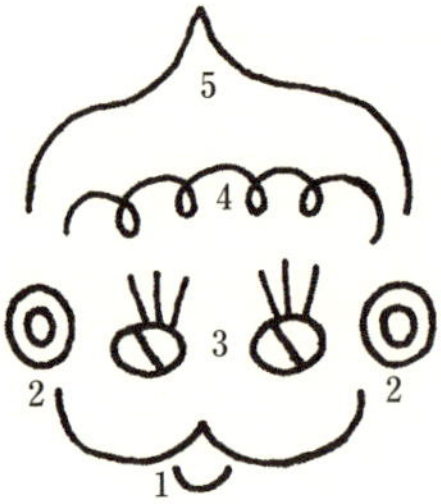

1·おかぶの　おじょうさん
　した出して

2·ドーナツもって　ドーナツもって

3·卵がわれて　みがながれ
　卵がわれて　みがながれ

4·B29が　ブルルンブルルン

5·ずきんをかぶって　ベッティさん

ベッティ㉑（愛知）

1・かもめの　おしりに
石がつき

2・卵がわれて　なかがでて
卵がわれて　なかがでて

3・じゅうじゅう　やいて
けむり出て

4・もうもう　かじだ
くうしゅうだ

5・わっとおどろく　ベティさん

⑳の歌詞に出てくるB29とは、昭和一九（一九四四）年、サイパン島を占領したアメリカ軍が、そこを基地として、日本各地へ連日連夜空襲を行った時、主力となった長距離用爆撃機の機種名である。この発動機四基の世界最大、最高機能の爆撃機による空襲のたびに、日本の庶民は頭巾で頭部を守り、火災の中を逃げまどった。

そうした経験を持つひとりである私は、この資料に出会った時、まことに感無量であった。

華麗なファッション人形

敗戦の荒廃もおさまりようやく生活に落ち着きが出てきた一九六〇年頃、空襲も飢餓の恐ろしさも知らぬ子どもたちの間に、〈ベッティ〉が再生し広まっていった。

ベッティ㉒（岐阜）

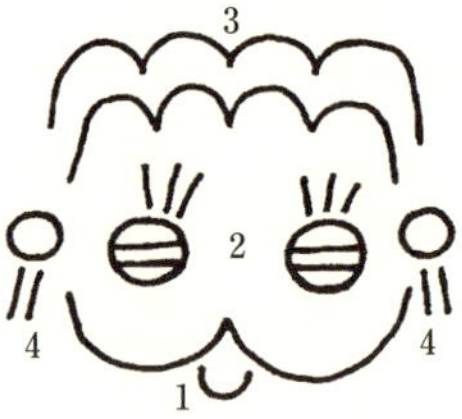

1･お尻にもちが　くっついて

2･卵がわれて　ピッカピカ
　卵がわれて　ピッカピカ

3･パーマレントが
　ぐっちゃぐちゃ
　パーマレントが
　ぐっちゃぐちゃ

4･ああっという間に
　バービーちゃん

ベッティ㉓（静岡）

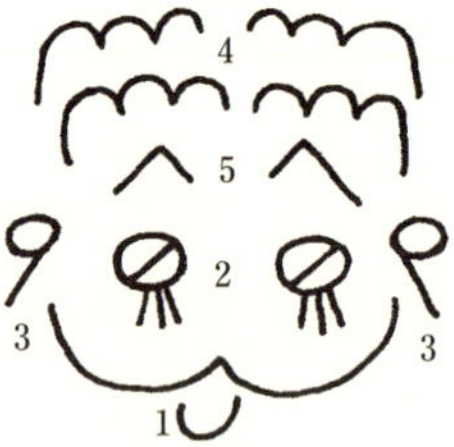

1･さんちゃんが　ベロだして

2･卵がわれて　みがながれ
　卵がわれて　みがながれ

3･99円

4･泡がでる　泡がでる
　くもが出る　くもが出る

5･あれあれ　かわいい
　ターミーちゃん

ベッティ㉔（島根）

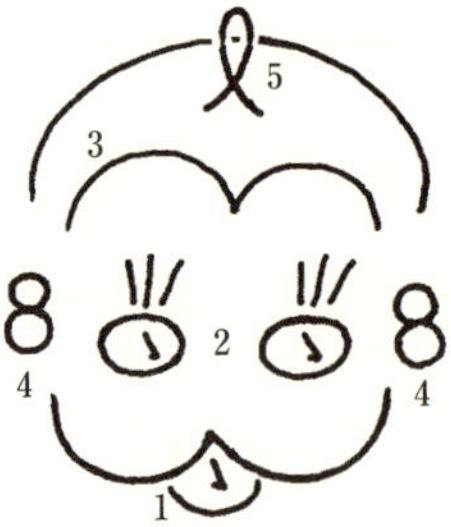

1･お尻がわれて　豆が出て

2･卵がわれて　光出て
　卵がわれて　光出て

3･大山小山に

4･はっちくりんの
　はっちくりん

5･帽子をかぶれば
　リットルちゃん

戦後「パーマネント」は一時「パーマ」とか「コールド・パーマ」として再登場した時があった。しかしそれもやがてすたれてしまい、親などから伝授されても「パーマレット」「パーマネット」「パーマント」「パーネント」などさまざまの誤用珍語を発生したあげく消滅してしまった。さらに、「ベッティ」や「キューピー」の名も、各玩具メーカーがその頃競って製作販売したプラスチック製の着せ替え人形、通称ファッション・ドールの愛称である「テデーちゃん」「メリーちゃん」などにかわってお目見えとなったのである。

ファッション人形は日米業者の提携によって本物のファッションと競うかのごとく、次から次へと流行の服飾や色柄が作られていき、下着や帽子はもちろん、靴、傘、ハンドバッグの小物袋物からかつらまでが世界の市場に輸出され、当時の日本の少女一六〇〇万人（少女全体の二〇％に相当）が保有したと推定されている。

その華麗な人気は女の子ばかりか、一部の男の子や大人にまでおよび、昭和四二（一九六七）年日本の玩具メーカーによる「リカちゃん人形」の登場により、さらに激しい販売戦争が、東南アジアを製造下請地域に巻き込んでくりひろげられた。

その結果「リカちゃん」がほかを圧倒するに至ったと業界史は述べているが、不思議なことに当の「リカちゃん」の名を残した資料は、絵かき遊びでは得ることができなかった。

絢爛波瀾の歴史

不思議といえば、もうひとつ不可解なことがある。戦争前のベティーにはじまり、戦後のさまざまなファッション人形をモデルにしたのであるから、①〜㉔に至る多彩な美貌（？）に続く、華麗な衣装や優美な肢体軀体の展開が期待される。

ベッティ㉕（兵庫）

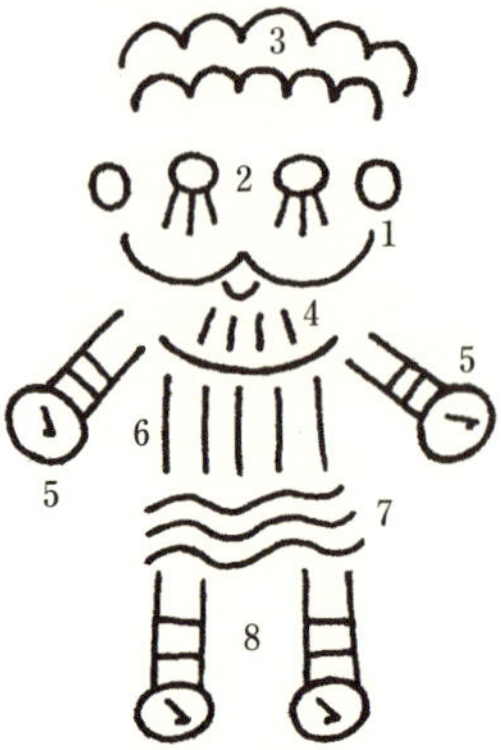

1·お尻が　われて
　おだんご　おだんご

2·卵がわれて　ぴちゃぴっちゃ
　卵がわれて　ぴちゃぴっちゃ

3·石けん遊びで　ぶくぶうく
　石けん遊びで　ぶくぶうく

4·三日月チョンチョン
　チョーンチョン

5·たてたて横々　丸してチョン
　たてたて横々　丸してチョン

6·雨がふって　ざーあざあ

7·みみずがはって
　にょーろにょろ

8·たてたて横々　丸してチョン
　たてたて横々　丸してチョン

ベッティ㉖（宮崎）

1·（顔部省略）

2·たてたて横々
　丸かいてチョン
　たてたて横々
　丸かいてチョン

3·ザブザブ　ザブザブ
　波がきて

4·ザアザア　ザアザア
　雨がふり

5·もくもく　もくもく
　雲が出て

6·たてたて　横々
　丸かいてチョン
　たてたて　横々
　丸かいてチョン

しかし、以上のように、期待に反し、わずか数種を得たのみであった。

あの絢爛《けんらん》を極めたファッションが反映しなかった理由は、思うに、人形を持った子はその実像に夢中となり、線描きの画図なんかでは満足できなかったのではなかろうか。

一方長い変遷を経た〈ベッティ〉の顔は、前述した〈ガイコツ〉や後述の〈カッパ〉（107ページ）などと同じく「ビックリ箱」への変化型が得られている。

ベッティ㉗（神奈川）

1·（顔部省略）

2·6月6日に　雨がふる

3·さんちゃん　みみずが
はって出て

4·にいちゃん　うなぎが
はって出て

5·9月9日　くつはいた

ベッティ㉘（群馬）

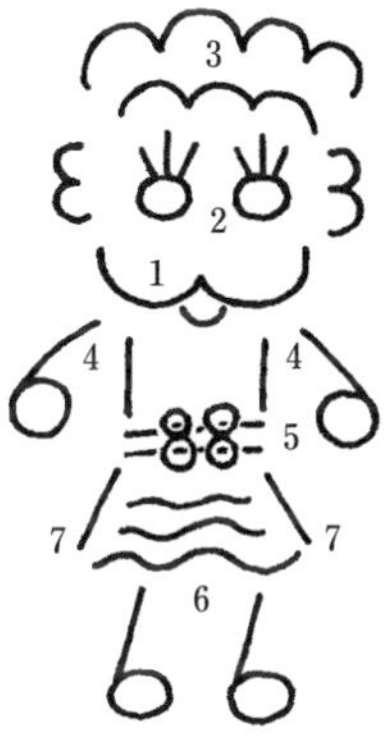

1·からすのおしりに　ごみついて

2·卵がわれて　しるが出て
卵がわれて　しるが出て

3·3月3日に　くもが出る
くもが出る

4·6月6日に　雨がふる

5·8月8日に　橋わたり

6·9月9日　川へゆく

7·あっという間に　ベッテちゃん

ベッティ㉙（東京）

1・おしりの　われ目に
丸木舟

2・卵がわれて　流れ出し
卵がわれて　流れ出し

3・とんがり山の
戸があいて

4・くるくるまわって
キューピーちゃん

ベッティ㉚（和歌山）

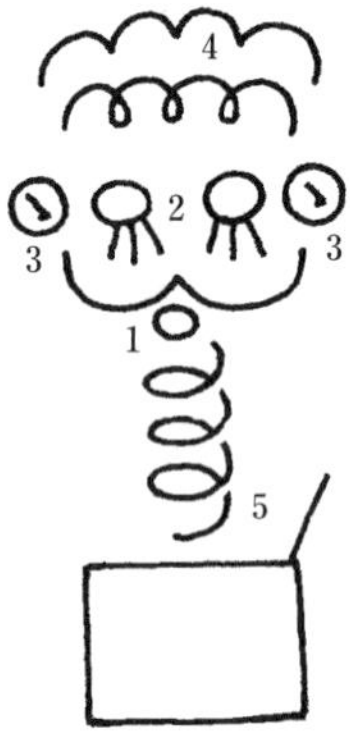

1・ももちゃんの　おしりに
豆がつき

2・卵がわれて　しるが出て
卵がわれて　しるが出て

3・丸かいてチョン
丸かいてチョン

4・洗たくあぶくが　ぶうくぶく
ゆうだち雲が　もうくもく

5・目玉がまわって　くうるくる
びっくり　おどろく
ベッテさん

以上ベティのアニメが日本で公開となった一九三五年以降、日本の子どもたちに影響を与え、絵かき遊びの中に確たる地歩を占めていた〈ベッティ〉も、一九八〇年頃にはほとんど資料が消滅し、そのはなやかな形跡を、ほかにゆずっていったと考えられる。

しかし〈ベッティ〉の資料からは、昭和年代の変動波瀾《はらん》の約五〇年間の社会状況と、そこで生きていた子どもたちの思いと生活が刻みこまれているのを知ることができる。それは短いながらも子どもの歴史とよべるであろう。

第3章・変身の策　変貌の術

〈ウチワ〉のかずかず

家庭の日用品を題材にした絵かき遊びとして〈カサ〉や〈ヤカン〉を前述したが、戦争前の日本の夏は、蝉が鳴きトンボや蚊がとびかい、したがって涼を求め虫を払うウチワは必需品のひとつであった。

霧に消えた〈センドウ〉さん

前述の〈ベッティ〉の歌詞に、「卵」がたびたび登場し、それについて多少付言したが、以下述べる〈センドウ〉の絵かき遊びの歌詞にも、この卵が登場してくる。

センドウ①（神奈川）

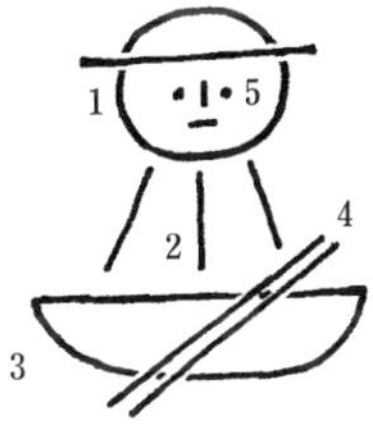

1・卵がわれて

2・つゆが出て

3・皿もってこい

4・ハシもってこい

5・よくよくみれば　船頭さん

センドウ②（三重）

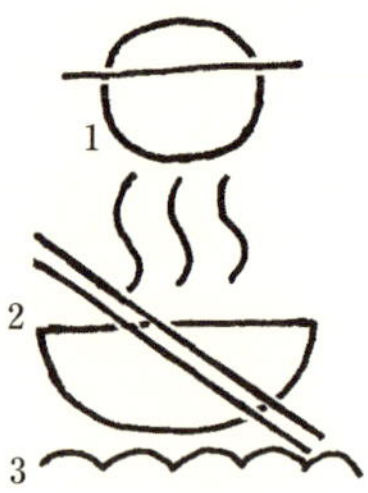

1・卵をわって
しるがたれ

2・茶碗にいれて
ハシもたせ

3・波にゆられる
せんどうさん

センドウ③（岡山）

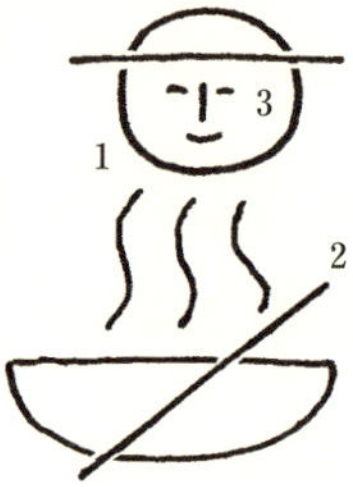

1・卵がわれて
おつゆがこぼれ

2・おわんでうけて
おはしでまぜて

3・あっという間に
せんどうさん

これら〈センドウ〉の歌詞は、大要、一［頭部］、二［体軀《たいく》］、三［船と船具］、四［情景］、五［結句］の五部からなっていて、一［頭部］は資料の全部が「卵」ではじまっていた。ほかのたとえば「ボール」や「スイカ」でもよいと思うのに、それは別の系統となるゆえか卵の専売であった。

その「卵」が「われ／傷つき／たたき／ぶつかり／ごっつん／こわれ／やぶれ／つぶれ」ることで［顔・帽子・かぶりもの］が描かれる。

それにしたがって「しる／つゆ／み／きみ／なかみ／しろみ／とろとろ／どろり」と出てくることによって二［体軀］が作られる。

三［船と船具］は「おわん／皿／どんぶり／いれもの／せんめんき／おはち／ふか皿／大皿／なべ／かめ／バケツ」や「はし／わりばし／竹ばし／ぜんばし／とりばし／ぬりばし／竹／ぼう／くし」によって描出される。

そして四［情景］、五［結句］は、波・煙・霧・雲などを添える〈センドウ〉②の系列と、顔の「目・鼻・口」を描き加えて終わりとする①③の系列に分かれている。

こうした歌詞に対して、画図で最も目につくのが、船頭の体軀、すなわち卵から流下する状態が①のような直線と、②③のような波状の曲線との差となっている。

さらに五［結句］の部において、舟の周辺の波の様子や、さらには背景が「雨がざあざあふってきて」など、ほかの絵かき遊びに登場する常套句《じょうとうく》で描写添加され、一幅の俳画（?）のごとき趣となっている。

センドウ④（山梨）

1・卵がわれて　だーらだら

2・皿をもって　だーらだら

3・ハシをもって　だーらだら

4・これは　元気な　せんどうさん

俳画のようだと記述したが、それにぴったりの画図もある。

センドウ⑤（福岡）

1・卵に三角
　つゆがでて

2・おわんで　うけて
　ハシもって

3・雨が　ざんざん
　ふってきて

4・こさめが　しとしと
　ふってきて

5・これは　大川
　せんどうさん

センドウ⑥（群馬）

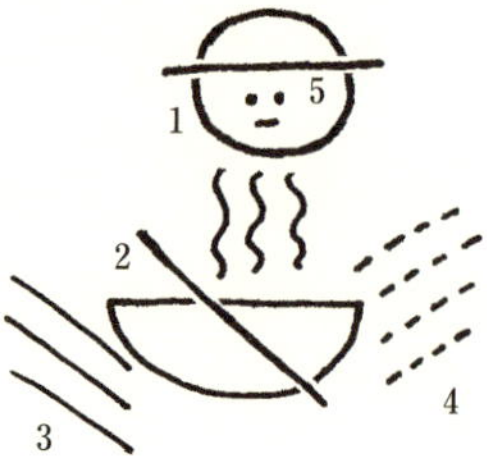

1・卵がわれて
　みがこぼれ

2・おはちにいれて
　ハシもって

3・雨がざあざあ
　ふってきて

4・あられがぽつぽつ
　ふってきて

5・よくよく見たら
　せんどうさん

センドウ⑦（北海道）

1・卵がふたつに
　われたとき

2・中から　きみが
　とび出して

3・おわん　もってこい
　はし　もってこい

4・よくみりゃ　ミノきた
　せんどうさん

往時船頭とよばれた渡し舟の主は、雨中でも働く必要上、ミノという防雨着をまとっていた。歳がわかってシャクではあるが、私の小学一年の国語（ヨミカタ）の教科書第一ページは「ハナハト　マメマスミノカサ　カラカサ」であって、傘とともにミノは当時の生活必需品であったことを物語る。しかしそんな雨具も生活も時代もかわってゆく。

セントドウ⑧（広島）

1・卵がわれて
しるがこぼれて

2・おわんでうけて
おはしでとめて

3・あっという間に
せんどんさん

船頭という実体を知らず、何か「丼もの」の類と間違えて「せんどん」と使ったのであろうか。また「箸は二本、筆は一本」というが、子どもたちはその持ち方も本数もあまり頓着しない。そしておわんやハシが出てくるなら、有名な故事説話が当然登場してくる。

セントドウ⑨（大阪）

1・卵がわれて
しずくがたれて

2・おわんで　うけて
ハシのかい

3・波がたったら
一寸ぼうし

しかし、渡し舟の姿もなくなる時代には、「船頭」にかわる新しい名称として、次のようなものが出てくることとなる。

センドウ⑩（富山）

1·卵がふたつに　われたとさ

2·雨がざあざあ　ふったとさ

3·はちもっておいで
　はしもっておいで

4·よくよく見たら　船長さん

センドウ⑪（東京）

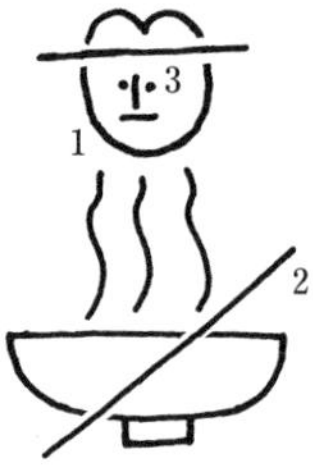

1·卵にひびいり
　おつゆがこぼれ

2·おちゃわん　おいて
　おはしをもって

3·ふなのりさんの　お船

このほか「つりぶねさん／さかなとり／ほかけぶね／ヨットのり／ボートのり」が登場する。

以上、私の得た七〇余の資料の〈センドウ〉を作り広めてきたのは何だったのだろうか。その秘密を次の例は垣間《かいま》見せている。

センドウ⑫（兵庫）

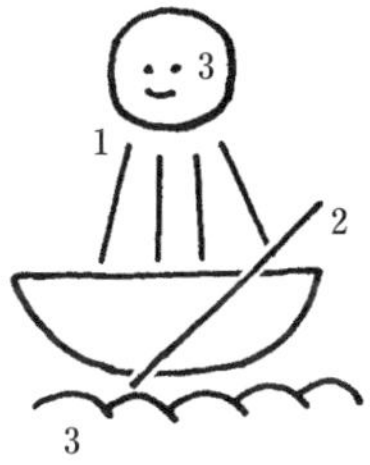

1･卵があって　石でわり

2･おわんでうけて　ハシでまぜ

3･どんぶりこっこ　卵やき

センドウ⑬（栃木）

1･卵をわって

2･うすなべで

3･やけば　たちまち

4･うすやきたまご

一九六〇年代、その頃の子どもの愛好と憧れを連ねて「巨人　大鵬　卵やき」と称したことがあったが、この〈センドウ〉は、その「卵やき／ゆで卵／いり卵／目玉やき」など、強力な食物の魅力が後ろ楯となっていたことを物語っている。

一九九〇年に入って『矢切の渡し』という歌謡がブームとなったけれど、この絵かき遊びの〈センドウ〉には、そうした復活もなく、霧の向こうに消えてしまった。

丸センドウ舟遊びの図

前記のように「卵がわれて」の歌詞により〈センドウ〉が登場したが、さらに別の船頭が出てくる一群がある。

ウチワ①（埼玉）

1・丸まる　丸まる

2・さらかいて

3・土人が

4・舟こぐ

5・波シュッシュッシュッ

〈ウチワ〉①は親子か夫婦かはともかく、相乗り舟の画図であるが、次は貧弱ではあるが屋形舟である。

ウチワ②（長野）

1・三角四角で

2・丸木舟

3・土人が

4・こぎます

5・あら　シュッシュッシュウ

また次の例は明らかにその国籍を示す。

ウチワ③（青森）

1･三角四角で

2･丸木舟

3･私は東京へ　かえります

4･父さん　母さん　さようなら

5･かもめも　スイスイ

6･波シュッシュッシュウ

この一連の絵かき遊びは、実は昭和初期の一九三〇年代にはやった童謡『独木《まるき》舟《ぶね》』の、

♪まんまる　まる　まる　独木舟
土人が漕ぎます
シュラ　シュ　シュ　シュー

という、西条八十《さいじょうやそ》の作詞を巧みに転用活用し、中山晋平《なかやましんぺい》作曲の哀調あるメロディーを借用しているのである。

しかも子どもたちの間を転々伝えられる時、そそっかしいのも音痴もいたためだろうか、大正から昭和

独木舟

まんまる まるまーる まるきぶーね どじんがー こぎます シュラ シコッシコッ シュー

籠の鳥

あいたさ みたさに こわさを わすれ くらい よみちーを ただひとーり

ピエロ　〈採譜地・岐阜〉

まるてん まるてん まるきぶ ね とぉさん かぁさん さようなら
さんがつ みっかに あめがふる

＊ピエロは291ページ〈ピエロ〉⑥を参照。
(『のびのび』(朝日新聞社1977.6)掲載論文より)

初期にかけての流行歌『籠《かご》の鳥』や文部省唱歌の『羽衣』の節が混合換入されている。

したがって前述した「卵がわれて」の〈センドウ〉と、同じ船頭でも発想や展開をまったく異にしているのである。

「卵」の歌詞ではじまる〈センドウ〉を「卵センドウ」、『独木舟』などの歌詞を使った〈センドウ〉を「丸センドウ」と仮に名づけ、その資料を集約すると、「丸センドウ」の全容が浮かび上ってくる。

これは単なる舟遊びの図ではなく、ウチワを描いていたことがわかる。

絵かき遊びにはいろいろな楽しみやユーモアが秘められているが、とくに描写を進める間、劇的展開を重ねつつ、最後に意外性と完結開花のフィニッシュを見る好例であろう。以下その絵柄と微妙な変異に注目しながら、「団扇絵《うちわえ》」の数々を鑑賞するとしよう。

ちなみに〈ウチワ〉④は「波《は》濤《とう》舟行《しゅうこう》図」とも「旅愁別離之図」とも借題することができるが、次の例は「遠島飛鳥之図」であろうか。

ウチワ④（新潟）

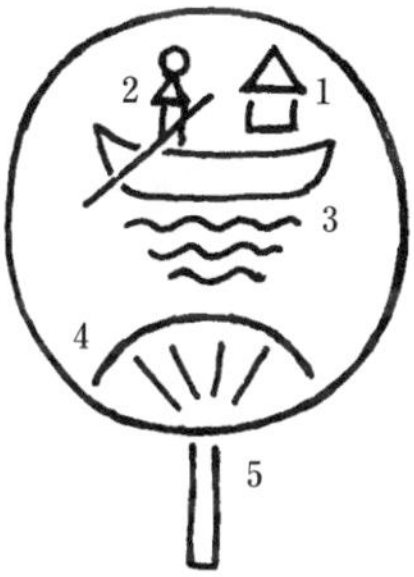

1･三角四角に　丸木舟
2･土人がこぎます
3･波シュッシュッシュウ
4･父さん母さん　さようなら
5･これから私は　旅をする

ウチワ⑤（栃木）

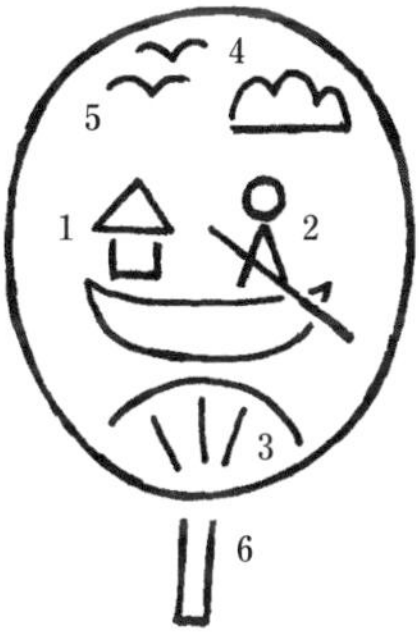

1･三角四角に　丸木舟
2･土人のあねちゃん
3･あら
シュッシュッシュウ
4･遠いお山も　さようなら
5･かもめがとびます
6･あら
シュッシュッシュウ

歌詞2の「あねちゃん」に注目して「海女《あま》飛鳥之図」とも題することができるが、次の「夕陽飛《ひ》鷗《おう》図」と見られるのは、

ウチワ⑥（富山）

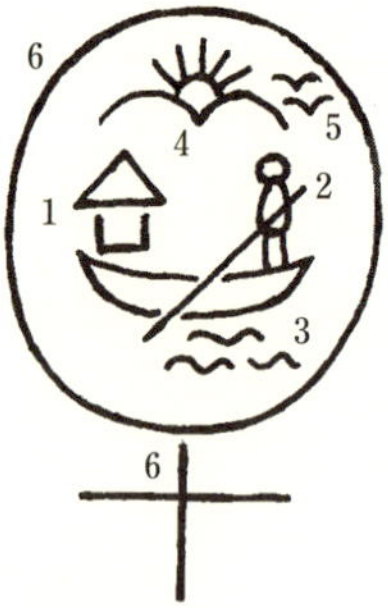

1·三角四角　丸木舟

2·はち屋の　せんどうが

3·波ギッチョンチョン

4·お山も　小山も　日がくれて

5·かもめが　スイスイ
とんでいる

6·世界中　まわって
ひとやすみ

結びの句から「長旅落陽図」とした方がよいかもしれない。

さらに「月明舟行図」と見られるのは、次の例である。

ウチワ⑦（東京）

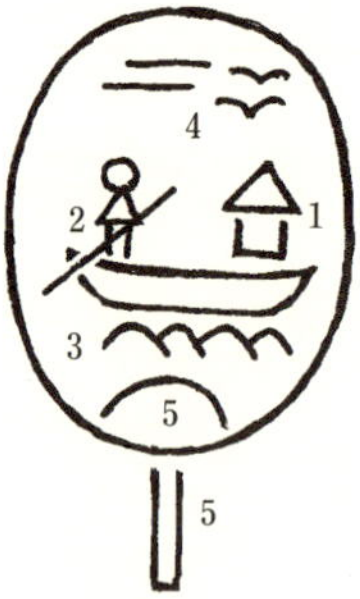

1·三角四角の　丸木舟

2·土人が　こぎます

3·波シュッシュッシュウ

4·父さん　母さん　さようなら

5·丸い　お月さん　出ています

また「北海舟旅之図」と題したいのは次の例で——

ひょっとすると、歌詞5の「松原」は「海原」と対応交絡させているのかもしれない。なぜなら、次の「山海落陽図」とおぼしき例では、

ウチワ⑧（福井）

1〜3・（略）

4・父さん　母さん　さようなら

5・松原こえて　旅にゆく

ウチワ⑨（愛知）

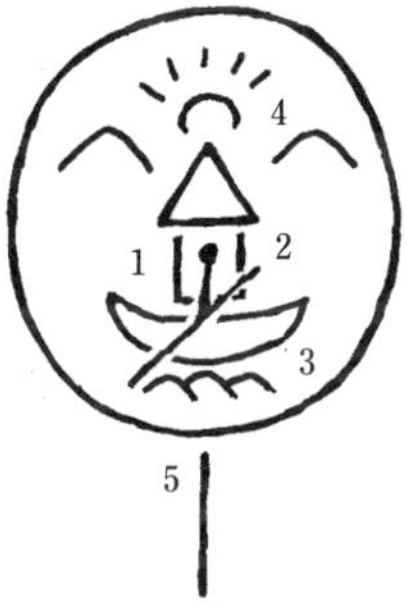

1・三角に　四角で　丸木舟

2・土人の　こぎ手が

3・波シュッシュッシュウ

4・お山に　お山に　日がしずむ

5・おやすみなさい　またあした

描出される画図をよく見ると、そこには「微笑安眠之顔」がかくし絵となって秘められているなどの工夫がちゃんと行われている。

このようにして、二三二の「丸センドウ」のウチワの資料からは一九三〇年代の不況不景気の社会の中、退廃哀調の大人の流行歌をも借用し、子どもたちはユーモアをおりこみ遊舟図のウチワを作りあげていたことがわかる。

なお、たびたび歌詞に出てくる「土人」は一種の差別用語である。「土着の人」の意であろうが白人の土着民のことを言わないように、非文明地域の有色人の蔑称である。こうした差別用語には子ども関係者は十分な配慮が必要となる。

しかし一九九七年に至るまで「北海道旧土人保護法」が制定されていたように、日本の政治や社会、要するに大人の世界では生き続け、したがって同じ場で生活していた子どもたちの伝承遊びの中にも、それが用いられていたので、そのまま記録することとした。差別用語以外、種々な禁句忌事と思われるものに対しても、本書では同様に取り扱うこととした。

あなたの家、わたしの家

「丸センドウ」のウチワを前述してきたが、まもなくそれらと異なる別種のウチワがあることを知った。前述のウチワに共通していたものは「船頭と舟」であったが、次の資料の共通点は「建物」である。したがって必要の場合、「丸センドウ」と仮称してきた前者を「船頭ウチワ」とし、後者を「建物ウチワ」と以下区別するとしよう。

ウチワ⑩（新潟）

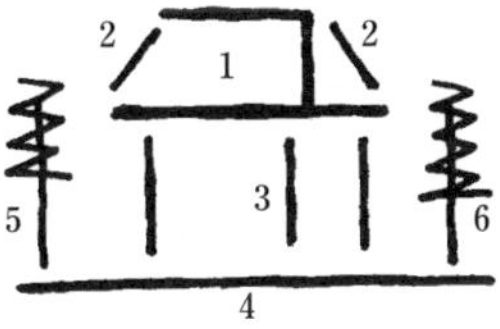

1・ユキ子さん

2・ハル子さん

3・三郎くんに

4・一郎くん

5・杉山さんに

6・松本さん

これらは、歌詞の人名の頭文字を図化した組み合わせで「家」を組み上げてゆくのである。

ウチワ⑪（山形）

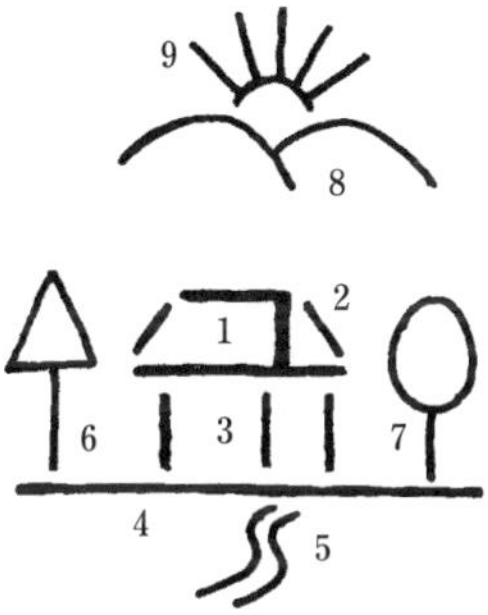

1・ユウ子ちゃん

2・ハナ子ちゃん

3・三郎さん

4・一郎さん

5・道子さん

6・松子さん

7・杉山さん

8・山田さん

9・日出子さん　ピッカピカ

「家」にはやがて暖房設備などが付されてゆく。

ウチワ⑫（静岡）

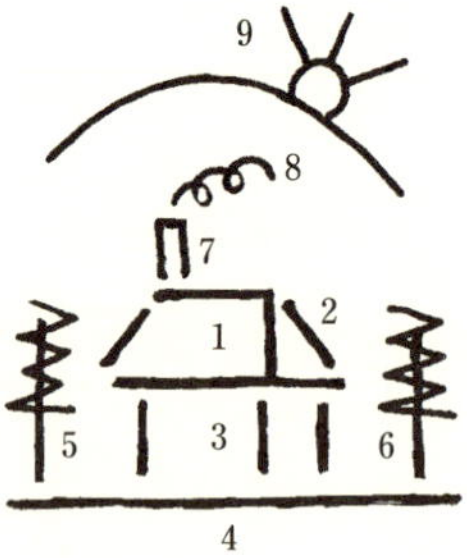

1・ユリ子さんに
2・ハチ郎くん
3・三太さんに
4・一郎くん
5・杉本さんに
6・松木くん
7・えんとつさんに
8・もくもくくん
9・お山のとうさん　毛が三本

歌詞9には「たぬきのおなか、毛が五本（沖縄）、だれかのあたま、毛が6本（長野）、まるいだんごに、はり5本（三重）」などがある。

こうした中には、きっと級友や近隣の子の名が配置されているのだろう、次のような例も登場する。

ウチワ⑬（埼玉）

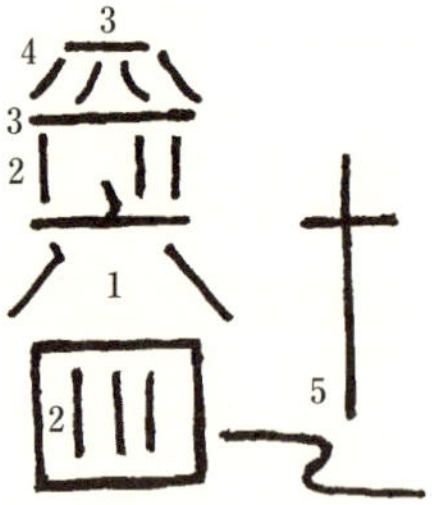

1・六郎さんが　国とって
2・三郎さんが　三とって
3・一郎さんが　一とって
4・花子さんが　八とって
5・十郎くんが　道とおった

これは二階建ての「家」を描くもので、こうしてできあがった「家」が、次には「画」に変身してゆくことになる。

ウチワ⑭（東京）

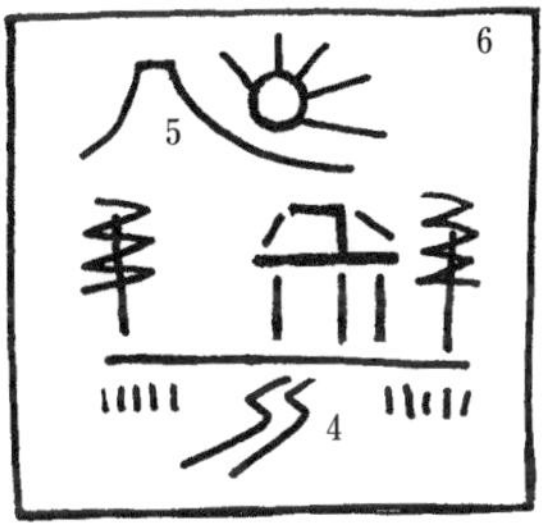

1～3・（略）

4・道子さん　草子さん

5・富士子さん　日出子さん

6・絵の上手な　〇〇さん

それまでのような一般的な子どもの名前の羅列ではなく、〇〇の所には、その時一緒に遊んでいる仲良しの名を入れるのであるが、さらにはっきりと「画」に仕立てる例もある。

ウチワ⑮（北海道）

1～3・（略）

4・田口さんに　田村くん

5・ミチコさんに　コミチくん

6・末子《スエコ》さんに　末夫《スエオ》くん

7・お山の上から　月が出て

8・わくをかいたら　絵になった

こうした準備の果てに、いよいよ本来の姿があらわれる。

ウチワ⑯（宮城）

1～3・（略）

4・大岡さんに　小山さん

5・てる子さんが　テカテカテカ

6・かわいい　ウチワが　できました

説明の便宜上、建物、絵画、ウチワの順序をとったけれど、あるいは伝承上の実際はウチワが初源で、しだいに周囲のカコミやワクを失い、中央の建物だけに簡略化していったのかもしれない。ともかくこうして「建物ウチワ」が出現することとなった。

茅舎樹屋図いろいろ

さらに、私は、数多くの「建物ウチワ」と出会うこととなる。

以下さまざまな「建物団扇絵」を見てゆく時、当時の家屋建築と人間生活、背後の社会の三つが浮かび上ってくる。

まず次の例は農地転用の場所に建てられたのであろう。

ウチワ⑰（香川）

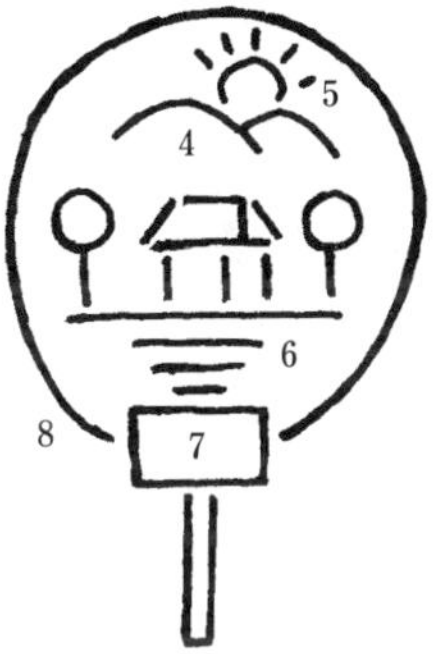

1～3・（略）

4・大山さんに　小山さん

5・ひで子さんが　ピカピカで

6・田んぼを　平に　たがやして

7・立て札たてて　さあどうぞ

8・あっという間に　うちわです

こうして建てた「家」の住みごこちはどうであったかといえば――

ウチワ⑱（愛知）

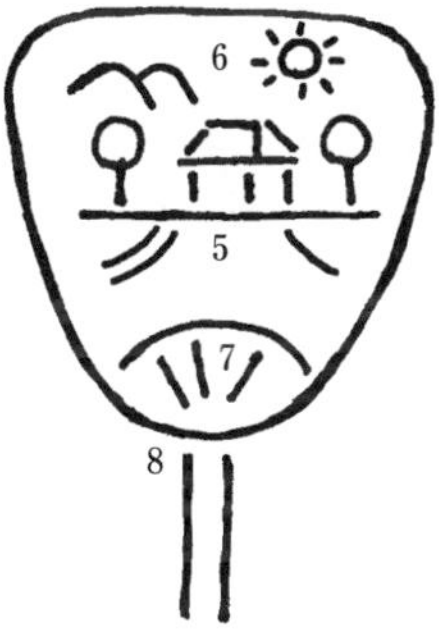

1～4・（略）

5・大道くんに　小道くん

6・朝日が　てって　いい天気

7・裏からまわって　三軒目

8・松たけ　シュルシュル　棒二本

と、朝日もさしこむし、

ウチワ⑲（長野）

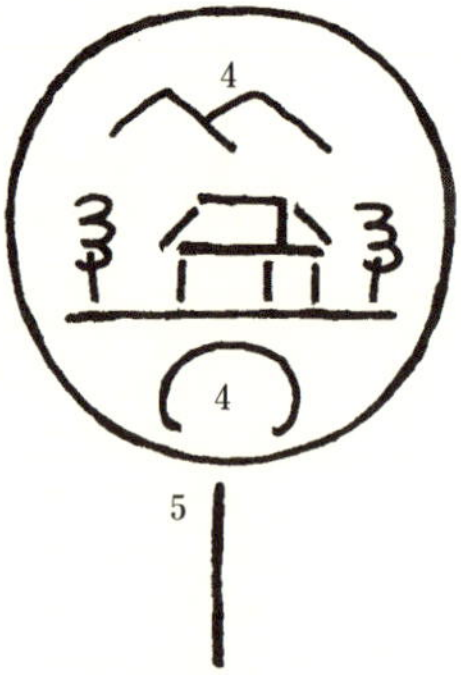

1～3・（略）

4・大山　小山に　月が出て

5・ぐるっと　まわって
ウチワができた

と、月光も美しい環境で、諸事結構の至りであるが、いつまでも平穏無事とはいかぬもの。

ウチワ⑳（岡山）

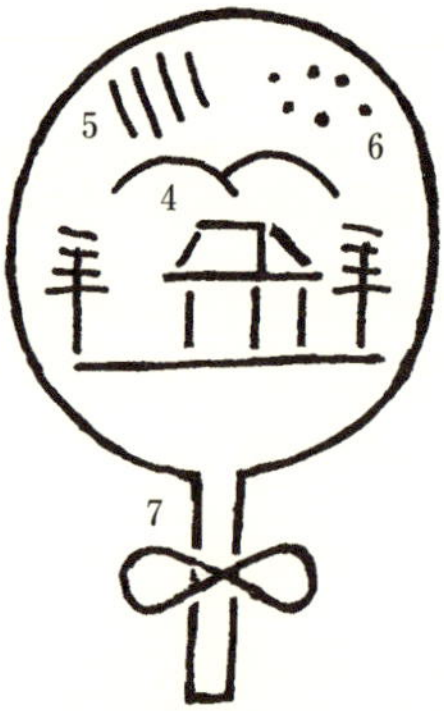

1～3・（略）

4・高い山　とおい山

5・雨がザアザア
ふってきて

6・あられもついでに
ふってきて

7・あれという間に
ウチワになる

と、厳しい風雨にも出会う。そして、

ウチワ㉑（三重）

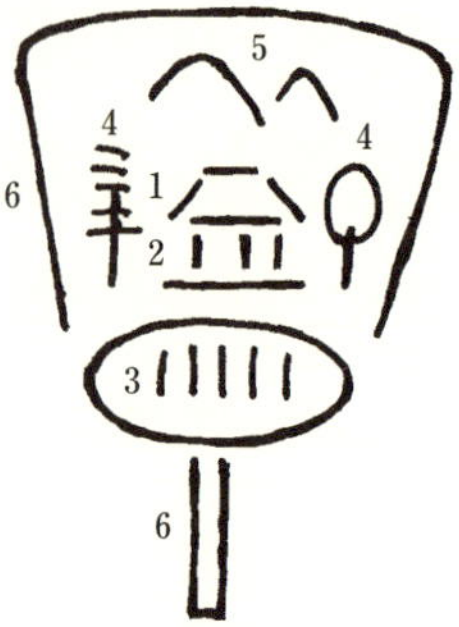

1・ハナ子さんに　二郎さん

2・三郎さんに　一郎さん

3・お池にはまった
五郎さん

4・松山さんに　杉山さん

5・大山さんに　小山さん

6・おやとおどろく
ウチワです

と、九人もがおしよせ、池に落ちる騒ぎまでおこすかと思うと、

ウチワ㉒（静岡）

1･ユキコさんに　ハヤコさん

2･三郎さんに　一郎さん

3･松本さん　杉本さん

4･大みちさん　小みちさん

5･花子さん　草子さん

6･大山さん　小山さん

7･鳥井さんに　川井さん

8･橋田さんに　日出さん

9･ぐるりとまわって
いらっしゃい

なんと、一六人もの来客があったのを知る。

この例が示すように、三〇〇余の「建物ウチワ」の資料が示す特徴は、多くの人名が出てくる点である。自分や友人と同名が、歌詞に見出される時、「自分や友人の名のついた遊び」として何よりも魅力あるものとなる。したがって多くの「家屋建築団扇絵」の羅列は、単にモデルハウスのカタログの類ではなく、子どもの遊びとしての面白さを、ちゃんと備えていたのである。

風景と顔面〈ウチワ〉さまざま

これまでは「船頭ウチワ」と「建物ウチワ」を見てきたが、また別の〈ウチワ〉が次々とあらわれた。

ウチワ㉕（岐阜）

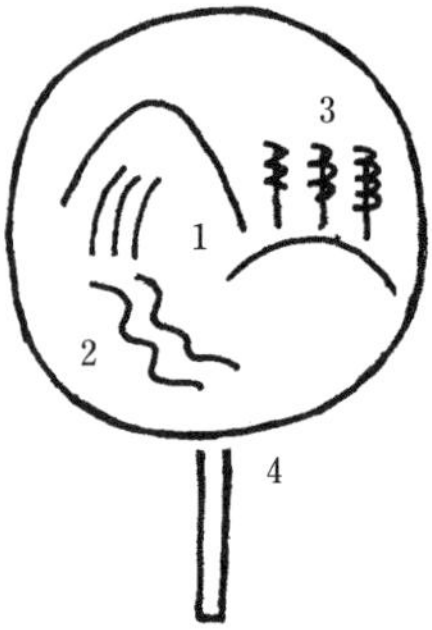

1・大きい山　小さい山

2・滝が流れて　川となり

3・松の木　杉の木
　ひのきの木

4・まるくまわって　月が出る

ウチワ㉔（滋賀）

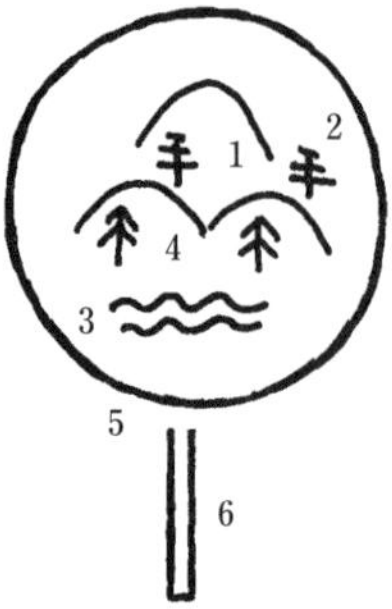

1・ひと山ふた山

2・松の木　松の木

3・川がながれて

4・杉の木　杉の木

5・ぐるっと回って

6・うちわの絵

ウチワ㉓（山梨）

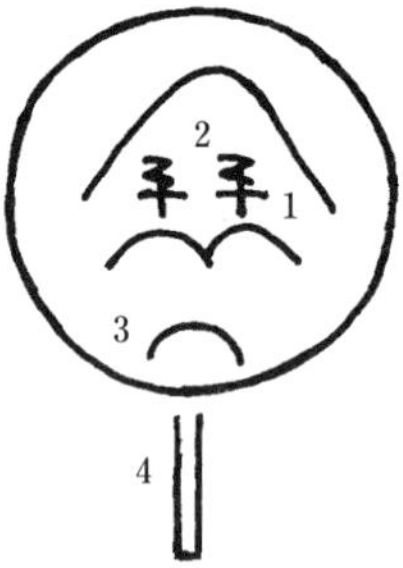

1・大山　小山に

2・松の木　松の木

3・あっという間に

4・うちわです

㉓〜㉕の資料は山水風景の描写が主になり、次の二例は、朝夕の情景が画面となっているので、これらを「風景ウチワ」とよぶこととする。

ウチワ㉖（山口）

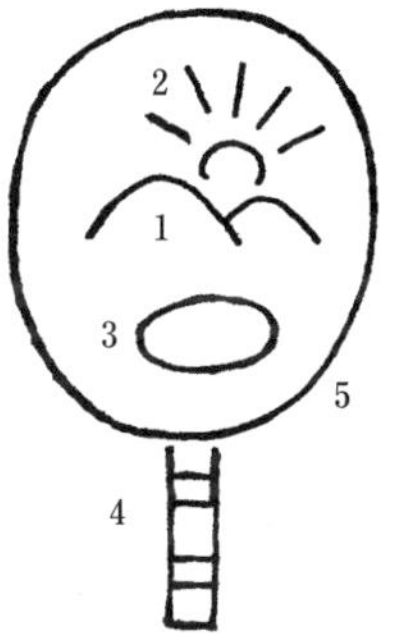

1・大山　小山
2・お日様　ピーカピカ
3・池など　ほりましょ
4・橋など　かけましょ
5・うらを　まわって
　できあがり

ウチワ㉗（岡山）

1・ユうやけ　小やけで
　日がくれる
2・山のお寺の　かねがなる
3・お手々つないで
　みなかえろ
4・空には　大きな　お月様

建物の出てくる〈ウチワ〉㉗をあえて「風景ウチワ」としたのは、前記の「建物ウチワ」では人名によって建物が描出されていったのに対し㉗では、叙景詩第一節の「頭字」である「ユ／小／日」を使用して山寺（?）を描き、以下もそれぞれの歌詞に対応する文字を借用しながら、たそがれの情景描写を行っているからである。

こうした「風景ウチワ」は、「船頭ウチワ」や「建築ウチワ」の一部が分離、独立したものか、最初から別個の道をたどり資料に至ったものかは不明であった。

一方、クーラーやエアコンといった電気器具によって、ウチワという納涼用具は消滅すると思われたのに、商業宣伝の季節媒体として見直されてきた。そうした事情に呼応するように、別種の〈ウチワ〉の登場となる。それはさまざまなキャラクターの顔面に、柄をつけてウチワとしたものなので「顔面ウチワ」と称しておく。

ウチワ㉘（富山）

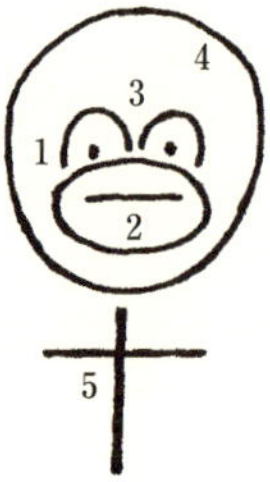

1・お皿だよ

2・お皿じゃないよ
ハッパだよ

3・ハッパじゃないよ
カエルだよ

4・カエルじゃないよ
アヒルだよ

5・アヒルじゃないよ
うちわだよ

この「顔面ウチワ」の「顔」の成立は後述の〈カッパ〉（１０３ページ）や〈コックさん〉（１１０ページ）など、それぞれの項目でもふれるが、ここでは〈ウチワ〉の一分類として集約収録しておく。

ウチワ㉙（岐阜）

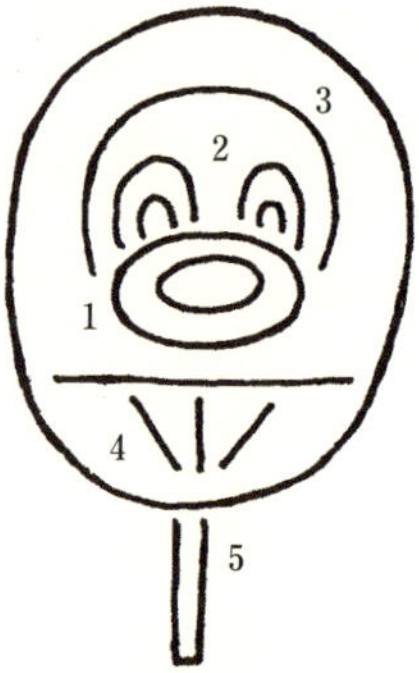

1・お皿じゃないよ

2・かえるじゃないよ

3・アヒルじゃないよ

4・月夜のばんに
ひびいって

5・棒をつければ
これウチワ

㉘〜㉚は、はじめに述べた歌詞を次に否定し、それをまた次で否定して進むという展開となっている。後述の〈カッパ〉で詳しく説明するが、これは否定の積み重ね、矛盾の前進なので、私がひそかに「弁証法的絵かき遊び（！）」とよんでいる系統である。

ウチワ㉚（栃木）

1･お山の上に
　月が出る　月が出る

2･カエルじゃないよ
　アヒルだよ

3･アヒルじゃないよ　おさるだよ

4･おさるじゃないよ　土人だよ

5･土人じゃないよ　うちわだよ

ウチワ㉛（東京）

1･丸かいてチョン
　丸かいてチョン

2･よこよこたてよこ
　丸してチョンチョン

3･のんきな父さん
　毛が三本　毛が三本
　毛が三本

4･あれと　おもえば
　おかみさん

5･あれれと　おもえば
　うちわのえ

㉘〜㉛の例によれば、少なくとも「顔」を描くものは、すべてこの方法によってウチワ化することが可能となるが、その中で、以下の例はそれぞれ独自の展開を示している。

ウチワ㉞（奈良）

1・丸ちゃん　丸ちゃん　丸木舟

2・土人がこぎます
　波　シュッシュッシュー

3・夕日が　しずめば
　うちわです

ウチワ㉝（千葉）

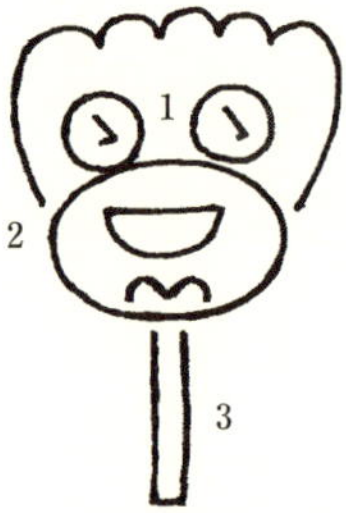

1・丸てん　丸てん　丸木舟

2・かえるが　なきます
　あらシュッ　シュッ　シュー

3・父さん　母さん
　あら　うちわ

ウチワ㉜（兵庫）

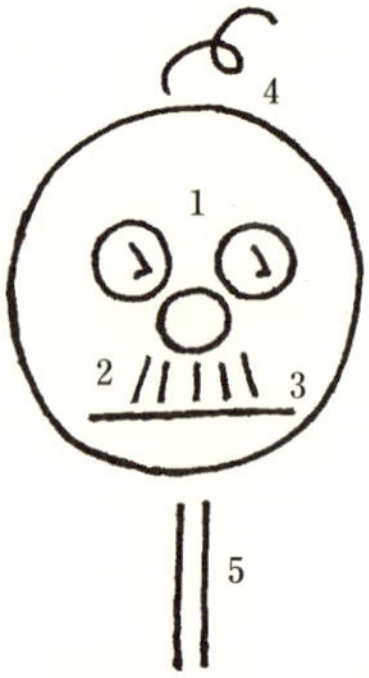

1・丸かいてチョン
　丸かいてチョン

2・丸してチョンチョン
　チョンチョンチョン

3・丸して　棒して

4・くるくる父さん

5・棒をつければ
　うちわだよ

とくに㉝㉞は、「船頭ウチワ」と同様の歌詞によりながら、簡明直截《ちょくせつ》にウチワを描くに至っている。

こうした㉘〜㉞の一連の、いわばキャラクターの顔を画図にした「顔面ウチワ」が新しく加わることとなった。

四種の〈ウチワ〉の教え

この「〈ウチワ〉のかずかず」は〈センドウ〉にはじまったが、終末は各種の〈ウチワ〉に至るという意外な展開となった。その資料数を列記すれば表4のごとくである。

これらの資料から次のようなことを知り得た。

❶〈センドウ〉と「船頭ウチワ」の船頭の部分は、一見類縁のごときであるが、基本的にまったく異なり、両者は関係なく独立して成立発達したと考えられる。

❷「船頭ウチワ」は、元歌である童謡『独木舟』と歌詞、内容、表現等、極めて強く近似していることから初源型であると推定される。また、古来からの団扇絵としての画趣から〈ウチワ〉の発祥であると推測される。

❸大人の流行歌を借用しながら、さまざまな舟遊図を描き、さらにそれを納涼団扇絵とする「船頭ウチワ」の構成が見事である。

表4　〈センドウ〉と〈ウチワ〉の資料数

種類	総資料数	種類数
〈センドウ〉	74	17
〈ウチワ〉		
「船頭ウチワ」	231	9
「建物ウチワ」	318	18
「風景ウチワ」	49	5
「顔面ウチワ」	141	11

❹「建物ウチワ」は別に家屋だけを描出する部分が先行していたかもしれないが、ほかの〈ウチワ〉と独立して発生発達したと推測される。

❺複数の人名――友人知人の名前の文字を用いて建物家屋を構成してゆく特徴と、〈ウチワ〉化する変換がまことに秀逸な展開で、洗練されたコントを見る感を抱く。

❻「風景ウチワ」は前二者に比し少し特徴が不鮮明であり、あるいはこの二者の山水植物の部分が分離したのかもしれないとも考えられる。しかし、その動向を知るには、資料数も少なく、発展するには魅力が不足していると思われた。

❼「顔面ウチワ」はほかの三種の〈ウチワ〉と異なり、それぞれの方法で描出した「顔」を〈ウチワ〉化して、結末を際立たせようという姿勢が明白で、ほかの三種の〈ウチワ〉の成立と質的な差が生じている。

❽家庭内の身辺生活用具を題材としてそこに至る展開や内容、表現に、それぞれ工夫と開拓をこめた〈ウチワ〉は、絵かき遊びの中でも異色であり児童文化上の多くの示唆と教訓を示している。

否定の否定　変化の累積

絵かき遊びの中には、前に述べた歌詞を次に打ち消し、さらにその次でまた否定する形式を持つものがある。〈ウチワ〉（99ページ）で「弁証法的絵かき遊び（！）」と戯称したものであるが、こうした否定の重なりと、変化の集積が、どのような結果や結末をもたらすのであろうか。

かえるかカッパか

既述のことを否定して加筆し、次々に否定と加筆を重ねることで一段ずつ確実に上昇し、複雑化して完成に至る一群に〈カッパ〉の遊びがある。

カッパ①（神奈川）

1・二重丸じゃないよ

2・おなべじゃないよ

3・かえるじゃないよ

4・土人だよ

「土人」という差別用語についてはすでに〈ウチワ〉（88ページ）でふれたので、ここでは省略するが、こうした展開のあと、次の〈カッパ〉などに変化してゆく。

カッパ①′（沖縄）

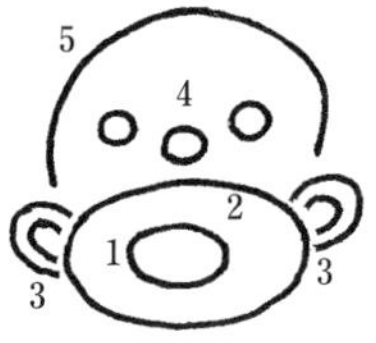

1・卵だよ
　卵じゃないよ

2・お皿だよ
　お皿じゃないよ

3・おなべだよ
　おなべじゃないよ

4・みつ豆だよ
　みつ豆じゃないよ

5・土人だよ

カッパ②（青森）

1・棒が一本あったとさ

2・葉っぱかな
　葉っぱじゃないよ

3・おなべだよ
　おなべじゃないよ

4・カエルだよ
　カエルじゃないよ

5・土人だよ　くるくるくる

カッパ③（静岡）

1・コッペパンに

2・ジャムつけて

3・おなべだよ

4・カエルだよ

5・オサルだよ

6・カッパだよ

カッパ④（宮城）

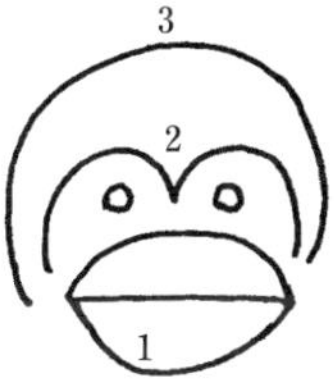

1·葉っぱじゃないよ

2·かえるじゃないよ

3·アヒルちゃんだよ

カッパ⑤（山形）

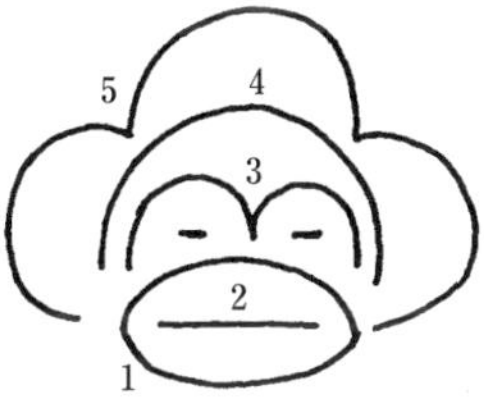

1·お皿だよ　ちがうよ

2·ハッパだよ　ちがうよ

3·かえるだよ　ちがうよ

4·土人だよ　ちがうよ

5·オカミサンだよ

「弁証法」などと戯称したけれど、①′も③も四回の否定を重ね、②、④では三回、⑤では五回の変化をとげる。

その否定や変化の面白さは完結した画図や、終了後に歌詞、画図に接したのではわからない。次々否定し、加えられてゆく道行の、動的な時間の推移形、進行途次の渦中に身をおいてはじめて実感することができる。

したがってこの一連の〈カッパ〉の変身変貌《へんぼう》の魅力と、逐次累積してゆく面白さをしばらく満喫していただくこととする。

カッパ⑥（埼玉）

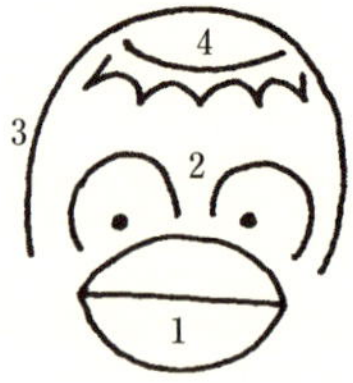

1・ハッパだよ　ハッパじゃないよ

2・カエルだよ　カエルじゃないよ

3・土人だよ　土人じゃないよ

4・カッパだよ

カッパ⑦（岡山）

1・葉っぱかな　そうじゃないよ

2・かえるかな　そうじゃないよ

3・アヒルかな　そうじゃないよ

4・カッパだよ

はじめ、一本の棒や木の葉から発して、次々と変化をして、面妖《めんよう》な「顔」に至るだけでもなかなかのものなのに、次の三例はもうひとひねりをして、最後に「驚き」を与えようとしている。

カッパ⑩（広島）

1·木の葉が　一枚ころげてる

2·木の葉じゃないよ
　かえるだよ

3·かえるじゃないよ　土人だよ

4·土人じゃないよ　カッパだよ

5·カッパじゃないよ
　びっくりだよ

カッパ⑨（石川）

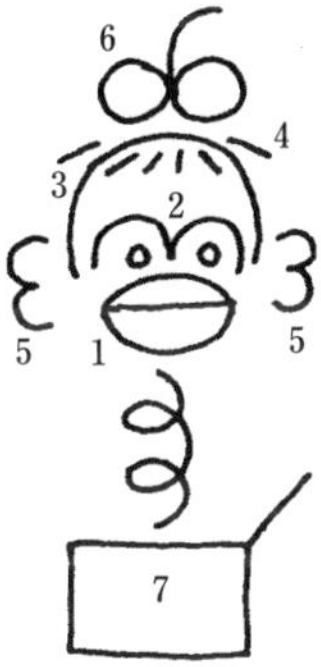

1·葉っぱじゃないか

2·カエルじゃないか

3·アヒルじゃないか

4·カッパじゃないか

5·3たす3は

6·8ではないよ　6じゃないか

7·くるくるパーで　はこがあく

カッパ⑧（富山）

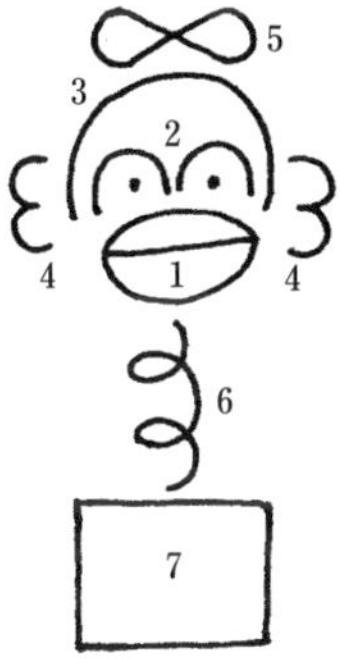

1·葉っぱじゃないの

2·かえるじゃないの

3·土人じゃないの

4·3たす3は

5·8じゃないの

6·くるくるまわって

7·びっくり箱

すでに〈ガイコツ〉⑮（56ページ）や〈ベッティ〉㉙㉚（72ページ）で、こうした「ビックリ箱」化は経験ずみなので、そう驚きは大きくない。しかし次例は少々気味が悪くなる。

カッパ⑪（徳島）

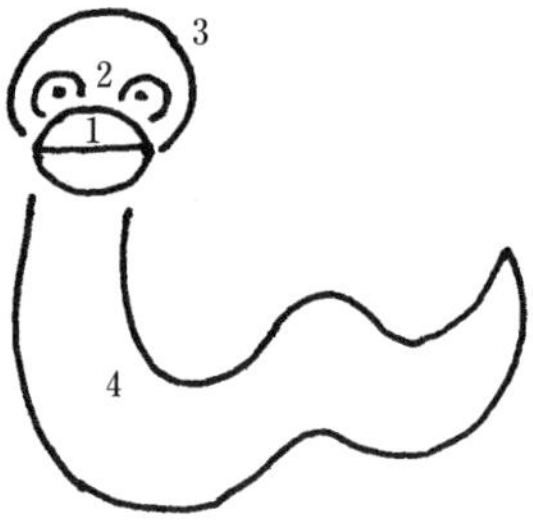

1･木の葉でなくて

2･かえるでなくて

3･アヒルでなくて

4･ニョロ　ニョロ　ヘビだあ

そして次例は五回の変化をとげる。

カッパ⑫（兵庫）

1･葉っぱじゃなくて

2･かえるじゃなくて

3･アヒルじゃなくて

4･だるまじゃなくて

5･ペンギンちゃん

一方、次の例は前半が否定、後半が肯定の形をとっているのだが、これは「弁証法進歩型」なのであろうか。

カッパ⑬（愛知）

1・棒じゃないの

2・葉っぱじゃないの

3・おなべじゃないの

4・かえるじゃないの

5・土人じゃないの

6・3たす6は9
　3たす6は9

7・たてたて　よこよこ

8・カッパちゃん

アヒルやカッパへの変身にまじって、算数をやっているところは、やはり進学受験のゆえであろうか。

カッパ⑭（宮崎）

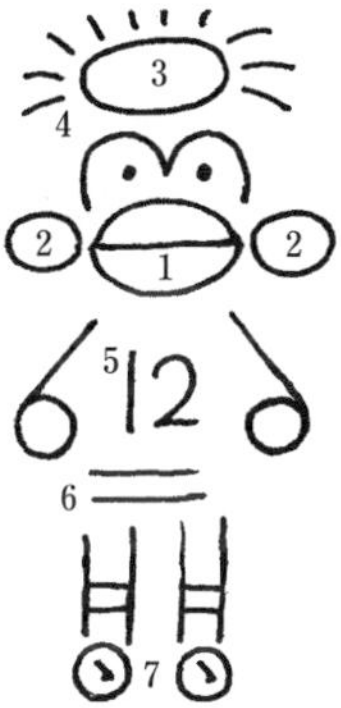

1・ハッパが一枚

2・小皿が二枚

3・大皿一枚

4・卵がわれて　しるがでて

5・6たす6は　12だよ

6・バンドをしめて

7・たてたて　よこよこ
　丸かいてチョン
　たてたて　よこよこ
　丸かいてチョン

変身の楽しさといえば、次のヒーローを忘れるわけにはいかない。

カッパ⑮（岐阜）

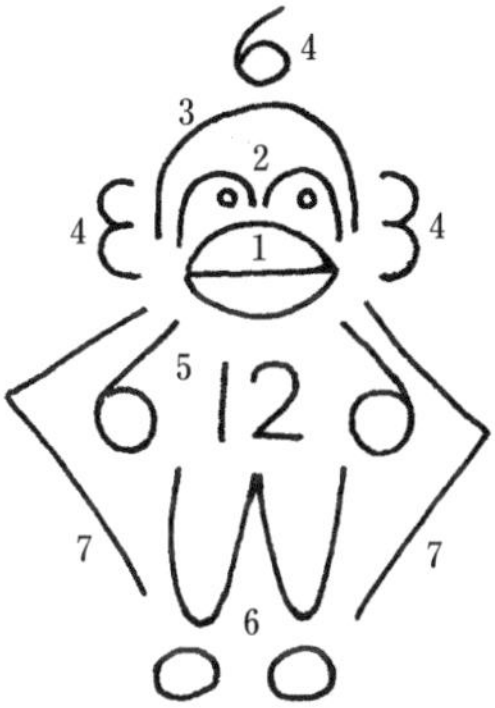

1・葉っぱじゃないよ

2・かえるじゃないよ

3・土人じゃないよ

4・3たす3は6

5・6たす6は12

6・マンボズボンに
　豆二つ

7・毛布をかぶって
　スーパーマン

弁証法であろうが累積であろうが、子どもたちが求めるものは、単純に好きなものや気に入った動物を描いたり、ながめるだけではないことに気づく。また単に変化があればよいというのでもない。変貌が次の魅力ある画図となって出現すること、そしてその果てに最も充実充足感が得られる画図に到達すること、すなわち序幕からくりひろげられる展開が魅力にあふれ、その進行に共鳴し、果ては見事なフィナーレに至る演劇的愉悦を、たっぷり時間をかけて味わうのが、この〈カッパ〉の醍醐味なのであろう。

三種の〈コックさん〉

〈カッパ〉で弁証法的絵かき遊びの大要を知り得たが、なんといってもその道のスターは〈コックさん〉である。

コックさん①（青森）

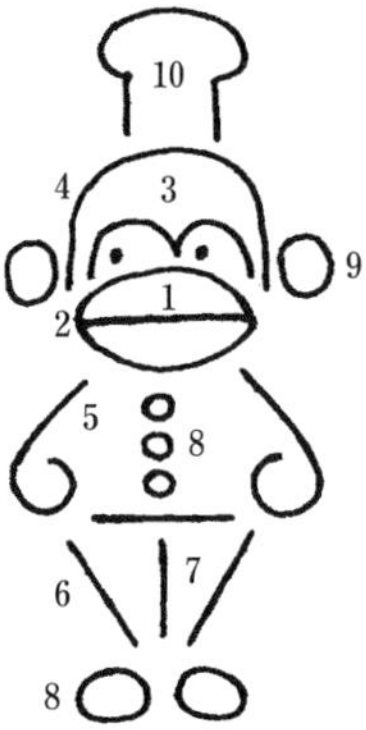

1·棒が一本あったとさ

2·葉っぱかな
葉っぱじゃないよ

3·かえるだよ
かえるじゃないよ

4·アヒルだよ

5·6月6日に

6·雨ザーザーふってきて

7·三角定規に　ヒビいって

8·あんパン　二つ　豆　三つ

9·コッペパン　二つ　下さいな

10·アッという間に
かわいいコックさん

この〈コックさん〉がスターとして愛好されるには、いくつかの理由がある。典型的な例である〈コックさん〉①に見るごとく、出発時の画が次々加筆で変化し、まったく意外なものへ発展する前半部に、日常よく知っている文房具やパンの登場する後半が続き、その結果がかわいい人の形、それも食欲を刺激するコックさんになるという構成など、よく整備されている。それらに加え無視できないのは、一九六四〜六五年、NHKテレビの「歌のえほん」で、全国に向け放映され、その後もしばしば雑誌やテレビに登場していることである。その『かわいいコックさん』は小泉文夫《こいずみふみお》氏が東京地方で採取した歌譜を提供し、間宮芳生《まみやみちお》氏が編曲した曲がついていて歌詞は〈コックさん〉①とほぼ同一である。

すでに多くの〈コックさん〉の資料を得ていた私は、この放映を知ってひとつの無謀な試みを実行しはじめた。

絵かき遊びという児戯は、子から子へ、手間ひまをかけ、うつろいやすい手だてで、伝わり広まり、消長してきたものである。そうした世界に、テレビという強力広範な力で、しかもNHKという権威を持って全国に流布する時、何らかの影響がこの絵かき遊びに波及すると思われた。

私はその影響がどのようになるか知りたくて、せっせと手紙を書き、電話をかけ、機会を利用してお願いしてまわった。

その結果たどたどしい文や、判別しにくいかな文字の回答が、主として一九六四年末から七〇年にかけて集まった。私はその返事をいただくたびに胸をおどらせ、一喜一憂したが、得られた総数三九四四点の資料は、三つに区分することができた。

第一類は〈コックさん〉①すなわちNHK放映と同一のもの、あるいは明らかに①と同じと判別できるもので、資料の六八%を占めていた。

①の特徴は、歌詞が、一［棒からアヒルに変化］、二［6月6日／三角定規／パンと豆］、三［アッという間に］という三章一〇節からなり、画図的には一で顔、二で体、三で帽子を描出するもので、この特徴を失わない限り、「棒」が「線」に、「コッペパン」が「ジャムパン」に、「アッと」が「アレアレ」にかわるなど、歌詞の差異や目の瞳や帽子に小差があっても第一類に包含した。

第二類は①の構成の一部がほかに大きくかわったり、省略されたりしているが、①が源泉となっていると推測できるものをまとめた。一～三章の歌詞のうち、いずれかを異にするか、欠落・簡略したり、①の画図の部分が増減しているもので、総合的に①と相違している所より、同一部が多いものをこの類の原則とした。具体的には、

コックさん②（富山）

1・お皿じゃないよ

2・葉っぱだよ
葉っぱじゃないよ

3・おなべだよ
おなべじゃないよ

4・かえるだよ
かえるじゃないよ

5・土人だよ

6・6月6日に　まめ三つ

7・三角定規に　ヒビいって

8・あんパン　二つ
下さいな

9・あっという間に
コックさん

のように、②は①とほとんど同一であるが、歌詞の一の［棒からアヒルに変化］が［皿から土人に変化］［卵からアヒルに変化］とかわったり、画図において③（耳が欠落・三重）、④（ボタン欠・岡山）、⑤

（ベルト無し・千葉）、⑥（ダブルボタン・三重）など、いわば第一類の亜種というべき二二種、資料数では全体の一七％を占めていた。

　種類も資料数も少ないが、こうした亜種欠落例には第一類と第三類の遷移途上のものが含まれており、両者の意味を考察する手がかりを与えてくれるため、資料としては重要であった。

　第三類は、第二類より積極的な加筆、異質化が行われ、歌詞・画図両面にわたって、より多くの改変が見られ、総合表示と印象が第一類と違っていたり、大きく相違する系列をまとめた。たとえば、

コックさん⑦（京都）

1・卵がひとつありました

2・卵じゃないよ　お皿だよ

3・お皿じゃないよ　おなべだよ

4・おなべじゃないよ　おさるだよ

5・6月6日に　雨ザアザア
　ふってきて

6・三角定規に　ひびいって

7・あんパン二つ　銭三つ

8・あっという間に　コックさん

に見るように、雨の落下線が①ではズボンであったのが、上着の描出にかわり、その系統は⑧（栃木）、⑨（鹿児島）、⑩（岡山）、⑪（広島）、⑫（茨城）としだいにその数を増してゆく傾向を示す。いわゆる複雑化、多飾性、エントロピーの増加への傾斜である。

　こうした変異形は⑬（北海道）、⑭（神奈川）のファスナーの登場や、⑮（福岡）、⑯（東京）の髪の毛の増加となっていった。

コックさん③

コックさん④

コックさん⑤

コックさん⑥

コックさん⑧

コックさん⑨

コックさん⑩

コックさん⑪

コックさん⑫

コックさん⑬

コックさん⑭

コックさん⑮

コックさん⑯

6月6日とは何の日か？

さてこうして得られた第一、二、三類の〈コックさん〉を比較した時、画図上の変化より内容的に大きな変化は「6月6日」の所にあらわれる。

コックさん⑰（山梨）

1・棒が一本あったとさ
2・葉っぱかな
3・アヒルだよ
4・6月6日は　さんかん日
5・三角定規に　キズつけて
6・あんパン　二つに　豆　二つ
7・食パンたべたら　コックさん

日本列島の雨季である6月6日を雨の日ではなく参観日とし、さまざまな上着の模様やしわの表現とした⑱（佐賀）、⑲（静岡）、⑳（京都）、㉑（山形）、㉒（和歌山）、㉓（三重）、㉔（兵庫）のほか、数字の「3」を利用した㉕（宮城）、㉖（長崎）、㉗（山形）、三角形で表示した㉘（山口）などがある。

ここに登場する「さんかん日」なる名称は、太平洋戦争の前や戦中の教育界には存在せず、当時は父兄会と称されていた。

したがって戦前、戦中の残渣《ざんさ》である「土人」や「銭《せん》」の語と、戦後の「さんかん日」や「コッペパン」の混在折衷は、この〈コックさん〉の伝承状況を考察するひとつのキーワードとなる。

この点に留意すると前記した「雨季の6月」と「学校の6月」が、ひとつの〈コックさん〉の中に複合併存するという奇妙な例にも多く遭遇する。

コックさん㉙（大阪）

1～4・（略、②と同様）

5・6月6日は　さんかん日

6・雨がざあざあ　ふってきて

7・コッペパン　二つで
　コックさん

こうした「雨」と「さんかん日」の同居によって㉚（長崎）、㉛（徳島）、㉜（茨城）、㉝（長崎）などが形成されている。

さらに斬新な発想と特色ある表現を加えたものに、

コックさん㉞（福島）

1・棒があっても
　葉っぱじゃないよ

2・ゆげがでてても
　おなべじゃないよ

3・目玉が出てても
　かえるじゃないよ

（以下略）

コックさん㊲（静岡）

1･葉っぱじゃない

2･かえるじゃない

3･おなべじゃない

4･土人じゃない

5･食パンじゃない

6･6ひく6は　れいだらけ

7･大根かって　8円おつり

コックさん㊱（香川）

1～4･（略）

5･6ひく6は　レイのレイ

6･三角定規に　まる二つ

コックさん㉟（岡山）

1～3･（略）

4･6ちゃんが　6円もらって
あめかって

5･はしごをかけて　棒もって

6･ハチの巣つついて

7･こぶだした

コックさん㊳（岩手）

1〜6・（略）

7・よこよこ　たてぼう
3かいて棒

コックさん㊴（愛媛）

1〜4・（略）

5・たてぼう　たてぼう
丸チョンチョン
たてぼう　たてぼう
丸チョンチョン

6・たてたて　よこよこ
チョンチョンチョン

7・たてたて　よこよこ
丸してチョン
たてたて　よこよこ
丸してチョン

など多様にあり、その表情服装とともに呼名も、「パンやさん㊵（千葉）、ボーイさん㊶（宮城）、コック長㊷（北海道）、ぐるぐるさん㊸（千葉）、おとうさん㊹（静岡）」と多彩であった。

コックさん⑱

コックさん⑲

コックさん⑳

コックさん㉑

コックさん㉓

コックさん㉕

コックさん㉖

コックさん㉘

コックさん㉚

コックさん㉛

コックさん㉜

コックさん㉝

コックさん㊵

コックさん㊶

コックさん㊷

コックさん㊸

コックさん㊹

両手両足と帽子の関係

〈コックさん〉の画図で最も共通して特徴的なのは左右にはった両手と、内股をきちんとそろえた両足の描く「ひし型」である。

両手は前述した「6月6日」によって描かれ、両足は「三角定規／ひび（またはキズ）」によって描かれる。

しかしこの定型ではないもの、とくに両足の部分を、これらとは違った形に描く、第三類の〈コックさん〉があった。

たとえば、次のような、

コックさん㉒（和歌山）

1～4・（略）

5・6月6日　さんかん日

6・たてたて横々　丸かいてチョン
たてたて横々　丸かいてチョン

7・あっという間に　コックさん

という「たて横型」の両足や、

コックさん㉔（兵庫）

1～4·（略）

5·6月6日は　さんかん日

6·三角定規が　ありまして

7·たてたて　横々　丸してチョン
たてたて　横々　丸してチョン

8·おやまあ　かわいい
コックさん

コックさん㉗（山形）

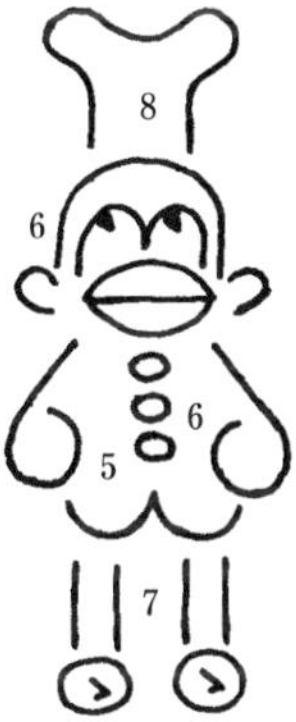

1～4·（略）

5·6月6日は　さんかん日

6·パンが二つ　アメ三つ

7·たて棒　たて棒　丸してチョン
たて棒　たて棒　丸してチョン

8·そこでかわいい　コックさん

というものや、㉙の「雨ざあざあ」の歌詞による「二本棒型」や、㉜の「長ぐつ型」、㉝の「スカート型」、㊲の「大根型」、㊵の「長まる型」など、細かに見ると一〇種以上の「三角定規」以外の足部が得られた。

以上の両手両足にとどまらず、変化変異はさらに全身に及んでゆくこととなる。

コックさん㊼（京都）

1～3·（略）

4·3月3日に　豆二つ

5·三角定規に　ひびいって

6·コッペパン二つで
コックでき上り

コックさん㊻（岡山）

1～5·（略）

6·6月6日は　レイ二つ

7·三日月さまに　きずつけて

8·三角定規に　きずつけて

9·くつをはいたら　あっと
コックさん

コックさん㊺（山口）

1～4·（略）

5·6月6日に　豆三つ

6·月夜のばんに　芽がのびて

7·12の3で、くつはいて
コックです

〈コックさん〉の歌詞も画図も異様と思えるほど変化型が次々と登場する。しかしその中で、ただ一点だけ、ほとんどかわらなかったことがある。それは何かというと、最終に描かれる個所が帽子ということであった。

コックさん⑱（熊本）

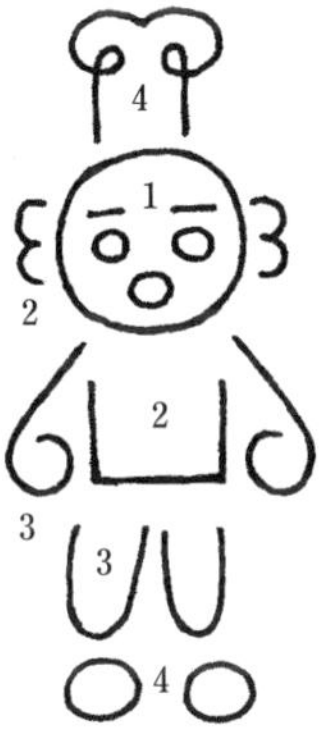

1・まるちゃんが　1月1日　豆三つ

2・3月3日　おめん状

3・6月6日に　月が出て

4・月が出た出た　コックさん

コックさん⑲（三重）

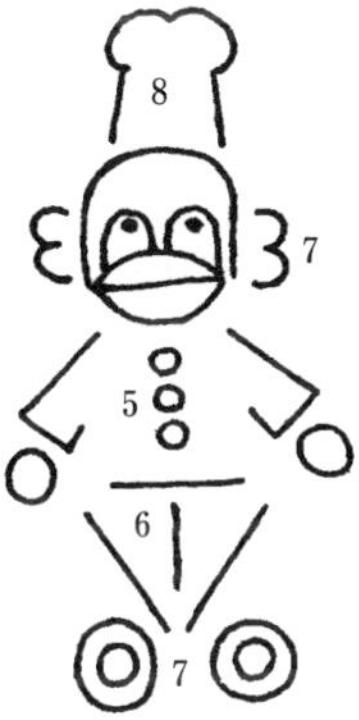

1〜4・（略）

5・7月7日　あんパン二つに　豆三つ

6・三角定規に　ひびいって

7・3月3日に　ドーナツ二つ

8・あっという間に　コックさん

絵かき遊びの描画には、一定の順序法則があって、上から下へ、左から右へといった一定の流れにしたがって描き進められるのが普通である。まれに描出順序が逆になったり、戻ったりしてもそれは小部分にとどまるのが通例なのに〈コックさん〉ではほとんどの資料が上から下に描き進めながら、最終部分で急に最上部に戻るという、異例意外な行動を示すのである。

コックさん㊿（岐阜）

1･まるちゃんが　10月3日に
　コッペパン

2･6月6日に　アメ玉三つ

3･月夜のばんに　流れ星

4･ハチミツなめて　コックさん

コックさん51（福島）

1･おなべの中に　リンゴが二つ

2･6月6日に　豆三つ

3･7月7日に　うどんたべ

4･あんパン二つ　お皿をひとつ

5･あっという間に　コックさん

この最終が帽子であることが重要である。帽子は頭上に置くため、最上位であるのはもちろんだが、それまでどこの馬の骨を描いていたのかわからなかったのが、頭上の帽子によって、職業も経歴も性格もいっぺんに鮮明となる〈コックさん〉だから、最終時まで、そして順序をかえてまでして残しておく必要があったのだろう。

コックさん52（栃木）

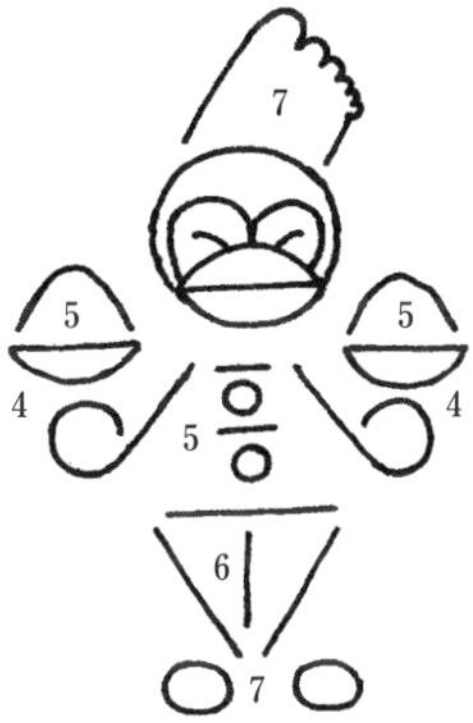

1〜3・（略）

4・6月6日　皿二つ

5・10月10日に　山二つ

6・三角定規に　ひびいって

7・コッペパン　二つで
　コックさん

自由奔放な第三類の中でも貫かれた一点がこの帽子の描出順序であった。

マスコミの影響と教訓

こうした〈コックさん〉の第三類を概観すると、第一類の類似形や第二類の亜種には見られない、自由な工夫や意外な展開があるとともに、「コッペパン」「さんかん日」の語からは少なくとも一九四五年以降、いわゆる六三制学校給食以降の状況と、「豆」「あんパン」「土人」「アメ玉」「銭」「おめん状」等、それ以前の「戦前戦中状況」の滞留があり、描出される表情、服飾、姿態は、ほかの〈カッパ〉や後述の〈チンドンヤ〉(268ページ)、〈ピエロ〉(299ページ)などの絵かき遊びと融合連結していることがわかる。このことは第一、第二類では不明確であったが、〈コックさん〉の母体源流が戦前にあり、それが調査時に至る間の時の流れや伝承による淘汰《とうた》の跡を、この第三類が残しているということであろう。

こうした第一~第三類の区分とその結果を表記すると表5のごとくになる。

この集計表と前述第一~第三類の具体例から、次の集約が得られる。

❶〈コックさん〉は次々否定を重ねて顔の完成に至る第一段と、「6月6日」を主流とする体軀《たいく》表出の第二段からなる構成をしていて、これはほかの人体を描く絵かき遊びでも同様に見うけられるが、終結が頭部の帽子となるのは、この系のみである。

❷画図形態を主軸とする種類数の分布分散状況を歌詞を含め総合的に見ると、「複雑化」と「簡略化」の分極が程よく行われ、ほかの人体の絵かき遊びとの混合、連携も活発で、その歌詞や経過から、そう古くない戦前から、約五〇~六〇年ほどの伝承過程を経由してきたと判断される。

❸しかし第一、第二類が資料の八〇%以上を占める集中は、ほかの絵かき遊び、たとえば〈サカナ〉(21ページ)や後述の〈タコ〉(195ページ)などの分散状況に比し異常である。

❹多くの類型の中から最も愛唱流布していたものを採用した経緯、すなわちすでに〈コックさん〉①が伝承の主流であったという前提を承認しても、その集中は巨大で、それはNHKテレビ「歌のえほん」の影響と推測される。

表5 〈コックさん〉の分類別資料数と割合

分類	資料数(比率)	種類数(比率)	該当画図番号
第一類(NHK型)	2,689(68%)	7種(7%)	①
第二類(亜NHK型)	667(17%)	22種(21%)	②〜⑥
第三類(非NHK型)	588(15%)	74種(72%)	⑦〜㊾
合計	3,944	103種	—

❺一方、資料数では一五%と少数の第三類がその中で自由奔放、個性的な〈コックさん〉を、多数いきいきと示したことは、重要な意味を示す。この種類数では、全体の七割をこえる多様性は、子どもの活力と遊びの原則を明確に示すものであろう。

❻子どもの遊びとは、本来大人の関与、干渉、参加のない場で発生し、口伝えや仲間教えで発展淘汰消長するもので、外界社会の影響は刺激にとどまっていた。〈コックさん〉もそうした過程で発生し、第三類のごとく多様化するとともに、それぞれが子どもたちの洗練選別と支持共鳴を受けていた時、突如電波の力で全国に流布喧伝《けんでん》され、短時間で多数派を占めたのが第一類であり、再び遊び世界の中に戻って子どもの集団と個人の好みと感性、偶然の作用などを受け、新たな種類の派生と崩壊の過程にふみ出したのが第二類なのであろう。

これらの集約からいくつかの教訓を得る。

第一は、見る方が悪い、批判力を持てば問題ないという論のかげで、視聴率に狂奔するマスコミ関係者は、この八割に影響を及ぼす責任とそれに値する哲学を持たなくては資格を失うということである。

第二は子どもの文化や器具物品に係わる者は、アンケート数や売上げ額を判断基準とするが、それは第一類の多数を即成果とみなす妄断で、第三類の内容分析がなければ、真の子どもへの結果には至らないという警告である。

第三は子どもの成長や能力・感性を論ずる場では、経済や政治の世界などと異なり、数の大小や視聴率、多数決などという尺度は通用せず、個性的ですぐれた者は常に少数で、過誤・異端・偶然といった生物的条件や不定状況も、創造・発展・進化の源となる――、そうした視点を欠いてはならぬということである。

以上が私の六年間の無謀な〈コックさん〉の調査の結論であった（たどたどしい絵と「ホッペパン」とか「かんかくじょうぎ」とか「しょっパン」など、誤字珍語たくさんの資料を、せっせと送ってくれた全国の子どもや篤志家にこの場をかりて改めて感謝をささげる）。

第4章・女性変容の優美と命運

きれいな〈ニンギョウ〉と〈ヒメサマ〉

ままごとや着せ替え人形、お姫様や王女様の物語といえば、やはり女の子の遊びであり、読み物である。絵かき遊びの〈ニンギョウ〉や〈ヒメサマ〉も、やはり女の子が主役であった。

〈ニンギョウ〉の二系統

〈ウチワ〉（83ページ）で、昭和初期の童謡『独木《まるき》舟《ぶね》』の影響にふれたが、同様な関係を持っているものに〈ニンギョウ〉がある。

ニンギョウ①（北海道）

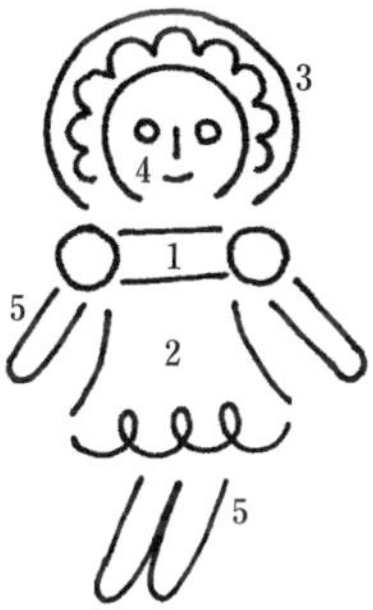

1･丸ちゃん　丸ちゃん　丸木舟

2･波にゆられて
あらシュッシュッシュウ

3･大坊主　小坊主　花がさき

4･目はな　目くち

5･あら　お人形　お人形

ニンギョウ②（大分）

1・丸ちゃん　丸ちゃん　丸木舟

2・土人が　のります
あら　シュッシュッシュウ

3・父さん　母さん　さようなら

4・おててと　あんよで　お人形

ニンギョウ③（静岡）

1・まあるうちゃん　まあるうちゃん
木のお舟

2・おわんに　のって
あら　シュッシュッシュウ

3・なあがあちゃん　なあがあちゃん
ながながちゃん

4・お月さま　にっこり
あら　シュッシュッシュウ

5・帽子を　かぶれば　わらいがお

①はボンネット型のつば広の帽子、②はくるくる髪の無帽、③は三角のトンガリ帽と異なっているが、冒頭句がいずれも「丸」であり、胸元と両肩を結ぶ線と装飾、すんなり伸びた細い手足など、同系同類と考えられる。

こうした特徴と系統は、さらに、

ニンギョウ④（北海道）

1･丸ちゃん　丸ちゃん　丸木橋

2･丸ちゃん　丸ちゃん　丸木橋

3･父ちゃん　母ちゃん
　さようなら

4･土人がこぎます
　波シュッシュッシュ

5･カモメが三つで　丸ふたつ

6･棒して　棒して
　棒　かいて

7･丸まる帽子で
　波シュッシュッシュウ

ニンギョウ⑤（青森）

1･丸かいて　丸かいて
　バツ三つ

2･父さん　母さん
　さようなら

3･バツバツバツかいて
　あら　シュッシュッシュウ

4･たてたて　たてたて
　丸まるで

5･たてたて　たてたて
　丸まるで

6･丸まるかいて　ほかけ舟

7･丸まるかいて
　あらシュッシュッシュウ

ニンギョウ⑥（愛知）

1･丸ちゃん　丸ちゃん
　丸木舟

2･波にゆられて
　あらシュッシュッシュウ

3･父さん　母さん
　さようなら

4･カモメといっしょに
　あら　シュッシュッシュウ

5･なあがあちゃん
　なあがあちゃん
　ながなあがあちゃん

6･リボンをもらって
　あら　シュッシュッシュウ

7･坊主の　お山に　花ざかり

8･目鼻を　もらって
　あら　シュッシュッシュウ

などの例でも貫かれ、多くの資料が得られた。

人形といえば〈ベッティ〉（67ページ）でふれたファッション人形がある。しかしこの〈ニンギョウ〉は、『独木舟』の歌詞からうかがえるように戦前、戦中時代を経て、一九五〇年代、ファッション人形が登場する以前、愛好された布製ぬいぐるみ人形をモデルにしていることはその姿態から明らかであろう。〈ベッティ〉においては衣服の展開はさほどでなかったが、この〈ニンギョウ〉では、外形は変化が乏しいにもかかわらず、衣服の模様や装飾は、なかなか多彩で、さまざまな工夫の跡が残っている。

ところでこの〈ニンギョウ〉の描出順序は、普通の人体を描出するように、顔から身体へと描き進むのは②の例であって、ほかは肩からはじまり身体ができた後に顔を描く順序となっている。

前述の〈コックさん〉（124ページ）で述べたように、逆行倒置するなら、それなりの理由がなければならない。この〈ニンギョウ〉の顔の部分が、最後にとっておくほど、重要だったのだろうか。

画図としてよく似た次の二例は、この点についてひとつの示唆を与えてくれる。

ニンギョウ⑦（埼玉）

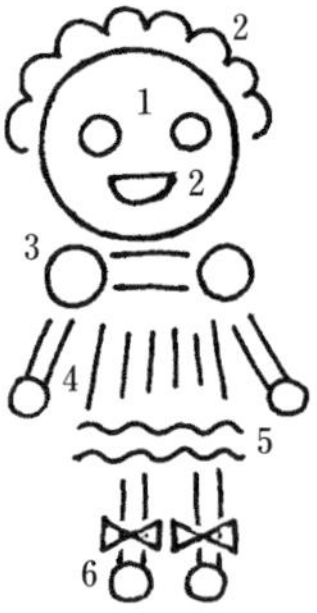

1·丸ちゃん　丸ちゃん
丸まるちゃん

2·きれいな　お舟で
波　シュッシュッシュウ

3·父さん　母さん
さようなら

4·丸して　棒ぼう
雨がふる　雨がふる

5·丸して　棒ぼう
波がたつ　波がたつ

6·丸に棒ぼう　丸に棒ぼう
お人形さん

ニンギョウ⑧（岡山）

1・まあるうチョン
まあるうチョン
ながまるチョン

2・おやねを　かいて　あら
シュッシュッシュウ

3・なあがあチョン
なあがあチョン
ながなが　チョンチョン

4・カモメが　とんで　あら
シュッシュッシュウ

5・まるまる　たてよこ
あら
シュッシュッシュウ

⑦⑧を対比すると、できあがった画図からは服の模様やリボンの有無くらいしかその差が見出せず、両肩や胸元の様子は前記した共通事項に合致している。歌詞を見ても、冒頭句は「丸」であり、それぞれ特徴があるものの、一連の流れとしては両者に大きな差は見出せない。

しかし完成した画図や歌詞を個別に対比するのでなく、描かれてゆく時間経過、完成に至るまでの、進行の過程を見れば、そこには大きな差がある。

すなわち⑦は顔面、頭部から順次身体、手足に及ぶのに対し、⑧は肩胸部にはじまり、身体、手足を描き、最後に顔面頭部で終わっている。前者を「顔系」とすれば②も同様で、ほかの人体型を描く絵かき遊びの大部分がこの順序で描かれる。一方、後者の肩からはじまるものを「身体系」とすれば①、③〜⑥の例が皆この描出順序であった。そして「顔系」のものは、「全身像」のほか、「顔」だけ独立したものが多くあるのに、後者では「顔」を描かない簡略形もあり、当初から全身あるいは衣服衣装を目標として発生したのではないかと思われた。

こうした点から〈ニンギョウ〉には、顔にはじまる「顔系」と、体軀《たいく》衣装にはじまる「身体系」のふたつの違った流れが存在していることがわかった。

しかし一般の子どもの発達する注視部や絵画表現の順序の説によれば、顔面から四肢、身体へと発展するのが常道といわれている。なぜ絵かき遊びでは、その常道を破って身体から出発するようなことがおこったのだろうか。

判断に迷っていた折、子ども会で遊んでいた二〜四年生の女の子が、画用紙いっぱい思い思いの衣服を描きはじめ、その華麗な衣装ができた後、簡単に顔や手足を付け足す状況に遭遇し、子どもといえども、いや子どもであるから、目標と欲求がそこにあるなら、その個所から描き出すものだという「常道」を教えられた。

したがって〈ニンギョウ〉では、それぞれの子どもの要求希求によって「顔系」と「身体系」の二系統が存立していると考えることとした。

しかしいくつかの疑問が残る。
❶「顔系」資料より「身体系」資料の方がはるかに多く得られた一方で、顔だけの資料は後者になかったということ。
❷描出順序に大きな差がありながら、『独木舟』にのっとった歌詞と、⑦⑧に見られる極めて酷似した画図となっていること。
❸そして同系同種と思っていたのに、歌詞に「人形」と明示したものと、そうでないものがあること。
こうした疑問の中で、次のような資料にめぐり会った。

これまで「顔系」にしろ「身体系」にしろ最終的に描出されるのは「お人形」の姿であると思っていたのに、ここでは「私」になっているではないか。だとすると、愛玩の「お人形」の全身図を描くものと、きらびやかな憧れの衣装を着飾った「私」の全身像を描くものとの二派なのではないのか。そして描出途次にわからぬように「顔」を最終まで伏線《ふくせん》としたのが「身体系」なのであろうと推測された。

この推測と❶❷❸の疑問点から、

1布製人形を題材とした初源形として、顔から身体、四肢に至る順序の遊びが伝承の間、簡略欠落化して「顔」だけのものと、複雑過飾化して、とくに衣装、服飾に力を注いだ「身体系」に分かれた。

2この衣装服飾の部に、最も多くの工夫と希求がつのっていった結果、各自の衣服によせる思いを、模様・絵柄・デザインなどにこめてまず描出し、その持ち主として、人形からしだいに「私」に移行して「身体系」の確立に至った。

3歌詞・画図から「顔系」「身体系」は同根であったと思われるが、女の子の像を描く遊び（後述の〈マ

ニンギョウ⑨（東京）

1・まあるうちゃん
まあるうちゃん

2・丸木舟

3・お舟をかきます

4・シラ　シュッシュッシュ

5・父さんも　母さんも

6・さようなら

7・カモメも　とびます

8・シラ　シュッシュッシュ

9・なあなあちゃん
なあなあちゃん

10・ながながちゃん

11・私のおかおで
シラ　シュッシュッシュ

ルチャン〉〔330ページ〕など）がいずれも「顔系」に準じた描き方であるのに、この「身体系」だけは特異であり、何らかの理由があったと思われる。

❹一九六〇年代以降、急速に布製人形の衰微と相まって〈ニンギョウ〉の資料数は一八八、種類は二一にとどまり、これ以上の仮説確認追求は無理となった。

これらを〈ニンギョウ〉のまとめとした。

しかしながら「顔」が先か「身体」が先かの問題、「人形」なのか「当人の私」なのか、もっとつめるなら衣装や服飾になぜそれほどの欲求希求をつのらせるのかという女の子の問題が残り、それは〈ニンギョウ〉の問題だけではなく、後出の「女の子に関係する絵かき遊び」全部にかかわる重要な問題となった。不明や疑問の多いままの〈ニンギョウ〉の不満は、次の〈ヒメサマ〉で払拭《ふっしょく》してくれるのを期待するとしよう。

優美な〈ヒメサマ〉たち

数ある絵かき遊びの中で、優美華麗な画図を展開するものに、「オヒメサマ」とよばれる一群がある。優美というのは、常套句《じょうとうく》によって点・円・半円・直線・曲線・点線等を描き、鮮やかな構成美を示すからであり、華麗とよぶ理由は、色彩や金銀光輝を使わないのに絢爛《けんらん》、まばゆい展示を行うからである。歌詞によれば〈オヒメサマ〉であるが、以下〈ヒメサマ〉と略記して、その例を見るとしよう。

ヒメサマ①（青森）

1・まるちゃん　まるちゃん
　橋かけて

2・小さな山に　リンゴさき

3・大きな山に　サクラさき

4・雨がふっても　花がさき
　雨がふっても　花ひらき

5・よくよく見れば
　おひめさん

ヒメサマ②（北海道）

1・たてたて　横で
　丸してチョン
　たてたて　横で
　丸してチョン

2・雨がざあざあ
　ふってきた
　あられが　ポツポツ
　おちてきた

3・小雪が　たくさん
　ふりつもり
　サクラが　みんな
　花ざかり

4・みみずが三匹
　よってきて
　朝めし　昼めし
　こんばんは

5・あっという間に
　おひめさま

ヒメサマ③（長崎）

1・父さんと母さん
　手をつなぎ

2・山へいったら
　竹ばかり　竹ばかり

3・野原へいったら
　花ざかり　花ざかり

4・そこでにこにこ
　おじょうさん

煩《はん》をいとわず、歌詞と同じ番号の画図を描く過程を追尾すると、しだいに構成の要点が浮きぼりとなる。

ヒメサマ④（宮城）

1・丸かいて　丸かいて

2・はしかいて　はしかいて

3・大山　小山は
はなざくら

4・さくらが　さいて
花ちって
さくらが　さいて
花ちって

5・さくらんぼ　ポツポツ
おちてきて
さくらんぼ　ポツポツ
おちてきて

6・これはきれいな
おひめさま

ヒメサマ⑤（長野）

1・のんちゃん　のんちゃん
はしごのり

2・こっちの山は
草ぼうぼう
むこうの山は
花ざかり

3・となりのおじさん
うどんたべ
むかいのおばさん
そばをたべ

4・あららと驚く
おひめさん

以上の五例が示す〈ヒメサマ〉の要点は、次のようであった。

❶A［耳飾り］、B［前額部の帯飾り］、C［頭髪・冠］、D［両側の垂飾り］、E［顔］の五部で構成されている。

❷その各部のそれぞれの変化が、多様な種類を生み出すが、各部の変化は、一方で複雑多彩化を、一方で簡略単純化をという二極分化の方向を示す。

❸これらの中で、最も大きな変化がC［頭髪・冠］に見うけられ、その中でC［頭髪・冠］を二本の主線で描く資料が最多であった。

以上のことから、〈ヒメサマ〉の分類を、この「二本の主線による頭髪・冠」群を中心に進めることとした（以下この群を「二族」と略称する）。

〈ヒメサマ〉の二族、すなわち「二本の主線で頭髪・冠が完成されているもの」のうち、最も簡明なのは、次の資料である。

ヒメサマ⑥（宮城）

1・まるちゃん　まるちゃん…A

2・丸木橋…B

3・大山小山に…C

4・雨ざあざあ　雨ざあざあ…D

5・あっという間に　お姫様…E

①とほかの二族との各部の相違変化を検証してみると、まずA［耳飾り］では、「まるかいてチョン⑦（愛知）、ドーナツほい⑧（大阪）、のりやさん⑨（茨城）、花やさん⑩（静岡）」などで描かれる。

次のB［前額部の帯飾り］では、「よこよこたてたて⑦、さんばし通りに⑪（徳島）、学校の先生そろばんで⑱（岡山）、かきねを作って⑫（宮城）、けんかして⑬（岐阜）」などと模様が続く。

そしてC［頭髪・冠］では、主線二本を基礎としながら「雨のふる日に山登り山登り⑬、小さい山に草ぼうぼう大きな山に草ぼうぼう⑭（栃木）、お山の上は花ざかり⑮（石川）、大山いちめん花ざかり小山も

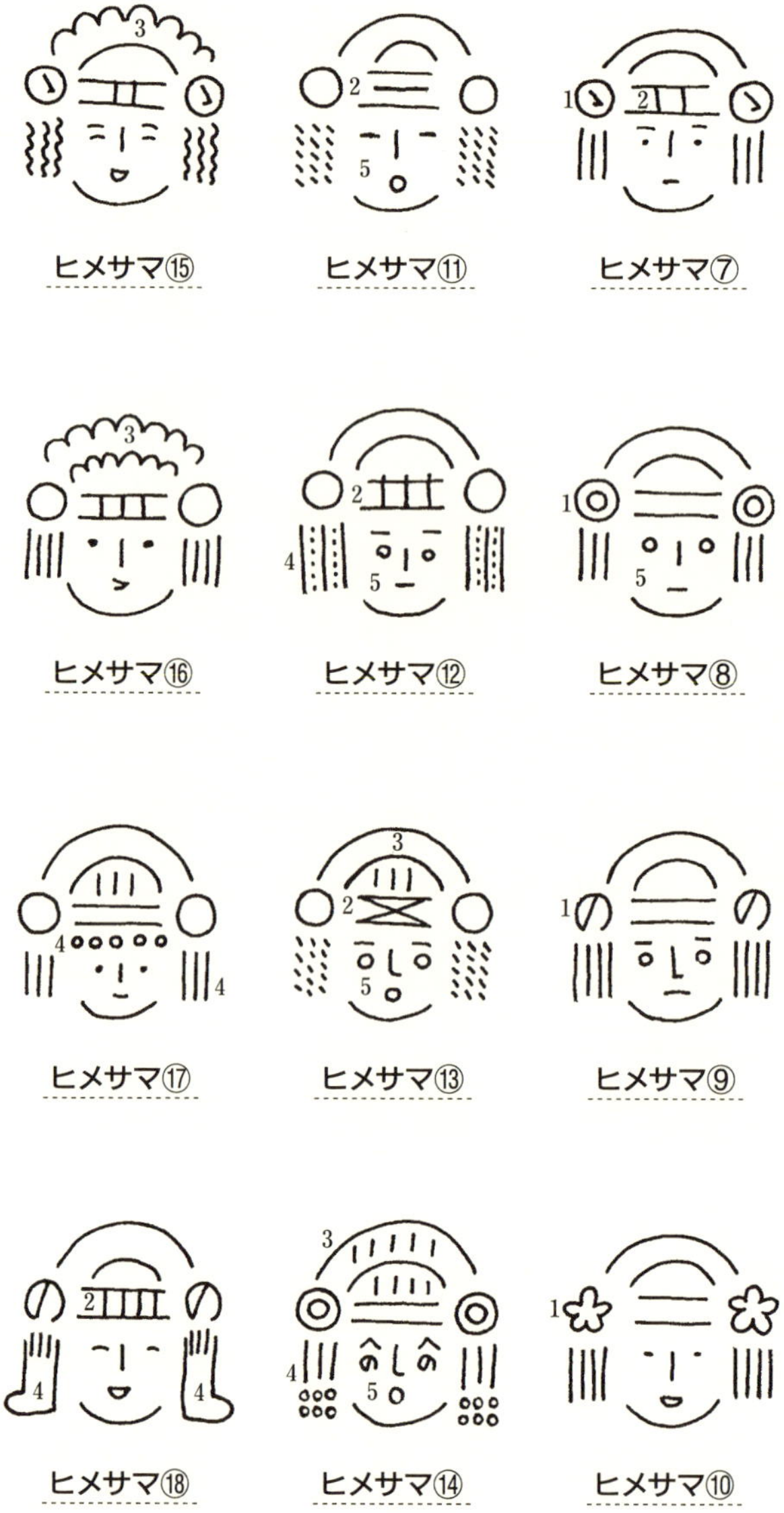

いちめん花ざかり⑯（広島）」としだいにはなやかさを増してゆく。

D「両側の垂飾り」では、「雨がザンザンふってきて、小雨がシトシトおちてきて⑫、あめがざあざあ、あられがポツポツ⑭、雨がじゃぶじゃぶおちてきて、あられがパラパラおちてきて⑰（愛媛）、長ぐつはいて雨ざあざあ⑱（滋賀）」などとなる。

最後のE［顔］でも①〜⑥と同系類似の「あれれと思えばお姫様」「あらまあかわいいお姫ちゃん」などにまじって「棒が二本に豆二つ、たてぼうよこぼうおひめさま⑫、一円もらって豆かって、一円もらって豆かってまがった道におとし穴⑬、へいきへいきのんきのんき試験は0点お人形さん⑭、あめ玉二つニッキが二本でおじょうさん⑧、一ひく一は0ですよ⑪」などの描き方が提示される。

三族、四族の〈ヒメサマ〉の問題点

以上の二族に対し、C［頭髪・冠］を描く主線が三本よりなる「三族」がある。その構成各部の変化はA［耳飾り］では、二族と同種類のほか、「まるバッちゃん⑲（兵庫）」などが、B［前額部の帯飾り］では「バツバツばしわたって㉑（愛知）、つりばしつくって㉒（富山）、雨戸をしめてカギかけて㉓（宮崎）、まるきぶね㉔（山梨）」が加わる。さらにC［頭髪・冠］では「山のむこうに虹が出て⑲、大山小山はもりだらけ⑳（福島）、小さな山に花がさき、大きな山に木が三本㉑、大山小山さくら花㉒、ひくい山はさばかり、高い山は花ざかり㉓、大山小山花ざかり㉔、小さい山は雨がふり、大きい山はくもがわく㉕（福岡）、谷にはざんざん雨がふる、山にはさんさん花がさく㉖（神奈川）、山のさくらの花がさき、やがて満かい花ざかり㉗（岩手）」など、三本の主線と補助的な添加線との交絡組み合わせによって、多数の種類を生み出している。

D［両側の垂飾り］では二族での例示のほか、「しずくがポタポタおちてきた㉒、あられがポツポツおちてきて、あめ玉ポツポツおちてきて㉖、だんごをたべてくしのこり㉘（富山）」などがある。

そして最後のE［顔］で、これまでの「オヒメサマ／お姫さん／おひめちゃん／お人形さん／おじょうさん／おじょうちゃん」の名称に加え、新たに「オヨメサン（青森）、オカミサン（山梨）」が登場する。

ヒメサマ⑲

ヒメサマ⑳

ヒメサマ㉑

ヒメサマ㉒

ヒメサマ㉓

ヒメサマ㉔

ヒメサマ㉕

ヒメサマ㉖

ヒメサマ㉗

ヒメサマ㉘

以上が三族の概要であるが、二、三の問題が残る。その第一は、C〔頭髪・冠〕の基本線三本がすべて同等であるかどうかという点である。

たとえば⑳〜㉖の半円連続の跳線を主線の装飾的添加線と見るならば、これらは皆二族ということになる。歌詞上、明らかに添加物であっても画図的に独立していたり、その逆もあって、主線か装飾添加線か判定が困難となる。

第二は構成各部が⑥に示したように明確に順序よく区分されず、混交融合するものが、次の例である。

ヒメサマ㉙（宮城）

1・二重まる　横々たてたて
　二重まる…A・B

2・小山さんに　大山さんに
　花ざかり…C

3・雨がざあざあ
　ふってきて…D

4・こなゆき　チラチラ
　とんできて…C

5・きれいな　きれいな
　お姫様…E

ヒメサマ㉚（北海道）

1・丸かいてチョン
　丸かいてチョン…A

2・たてたて横々
　丸かいてチョン…B

3・大山　小山
　さくら山…C

4・雨がざあざあ
　ふってきて
　あられがポツポツ
　ふってきて…D

5・そうらやっぱり
　おひいさま…E

すなわち構成の各部の連続や一体化したものの出現である。

第三の問題は次の二例が示す簡略化である。

ヒメサマ㉛（福島）

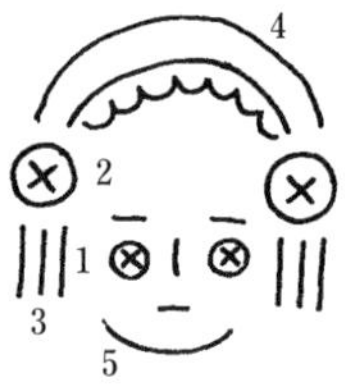

1・丸してバツ　丸してバツ
　横々たてよこ

2・丸してバツ　丸してバツ

3・たきがざあざあ
　おちている

4・大山小山に　花がさく

5・どこへゆくゆく
　およめさん

ヒメサマ㉜（長野）

1・丸かいてチョン
　丸かいてチョン

2・たてたて　横々

3・大山　小山　花さいて
　実がなって

4・丸かいてチョン
　丸かいてチョン
　横々たてよこ
　おひめさま

㉛はB［前額部の帯飾り］がなく、㉜は意外にもD［両側の垂飾り］を欠いた簡易型である。全体を総合すれば、二族から三族という複雑化の例の中で、部分的に見れば簡略化が行われているなど単純な二極化ではない変化を示している。

一方、C［頭髪・冠］の主線が四本からなる「四族」の〈ヒメサマ〉の部類において、A［耳飾り］では既出のもののほか、「丸ちゃんぼつぼつゴミついて㉝（長崎）、まるまるピカピカひかってる㉞（兵庫）」が加わり、B［前額部の帯飾り］では二族と同様であり、C［頭髪・冠］においては「小山の上にさくら咲く、大山の上にさくら咲く㉝、おまんじゅ三つ、パン四つ㉞、大山小山も花ざかり㉟（山梨）、山登り山登り、さくらが咲いてうめ咲いて㊱（茨城）、庭も畠も花ざかり花ざかり㊲（愛知）、山にさくらの花咲いて、畠になしの花さいて㊳（山梨）、こっちの山は雨がふり、むこうの山は花がさく花がさく㊴（岡山）、野原へいけば草ばかり小山へいけばささばかり奥山ゆけば花ざかり㊵（福岡）、小山いっぱい花がさく奥山いっぱい花がさく、花見でいっぱい人がくる㊶（京都）」などと多彩を示す。しかし単線四本のC［頭

ヒメサマ㉝

ヒメサマ㉞

ヒメサマ㉟

ヒメサマ㊱

ヒメサマ㊲

ヒメサマ㊳

ヒメサマ㊴

ヒメサマ㊵

ヒメサマ㊶

髪・冠］はなく、三族で述べたように、主線の二本と装飾的な跳線二本からなっているものが大半である。

またD［両側の垂飾り］では「三角ぼうしに雨ざあざあ㉞、長丸チョンして雨がふる㊱㊲、ドーナツたべて雨こんこん㊳、丸してチョン、雨がチョンチョンふってくる㊴、ののちゃんののちゃん、三角定規に雨がふる㊶」など、複雑多重の様相を示す。

これらは要するに三族より、装飾添加の度が増加したものと判断される。それが三族との差であるだけでなく、簡略化がほとんど見うけられなかったことと相まって、四族の特徴といえるであろう。

一族、異族の二極化状況

この〈ヒメサマ〉の基準とした二族から、C［頭髪・冠］をさらに簡略化したものを「一族」とすると、この一族群はA［耳飾り］やB［前額部の帯飾り］の部分を、次のように表示している。

ヒメサマ㊷（宮城）

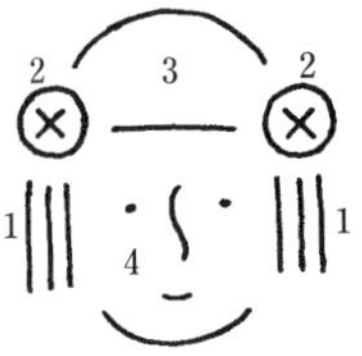

1・雨がざあざあ
ふってきた…D

2・太郎さんとこが
戸をしめて…A
花子さんとこが
戸をしめて

3・山こえて
橋こえて…B・C

4・川がながれて
おひめさま…E

この例のように、C［頭髪・冠］において「山こえて㊸（京都）、三日月チョン㊹（岡山）、谷の他に谷がある㊺（愛知）」や「山こえ山こえパンかいに㊻（京都）」の二山、さらには「けんかして㊼（兵庫）」の渦巻き線、あるいは「山の木がさがさ茂ってる㊽（大阪）」の雲状の線などがある。

そして「1橋をわたって　2のりをつけ　3山のふもとで　4のりをつけ㊾（山口）」のように、A［耳飾り］、B［前額部の帯飾り］と一連化した簡略形も出現する。

こうしたC［頭髪・冠］の簡略化の上にD［両側の垂飾り］をさらに簡略、または欠除すると、それはもう〈ヒメサマ〉の特徴美観を失うためか、㉜以外の資料は得られなかった。たしかに〈ヒメサマ〉の美的特徴がこのD［両側の垂飾り］にあると見なすことができる。

ヒメサマ㊸

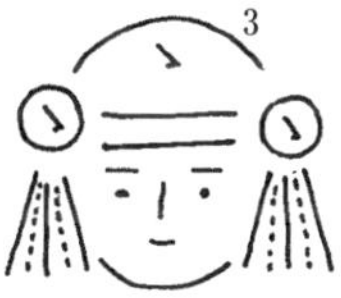

ヒメサマ㊹

ヒメサマ㊺

ヒメサマ㊻

ヒメサマ㊼

ヒメサマ㊽

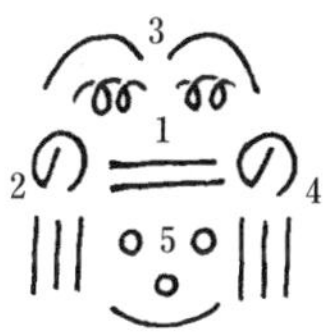

ヒメサマ㊾

そして最後のE［顔］においては、「点ぼう、点ぼう、お姫様㊺、豆々たてよこ　出来上り㊼、まんじゅう三つで　おひめさん㊾」などが得られた。

以上の一族の〈ヒメサマ〉群は、二族から複雑多飾化の方向に三族、四族と進行したのとは正反対に、簡略簡素化の方向へ歩んだものであるが、それは決して退嬰《たいえい》でもなければ劣悪化でもなく、㊷〜㊾の画図が示すように洗練純化のひとつであることがわかる。こうしたことを子どもたちがやっているのを少なくとも大人は知っておかなければなるまい。

以上、一族から四族に分類した〈ヒメサマ〉を述べてきたが、私の得た資料には、上記の分類に入らないものが、まだ四〇ほど残っていた。それらは、分類に入らないだけあって、なかなかのものであった。

たとえば、次のようなものがある。

ヒメサマ㊿（三重）

1·まん丸　まん丸　丸木舟

2·大山小山に　花がさく　花がさく

3·流れ星　流れ星　とんできて

4·三角定規　ギザギザギザ
三角定規　ギザギザギザ

5·6ひく6は　れいこさん

㊿においては、C［頭髪・冠］の主線が何本なのか明確でなく、何族という区分をこえて描写の順序、部位の混合錯綜《さくそう》、逆にいえば全体が不可分の構成となっている。また、次のような例もある。

ヒメサマ51（福岡）

1・丸ちゃん　丸ちゃん
　橋をわたって　花つみに

2・山をのぼって　花つみに
　大きな山は　花ざかり

3・雨がシトシト
　ふり出して　ふり出して

4・雨がざあざあ
　ふり出して　ふり出して

5・あっという間に
　アンミツひめ

この51でもC［頭髪・冠］の複雑化と一本化の構成が進み、当時評判であった少女マンガのヒロインの名が登場する。ヒロインの名は「アンチンひめ（京都）、オカカひめ（静岡）、ミチコひめ（群馬）、オミツちゃん（大阪）、ミッチンひめ（山口）」など多様であった。

ヒメサマ52（福井）

1・卵がわれて　しずくたれ
　卵がわれて　しずくたれ

2・お碗にうけて　ハシでたべ

3・大山さんには　雨がふる
　小山さんには　花がさく

4・あっというなら　おひめさん

この52 53では〈ベッティ〉（60ページ）で述べた「卵がわれて」や常套句の「雨がざあざあ」によって、立体的な髷《まげ》や髪形を現出する。

さらに次のような、錯綜した線図が入り乱れる。

ヒメサマ53（新潟）

1・三つの山に　雲が出て

2・雨がざあざあ　ふってきて

3・小雨がしとしと　ふってきて

4・そのうち　にじが　見え出して

5・丸チョン　丸チョン
　丸チョンチョン

6・いつの間にか　おひめさん

ヒメサマ54（長野）

1・丸かいてチョン　たてたて横々
　丸かいてチョン

2・大山小山
　花ざかり　花ざかり

3・ののさん　チョンチョン
　ののさん　チョンチョン

4・四角で　チョンチョン
　四角で　チョンチョン

5・かさをかぶって
　へへののもへいさん

これはもう「オヒメサマ」というより、ドラの音とともに豪華な衣装で出場してくる京劇の大王様か、年末恒例の紅白歌合戦のハデハデ飾りの歌手のようである。

その白塗りの出現の次に、曲線や波線や段々線が何層にも重なり、あるいは「五族」という分類を作らねばという例にぶつかる。

ヒメサマ㊺（秋田）

1・ハートの形に　丸してチョン
丸してチョン

2・雨がざあざあふってきて
ふってきて

3・大山小山　花ざかり
花いっぱいの　花ざかり

4・それは　すてきな　お姫さま

こうして複雑過飾へ進み、異形特殊な〈ヒメサマ〉連が乱舞したあげく、恐ろしい「針姫様」の登場となる。

ヒメサマ㊻（埼玉）

1・三角　三角　三角橋

2・大山　小山に　針がさす　針がさす

3・となりの　おばさん　生そばくって

4・それはいじわる　こんじょ姫

美顔〈ヒメサマ〉の集約

以上述べてきた〈ヒメサマ〉の主要項目を集約列記すれば次のごとくである。

❶得られた八一九資料の〈ヒメサマ〉は、おおむねA［耳飾り］、B［前額部の帯飾り］、C［頭髪・冠］、D［両側の垂飾り］、E［顔］の五部によって構成されている。

❷そのうち変化が最も明瞭である［頭髪・冠］の部分の線条によって「一～四族」及びそのほかの「異族」の五種に区分整理した。

❸それぞれの資料区分と、種類数は表6のごとくである。表中の（ ）の数字は、重複を含む種類数である。

❹この表より〈ヒメサマ〉の主体は二～四族にあり、歌詞の簡明平易さ、整然とした描出順序、不用不自然な添加線の少ないことなどから、二族が中心となっており、始源であると推測される。

❺この前提により三～四族は複雑多飾化の方向、一族は簡略簡素化の方向という二極化に進み、それぞれ発展したと考えられる。

❻この二極以外の異色の発想、独創的な展開、異端の構成をしたもの、すなわち方向も表現も提示も定型にとらわれないものが異族となって種類を増やす力となっている。

❼多彩多様な〈ヒメサマ〉であるにもかかわらず、その展開は頭部だけにとどまっていて、身体部への発展や付加、すなわち〈ヒメサマ〉の全身像はついに得られなかった。これは〈ベッティ〉（70ページ）、

表6　〈ヒメサマ〉の分類別、構成別種類数と資料数

分類と構成区分	A 耳飾り	B 前額部の帯飾り	C 頭髪・冠	D 両側の垂飾り	E 顔	種類別小計	資料数	該当画図番号
一族	4種	4種	8種	5種	6種	27種	65	㊷〜㊾
二族	5種	5種	8種	7種	8種	33種	388	⑥〜⑱
三族	7種	9種	(14種)	10種	9種	(49種)	145	⑲〜㉜
四族	9種	11種	18種	(15種)	9種	(62種)	180	㉝〜㊶
異族	—	—	—	—	—	11種	41	㊿〜56
合計	25種	29種	(48種)	(37種)	32種	(182種)	819	—

〈ニンギョウ〉（131ページ）や後述の〈マルチャン〉（345ページ）、〈つーチャン〉（371ページ）など女性を題材とした絵かき遊びでは必ず全身像に及ぶのに対し、例外であった。

❽その理由として、洋服姿の〈ヒメサマ〉では格好がつかず、さりとて振り袖など着物姿は描出が困難のゆえであろう。その不満と憧憬《しょうけい》が三〜四族及び異族の華美な装飾類の発生につながったのかもしれない。

❾しかし頭部だけであっても〈ヒメサマ〉は、絵かき遊びの中で傑出しており、とくに女の子向けとしては後述する〈マルチャン〉、〈つーチャン〉などに対抗できる唯一の美顔才媛《さいえん》ということができよう。

〈オカミサン〉の登場

〈ニンギョウ〉〈ヒメサマ〉の流れは次に〈オカミサン〉へ続くこととなる。

「おかみさん」という語は、一般家庭では消えつつあるが、戦前の都会地では容易にお目にかかれた。口やかましいが世話ずきの、丸髷《まるまげ》かっぽう着姿の中年女性が典型で、絵かき遊びでは重要な人物のひとりである。

さっそう「丸カミサン」「へのカミサン」

〈オカミサン〉にもいろいろあって、まず登場してもらうのは、歌詞の中に「まる」が多く出てくるので「丸カミサン」とよんでいる一群である。

オカミサン①（京都）

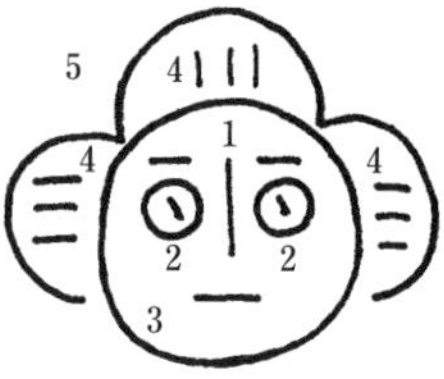

1･よこよこ　たてよこ

2･丸かいてチョン
丸かいてチョン

3･大きな丸に

4･毛が三本　毛が三本
毛が三本

5･あっという間に
オカミサン

①の描出にあたり、歌詞1が2の後にくるものや、3が「大きなだんご、まんじゅう、せんべい（島根など）」となり、したがって4が「くし三本、棒三本、ひび三本」などとなり、5が「かみをゆったら（三重）、耳をつけたら（大阪）、ちょいとまるめたオヨメサン（徳島）」など多数の変形を生み出している。また、

オカミサン②（大阪）

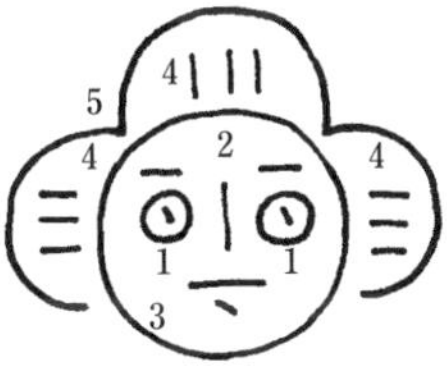

1・丸かいてチョン
　丸かいてチョン

2・よこよこ　たてよこ

3・丸かいてチョン

4・毛が三本　毛が三本
　毛が三本

5・やっとできたよ
　おかみさん

と、②は①と同様であるが、歌詞3の「チョン」の有無が差となっている。そしてこの位置が異なる②′（岐阜）、②″（愛知）、②‴（岡山）を生み出している。また歌詞3を「丸かいてチョンチョン（宮城）」とし、③のように襟元を表現したものもある。

オカミサン②′

オカミサン②″

オカミサン②‴

オカミサン③

一方、

オカミサン④（福島）

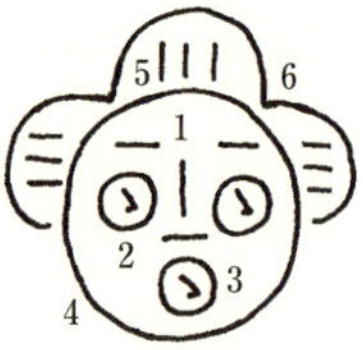

1·よこよこ　たてよこ

2·丸かいてチョン　丸かいてチョン

3·丸かいてチョン

4·のんきな父さん

5·毛が三本　毛が三本　毛が三本

6·ちょっとまるめて　オカミサン

のように、丸い口の画図の系列では歌詞1が「よこよこ　たてたて④′（奈良）、④″（熊本）、よこたて　たてよこ④‴（埼玉）」などとなっている。

オカミサン④′

オカミサン④″

オカミサン④‴

オカミサン⑤（京都）

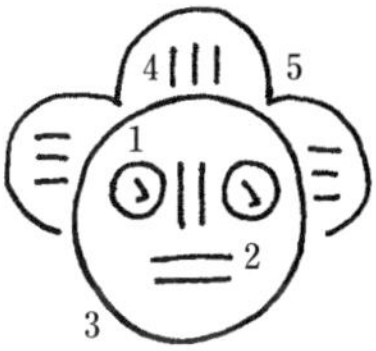

1·丸かいてチョン
丸かいてチョン

2·たてたて　よこよこ

3·大きな丸に

4·ヒゲ三本　ヒゲ三本
ヒゲ三本

5·よくよくみれば
オカアサン

この口を横にしっかり結んだ〈オカミサン〉に対し、異色なのは次の例である。

オカミサン⑥（奈良）

1·ごまめが　ホーラクに
入れられて

2·逃げよか　走ろか
腹切って死のか

3·毛が三本　毛が三本
毛が三本

4·何かとおもえば
オヨメサン

このような質実古風な育ちに対し、近代的な例もある。

オカミサン⑦（埼玉）

1·丸かいてチョン
丸かいてチョン

2·よこよこ　たてたて

3·丸かいてチョン

4·くるくるあたまの
オカアサン

この母の⑦の簡略形から、子を描く例が示される。

オカミサン⑧（山口）

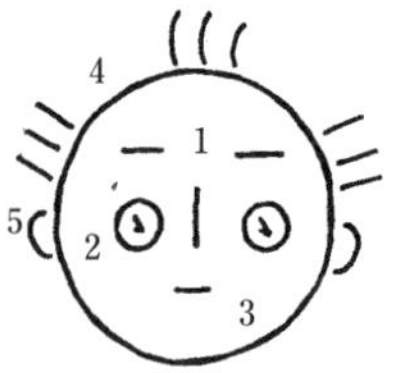

1・よこよこ　たてよこ

2・丸してチョン　丸してチョン

3・大きな丸に

4・毛が三本　毛が三本　毛が三本

5・あっという間に
アカチャンのおかお

同様に⑧の歌詞3〜5が、「3丸かいてチョン　4丸かいてチョン　5丸かいてチョン⑨（佐賀）」、「3丸かいてチョンチョン⑩（東京）」と変化したり、「1よこよこたてたて　2丸してチョン　丸してチョン　3丸してチョン」⑪（兵庫）によって、母につらなる子が描出される。

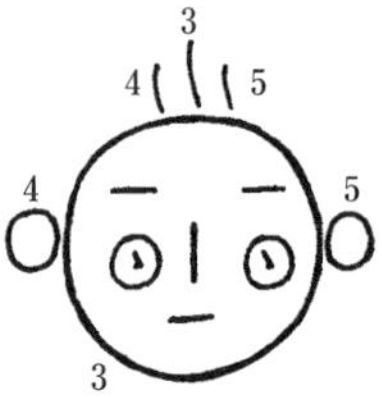

オカミサン⑨

オカミサン⑩

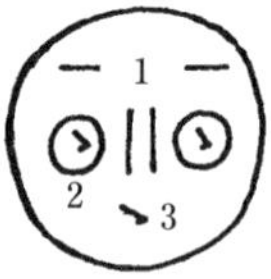

オカミサン⑪

これらの「丸カミサン」群に対して、歌詞の冒頭文字をひらがなで記す一群がある。

オカミサン⑫（兵庫）

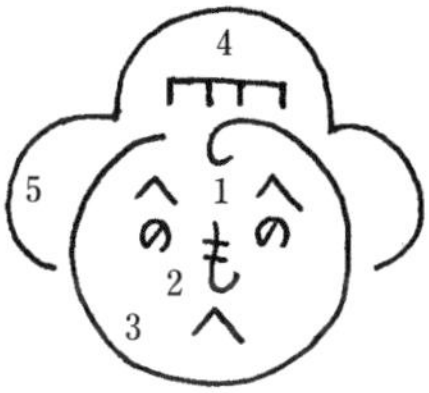

1・のり下さい　へえ
　のり下さい　へえ

2・もひとつ下さい　へえ

3・大きなのり下さい

4・そろばんカチカチ

5・あっという間に　オカミサン

この一群の〈オカミサン〉は、その顔がいずれも、いわゆる「へのへのもへじ」で描出される。「へのへのもへじ」については後述の〔「へのへのもへじ」の資料と分析〕（480ページ）で詳しく述べるが、この系列のひらがな文字で目鼻を形成する一群を以下「へのカミサン」と呼称する。

オカミサン⑬（大阪）

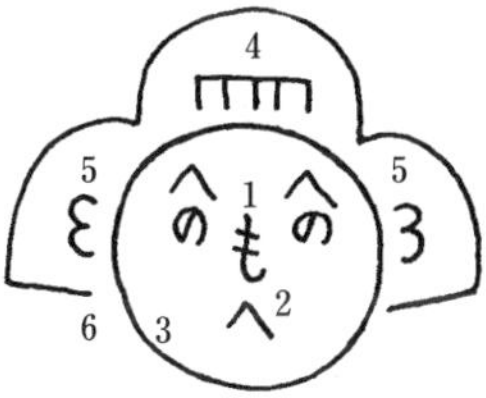

1・のりかいに　へ
　のりかいに　へ

2・もっとちょうだい　へ

3・お皿いっぱい

4・そろばん　パチパチ

5・33銭

6・あっという間に　オヨメハン

などの例のように、家計収支をやりくりする店屋の嫁さんは、まもなくしっかりした女主人となり、それとともに髪形や取り扱う店の金額もかわってゆく。

オカミサン⑭（長崎）

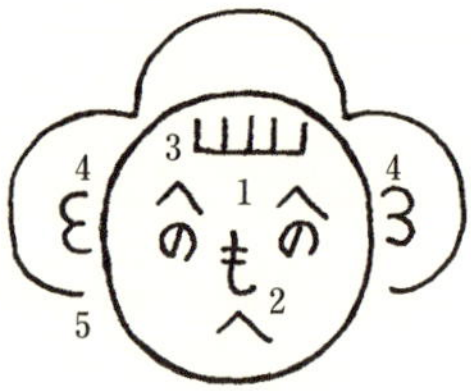

1･のり屋のオバサン　へい
　のり下さい　へい

2･もっと下さい　へい

3･そろばん　ガチャガチャ

4･33円

5･あっとたまげた
　ハナヨメサン

オカミサン⑮（静岡）

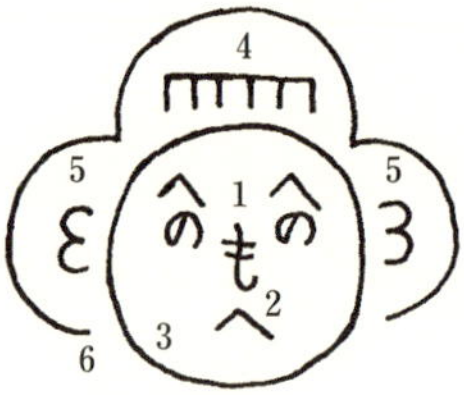

1･へえ一今日は
　のり下さい
　へえ一今日は
　のり下さい

2･もっと下さい
　へらして下さい

3･紙につつんで

4･そろばんパラパラ

5･33円

6･ホーラできたオカミサン

オカミサン⑯（福岡）

1･のりちょうだい　へえ
　のりちょうだい　へえ

2･もっと
　お皿へちょうだい　へえ

3･そろばんカチカチ　33円

4･そろばんカチカチ　33円

5･あっという間に
　オカミサン

地域や時代によって、多様な〈オカミサン〉を生み出してゆく中で、意外な資料に遭遇する。

オカミサン⑰（東京）

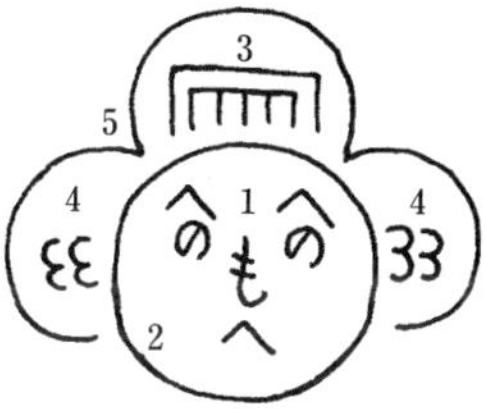

1･のりちょうだい
のりちょうだい
へらして　へらして
もっと　へらして

2･紙につつんで

3･そろばんバチバチ

4･三千三百三十三円

5･あれまと驚くオカミサン

オカミサン⑱（岐阜）

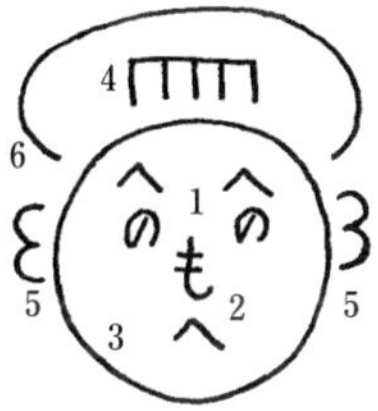

1･のり下さい　へい
のり下さい　へい

2･もひとつ下さい　へい

3･紙下さい

4･そろばんパチパチ

5･33銭

6･あっと驚くオカミサン

オカミサン⑲（岡山）

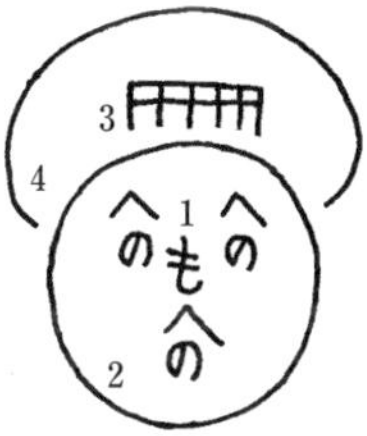

1･への字ちょうだい
への字ちょうだい
もひとつ
への字ちょうだい

2･お皿にいっぱい

3･そろばんカチカチ

4･これがふろ屋の
オカミサン

この髪型は、大正から昭和初期にかけて「二百三高地」（日露戦争で激戦が行われたロシアの要塞高地名）とか、「さざえのツボやき」、あるいは「丸座ぶとん」と称せられたもので、「銭《せん》」という通貨単位とともに、伝承遊びの時代を刻みつけている。

がんばる「サザエカミサン」「舟カミサン」

「へのカミサン」では、それまでの丸髷や島田髷といった古風な髪型ではなくて、違った形の資料を御紹介した。その流れであろうか、顔立ちはひらがな文字による「へのへのもへじ」系でありながら、さらに新風の髪型があらわれた。

オカミサン⑳（兵庫）

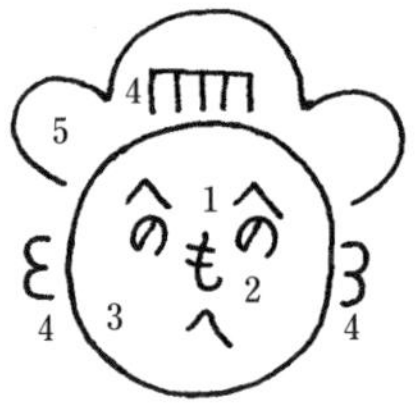

1・のりやさん　のり下さい　へいへい

2・もっと下さい　へい

3・大きなお皿に　たくさん下さい

4・そろばんガチャガチャ　33円

5・あっという間にサザエサン

サザエサンの不意の登場は「あっ」と驚くにはあたらない。サザエサンとは長谷川町子《はせがわまちこ》作の新聞連載マンガのヒロインで、識者によればその六〇巻の全集は、昭和期の家庭庶民史ともいうべき作品。当然当時の子どもたちに大歓迎されていたから、髷の形に工夫を加え、死語となっていた〈オカミサン〉を新しい女主人「サザエカミサン」にかえていったのである。

オカミサン㉑（広島）

1・のりを下さい
　のりを下さい　へーへ
　もっと下さい　へーへ

2・お皿に下さい　へーへ

3・おつりは　33円

4・おっとおどけた　サザエサン

オカミサン㉒（福岡）

1・のり下さい　へ
　のり下さい　へ

2・も少し下さい　へ

3・お皿一ぱい下さい

4・3月3日は　さんかん日

5・あっとおどろく　サザエサン

さんかん日に見たタラオの成績に驚くだけでなく、ときおり昔の通貨単位が出てきて驚きを倍加する。

耳を描く「3」の数字は、時代のゆえかインフレのためか、銭・円と単位はかわり、「三百三十（福岡）」、「三千三百（山口）」と数値も増え、時には「33才（富山）」と年齢をスッパぬく。しかし少しは若づくりをしたいのか、

オカミサン㉓（愛媛）

1・へー　のりちょうだい

2・へー　のりちょうだい

3・もっとちょうだい　へー

4・紙につつんで　33銭

5・頭の上に毛が三本

6・おっととどろく　サザエサン

オカミサン㉔（北海道）

1・さんちゃんが　3円もらって

2・アメ　三つ

3・へのへのもへい

4・3月3日の　試験は0点
サザエサン

と、帽子でおしゃれする。

こうして昭和時代を生きぬいたサザエサンは、その後どうなったのだろうか。

オカミサン㉕（徳島）

1・へえ　こんにちは
　へえ　こんにちは

2・のりください　のりください

3・もっとください　へらさずに

4・まるめてみたれば

5・となりの　おばさん

なるほど、こうした厚かましさがおたがい「となりのおばさん」の〈オカミサン〉や「サザエカミサン」に、なっていったのであろう。

「となりのおばさん」となった㉕の〈オカミサン〉に、非常によく似た別種の資料が提供された。

オカミサン㉖（山梨）

1・へいき　へいき　丸木ぶね

2・のんき　のんき　丸木ぶね

3・父さん母さん
　あらシュッシュッシュー

これは〈ウチワ〉（83ページ）や〈ニンギョウ〉（131ページ）でさんざんお目にかかった、昭和初期流行の『独木《まるき》舟《ぶね》』の歌詞ではないか。これら『独木舟』の歌詞を使うものを「舟カミサン」とよぶことにし、改めて調査をすると、次々と見出すことができた。

オカミサン㉗（北海道）

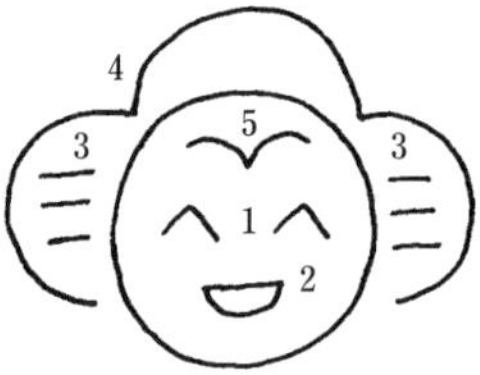

1・やーまーちゃん　やーまーちゃん

2・丸木舟

3・かーわーちゃん　かーわーちゃん

4・さようなら

5・波をこえて　アラシュッシュッシュー

これまでの〈オカミサン〉にも、また『独木舟』の歌にも、この「山と川」の対句は出てこなかった。

しかしこの「山と川」の対句は、次のような「舟カミサン」にも、はっきり受けつがれている。

オカミサン㉘（宮城）

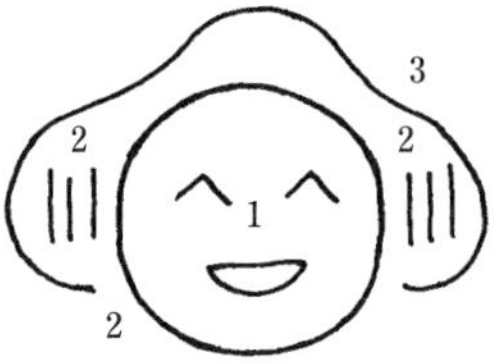

1・山へ　山へ　丸木ぶね

2・川へ　川へ　丸木ぶね

3・あらシュッシュッシューの　オカミサン

「丸カミサン」も「へのカミサン」も「サザエカミサン」も、その目は丸くギョロリとしていたが、この

「舟カミサン」は柔和な細い目で微笑《ほほえ》みをたたえている。そのゆえか親近の情をこめた呼び名が次に出てくる。

オカミサン㉙（新潟）

1・へいき　へいき　丸木舟

2・そろばん　カチカチ　33円

3・あらっと　いう間に　オッカチャン

そのほか、「カッカ（茨城）、オカン（大阪）、オカンサン（兵庫）、オタサン（長野）、タタサン（福岡）、アッバチャン（青森）」など、にぎやかになる。

「カミサン」たちの変化変容

こうして「丸・への・サザエ・舟」などの〈オカミサン〉が一応ずらり整うに至ると、やがて次の変化があらわれる。その最も手っとり早い変化が次の例である。

オカミサン㉚（和歌山）

1〜5・（略：①参照）

6・もひとつあれっと
　ウチワです

オカミサン㉛（京都）

1〜5・（略）

6・十の字かけば
　ウチワになった

すでに〈ウチワ〉で見てきたのと同じ趣好である。
もう少し工夫をしたのは次の諸例である。

オカミサン㉜（静岡）

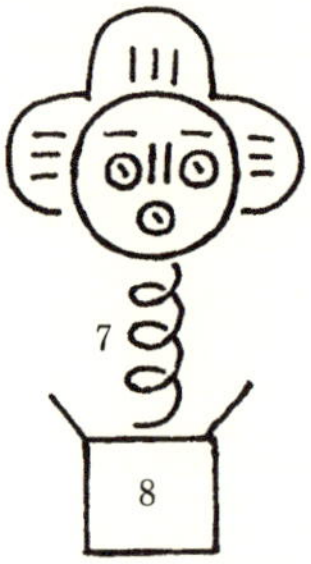

1〜6・（略：④参照）

7・くるくるまわって
　とび出して

8・これはたまげた
　びっくり箱

オカミサン㉝（兵庫）

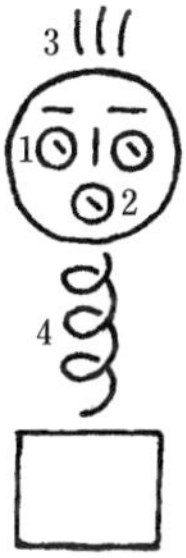

1・丸かいてチョン　丸かいてチョン

2・よこよこ　たてぼう
丸かいてチョン

3・のんきな父さん　毛が三本

4・くるくるパーで　びっくりだ

オカミサン㉞（徳島）

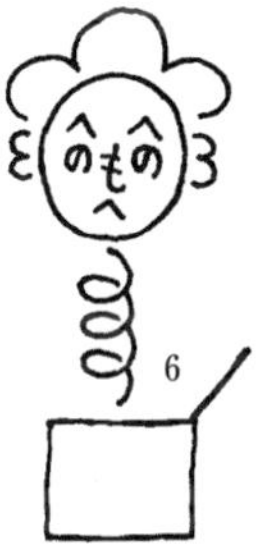

1～5・（略：㉒参照）

6・くるくるおどろき　びっくり箱

このビックリ箱化も〈ベッティ〉（72ページ）〈カッパ〉（107ページ）ですでに見てきたところで、各「カミサン」の顔を、全部ビックリ箱化することが可能となる。

こうした定型化、類型化の変化ではなく、それぞれに新しい工夫と選択を行っていった例が以下のようにあらわれる。

オカミサン㉟(千葉)

1～5・(略:①参照)

6・6月6日に　たてたて　横々

7・波が　ジャブジャブ
波が　ジャブジャブ

8・たてたて　横々
丸かいてチョン
たてたて　横々
丸かいてチョン

すなわち顔だけの〈オカミサン〉ではなく、市《し》井《せい》在住ともなれば、かっぽう着やアッパッパの、勇ましい生活作業姿での登場となる。そして、深窓奥座敷の〈ヒメサマ〉(154ページ)や妖艶《ようえん》な〈ベッティ〉(70ページ)が意外に全姿が少なかったけれど、〈オカミサン〉の全身像は、この「6月6日系」と、次の「たて横系」の二種に大別され、多数である。

まず「6月6日系」は、数字の「6」で両手を描く基本型に、種々な衣装の組み合わせとなる。

オカミサン㊱(三重)

1～4・(略)

5・6月6日は　さんかん日

6・雨がふる　ザアザアザア
雨がふる　ビショビショビショ

7・たてたて　横々　丸してチョン
たてたて　横々　丸してチョン

オカミサン㊲（長野）

1・丸かいてチョン
丸かいてチョン

2・丸かいてチョン

3・のんきな父さん
ヒゲ三本
ヒゲ三本　ヒゲ三本

4・あははと笑って
にげてった

5・6月6日は　さんかん日

6・雨がザアザア
ふってきて
あられがポツポツ
ふってきて

7・たてたて　横々
丸かいてチョン
たてたて　横々
丸かいてチョン

オカミサン㊳（兵庫）

1～5・（略：㉕参照）

6・6月6日は

7・雨がふって
ザアザアザア

8・雨がふって
ザアザアザア

9・よこよこ　たてたて
丸かきチョン
よこよこ　たてたて
丸かきチョン

一方、上肢も、常套句「たてたて横々」で描く「たて横系」は、さらに各種の工夫をこらしての登場となる。

オカミサン㊴（大分）

1～4・（略）

5・たてたて横々
丸かいてテン
たてたて横々
丸かいてテン

6・三日月テン　三日月テン

7・雨が
ザァザァふってきて
波が
ザブザブさわぎだし

8・たてたて　横々
丸してテン
たてたて　横々
丸してテン

またスカートの模様や装飾に、こまかな工夫がこめられてゆく。

オカミサン㊵（兵庫）

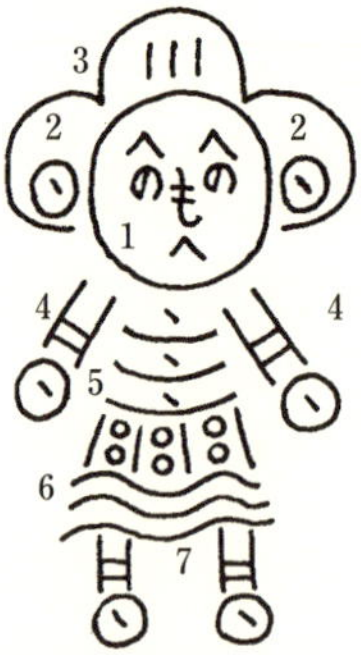

1·へのへのもへの

2·丸かいてチョン　丸かいてチョン

3·頭の上に　毛が三本
　あっという間に　オカミサン

4·たてたて横々　丸かいてチョン
　たてたて横々　丸かいてチョン

5·舟にのってチョン
　舟にのってチョン
　舟にのってチョン

6·雨がジャアジャア　ふってきて
　あられがポツポツ　ふってきて
　みみずが三匹　はいだして

7·たてたて　横々　丸かいてチョン
　たてたて　横々　丸かいてチョン

こうしたいささか装飾過多ばかりでなく、本来の〈オカミサン〉の家庭生活に合う、質素簡潔な服装になっての出現にもなる。

オカミサン㊶（愛知）

1～5·（略：①参照）

6·たてたて　よこよこ　丸してチョン
　たてたて　よこよこ　丸してチョン

7·四角に　三角
　波シュッシュッシュー

8·たてたて　よこよこ　丸してチョン
　たてたて　よこよこ　丸してチョン

オカミサン㊷（大阪）

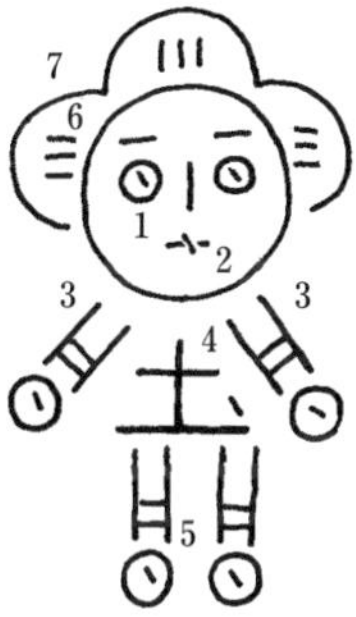

1・丸かいてチョン　横々　たて横

2・丸かいてチョンチョン

3・たてたて　横々
丸かいてチョン
たてたて　横々
丸かいてチョン

4・土かいてチョン

5・たてたて　横々
丸かいてチョン
たてたて　横々
丸かいてチョン

6・のんきな父さん　毛が三本
毛が三本　毛が三本

7・おっとどっこい　おかめさん

㊷の例で、歌詞1〜5まで描出している途次、前出の⑧〜⑪のアカチャンか小児の姿で進行し、最後に至って「おかめさん」に変貌する点、秀逸なフィニッシュとなっている。

以上のように「ウチワ化」「ビックリ箱化」「全身像化」によって「カミサン」たちが変化変容し、〈オカミサン〉の新たな広がりを示すに至っている。

〈オカミサン〉のまとめと命運

以上を集約すると、次のようになる。

❶〈オカミサン〉を描く方法として、まったく図案的な抽象線形の組み合わせによる「丸カミサン」、文字

の集積による目鼻口の「へのカミサン」、髪型と表情をいかした「サザエカミサン」、『独木舟』の歌曲による「舟カミサン」などがあり、これらはいずれも少々の歪みやおかしな形でも十分通用する〈オカミサン〉の開放性、庶民性、野太さに基づいている。

❷〈オカミサン〉は、大正の末から、昭和六〇年ごろまでの長期間、実社会では消滅してもなお保存伝承されていたのは、一分の悪態と二分の揶揄《やゆ》、そして七分の親愛を実生活で得ていた余徳であり、それがさまざまなルートによる描出法を生み出す原動力となったのであろう。要するに格好の題材、対象であったためである。

❸〈オカミサン〉の歌詞があらわし、画図が示すものは「優雅繊細、冷徹寡黙、よそよそしい挙措《きょそ》、微温丁寧」とまったく正反対のものである。〈オカミサン〉を追求、愛好、伝承してきた子どもたちもまた、基本的に同様であることを示している。それゆえいろいろな「顔」の描き方や髪型の変化、そして「オヨメサン／ヨメハン／ハナヨメシャン／オカアサン／オバサン／オッカチャン／オカン／アッバチャン／オタサン」などの名をまじえ、男女の別なく愛誦される数少ない種族である。

❹こうした顔によって十分〈オカミサン〉が発揮されたが、さらに「ウチワ化」「ビックリ箱化」の変化とともに「全身像化」によって種々な試みが加えられている。こうした試みと顔などの改変、名称の代替などにより、実社会では消えても、〈オカミサン〉の命脈はなお続くものと考えられる。

第5章・軟体動物　八腕類の遊び

日本普遍生物〈タコ〉の調査

「絵かき遊び」という語を知らない方でも「タコのいたずら書き」の図を示せば、ほとんどの人が知っている。それほどよく知られた、珍しくもないものである。

じつを言えば、この〈タコ〉ははじめ私の調査の対象から除外されていた。新しい発見は期待できず、若気の至り、もっと時代や社会の厳しい波から生まれ出たものを、追求したいと思っていた。

しかし、ある時ふと誰もが知っている一般的なものの中にこそ、大切なものが存在し、秘匿《ひとく》されているのではないかと思った。どうしてそれが普遍性を得るようになったのか、ありふれた中に伝承と伝播《でんぱ》の鍵があるのではないかと考えた。奇異な少数より、普遍の多数の中にある原則と真実を知りたくなったのである。

以来私は機会をとらえて資料の入手に努めた。各種の集会はもちろん、初対面の老若男女に問いただし、テレビ出演の折は、局の理解を得て視聴者に訴えるなど、一八年ほどかかって三万一〇〇〇の資料を得るに至った。

以下はその調査と分析の報告である。

頭足類〈タコ〉の画図

ほかの絵かき遊びと同様に〈タコ〉も歌詞と画図で構成されている。

同じような〈タコ〉の絵が描かれた資料の山を、どこから手をつけてよいか迷っていた時、中学校の生物の時間、「頭足類」として教わったことを思い出し、まず〈タコ〉の画図を、頭と足の関係に留意して四つに区分することとした。

つかず離れず型（A型）

〈タコ〉の画図のうち、頭と足が「つかず離れず」の形になっているものを集めた。これらをA型とする。

その歌詞と描出の順序は、次の例のようである。

タコ①（大阪）

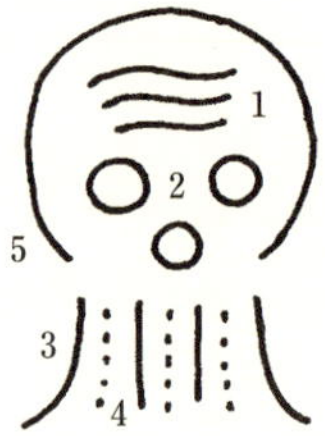

1・みみずが三匹　おったとさ

2・たまごが三つ　あったとさ

3・雨がざんざん　ふってきて

4・あられがパラパラ　ふってきて

5・あっという間に　タコ入道

この標準例のほか、変形が多い。足部の点々をそれぞれ小丸とするもの②（東京）、足線の上に点をおくもの③（静岡）、小丸をダンゴ状に描くもの④（鹿児島）、二本の並行線⑤（北海道）、渦巻線⑥（岡山）、二重点線⑦（愛知）、破線⑧（宮崎）をそれぞれ描くものなど多様である。目玉の描出も、チョンを入れたもの⑨（岐阜）、横目にするもの⑩（富山）、メガネをかけたもの⑪（大分）などがあり、口の描写

も「ドーナツひとつ」の歌詞に対応して二重丸のもの⑫（富山）、右向き口⑬（栃木）、左向き口⑭（三重）、下向き口⑮（静岡）など部分変化にとどまらず、「小波が三本のの二つ」で顔を描くもの⑯（長野）、「カラスが三羽とびよって、卵を三つうみよって」とグチるもの⑰（広島）など多彩である。

　こうした多様複雑に分岐する一方、簡略、単純化の方向にも分化し、しわが少なくなるもの⑱（三重）、まったく消失したもの⑲（大阪）、足部の吸盤がなくなったもの⑳（愛媛）、点線だけの足㉑（岩手）や口のないもの㉒（鳥取）、さらに、

タコ㉓（宮城）

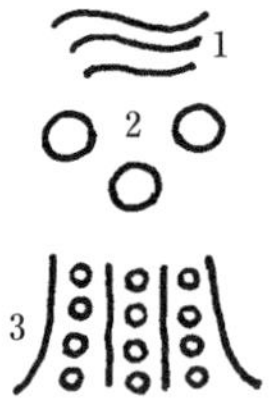

1・みみずが三匹
やってきて

2・豆をたべよと
おもったが

3・体が細くて
たべられずたべられず

と、海底暗部にひそむさまか、透明軟体をあらわすためか、頭部輪郭を描かないものもあった。

また、口の位置が逆転して、頭足類ならぬ頭口類（？）となったもの㉔（福島）や、その系列の㉕（北海道）、㉖（神奈川）となると、どこやらＳＦ映画の異星人、怪星人めいている。

　一方、帽子のつばかひさしのような形を頭に付した例㉗（福岡）、㉘（沖縄）は後述するＢ型への中間過渡形と考えられる。

　以上のような諸例を骨子として八〇種のＡ型画図を分類するに至った。

タコ⑭

タコ⑮

タコ⑯

タコ⑰

タコ⑱

タコ⑲

タコ⑳

タコ㉑

タコ㉒

タコ㉔

タコ㉕

タコ㉖

タコ㉗

タコ㉘

頭足連結型（B型）

第二のB型は、頭と足が連続した形の画図群で、典型としては次のようなものである。

タコ㉙（青森）

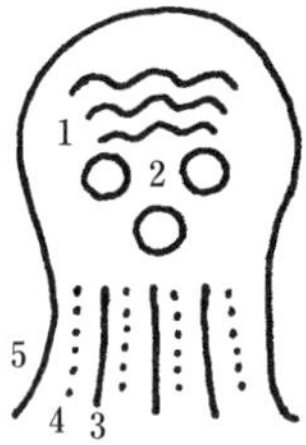

1·みみずが三匹
やってきて

2·だんごが三つ
ころがって

3·雨がジャアジャア
ふってきて

4·みぞれがポタポタ
ふってきて

5·かさをかぶれば
タコ坊主

A型の場合と同様、足（吸盤？）の描き方に㉚（奈良）、㉛（山梨）、㉜（栃木）など各種の表現があらわれるが、「あられがコロコロころがって」の歌詞により、足先にのみ小丸を付す㉝（岐阜）のような例は、A型では見られなかった。また目、口など顔の表情変化もA型に見られたように㉞（鹿児島）、㉟（高知）、㊱（静岡）、㊲（京都）と多様であるが、

タコ㊳（埼玉）

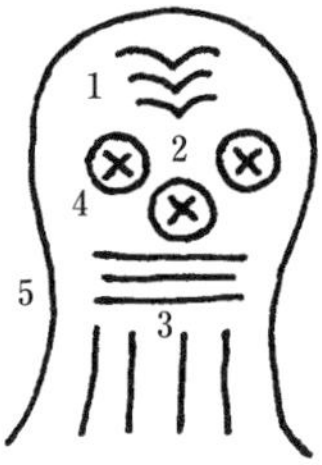

1·からすが三匹　とおまって

2·卵を三つ　おいてった

3·空がくもって　雨ザアザア

4·卵に三つ　きずができ

5·おやおやできたよ　タコ入道

というような工夫が行われている。
一方、A型で見られた頭口類（?）が、このB型でも㊵（宮崎）のように多数出現するが、

タコ㊴（茨城）

1･みみずが三匹　はってきて

2･のを越え　のを越え
　山を越え

（以下略）

タコ㊶（静岡）

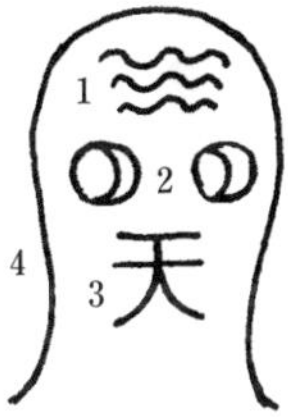

1･どじょうが三匹

2･お月さま二つ

3･天がくもって

4･タコ入道

という戴天族《たいてんぞく》も新たに出現した。これらとともに頭と足を閉曲線でとりかこみ、その一体連結を明示するもの㊷（京都）も各地で得られた。一見スルメのような形の㊸（静岡）も多数あって、これは、㉙と㊷の中間形、または後述C型への過渡形と見なすことができる。そしてこの閉曲線の極は、

と、ダルマへの変身となる。

　こうした多彩化複雑化の一方で、A型で見られたように簡略単純化が、目㊺（山口）、口㊻（大阪）、しわ㊼（徳島）、足㊽（佐賀）などで行われている。また省略ではなく描き忘れかと思ったもののその歌詞を対照したところ、

タコ㊹（福島）

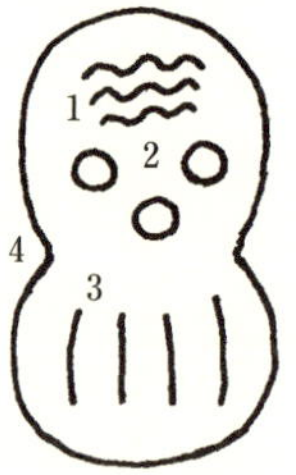

1･ミミズが三匹
はってきた

2･ダンゴを三つ
くれてやれ

3･雨がザアザア
ふってきた

4･カサをかぶせば
ダルマさん

タコ㊾（岡山）

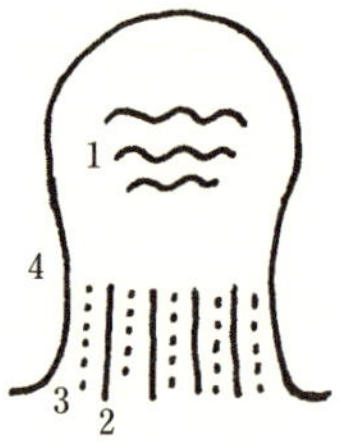

1･ミミズが三匹
ほうてきた

2･雨がザーザー
ふってきた

3･あられがポツポツ
おちてきた

4･どこへ行くのか
オタコさん

となっていて、同じ㊾の画図で「ちょいとおまちよ（山口）、どこへお出かけ（石川）、いそいでゆくのは（広島）」の資料を得たところから、これは単なる、欠落や忘失ではなく種田《たねだ》山頭火《さんとうか》の句「うしろすがたのしぐれてゆくか」を画像描出したことがわかった。以上のような状況でB型画図六三種を得るに至った。

タコ㉚

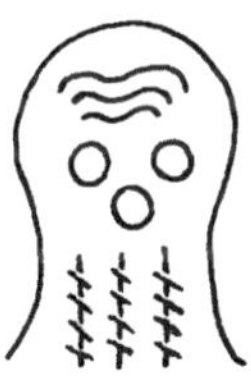

タコ㉛

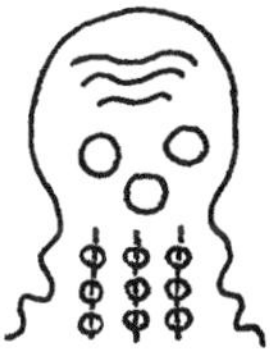

タコ㉜

タコ㉝

タコ㉞

タコ㉟

タコ㊱

タコ㊲

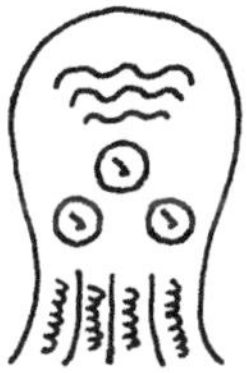

タコ㊵

タコ㊷

タコ㊸

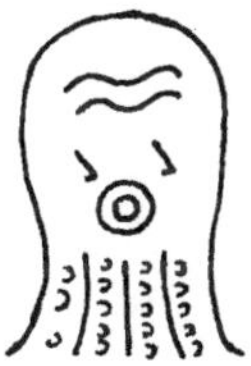

タコ㊺

タコ㊻

タコ㊼

タコ㊽

頭足分離型（C型）

第三のC型は、頭と足をはっきり分けて描くもので、その代表例は次のごとくである。

タコ㊿（三重）

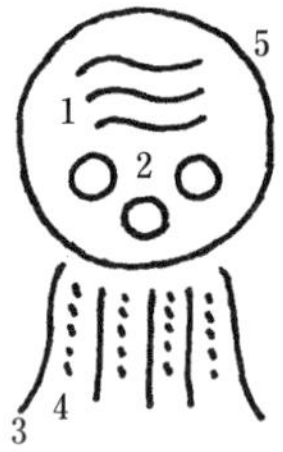

1・うなぎが三匹
　およいでて

2・石ころ三つ
　ころがって

3・雨がザンザカ
　ふってきて

4・小雨がシトシト
　ふってきて

5・おっとたまげた
　タコハベえ

A、B型の所で記したように、(51)（千葉）、(52)（東京）、(53)（宮城）、(54)（青森）、(55)（福岡）と各種の足の描写のほか、交叉形で雨とアラレが降りしきる例(56)（京都）が出現した。一方、目や口、顔の表情では、(57)（石川）、(58)（岡山）、(59)（大分）、(60)（香川）など、A、B型で出現したと同様の変化形があり、

また、

タコ(61)（静岡）

1・丸てん丸てん　三角てん

2・波に波に　ふんわりと

3・雨がザーザー　ふってきた

4・せんたく物に　虫がつき

5・アッという間に　タコ入道

という三角口や、62（埼玉）、63（香川）のとんがり口、またB型で出現した戴天族64（山梨）、65（兵庫）や頭口類66（大分）、あるいは「おおきなむすび」形の頭部を持つ火星人67（熊本）、さらにはダルマ形68（山形）など多種に分散している。

タコ51

タコ52

タコ53

タコ54

タコ55

タコ56

タコ57

タコ58

タコ59

タコ60

タコ62

タコ63

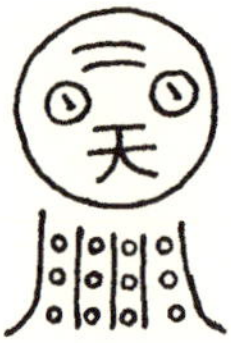

タコ64

タコ65

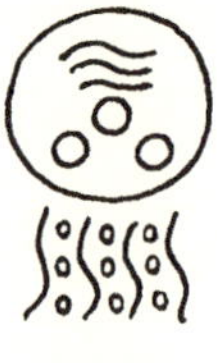

タコ66

タコ67

タコ68

タコ69

タコ70

タコ71

タコ72

一方簡略化も、足69（広島）、目70（千葉）、口71（愛媛）、しわ72（福島）などの都合で、A、B型と同様に行われているが、両者に比しやや少ない傾向を示した。

これらの結果、三一種のC型画図が得られた。

異形擬人型と画図四種のまとめ（D型）

最後のD型に区分したのは、これまでのA、B、C型の基本形に、複雑化と簡略化の方向以外の異質な加筆改変が行われたもので、本来の頭足類に余計なものがついた変異変容のものをこの類とした。

たとえば、㉔㉕㉖66の頭口族や㊶65の戴天族、さては67の火星人などは一応頭足類としたが、もっと「人間らしい」人面73（新潟）、笑顔74（山梨）、頭髪75（北海道）、耳たぶ76（宮崎）などのほか、「たてよこ一銭でアメかって」で顔面を描く例77（長野）や、

タコ78（石川）

1・へへののもへの

2・たこじまの　島に

3・さるが　ぶらりと
さあがった
タコの八ちゃん
できあがり

などは、軟体動物の域を離れる様相を示す。

タコ73

タコ74

タコ75

タコ76

こうしたいわゆる擬人化は、テレビアニメやマンガでおなじみであるが、本来〈タコ〉には不適、異質の添加物や装飾品を付したものもD型に含めたため、戯画でおなじみの鉢巻きを付した79（和歌山）、80（福岡）や81（大阪）、82（広島）の頬かむりもこのD型とした。

一方、同じ鉢巻き姿でも次の例はほかと趣を異にしている。

タコ83（愛知）

1･スイカばたけに　豆三つ

2･ミミズが三匹　はってきて

3･雨がシトシト　ふってきた

4･アラレも　パラパラ
おちてきた

5･じいさんばあさん
おおよわり

これは、後述する〈コトリ〉（243ページ）の歌詞の変形であり、伝承による融合の興味ある例となっている。

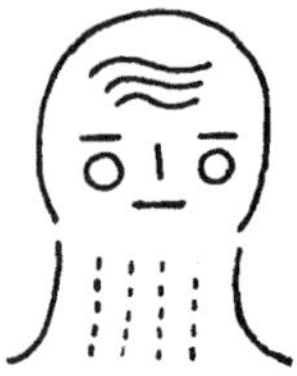

タコ77

タコ79

タコ80

タコ81

さらに異質付属物として(84)（高知）、(85)（福岡）、(86)（和歌山）、(87)（岐阜）はそれぞれリボンを付し、またオヒメサマ(88)（静岡）、オカミサン(89)（愛知）、パーマネント(90)（千葉）の女形も登場する。

一方、(91)（福島）、(92)（佐賀）、(93)（石川）などの帽子や(94)（岡山）のパイプの添加のほか、

タコ⑮（大阪）

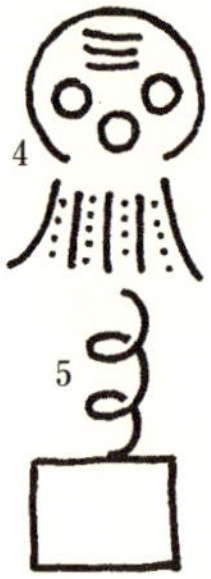

1～3・（略）

4・おっとどっこい　タコやきは

5・くるくるまわって　タコハちゃん

と、ビックリ箱化するものがある。

そして意外にも、次のような資料も出現する。

タコ⑯（沖縄）

1・まんまる　まんまる

2・まるきぶね

3・土人が　こぎます

4・アラ　シュッシュラシュー

5・父さん　母さん　さようなら

6・丸いあたまに

7・雨がふる

と、〈ピエロ〉などと融合した四一種のD型資料を得ることとなった。

表7 〈タコ〉の型別種類数と資料数

種類	資料数	種類小計	該当画図番号
つかず離れず型(A型)	16,184	80種	①〜㉘
頭足連結型(B型)	7,221	63種	㉙〜㊾
頭足分離型(C型)	4,907	31種	㊿〜⑫
異形擬人型(D型)	3,361	41種	⑬〜⑯
合計	31,673	215種	—

以上〈タコ〉の画図を、主に頭と足の関係から四種に区分した結果、それぞれ多数の種類があることがわかった。そうした画図区分を表7にまとめた。

この表と各項目の資料から次の諸点を知ることができる。

❶〈タコ〉の画図は比較的単純であるにもかかわらず、A〜D型四区分、合計二〇〇以上の種類を生むに至っていること。

❷A〜D型の基本区分の中で、複雑化と簡略化の分極が並行して行われるとともに、それぞれ独特の画図を生み出していること。

❸さらに〈タコ〉全体を大観すれば、その画図型が複雑と簡略の分極を示していること、すなわち資料数などから、A型がその中心でC及びDが複雑化、Bが簡略化の方向であり、さらに、その内部で❷の分極化があるという二重構造となっていること。

❹こうした多数の種類を生み、全国の子どもに知れわたった〈タコ〉の原動力は、対象が魅力的であり、画図が簡明で各自の能力範囲で容易に表現できるためと思われること。

絵かき遊び〈タコ〉の歌詞

さて〈タコ〉を形成するには、前記の画図とともに歌詞が重要な要素である。〈タコ〉の歌詞はこれまでの例が示すように、通常五節上下句でできている。その一例は次のようである。

〈タコ〉（東京）

	（上句）	（下句）	
1	みみずが三匹	はってきて	…第一節
2	たまごが三つ	ころがって	…第二節
3	雨がザアザア	ふってきて	…第三節
4	あられがポツポツ	おちてきて	…第四節
5	おっとどっこい	タコ入道	…第五節

この歌詞の各節を唱えつつ、対応する画図を描き、次々と重ねて進んでゆく時、画図に即した歌詞であれば心持ちよいが、無理があったり長短に不適な歌詞である場合、歌詞は単なる穴うめや場つなぎとなり、興味が中断する。したがって歌詞の各節各句は画図との対応と、全体の詞文としてのまとまりが要求されてくる。

〈タコ〉におけるこの歌詞がどのようであるか、各節を点検するとしよう。

みみずかメメズか──第一節──

まず第一節上句の主語が千変万化する。最も多い「みみず」も、次のように方言や幼児語が入りまじる。

メメズ（静岡）　みみじ（大阪）　めめす（三重）　ミミド（大分）　めめぞ（岐阜）
みみじ（長野）　みみす（岡山）　むむじ（岩手）　むむど（島根）　めめじ（兵庫）など。

またその数も、次のようになる。

三つ（東京）　三ぴき（埼玉）　三びき（茨城）　三本（岩手）
三こ（宮城）　三ど（石川）　三かい（三重）　さんざん（大阪）など。

この上句をうけて下句には、次のようなものがある（語尾変化は省略、以下同様）。

はってきて（長崎）　はい出して（滋賀）　はっていて（山口）　はいよって（香川）
はいずって（愛知）　はみ出して（長野）　ほうてきて（鹿児島）　ほうとって（京都）

ほうてもた(新潟)　ほえ出して(広島)　ほっていて(鹿児島)　ほり出して(大分)
よってきて(熊本)　よっちゃって(山梨)　やってきて(岡山)　おったとさ(広島)
おりまして(岐阜)　おったげな(島根)　おったそな(山口)　おちてきて(岐阜)
およいでて(佐賀)　いたとさ(群馬)　いよって(京都)　のたくって(栃木)
のたばって(岩手)　のたっていて(愛知)　ぬだってる(千葉)　ありました(長崎)
あったとさ(山口)　あいました(石川)　あるいてて(富山)　あいよって(高知)
あつまって(岩手)　あそんでた(東京)　あらわれて(愛知)　なかようて(京都)
なじみあい(岩手)　ならんでて(三重)　とまってて(神奈川)　とおりよる(愛媛)
とび出して(静岡)　つながって(大阪)　つれなって(鳥取)　出てきたぞ(福岡)
うねりようて(岡山)　うごめいて(埼玉)　うなりよって(徳島)　おいちにのさん(神奈川)
もそもそ(山形)　もーさもさ(宮崎)　もじょもじょ(兵庫)　ぐじゃぐじゃ(千葉)
にょろにょろ(奈良)　ひょろひょろ(京都)　ちょろちょろ(岩手)　くちゅくちゅ(栃木)
くたびれて(静岡)　くろうして(大分)　ほーらほら(長崎)　えっさかさ(東京)など。

ひとつの主語「みみず」に対して九〇以上の変化した下句が付して第一節となっている。
第一節上句の主語は「みみず」だけではなく七〇をこえる各種の主語が登場し、それぞれに平均三〇以上の下句の変化が存在する。それらを逐一述べるのは余りに煩雑多量であるので、各主語に連なる典型例だけを示し、その様相の一端をお伝えする。

へびが三匹／はってきて（岩手）
おろちがにろにろ／にょろにょろ（岡山）
ドジョウが三匹／およいでる（静岡）
ヒルが三ぴき／おったとさ（奈良）
げじげじ三びき／いでまして（大分）
イモムシ三匹／はらばって（鹿児島）
かいこが三匹／ひるねして（群馬）
魚が三匹／とれました（東京）
鯉のぼり三つ／およいでた（高知）
カモメが三つ／とんできて（静岡）
うみねこ三羽／とんでいて（鳥取）
ふくろう三羽／とび立って（兵庫）
おおたかこたか／つれだって（山形）
ネズミのしっぽが／はえてきて（大阪）

だいじゃ三つ／よってきた（北海道）
うなぎが三匹／おりまして（大分）
ゴカイが三匹／はいつくて（茨城）
やまびる三つ／よってきた（滋賀）
けむしが三びき／さんぽして（大阪）
あおむし三匹／ならんでて（長野）
ながむし三つ／はいよって（石川）
キンギョが三回／フンをして（三重）
カラスがカーカー／ないてきて（埼玉）
うみどり三羽／とびたって（香川）
とんびが三つ／ピーヒョロ（長野）
とりが三羽で／とんでいて（大阪）
ひこうき三つ／止まって（愛知）
なみだがザブザブ／うちあげて（大分）

さざなみ三回／よせてきて（宮城）
川波三本／ながれてて（愛知）
大川小川が／ながれてる（大分）
どてを三つ／つくりあげ（広島）
お山が三つ／重なって（島根）
キリがさっさと／たちこめて（神奈川）
よこぐも三つ／わきだして（山口）
くもがでたでた／くもがでた（東京）
みすじのくもが／さっさっさっ（福岡）
にわかに風が／ふき出して（徳島）
こよりを三本／そろえたら（埼玉）
なわが三つ／おちていて（石川）
ぼうが三本／ころがって（三重）
くにゃくにゃ線が／あったとさ（埼玉）
ひたいの上に／すじ三本（鹿児島）
しらがが三本／できちゃった（大阪）

大波小波が／三つきて（広島）
川ですいすい／ながされて（大分）
小川が三本／ちょろちょろで（岐阜）
みぞを三本／みずながし（栃木）
山々三つ／こえてきて（岡山）
かすみが三本／たなびいて（山梨）
雨ぐも雨ぐも／雨のくも（神奈川）
横なぐりのあめ／ザアザアザア（石川）
風がびゅーびゅー／ふいてきて（奈良）
天がにわかに／くもってきて（東京）
こしひも三つ／かってきて（東京）
わらを三本／かってきて（岡山）
うどんが三すじ／おちていて（岡山）
しわが三本／ふえてきた（宮城）
横毛が三本／ありました（岡山）
はな毛が三本／ぬけちゃった（島根）など。

もち・パン・だんご―第二節―

第一節に続く、第二節の歌詞群もまた目を見はるものがある。その上句の主語は次のように、ずらりと食物、食品、菓子類が並ぶ盛況である。

たまご（北海道）	ゆで玉（三重）	おにぎり（神奈川）	おむすび（岡山）
おもち（大阪）	まるもち（福井）	だんご（静岡）	おいも（千葉）
ごはんつぶ（愛知）	あめ玉（栃木）	リンゴ（群馬）	あんパン（京都）
豆つぶ（鹿児島）	あずき（香川）	大豆（山梨）	そらまめ（静岡）
豆玉（三重）	たにし（大阪）	まんじゅう（島根）	とうふ（福島）
梅干（北海道）	べんとう（広島）	せんべえ（高知）	小石（奈良）
石ころ（東京）	大石（群馬）	ビー玉（大阪）	目玉（千葉）
あぶく（神奈川）	おみやげ（山口）	お皿（北海道）	大皿小皿（東京）
丸々（鹿児島）	ボール（奈良）	タドン（東京）	まり（京都）
大穴小穴（三重）	貝がら（愛知）	こぶ（熊本）	子ども（大阪）
ピンポン玉（埼玉）	大玉小玉（茨城）など。		

以上の主語に対し数詞と助詞がつく。この上句に対し下句は「ころがって」や「ごーろごろ」など、八

○余の動詞、擬態語が組み合わさって形成される。こうした上下句に分離せずに、一体化して述べられる第二節がいくつもある。

朝めし昼めし晩のめし（大阪）
朝めし昼めしぼんのめし（群馬）
朝飯くった昼飯くった晩飯くった（和歌山）
たいの目こいの目どじょうの目（埼玉）
おにの目たこの目いわしの目（神奈川）
お目目が二つに口一つ（奈良）
あんパン二つにドーナツ一つ（愛知）
パンにあんパンかしわもち（香川）
夕星夜星あけの星（福島）
丸チョン丸チョンかいてチョン（静岡）

朝飯チョン昼飯チョン晩飯チョン（千葉）
朝はん昼はん夕ごはん（愛媛）
うおの目たこの目どじょうの目（東京）
たこの目たいの目どじょうの目（群馬）
たぬきの目きつねの目ねこの目（鹿児島）
あんパン二つに豆一つ（大阪）
あんパン二つにジャム一つ（千葉）
日がでて月でて星がでて（東京）
よいの明星夜明の明星朝の明星（神奈川）
丸々々テンテンテン（北海道）など。

第二節の歌詞に数多くの食物や菓子名があるのは食べ盛りの子どもたちだから当然ではあるが、その間に散見する食品以外の物品と、三揃い、三品の組み合わせが興味深い。

雨・アラレ・雪――第三節・第四節――

第三節は足を描出するため、長い線を四～六本、時には律義に八本作るのに「雨」の登場が大部分であるが、そのほかを含め、次のような主語が用いられている。

ながあめ（静岡）　いと雨（群馬）　小雨（北海道）　夕立（栃木）　にわか雨（山梨）
滝（大阪）　川（神奈川）　つらら（山梨）　涙（島根）　くらげ（宮城）
よだれ（三重）　ヒゲ（千葉）など。

それらに続き、次のような擬音、擬態語がここぞとばかりくりひろげられる。

ザーザー（愛知）　ざーっざーっ（福岡）　ざあざあ（島根）　ざんざん（広島）
ざんざか（埼玉）　ざぶざぶ（新潟）　ざざと（東京）　ざらざら（北海道）
さらさら（奈良）　さっさっさっと（福井）　じゃじゃ（奈良）　じゃーじゃー（千葉）
じょんじょん（福岡）　じゃんじゃん（兵庫）　しゃあしゃあ（山口）　しゃかしゃか（岡山）
じとじと（千葉）　しとしと（石川）　ぞうぞう（高知）　ぞろぞろ（岡山）
どしどし（高知）　どしゃどしゃ（栃木）　どんどん（三重）　ばしゃばしゃ（新潟）
ばちゃばちゃ（静岡）　びしょびしょ（鳥取）　ぴしょぴしょ（岩手）　ぴちゃぴちゃ（宮城）

ぽつぽつ(神奈川)　ぽろぽろ(島根)　ぽつぽつ(愛知)　ぽたぽた(茨城)
ぼうぼう(大阪)　がしゃがしゃ(千葉)　だらだら(埼玉)　だあだあ(和歌山)
つーんつん(神奈川)　なかなか(東京)　ゆらゆら(宮城)など。

こうした上句に対して「ふってきて」「おちてきて」「ながれてる」など、その状態を述べる下句の種類は二四と意外に少ない。

さてこうした第三節に対し第四節は足の吸盤をあらわすのが主流であるが、画図の所で述べたように、欠落省略されて、歌詞のないものが約二〇％あり、ほかは第三節と対句を形成する。したがって「雨」に対し「アラレ」とするのが大多数であった。

しかし次のような歌詞もあらわれる。

みぞれ(福岡)　あまだれ(大分)　雨つぶ(神奈川)　小雨(静岡)　雪(新潟)
ぼたゆき(福島)　こなゆき(福井)　ぬかゆき(長野)　涙(福岡)　星(埼玉)
あらし(静岡)　小石(東京)　石ころ(三重)　砂(宮城)　だんご(大阪)
お米(新潟)　お豆(京都)　小ガニ(宮城)　ごま(山形)　ごましお(長崎)
葉っぱ(熊本)　落葉(岡山)　枯葉(愛知)など。

こうした主語が、第三節との対応から「あらあらアラレが（新潟）」とか「ついでにみぞれが（静岡）」など、嘆声や接続詞を付し、第三節とは異なる擬音擬態語などが続く。

パラパラ（山口）　バリバリ（長崎）　はらはら（熊本）　ぽつぽつ（新潟）
ぽろぽろ（宮城）　ポタポタ（岩手）　ポチポチ（山梨）　ぽんぽん（長野）
ポコポコ（岡山）　ポッポコ（福岡）　ぼつぼつ（新潟）　ぼたぼた（福島）
ぷつぷつ（長野）　ざらざら（群馬）　ざあざあ（島根）　さらさら（長崎）
しゃんしゃん（石川）　しゃあしゃあ（愛知）　しょぼしょぼ（佐賀）　しずかに（長崎）
チラチラ（神奈川）　チボチボ（千葉）　チョボチョボ（奈良）　チョンチョン（福岡）
てんてん（神奈川）　つぶつぶ（三重）　いぼいぼ（山口）　ころころ（北海道）
こんこん（東京）　のすのす（山形）　ぐつぐつ（京都）　まざって（千葉）
まじって（神奈川）　天から（福岡）　そらから（宮城）　たくさん（北海道）
いっぱい（埼玉）　いっしょに（千葉）　*おとなく（福井）など。

これに続き、第三節の下句と同じ語や動詞など三八種で下句を作っている。

＊おとなく＝音のないこと。

おっと、あっと、しめくくり――第五節――

最後の第五節は、終局としての整ったはなやかさと意外な結末が求められるためか、上句では驚き、感嘆・逆転の嘆声が多い。

あっという間に（埼玉）
あっというほど（新潟）
ああ恐ろしい（熊本）
おっと驚き（山口）
おやおや驚く（岐阜）
これはびっくり（大阪）
まあ驚いた（北海道）
何かと思たら（愛媛）
よくよく見たら（静岡）
かさをかぶって（宮城）
かさをかぶせた（福島）
てぬぐいかぶって（徳島）
ぞうきんかぶれば（広島）

あーというたら（千葉）
ああ驚いた（山口）
あな恐ろしや（埼玉）
おっと危い（福井）
おっとどっこい（神奈川）
びっくりしたよお（東京）
わあと驚く（愛知）
何だと見たらば（新潟）
みるみるうちに（長野）
大かさかぶって（宮崎）
大きなふろしき（愛知）
てのごいかざして（福島）
ぼうしをかぶって（北海道）

アアというても（佐賀）
あっとびっくり（北海道）
あーれうれしや（山口）
おっとたまげた（群馬）
おっと出ました（東京）
びっくりこいたよ（山口）
何かと思えば（奈良）
よーく見たれば（埼玉）
ちょいと見たれば（千葉）
かさをさしたら（北海道）
ふろしきかぶって（大阪）
てぬぐいまるめて（福岡）
ずきんかぶれば（岡山）

おぼんをかぶせば（大分）　ざるをかぶせて（福島）　むしろをかぶって（岡山）
こうもりがさしたら（広島）　タライをかぶせて（岡山）　カンムリかぶって（新潟）
そうらこわいぞ（静岡）　こりゃたまらん（大阪）　これはかなわん（徳島）
こりゃこたえん（大阪）　これはうれしな（佐賀）　丸をかいたら（山梨）
丸をえがいて（山口）　ちょいと丸めて（熊本）　くるりとまわって（千葉）
大きくまわして（北海道）　丸くかこんで（東京）　金魚鉢かいて（京都）
まんまるお月様（神奈川）　ぐれっとまくれて（岩手）　あれあれ出来たよ（福岡）
おやまあ出来たよ（埼玉）　おっと出来たよ（大阪）　これで出来たる（岩手）
ぬっと出てきた（秋田）　おっと出た出た（長野）　ちょいとかけたよ（千葉）
ついでに出来たよ（大分）　うらからまわって（東京）　でっけえでっけえ（岩手）
それは大きな（福岡）　とうとう大きな（北海道）　それでとうとう（愛知）
遂にとうとう（山形）　ぷうとふくれた（千葉）　たちまちふくれて（熊本）
ところがこれは（宮城）　これで本当の（栃木）　晩になったら（愛知）
ぬれてはたまらん（石川）　あんまり大きい（岡山）　どうでもいいから（熊本）
どうなとなっても（新潟）　仕方がないから（宮城）　何もないので（福島）
しょうがないので（宮城）　それはとなりの（岩手）　しゅるりのぱぁーと（佐賀）
にげろやにげろ（大阪）など。

百をこす上句の展開に続き、下句は第五節の結句というより、この絵かき遊び全体の完結を示すため、既述の「タコ入道」のほか次の愛称・美称・俗称を伴い「できました」などで結びとなる。

タコ坊主(北海道)　タコ八ちゃん(東京)　おタコさん(奈良)
大ダコ入道(長野)　タコの大入道(静岡)　大ダコさん(福岡)
タコチュー太郎(大阪)　タコの八べえ(長野)　かわいいタコ八ちゃん(北海道)
ユデダコちゃん(愛知)　タコハツどん(長野)　木枯タコ次郎(山梨)
タコダルマ(福島)　ハゲタコちゃん(神奈川)　タコハチマキ(和歌山)
日ぐれだこ(愛知)　カブリダコ(島根)　タコ和尚(福島)
タコだんな(岐阜)　おどりダコ(石川)　温泉ダコ(兵庫)など。

以上述べてきた〈タコ〉の歌詞の構成種類数を集約すると表8のようになった。

前述したように、語尾変化や助詞の有無など厳密な区別をしていないので、合計六〇〇余の歌詞要素の種類数は歌詞内容の分布を示す概数に過ぎない。しかし煩をいとわず各歌詞の具体例を記述したのは、発想や表現の多様多彩な様子を記録したいためである。

たかが〈タコ〉を描くのに、こんなにも異なった語句やかわった記述を駆使しているという現実を、この表は示している。これが第一の要点である。

さらにこの表の各節上下句の種類は、それぞれ独立して自由に選択し、たがいに組み合わすことが可能である。だから仮に全部を網羅して組み合わすなら、数学的にはそれらの積、すなわち「京（兆の一万倍）」の組み合わせの歌詞が可能となる。もっと全体としての釣り合いや意味が通ずるよう選択精査して各節各句から一〇種を採用するとしても、そこから得られる組み合わせの歌詞群は一〇の一〇乗、すなわち百億に達する。

私の得た資料数は三万余であったから、この計算によれば各節各句三種あれば、十分足りることとなり、逆な見方をすれば、各節各句に多くの単語が用意されているのに、組み合わせとしての歌詞全容は不釣り合いな少数にとどまっている。

このことは歌詞が単に思いつきの語句文節の、無作為的組み合わせで綴られているのではなく、意図的な収斂《しゅうれん》すなわち意味内容の一貫と、適切で魅力ある歌詞が選別淘汰《とうた》されていることを示している。これが第二の要点である。

表8　〈タコ〉の歌詞の構成区分別数

構成区分	上句	下句	全句
第一節	76種	96種	—
第二節	43種	87種	22種
第三節	15/57種	24種	—
第四節	26/49種	38種	—
第五節	103種	35種	—

＊全句とは上句と下句が一体化したもののこと。
＊第三節、第四節は上句がさらに「主語（A）」「擬音擬態語など(B)」にわかれる。表中数字は A/B であらわす。

要約するなら〈タコ〉の歌詞は、

❶広範多種の語と表現が使われている。
❷採用にあたって選択淘汰が行われている。

という、ふたつの「意外な」面を示していた。

〈タコ〉の資料の示すもの

一九五〇年代の後半から一九八〇年までの間に得られた三万余の〈タコ〉の資料から、画図と歌詞の両面を見てきた結果、次のようなことがわかった。

❶全国の子どもたちが生み出し、伝承伝達してきた〈タコ〉は二〇〇種の画図と六〇〇余の歌詞要素により、複雑化と簡略化の二方向に変化しつつ現在に至っている。

❷その多様な様相は単なる子どもの自恣《じし》や思いつきのまま収拾のつかぬ分離放散状となっているのではなく、歌詞は意味内容と適切な淘汰選択により、画図はA～D型の四型に集約される範囲で展開されている。

❸一方で創出、増加、累積といった多様複雑化と、他方で消去、忘失、死滅に至る簡略簡素化は単なる二極でなく、錯誤や忘却で生じた空白欠落部分が、修復充塡《じゅうてん》される時、それまでにない視点や表現をもって、新しい展開を提供してきた跡が見られる。

❹したがって簡略化即衰退消滅に至るものではなく、画図四型のそれぞれ約二〇%を占める簡略形は、次の新しい予備培地であり、歌詞にあっては各節一〇の変化を許容し、その組み合わせの一%を有効としても一億の歌詞群を得るが、私の得た資料数は二〇年ほどかかって、そのわずか〇・〇三%に過ぎず、そこには膨大な試行錯誤と選査消滅があったことを物語る。

❺こうしたエネルギーと時間の巨大な浪費と消化の上に、生き残り耐えぬいた〈タコ〉群は、平易明快な

確乎とした面と、柔軟開拓の余地ある面のふたつを併存しているため、これからも長く愛好されることであろう。

以上が〈タコ〉からの収穫であった。

第6章・数字と数楽の遊び

数字のでてくる遊び

絵かき遊びの中には数字がでてくるものがいろいろある。数字の形を巧みに使ったり、ゴロ合わせで数詞を読みこんだり、漢数字もうまく利用して歌詞と画図に活躍させるかと思うと、まったく無言無声で黙々と数字や幾何的図形を描き綴《つづ》るものなど、絵かき遊びの領域は、この「数楽」によっていちだんと広いものとなっている。この「数字のでてくる遊び」では、そうした数字や図形にかかわる遊びを集約した。

〈アヒル〉と〈タヌキ〉の関係

数字の「2」をもとにして、かわいいアヒルを描く遊びがある。

アヒル①（神奈川）

1・にいちゃんが

2・三円もらって

3・アメかって

4・お口とんがらせて

5・アヒルの子

この〈アヒル〉の歌詞は色々に変化する。まずこの金額が「三銭（岩手）」から「三千円（山形）」、三万円（富山）」と大きく単位がかわり、歌詞3で買う品物も「パン、マメ（岡山）、だんご（和歌山）、あんこ玉（大阪）」などと分かれ、歌詞4では、「お口の長い（宮城）、くちびるとんがらかして（秋田）、あっという間に（北海道）、なめたとさ（山形）、たべちゃった（長野）、腹ぽんぽん（岐阜）、ぺちゃぺちゃぺちゃ（静岡）、があがあがあ（三重）」などとなる。

また、その画図は②に示すように多様である。

ところがまったく同様なのに金額の異なるものが意外に多く存在している。

アヒル③（富山）

1·にいちゃんが

2·二円もらって

3·福豆かって

4·口ばしつついて

5·アヒルの子

前述した一連のものを「三円系」と仮称すればこの「二円系」は、金額低下の分、④のように種々な影響があらわれる。

さらに金額が登場しない「無円系」のものも意外に広く分布している。

アヒル⑤（京都）

1·にいちゃんが

2·豆たべて

3·お口むにょむにょ
アヒルさん

支出を節約した結果（？）画図が簡明になり、種類減少と思っていたが、⑥のような資料を得た。

アヒル②

アヒル④

アヒル⑥

以上の「三円系」「二円系」「無円系」と当然大きな変異があって然るべきなのに、画図上あまり大差を生じないのは、この変動する金額の所に主点があるのではなく三者に共通する不変部分、すなわち「にいちゃん」という詞と数字「2」が〈アヒル〉の基幹となっているからである。

この〈アヒル〉と同様な手法を用いて、異なった展開をしているものに〈ヒヨコ〉がある。

ヒヨコ①（鹿児島）

1･さんちゃんが

2･豆たべて

3･お口ピヨピヨ

4･ひよこさん

ヒヨコ②（埼玉）

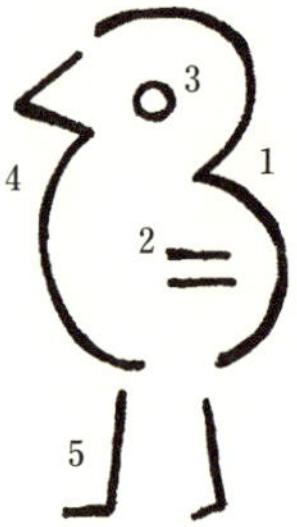

1･あんちゃんが

2･二円使って

3･アメこうて

4･口をとんがらせて

5･アヒルの子

ヒヨコ⑤（静岡）

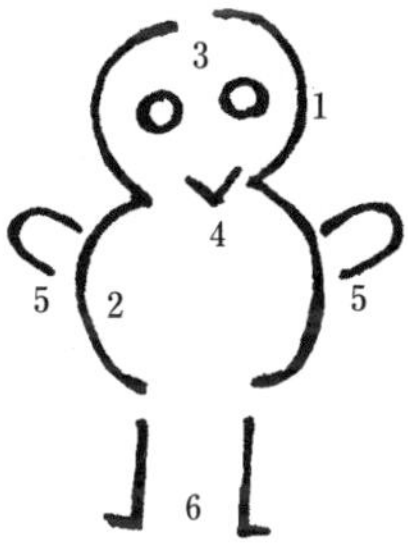

1･さんちゃんが

2･三円もらって

3･豆かって豆かって

4･口をとんがらかして

5･かわいい子

6･ポコペン

ヒヨコ④（島根）

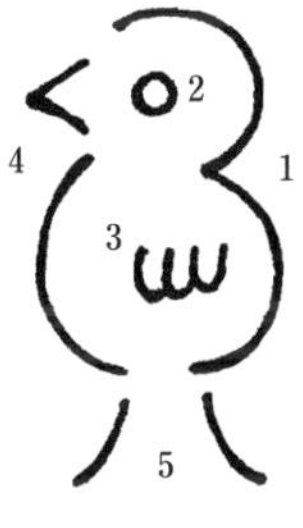

1･さんちゃんが

2･豆くって

3･ざーらざら

4･口までいっぱい

5･あるきだす

ヒヨコ③（神奈川）

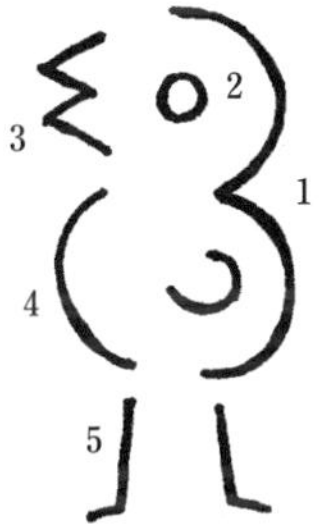

1･さぶちゃんが

2･アメたべて

3･お口ぴよぴよ

4･はらぽんぽん

5･アヒルのヒヨコ

〈アヒル〉の主幹であった数字「2」を無くしたため、「にいちゃん」は消失し、かわりに数字「3」の登場で新しい構成が行われ、アヒルにせよ、フクロウにせよ、ともかく〈ヒヨコ〉の出現となった。

ヒヨコ⑥（兵庫）

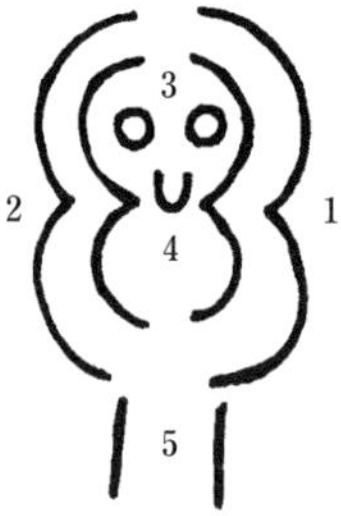

1・さんちゃんが　さんちゃんが
2・3円もらって　さんぽして
3・豆かって豆かって
4・お口もにょもにょ
5・ふくろの子

こうして数字の「2」から「3」への転換をとげ、〈アヒル〉から〈ヒヨコ〉へと変化したが、さらにこの数字「3」の活用による別の開花が、次の例のように行われていた。

タヌキ①（神奈川）

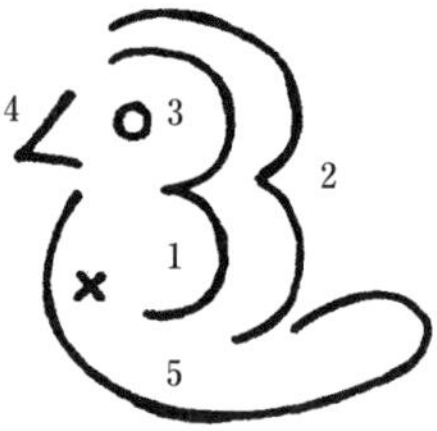

1・さんちゃんが
2・3円もらって
3・豆かって
4・お口とんがらかして
5・たぬきの子

〈アヒル〉や〈ヒヨコ〉と同じ手順をたどりつつ、数字「3」を基点として〈タヌキ〉を描くこの系統にも、同類同形が多数あって、歌詞2が「散歩して／皿わって／三郎と／さむい日に」などとなり、歌詞3が「アメ／だんご／ゲンコ玉／石」などにかわり、結果として②のような画図群を得るに至る。また、

タヌキ③（京都）

1・さんちゃんが

2・散歩にいって

3・三円ひろうて

4・あめかって

5・お口ぽちょぽちょ

6・タヌキさんポコペン

と、「3」を三回も登場させるものもある。そしてこの系統にも④のように多数の同類があって、画図にも歌詞にも、耳が変化したと思える「リボン」が多く見られる。①②は〈タヌキ〉と称しても、耳なしの画図であった。歌詞の「たぬきの子」にしたがってか③④では耳などを付して完成を期したと考えられる。しかし④のような「リボン」に化したものもあるので、発展変化上、いずれが前後なのか即断できない。

そうした中で、一九六〇年代より急速にあらわれた一群があった。

タヌキ②

タヌキ④

タヌキ⑦（岡山）

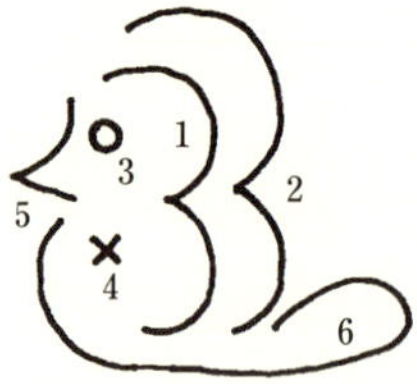

1・さんちゃんが

2・３もろて

3・まるだか

4・バツだかつけられて

5・口をとんがらして

6・子だぬきさん

タヌキ⑥（東京）

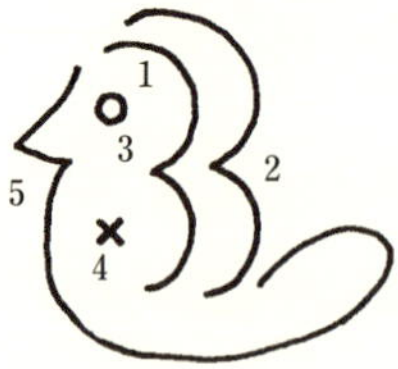

1・さんちゃんが

2・算数の時間に

3・まるもろて

4・バツもろて

5・あっという間に
たぬきの子

タヌキ⑤（広島）

1・さんちゃんが

2・まるもろて

3・３月３日に

4・ペケもろて

5・お口ピヨピヨ

6・タヌキだよ

タヌキ⑧（岐阜）

1・さんちゃんが

2・さわいでおこられ

3・こぶふたつ

4・算数の時間に

5・まるひとつ

6・国語の時間に

7・ペケひとつ

8・あっという間に

9・たぬきの子

私が「絵かき遊び」の採取と調査をしていた一九五〇年代、一部の教育者から批難を受けたことは既述したが、私はまず実態を知るのが先決だと思い、黙って収集を続けていた。ところが一九六〇年代に入ると習いごとや進学熱がおこり、風向きが違ってきたのである。〈アヒル〉や〈タヌキ〉に数字があるから、算数教育に役立てよう（！）という、妙なもてはやし方まであらわれてきた。そうした大人たちの右往左往の中で得られたのが、前記の〈タヌキ〉⑤〜⑧であった。

勤務評定問題（一九五八年）や学力テスト制度（六一年）などの教育行政や文教管理における混乱や波瀾がどのように子どもたちに及び、それが遊びにどんな風にあらわれるかを、私はこれらの資料の収集の中で見つめ続けた。慧眼《けいがん》な方は、すでにその徴候を察知されたであろう。そうした中にあって、次のようなかわった〈タヌキ〉に出会ったのである。

タヌキ⑪（神奈川）

1・さんちゃんが

2・散歩にでかけ

3・豆ひろって

4・たべて腹にいれ

5・たぬきの散歩

タヌキ⑩（島根）

1・さんちゃんが

2・あめなめて

3・お口とんがらせて

4・大根かって

5・たぬきのしっぽ

タヌキ⑨（宮城）

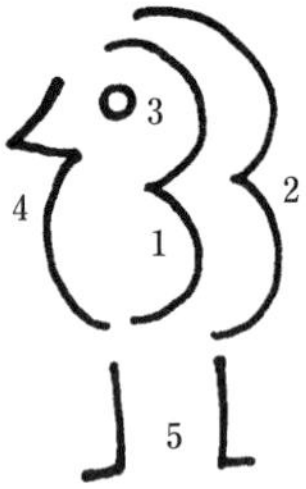

1・さんちゃんが

2・さっぽろいって

3・豆かって

4・お口もぐもぐ

5・たぬきの子

これらはいずれも「足のあるタヌキ」であるが、前記した〈ヒヨコ〉群と酷似している。いずれが原形であるかは不明であるが、同根類縁であることは推測できる。

こうした観点から〈アヒル〉〈ヒヨコ〉〈タヌキ〉は何らかの関連を持ち、何らかの系列があるのではないかと考えていたが、その解明は遅々として進まなかった。

6のウサギ、4のウサギ

数字「2」からアヒル、数字「3」からタヌキを描く次に、数字「6」をもとにウサギを作る遊びを知ることができた。

ウサギ①（栃木）

1･ろくちゃんが

2･豆たべて

3･お口

4･むにょむにょ

5･ウサギさん

ウサギ②（岡山）

1･ろくさんが

2･豆こうて

3･お耳とんがらかして

4･ウサギさん

5･ぴょんぴょん　ぴょんぴょん

ウサギ③（鹿児島）

1･ろくさんが

2･豆をたべて

3･お耳ひこひこ

4･ウサギさん

ウサギ④（兵庫）

1･ろくちゃんが

2･豆たべて

3･お口むしゃむしゃ

4･ウサギの子

こうしたさまざまなウサギが、同工異曲であらわれたが、これらを書道手法の楷書体《かいしょたい》とすれば、次の例はその草・行書体であろうか。

ウサギ⑤（兵庫）

1・ろくさんが

2・豆たべて

3・おっとどっこい

4・ウサギさん

ウサギ⑥（高知）

1・ろくちゃんが

2・豆くって

3・耳をそろえて

4・ウサギちゃん

ウサギ⑦（東京）

1・ろくどんが

2・豆たべて

3・のこぎり山の

4・ウサギどーん

以上を含む〈ウサギ〉の資料は、楷・行・草書体や一部欠落があったりしたが、いずれも①数字を基本として、②豆が出てくる二点を共通項目としていた。このことは前述の〈アヒル〉〈タヌキ〉の一部と規を同じくしている。

ところがこの二原則をふまえながら数字「4」による別のウサギが数件登場してきた。

ウサギ⑧（滋賀）

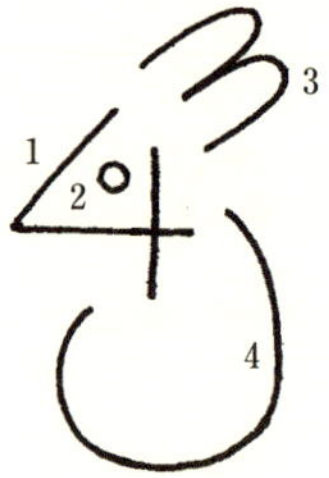

1･よんちゃんが

2･豆たべて

3･お口むにょむにょ

4･ウサギさん

ウサギ⑨（岐阜）

1･よんちゃんが

2･豆たべて

3･口をもぐもぐ

4･ウサギどん

ウサギ⑩（山口）

1・よんちゃんが

2・豆もらい

3・お耳ぴこぴこ

4・ウサギさん

ウサギ⑪（群馬）

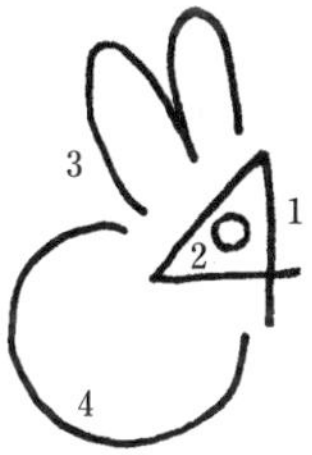

1・シイちゃんが

2・豆ひろい

3・耳をつければ

4・ウサギの子

どうも〈アヒル〉や〈タヌキ〉に比較して少々形はぎごちないが、なぜ「6ウサギ」と「4ウサギ」があるのだろうと不思議であった。この両者とも前述した「数字を基本、豆が出てくる」という共通二項目を持つウサギであるが、単純簡略化によって種類が増えたのではなく、基本的構図を異にしている上、画図が不安定で整備されていないなど、疑問点が多く気になった。

こうして〈アヒル〉や〈タヌキ〉の不明なところに、さらにこの〈ウサギ〉の疑問が加わることとなった。

数列にあるもの、示すもの

カチカチ山のように〈タヌキ〉やら〈ウサギ〉やらの問題でとまどい、ふさぎこんでいた頃、私の所へ全国の小学生から相次いで、絵かき遊びの通信がよせられた。そこには見事な数列遊びがさまざまに描かれていて、私の蒙を一挙にふきとばしてくれることとなったのである。

そのケンランたる数列とは、左の〈スウジ〉①②③④の通りであった。

この見事な数列には〈アヒル〉や〈ヒヨコ〉や〈タヌキ〉が配置されている。①④の数列には「6ウサギ」が居り、③には「4ウサギ」が鎮坐しているではないか。

学校で教わる1~10の数字の行列にことよせて、子どもたちはいろいろな思いや好みを数字に託し、最もふさわしい画図に仕立てたのであろう。その数列から、ひとつひとつが独立分離したり、散開バラバラになり、個別の絵かき遊びとして伝播《でんぱ》、流浪していったのが、前述してきた〈アヒル〉〈ヒヨコ〉〈タヌキ〉〈ウサギ〉などの面々だったことを知り得たのである。

スウジ①（北海道）

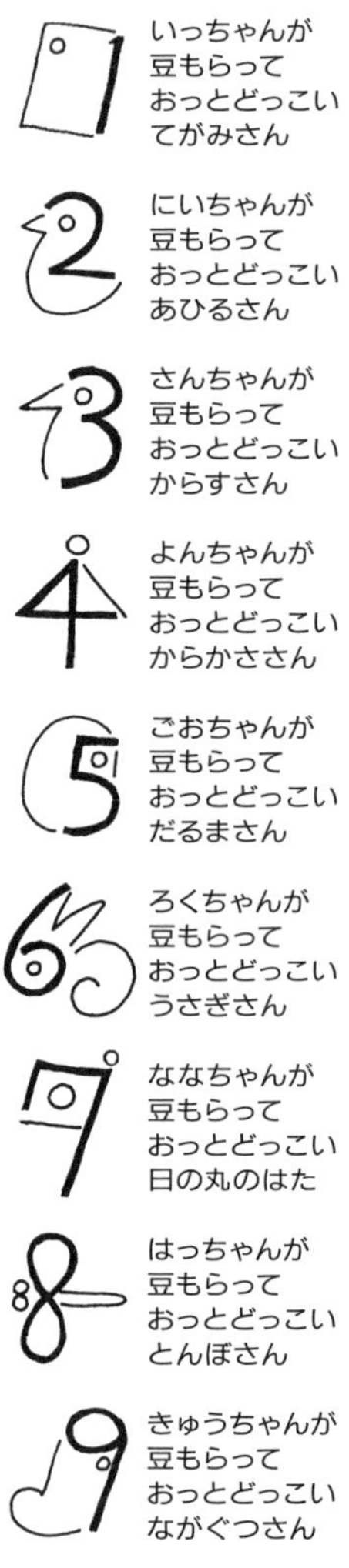

スウジ④（宮城）

いっちゃんが
豆くって
お水をやれば
花がさく

にいちゃんが
豆くって
お口をとんがらかして
あひるの子

さんちゃんが
3月3日　豆くって
お口をとんがらかして
たぬきの子

よんちゃんが
つなはって
ぷかぷかういてる
ほかけぶね

ごおちゃんが
豆くって
おひげをはやして
だるまの子

ろくちゃんが
豆くって
お耳をとんがらかして
うさぎの子

ななちゃんが
雨ふって
足をのばして
ながぐつさん

はっちゃんが
ぼうしを　かぶって
ピエロの子

きゅうちゃんが
雨ふって
足をのばして
ながぐつさん

じゅっちゃんが
けむ出して
えんとつのばして
工場です

スウジ③（三重）

いっちゃんが
豆たべて
野原をゆけば
お花さん

にいちゃんが
豆たべて
口をとんがらせば
アヒルさん

さんちゃんが
豆たべて
おなかをだせば
タヌキさん

よんちゃんが
豆たべて
お口もごもご
ウサギさん

ごんちゃんが
豆たべて
三本毛がはえ
ゴリラさん

ろくちゃんが
豆たべて
にこにこ笑えば
ピエロさん

ななちゃんが
水まいて
足を入れれば
長ぐつさん

やっちゃんが
かおかいて
バケツかぶれば
ゆきだるま

きゅうちゃんが
さらもって
きっちりかぶれば
ぼうしさん

とおちゃんが
手をひろげ
鉄砲もてば
へいたいさん

スウジ②（静岡）

いっちゃんが
豆くって
あなたどこゆく
お花です

にいちゃんが
豆くって
あなたどこゆく
あひるです

さんちゃんが
豆くって
あなたどこゆく
たぬきです

しいちゃんが
豆くって
あなたどこゆく
かかしです

ごんちゃんが
豆くって
あなたどこゆく
でんわです

ろくちゃんが
豆くって
あなたどこゆく
ピエロです

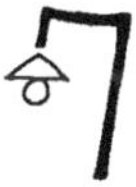

しちちゃんが
豆くって
あなたどこゆく
がいとうです

やっちゃんが
豆くって
あなたどこゆく
だるまです

きゅうちゃんが
豆くって
あなたどこゆく
ながぐつです

じゅっちゃんが
豆くって
あなたどこゆく
日の丸です

数列①〜④は、いずれも画図に小円を付し、それらをおおむね「豆」と呼称し、歌詞に音律を与えている。これが、前述の共通項目②となっているのであるが、この「豆」を欠き、次のような歌詞、時には無言で、数字を次々に「8」にかえてゆくものがあった。

スウジ⑤（静岡）

1 いちがハチ
2 にもハチ
3 さんもハチ
4 しがハチ
5 ごもハチ
6 ろくもハチ
7 しちがハチ
8 はちはハチ
9 くもハチ
10 じゅうは ＊ねハチ

音楽の八音階律や化学の八周期律に比肩するように「すべての数字は8になる」という八数律を、私はここではじめて知るに至った。

もうひとつ異なる系列ではうらみ・つらみの歌詞によって1〜10の数字を描いてゆくものがある。

カズウラミ①（神奈川）

いっちゃんは
にげるなよ
さんざわるいこと
しやがって
ごうじょっぱりの
ろくでなし
しかめつら
はっとばせ
くやしいか
とぼけるな
やーいやーい
女の子

カズウラミ②（富山）

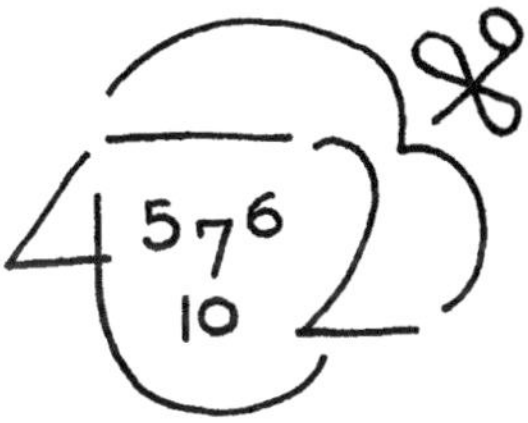

いっちゃんとこの
にいちゃんが
さるまたぬらして
しっこして
ごめんもいわずに
むりいって
しりっぺった
はたかれて
くさいくさいと
とんでった

カズウラミ③（京都）

いちびりやがって
にくいがき
さあべりやがって
しりもせんと
ごてくさならべて
むかつくわ
ひちびりやがって
はったろか
くうたろか
とんでゆけ

カズウラミ④（宮城）

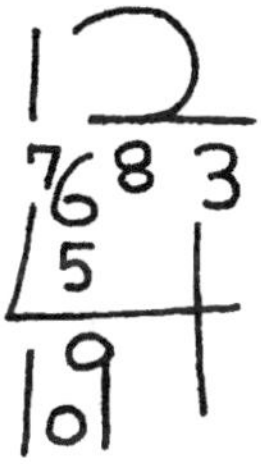

いいものきても
にあわない
みっともないから
よしとくれ
ごうつくで
むりをして
しったふり
はじかいて
きゅうこう列車で
とうきょうへ

＊ねハチ＝横向きの「8」ということ。

数字によって描かれる画図は多くがやや散漫不完全であったが、一連の呪詛《じゅそ》怨嗟《えんさ》の畳語は、なかなか精妙巧緻を極めている。その対象は、得た資料の状況から、女の子が男の子や男の兄弟に向けたものではないかと推察されたが、中には親や大人へひそかに発散していた疑いもまったく消去できない。子どもたちの替え歌、悪口歌、ことば遊びの中にそうした傾向が多々あるからである。

しかし悪魔的笑いがあるからといって、私は子どもたちに伝授するようなことは一切行わなかった。教示された私は、まず子どもたちがどんなことをしているのか実態を知り、その上で背後の原因を大人として考え対処したいと念じていたので、この数列と数の呪いの意味するものを、胸底に秘め調査を続けた。

オヤジと〈コトリ〉の算数

「数字のでてくる遊び」では算用数字や漢数字の形状形態を用いた絵かき遊びを見てきた。しかし子どもにとっての数字とは、そうした形状や加筆転用するだけのものではない。数字の本質基盤は、数概念、数意識にある。この一段高次の数を用いた遊びが、次に展開されてゆく。

三代の〈ヒゲマル〉

私がよちよち、資料を集めていた一九五〇年代のはじめ、当時すでによいお年の、明治生まれの女性から次のような例を教えていただいた。

ヒゲマル①（東京）

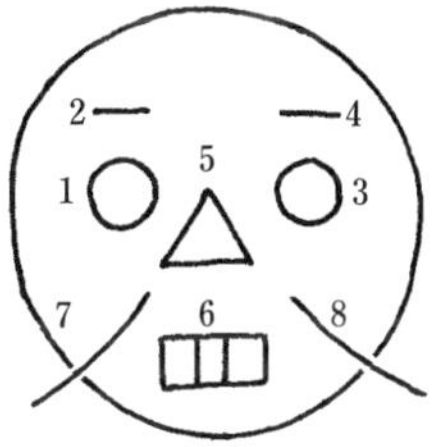

1・小さなパンが

2・一銭で

3・小さなパンが

4・一銭で

5・ジャムつきパンが

6・四銭で

7・大きなパンが

8・八銭だ

時代を物語るように、すでに過去の通貨単位となった「銭《せん》」が登場し、何度もパンがくり返されている。戦前子ども時代を送った、大正生まれの私にも、思いあたる節があった。

その頃、昼食にパンを買えと母に言われると、午前の授業の終了を待ちかね、学校の前にある文房具屋にかけつける。そのうす汚い（失礼！）店のおかみさんが、食パンを半分に切って、つぶつぶいちごのジャムをぬって、新聞紙にくるんでくれる間の、音や匂いや小暗さや、そして教室に戻ってほうばった時のおいしさを今も忘れない。

要するに当時の子どもにとってパンは、すばらしいごちそうであり、最高のお菓子であって、その思いが丸や三角の形にこめられているのである。

少し時代が下って、戦中幼少期を過ごした方からは、パン以外が出てくる例を伝えてもらった。

ヒゲマル②（長野）

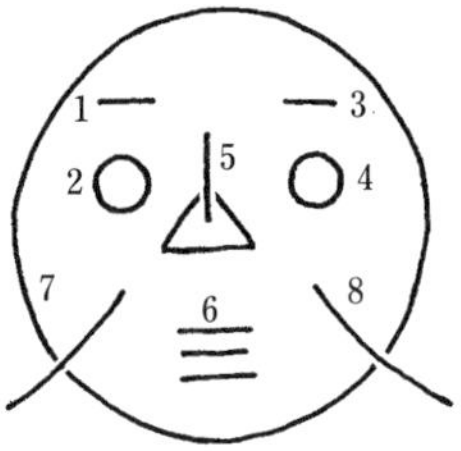

1·一銭もって
2·アメかって
3·一銭もって
4·アメかって
5·三角アメが
6·三銭で
7·大きなおせんべ
8·八銭です

「銭」の単位が実生活から消え、パン屋の店頭にどっさりパンがあふれ、逆にパンの感激がうすくなったと思える戦後の子どもたちからは、次のような例を提供してもらった。

オヤジさんの顔に耳をつけ、消えたヒゲを復活させ、この両者を巧みに確保する例が、次のように用意されている。

ヒゲマル③（岡山）

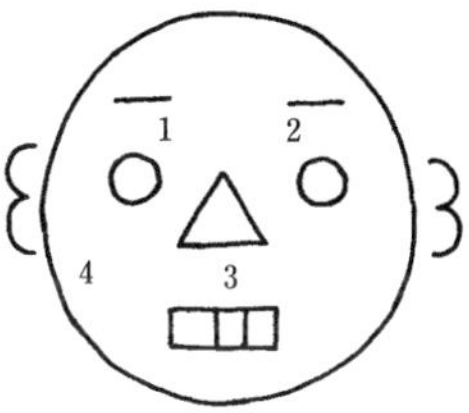

1・うちのだんごが
　一円で

2・となりのだんごも
　一円で

3・三角むすびが
　四円で

4・大きいまんじゅう
　33円

ヒゲマル④（山梨）

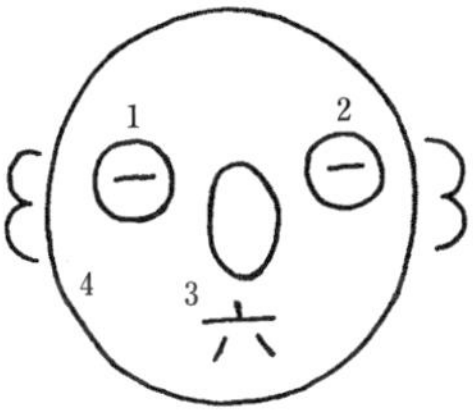

1・うちらのもちは
　一円で

2・となりのもちも
　一円で

3・ほそながもちは
　六円で

4・大きなもちは
　33円

ヒゲマル⑤（兵庫）

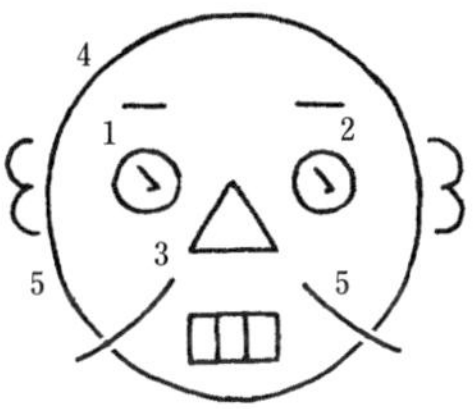

1・一円だして
　まんじゅうチョン

2・一円だして
　まんじゅうチョン

3・三角まんじゅう
　四円だして

4・大きな　まんじゅう

5・3百3拾　八円なり

以上のような例のほか、頭髪やあごヒゲが加わったものなど、三五〇をこえる資料から、一二種の〈ヒゲマル〉が得られた。

これら〈ヒゲマル〉の特徴は次のようである。

❶菓子、食物、食品などの価格、あるいは個数の数字によって人面を描く。

❷一部喪失するものもあるが、口ヒゲなどから成人男子の顔を表現する。

❸描かれる画図は、明快簡潔で余分なものを含まず、とくに数字は漢字とアラビア数字を巧みに使い分けている。

❹対応する歌詞も、許容される範囲が狭いにもかかわらず、それぞれ独自の表情を巧みに表現している。

❺顔面の描出とその表現に集中しているためか、ほかの身体描写へ発展拡散してゆく資料は見うけられなかった。

❻結果として明治・大正・昭和三代の時代や社会が反映し、子どもたちの嗜好や関心がおりこまれている。

以上の諸点から、〈ヒゲマル〉は短小な中に「絵かき遊び」の特性を見事に凝縮している。

ヒゲマル⑥（宮城）

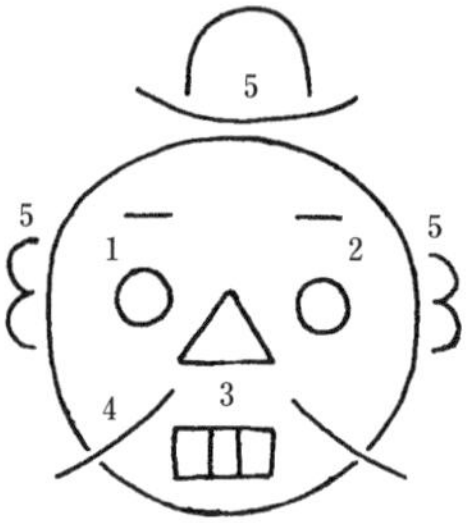

1・一円もらって
　パンかって

2・一円もらって
　パンかって

3・三角定規が　四円で

4・大きなパンが　八円で

5・山高帽子が　33円

〈タビオジ〉の数概念

〈ヒゲマル〉によく似ているが、もっと面長でもっと数字を巧みに使った一連のものがある。

タビオジ①（岡山）

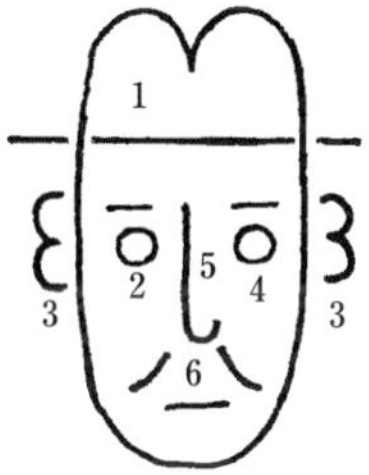

1·一足たびが

2·10円で

3·さんぱつ代が

4·10円で

5·まがったステッキ

6·八一円

今はほとんど、使われない「散髪」の語やステッキが登場する点から、戦前からの伝承であろう。

タビオジ②（千葉）

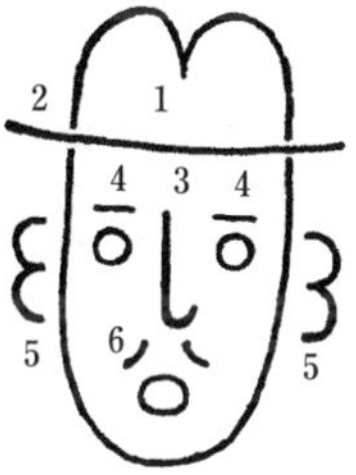

1·たびが一足

2·一円で

3·ステッキ一本

4·二〇円で

5·さんぱつ代が

6·八〇円でお父さん

タビオジ③（大阪）

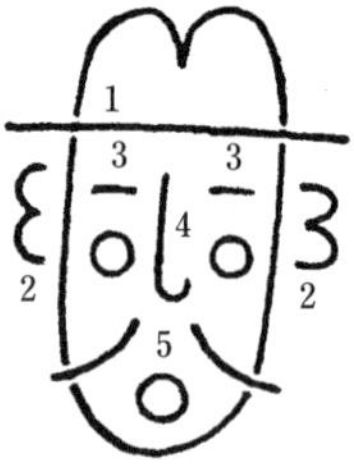

1・たび一足

2・33銭

3・さんぱつ代が
二〇銭

4・ステッキ一本

5・八〇銭

③の通貨単位から、一九四〇年以前からの伝承であることが明らかとなったが、それより②の歌詞4、③の歌詞3で、それぞれ（20＝10＋10）と分解処理した算術的はなれ業が瞠目《どうもく》に値する。

タビオジ④（神奈川）

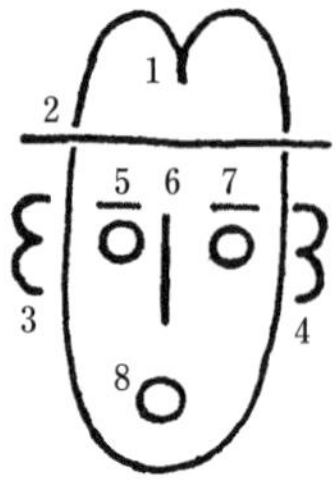

1・たびやのおじさん

2・カンカン坊主　カン坊主

3・３たす

4・３もしらないで

5・10

6・ひく

7・10は

8・れいだとさ

タビオジ⑤（北海道）

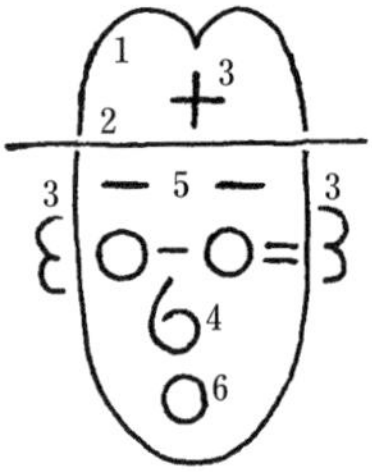

1・地下たびはいて

2・帽子きて

3・３たす３は

4・６

5・10ひく10は

6・れい

算数の加減法が登場し、プラス・マイナス・イコールの記号や解答が活用されていて、これは単なる数字の形を活用する段階から、数の本質である数概念・数意識が働いていることを知る。

この〈タビオジ〉の顔を使い、ビックリ箱化と、全身像化への例がある。

タビオジ⑥（大阪）

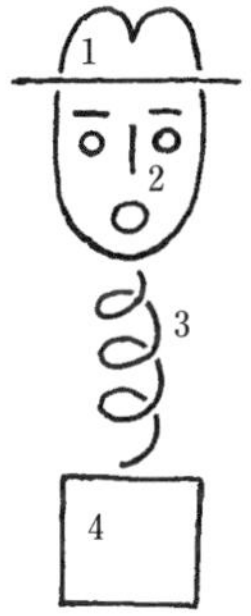

1・たび一足が10銭で

2・10銭だしたら穴におち

3・ぐるぐるまわって

4・びっくりだ

タビオジ⑦（岡山）

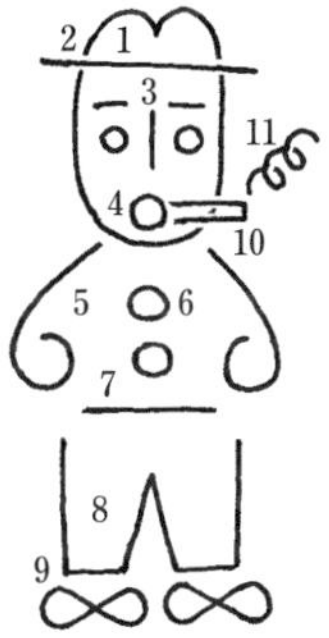

1・地下たび一足

2・一円で

3・10ひく10は

4・0点で

5・6月6日に

6・パンかって

7・一着

8・ズボンをかいまして

9・8月8日

10・汽車にのって

11・ポッポッポ

以上の例からわかるように、この〈タビオジ〉には〈ヒゲマル〉と共通する点がふたつある。そのひとつは、両者とも成人男子、子どもにとってはいわゆるオジサンの顔という点である。絵かき遊びは、活動量が少ないためかともすると女の子の方が優勢で、したがって題材としては既述の〈ヒメサマ〉（138ページ）をはじめ、女性的なものが多い。

しかし男の子も盛んに楽しみはするものの、男の子の姿を題材なんかにはしない。対象にするのは自分の将来を予想してか、ヒゲヅラのオヤジやハゲチャビンで、その実例がここに登場したというのであろうか。

もうひとつの点は、両者とも正面向きの像であることである。正対する正面向きの顔が、いかに子どもの関心の対象であるかは、幼児心理が明らかにしている。斜顔や横顔や、まして後ろ髪のウナジの美しさなどは、幼児の関心の対象にはならない。そのことが年長児でも同じであることを〈タビオジ〉〈ヒゲマル〉の画図が示している。

以上のほかにこのふたつのオヤジの「顔」に続く変化形として、「ビックリ箱」「全身像」を得たが、それ以外の変化形が見られなかった。

こうした状況に加え〈ヒゲマル〉のヒゲや〈タビオジ〉のタビは、子どもたちの身辺生活からいずれも遠い存在となっているため、やがては衰退消滅してゆくものと思われる。

〈コトリ〉の推理数楽

前述〈ヒゲマル〉では数字の形態、〈タビオジ〉では算数的数意識が活用されていたが、さらに異なった数と数字の展開を、次の一群で見ることができる。

コトリ①（広島）

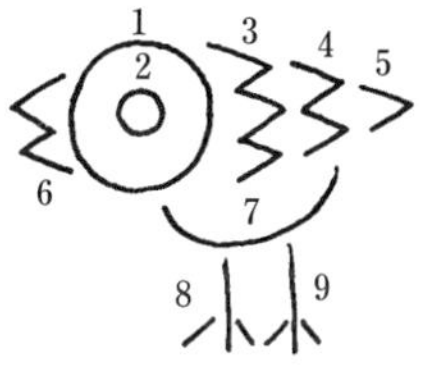

1・スイカ畠に

2・スイカがひとつ

3・どろぼうが3匹はいってきて

4・2匹にげて

5・1匹つかまった

6・じいさんばあさん

7・腹をたて

8・ラジオ体操

9・一二三

コトリ②（秋田）

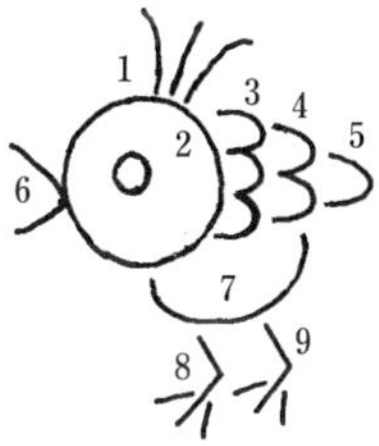

1・だいこん畠に

2・いも畠

3・どろぼうが3匹はいったとサ

4・どろぼうが2匹にげたとサ

5・どろぼうが1匹にげたとサ

6・とうさんかあさん

7・腹がたつ

8・手足の体操

9・一二三

ここでは数字ではなく、数量を山形や波形の数で描き、数を視覚表示している点が重要である。そして画図の構成上、合理的で見事なリズムをなし、子どもたちの数に対する確認の表現と反芻が、鮮やかに示されて、絵かき遊びの白眉《はくび》となっている。こうして牧歌的なスイカやイモ泥棒の田園詩に包まれながら、次の例に出会うこととなる。

この「足三本」というのは「三本の足ゆび」ということなのか、それとも「三本＋三本」すなわち「六本」で三人組のことを言っているのであろうか。

コトリ③（群馬）

1·スイカ畠に

2·スイカができた

3·どろぼう三人やってきて

4·二人つかまえ

5·一人はにげた

6·じいさんばあさん

7·腹たてて

8·こらまてこらまて
一二三

コトリ④（富山）

1·スイカ畠

2·ナス畠

3·どろぼうが三人

4·もう二人

5·もう一人

6·父ちゃ母ちゃ

7·腹たてて

8·足三本足三本

コトリ⑤（徳島）

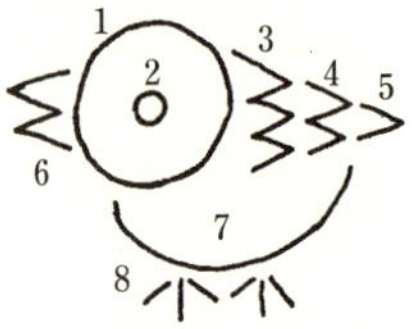

1·スイカ畠に

2·豆畠

3·ぬすっと三匹やってきて

4·あとまた二匹

5·もう一匹

6·じいさんとばあさん

7·腹たてた

8·スズメはちゅんちゅく
ちゅんちゅくちゅん

コトリ⑥（岡山）

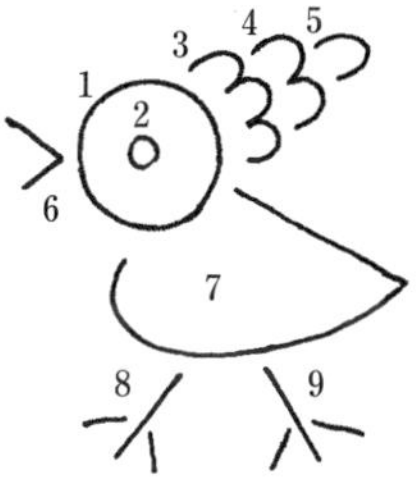

1・スイカ畠
2・もも畠
3・どろぼうが三匹はいってきて
4・二匹にげて
5・もう一匹にげた
6・父ちゃん母ちゃん
7・腹をたて
8・どろぼうの足あと
9・おっかけた

これまでのところでは、泥棒の数が混乱している。のべ六人もやってきたのか、それとも現在ひとりもいないのか不明である上に、数え方も「人」だったり「匹」であったりする。任侠《にんきょう》の世界では「男一匹」などの表現もまかり通るが、子どもたちは相当厳しく数詞や呼称にこだわるのに、どうして錯乱しているのだろうか。またなぜ急に⑤でスズメが登場してくるのだろうか。これらの諸疑問を、次の二例が鮮明に解決してくれることとなる。

コトリ⑦（滋賀）

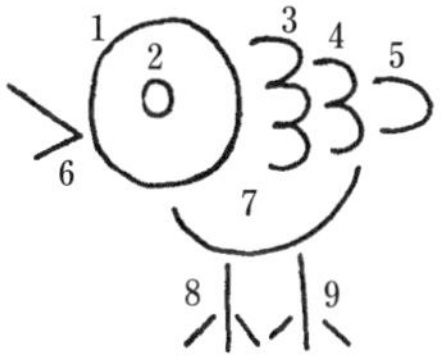

1・スイカ畠に
2・まめ畠
3・スズメが３匹やってきて
4・２匹にげて
5・１匹にげて
6・じいさんばあさん
7・腹をたて
8・スズメの足あと
9・おっかけた

私はうかつにも「スイカ畠」の「どろぼう」というから、てっきり頬かむりをした田吾作どんくらいを想像していたのであるが、甘い汁によびよせられてきたのは、泥棒スズメであり、泥棒カラスだったのである。だから足あとが三つ指になったり、匹と呼称されたり、数も不定であったというわけである。さらに、

コトリ⑧（東京）

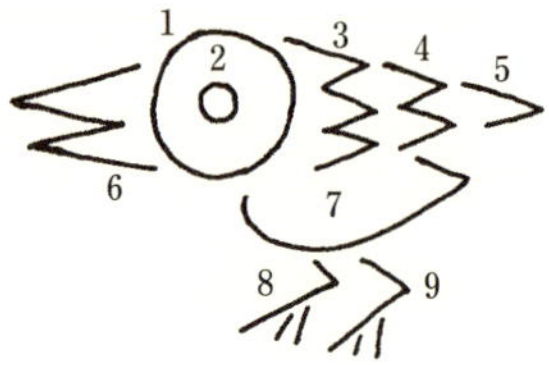

1·スイカ畠に

2·スイカがなって

3·どろぼうからすが３匹やってきて

4·またまた２匹

5·また１匹

6·じいさんとばあさん

7·腹をたて

8·どろぼの足あと

9·一二三

コトリ⑨（愛媛）

1·スイカ畠

2·豆畠

3·どろぼう３匹

4·あと２匹

5·また１匹

6·父さん母さん　こけこっこ

7·お腹がすいた

8·一二三　一二三

コトリ⑩（三重）

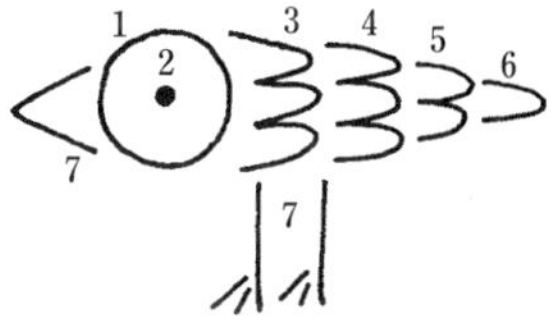

1・まるい畠に

2・豆まいて

3・どろぼうが３匹よってきて

4・また３匹よってきて

5・また２匹

6・また１匹

7・腹をたてたら　ことりさん

という例からうかがえるように、できあがった画図そのものが、当の犯人のモンタージュ像であるというオチになっているのである。

　したがってこの一連の〈コトリ〉群は、伝承伝播《でんぱ》の途次、多くの欠落忘失部を生じて今日に至ったが、二六種五七二の資料を対比考察することにより、田園の夏の物語を背景に、数概念、数意識を伏線とした巧みな推理劇であったのを知ることができた。

　こうして子どもたちは、数字や数概念、加減法や推理消去法なども、遊びとして消化していたのである。

　したがって絵かき遊びなぞ、いたずらがきくらいに思っている向きには、ぜひこの〈コトリ〉の高次数楽ぶりをよく見ていただきたいのである。

数学図形の一筆がき

「一筆がき」という遊びがある。花や動物、人物などを、起点から終点まで、連続の線で描出するものであるが、伝承となっているのは、模様のような対称図形が主である。

それらは幾何学や図学、中には位相数学（トポロジー）の対象となるものが含まれていて、広義の「数学」の対象である点が注目される。

〈ホシ〉の一筆がき

「一筆がき」で、一番よく知られているのはホシ、いわゆる五つ星を描くものである。

ホシ①（静岡）

1・ひい

2・ふう

3・みいで

4・みいーつけ

5・た

同様な描き方で「1、2の、3、ほし、できた（福井）、1、2の、3の、4で、ほーし（埼玉）、1、2、3、4のホーシ（大阪）、1、2、3、1、2（石川）」などのほか、

ホシ②（奈良）

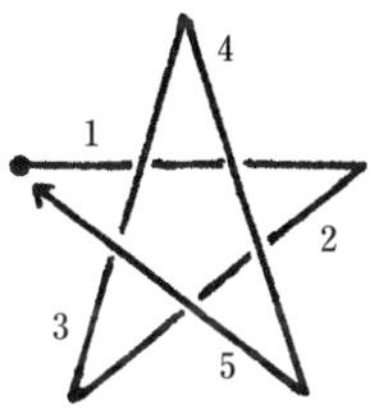

1・チッ

2・チッ

3・チッ

4・チイー

5・チ

ホシ③（福島）

1・どんぶり

2・こっこ

3・ブークブク

4・おはちも

5・ブークブク

など歌詞がいろいろ工夫されている。少し複雑なのでは、次のようなものがある。

ホシ⑤（山形）

1･アッチ

2･ムッチャ

3･コッチ

4･ムッチャ

5･ホーシ

ホシ④′（新潟）

1･あっち

2･もっち

3･どおど

4･こっち　もっち

5･できあがり

ホシ④（長野）

1･あっちゃ　もっちゃ

2･どんど

3･こっちゃ

4･もっちゃ

5･ぶくぶく

同じ五つ星を描くのに④④′は外周のみを描いたが、次の⑥は外周の後、内部の五角をわざわざ描いている。

ホシ⑥（新潟）

1·あっチャ

2·むっチャ

3·こっチャ

4·むっチャ

5·いつつ、ぼ、し

これまでは至って純粋の幾何学的図形であったが、次の⑦の五つ星は擬人化されており、歌詞もまたそれに呼応し生活の一コマとなっている。

ホシ⑦（三重）

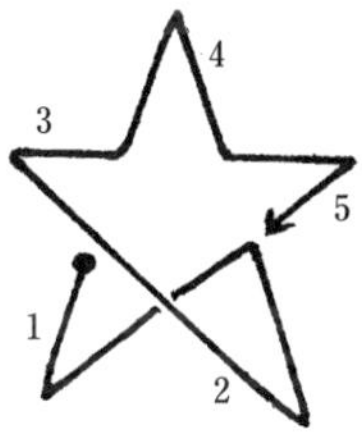

1·いっちゃ

2·もっちゃ

3·あぶら

4·たんと

5·こぼした

こうした五つ星の一筆がきは、絵かき遊びの常として歌詞を伴っているが、時により子どもにより、うなり声やかけ声や無言で描き、地上に星座や銀河を現出する場合がある。

星の図形は五つ星と限らず、四つ星・六つ星などあるのだが、伝承のものは、一挙に八つ星にとぶ。八つ星の描き方は子どもには難しいが、「星の一筆がき」の主座たる風格をそなえている。

ヤツボシ①（岡山）

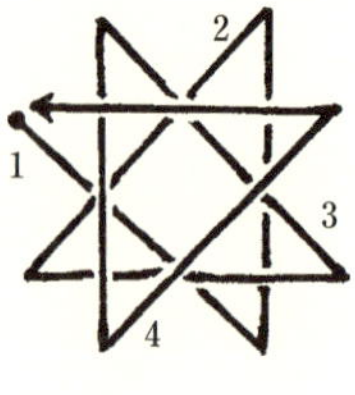

1・いっちゃ　もっちゃ

2・ちゃっちゃ　もっちゃ

3・あぶら　もっちゃ

4・こげた

ヤツボシ②（長野）

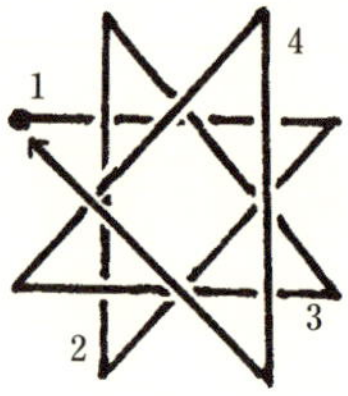

1・いっちゃ　もっちゃ

2・いっちゃ　もっちゃ

3・あぶら　いっしょう

4・こーねた

①②は始点と終点を交替させ、順序が反対となっているが、歌詞のリズムは大体添付の楽譜のようであった。この例に対し、次のようなものもある。

ヤツボシ　〈採譜地・岡山〉

ヤツボシ③（山梨）

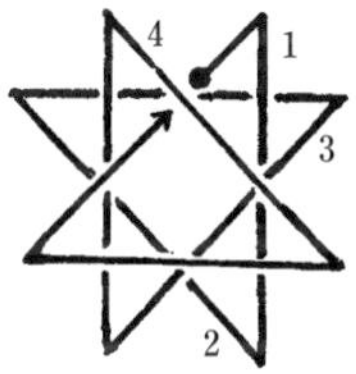

1·いっちゃら　もっちゃら

2·こっちゃら　どっちゃら

3·こぬか　いっしょう

4·こぼいた

ヤツボシ④（山形）

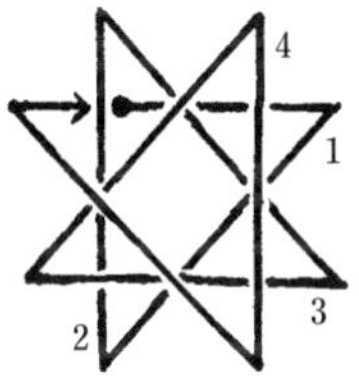

1·もっしゃ　もっしゃ

2·もっしゃ　もっしゃ

3·もっしゃ　もっしゃ

4·もっしゃしゃ

③④はいわゆる一筆がきにおける「偶数線の交点則*」をいかした、いうなれば「位相数学的」実例である。

同じ③または④の画図でも、違う歌詞として「いっちゃ　もっちゃ、にっちゃ　もっちゃ、さんちゃ　もっちゃ、ドンドン（岡山）、いっちゃ　もっちゃ　セッセ、いっちゃ　もっちゃ　セッセ（長野）」などがあった。

＊偶数線の交点則＝「すべての交点から偶数個の線がでている場合は一筆がきができる」ということ。スイスの数学者オイラーが証明。

以上から、次のことがあげられる。
❶歌詞と画図の整合は八つ星が適切、五つ星は不定。
❷一般的に四つ星、五つ星、六つ星が多用されるのに、四つ星、六つ星が資料として得られていない。
❸多用されるにもかかわらず五つ星の歌詞種が少ない。
これらから少なくも後述〈タテモノ〉（257ページ）や八つ星が先に完成され、その歌詞を五つ星が援用転用したのではないかと推測される。
一方、これまでの八つ星と同じく八つの尖端を持っているが少し形が異なりその角度が鋭く、中心点を描線が通る八つ星の一筆がきがある。

ヤツボシ⑤（大阪）

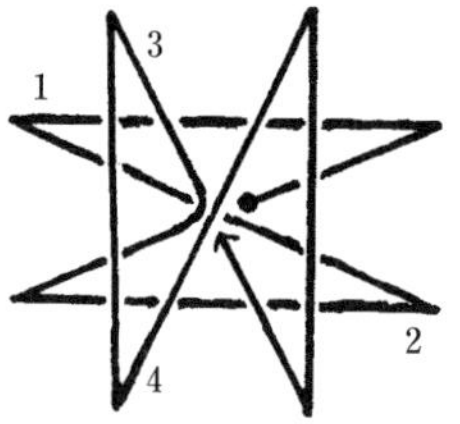

1･もしゃしゃの　しゃもしゃ
2･しゃしゃもしゃ　しゃもしゃ
3･もしゃしゃ　なければ
4･しゃしゃも　しゃもなし

「一筆がき」は、いわば図形の知恵遊びである。そして複数の答えがある時、その正体を求めて次々と挑戦する楽しさがあるが、歌詞が付いている場合、長い迷いや逡巡《しゅんじゅん》が許されなくなる。この点が通常の一筆がきと遊びの上での差となってくる。

〈サンカク〉の積み重ね

次の一筆がきは、三角形を六つ積み重ねた形を描くものである。
空位の三角形も数に入れると総数は九であるが、これを一筆がきで綴《つづ》るには、三句からなることばを、六回連ねる必要がある。

サンカク①（神奈川）

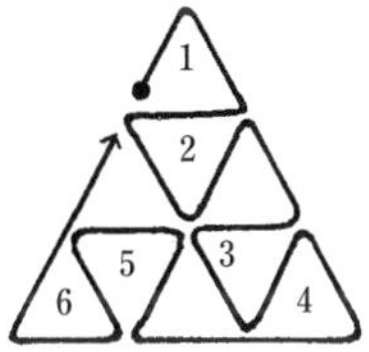

1·いっせのセ
2·いっせのセ
3·いっせのセノ
4·いっせのセ
5·いっせのセノ
6·せっせっセ

この三角積みの一筆がきでは描き順、経路は①〜④などいろいろあって、それを考えたり、間違いを追求して面白さが増すが、三角の辺を描く場合「角の曲折時は呼称をかえ、直進時は同じ呼称を続ける」法則によると、②の経路では次のような歌詞となる。

サンカク②（宮城）

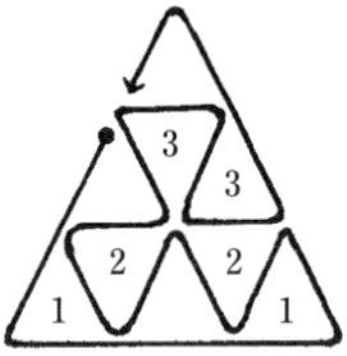

1·つんつんぼん
ぼんぼんつん

2·ぼんつんぼん
つんぼんつん

3·ぼんつんぼん
つんつんぼん

句の冒頭は常に同じ語で、曲がればほかの語にかわる法則の歌詞で綴るものもある。

サンカク③（岡山）

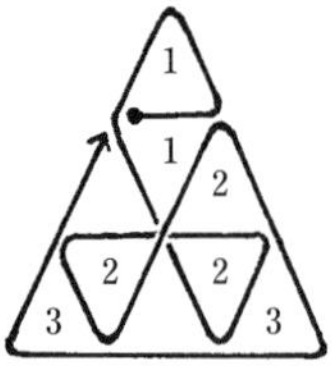

1·タケタ　タタケ

2·タタケ　タタケ

3·タケケ　タケケ

次のものは冒頭は「一」で、曲がれば番号が増え、曲がらなかったらそのままという呼称の歌詞である。

サンカク④（東京）

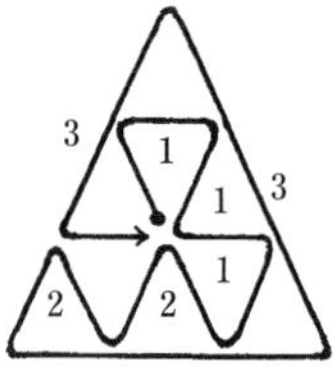

1·一二の三
一二の三

2·一二の三
一、一、一

3·一、一、一
一、一、二

②〜④は歌詞と画図の両者を、その場になって考え、いろいろ試みながら進めてゆくという意味で、絵かき遊びの中では極めて異色な種類である。

〈タテモノ〉建設と見学

異色といえば次の〈タテモノ〉も一風かわった一筆がきである。

タテモノ①（福岡）

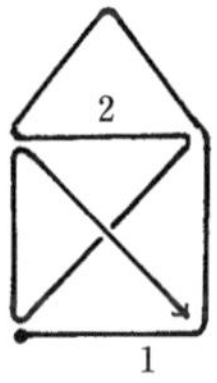

1・いっちゃ　もっちゃ　どん　どん

2・いっちゃ　もっちゃ　どん　どん

少し部屋が大きくなった次の例がまた面白い。

タテモノ②（兵庫）

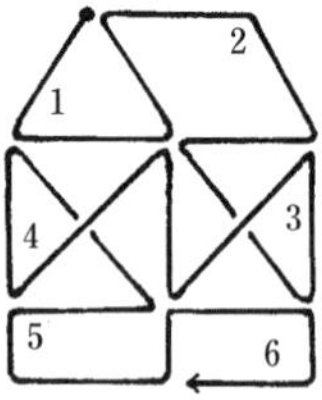

1・さんかく

2・しかく

3・バツかいて

4・バツかいて

5・しかくで

6・しかくでできあがり

同じ図形を下から逆行して積み上げてゆくものもある。

タテモノ③（山口）

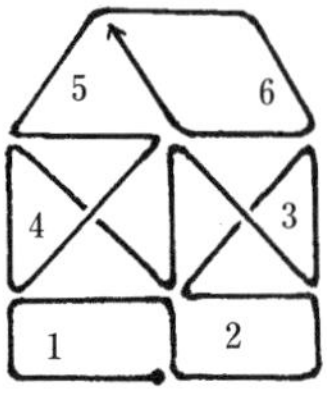

1・しかく

2・しかく

3・さんかく　バッテン

4・さんかく　バッテン

5・さんかく

6・しかくで　できあがり

この図形の一筆がきの別法として次の歌詞によって進められるものがある。

タテモノ④（愛媛）

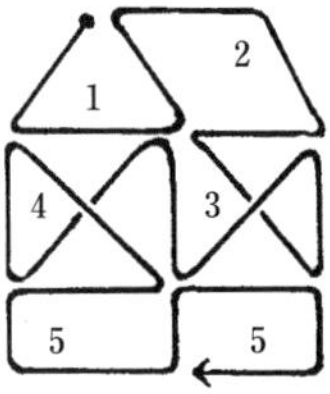

1・むかし

2・むかし

3・となりの

4・じいさんの

5・たてた　うち

タテモノ　〈採譜地・広島〉

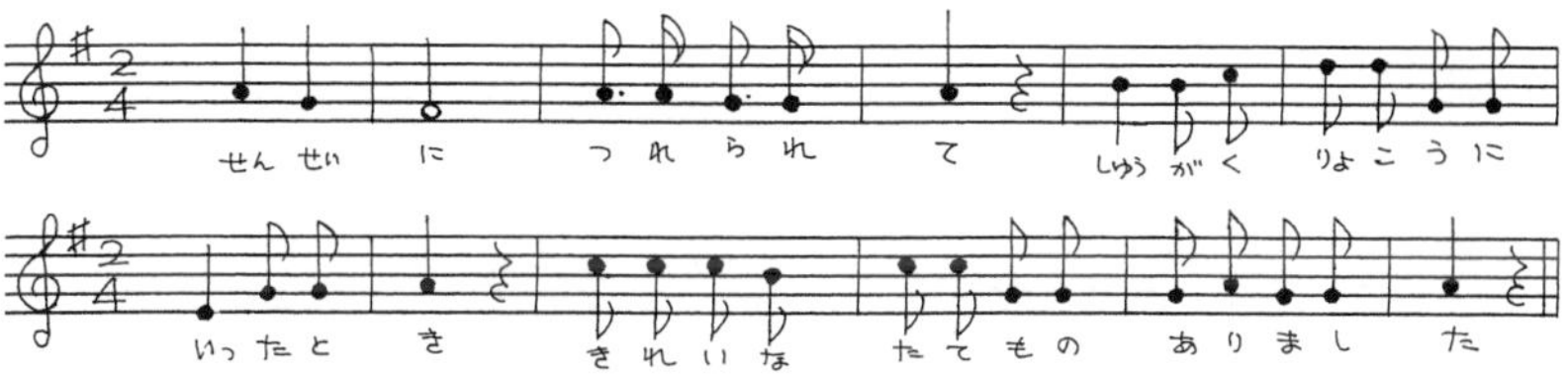

二〇語からなる文は、二〇の直線で構成されている画図を描出するのに適しているのであろう。

タテモノ⑤（三重）

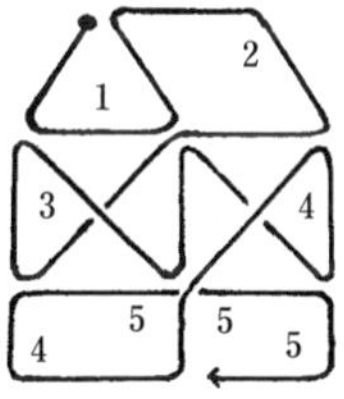

1・これは

2・むかし

3・くすのき

4・まさしげが

5・たてたくら

タテモノ⑥（静岡）

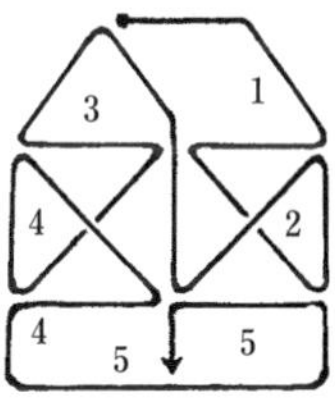

1・むかし

2・たけだ

3・しんげん

4・まどのない

5・くらたてた

の歌詞で、それぞれが描かれる。

さらに単純に数番号を「12の3、22の3、32の34、42の34の*、52の345（愛媛）」といいつつ書き進める方法もある一方で、掲示の楽譜のようなリズムによって歌詞を詠唱しながら描出してゆく方法もある。

*42の34の=「の」がふたつで一字分として、二〇語となるようだ。

タテモノ⑦（広島）

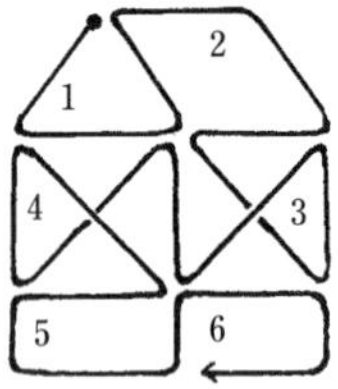

1･せんせいに

2･つれられて

3･修学旅行に

4･いったとき

5･きれいな建物

6･ありました

地域により歌詞の後半は「すてきな家をみつけたよ（鳥取）、こんなくらがたっていた（愛知）、おおきい家があったとさ（静岡）」などと変化するものの、前半の「先生の引率による修学旅行」はかわらず、広く全国に分布し、とくに中学生に愛好されている。

そしてまた、ほかの一筆がきの通例にならい、次のような慣用句によっても描写されている。

タテモノ⑧（香川）

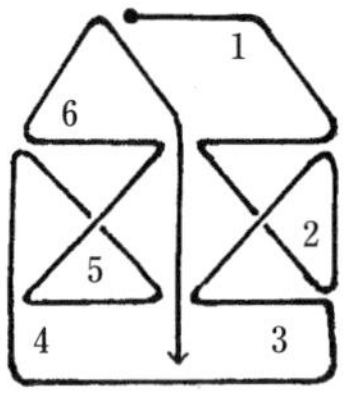

1･いっち　もっち
みいもっちゃ

2･いっち　もっち
しいもっちゃ

3･いっち　もっち
ごうもっちゃ

4･いっち　もっち
ろくもっちゃ

5･いっち　もっち
ななもっちゃ

6･いっち　もっち
ぱあもっちゃ

以上〈タテモノ〉で得た二種類八型の資料はいずれもほぼ対称形であった。しかし一筆がきの経路の多様さと、それを追尾する歌詞の軽妙な表現は、全行程が二〇という「数となえ」につながり、魅力ある展開となっていた。

よりよき図表のトポロジー

「五つ星／八つ星／三角積み／建物」の幾何学的図形を、一筆がきにすることは、いわゆる位相数学（トポロジー）の分野で、いろいろ研究もされているが、本稿で記したような「子どもの歌詞を伴った伝承伝《でん》播《ぱ》された遊び」という観点からの集約はほとんどされていなかった。

この「数学図形の一筆がき」で述べてきた「子ども」「一筆がき」「歌詞」「画図」「伝承」の五つの要素はそれぞれを進めたり深めようとする時は、たがいに矛盾したり相反したりすることがままおこる。その調和と共存の中に絵かき遊びとしての存在があるので、単なる「一筆がきの遊び」だけを追求するのとは当然異なった結果となる。

得られた総計二六種一六一の資料による「一筆がき絵かき遊び」の示すものは、その基本型の数も変化もそう多くないが、複数の解法があり、歌詞をかえる自由さもあり、またそのリズムや常套句《じょうとうく》が用意され、それが遊びの雰囲気を醸成するのに役立っていた。

こうした諸点が前記した資料の特徴で、それは明らかに「数学対象」を脱し、「絵かき遊び」の地位を確立建設しつつあると言うことができる。こうした楽しさや面白さを備えたトポロジーに、出版界や教育者はもっと関心を持つべきであろう。

子どもの発達の途次、複雑多層な事象を理解するため、図表や画像の活用が効果的であることはよく知られているが、こうした画図は、

❶多種多岐にわたる要素や構成物の上下関係、前後関連を視覚現実化して提供できる。
❷種類、次元、出発等を異にするものの混在、重積化している対象を、濃淡や色彩、記号等で区分し、また複合できる。
❸位置、時間等に差があり、動的変化変貌するものを、平面静止画像に定着し、総体全容を一見一覧して把握できる。

という優れた長所を持つ（よくDNAの機能のたとえを「生物の建設図」と称する向きがあるが、二重らせん紐状であるDNAは、❸の一覧化を欠くため、たとえるなら「設計書」という方が妥当というのが私の意見である。もののたとえだから、うるさいこと言うなという向きには、DNAはどっちでもいいが、図表画図の持つ機能特質については挿絵やカットとは異なるところを明確に述べておかねばならない）。

したがって、子どもの教科書や読物に添えられる図表や画図には、何を盛り込み、何を伝えるため、どう描くのか、そのためどのような展開提示が最適なのかという図表学的点検、すなわちトポロジーの観点からの検証チェックが必要となる。それはどのルートを生かした表示がよいのか、何の次に何を置くのが最適となるのかなど、具体処理の利刀《りとう》となるからである。

こうした観点から、一筆がきの各資料の示すものは、貴重な示唆を含み、私には大切な源泉となった。

〈チンドンヤ〉の算数展開

戦前の日本の商店街では新しい店の開業とか、大売出しを盛り上げるため、鳴り物厚化粧の「チンドン屋」がもてはやされた。近隣町内をまわる後を追い、ビラを拾ってはしゃぐ子どもたちは、早速遊びの題材にする。そこで当然のように、いろいろな数字・数詞・算術・算数の類の活用展開をはかったのである。

んちゃんチンドンヤ

「ん」という言葉や文字に対し、子どもたちはほかと違った扱いをする。単独で発音しにくいからそのままでは普通使わないし、アイウエオ表でも「いろは」でも欄外末席の例外扱いの文字である。

そんな「ん」なのに「どんどん」「ざんざん」「こんこん」と使うと、たちまち調子よく楽しくなるので子どもたちは盛んに愛用する。さらに悪口歌などでは「ミッちゃん　ミチミチんコたれて……」の「ん」であるから、子どもは「ん」に対して特別な関心と工夫を払う。それが一連の「んちゃんチンドンヤ」の絵かき遊びを形作っていった基盤であり、遠因なのだろうか。

チンドンヤ①（岡山）

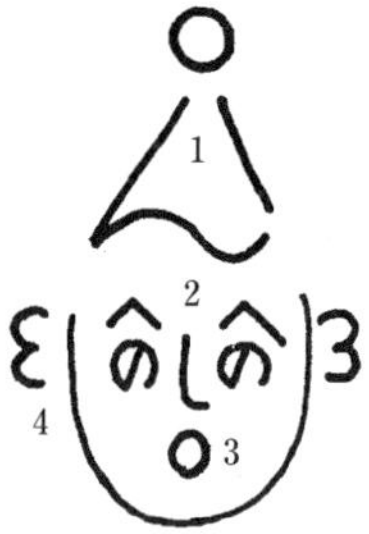

1・ んちゃんが　1円もらって
パンかって
…第一節

2・ へいきで　へいき
のんきで　のんき
…第二節

3・ しけんは　0点
…第三節

4・ 3月3日の　チンドンや
…第四節

〈チンドンヤ〉の歌詞はこの例のように四節で構成されるのが大部分で、第一節は「ん」の文字の形態を利用して三角帽子を描く。そこで用いられる「1円」は一九六〇年頃までは、戦前、戦中の通貨単位の「一銭《せん》」のまま通用していたし、一九七六年沖縄で得た多くの資料ではカタカナで「1セン」「1セント」となっていて占領下の歴史を滲ませていた。歌詞「パン」は「あめ／まめ／だんご／せんべい」などのほか、「梅干かって（福岡）、おにぎりひとつ（三重）」あるいは「いっちゃんは、んてん（運転）手のひとりっ子（兵庫）、んちゃんとこのいっちゃん三つ④（京都）」などと表現される。

第二節と第三節は一連化される場合と分別される場合があるが「山から山へ、野から野へ②（石川）、のりくだせ　へい　のりくだせえ　へい　しるくだせえ　へい③（秋田）、山へ野原へ　のへ山へ④（京都）、へのけて　へのけて　まるとって（広島）」と、目鼻口を一字一形、ひらがな文字などで綴《つづ》るほか、通例に従い「へのへのもへじ⑤（三重）、へのへのしへし③（愛知）、へのへのもへの④（岡山）」などが登場する（③④はそれぞれ異なる地域で同じ画図を採取。歌詞は異なる。また、この一連の「へのへの……」については、〔「へのへのもへじ」の資料と分析（480ページ）〕において詳述する）。

第四節は「算数3点　国語も3点（兵庫）、さんすう3点（大阪）、3点とって3点とって（福岡）」などによって耳を描くほか、「3月3日のひなまつり②、ピエロさん（兵庫）、ひとやすみ（埼玉）、ごくやすみ（群馬）」とまとめたり、「アチャパー（佐賀）、アリャパー（静岡）」という感嘆詞で結んだりする。

この最後の二例は、一九五〇年代の喜劇俳優伴淳三郎《ばんじゅんざぶろう》が広めた「アジャパー」なる感嘆語に発していることは明らかである。

チンドンヤ②

チンドンヤ③

チンドンヤ④

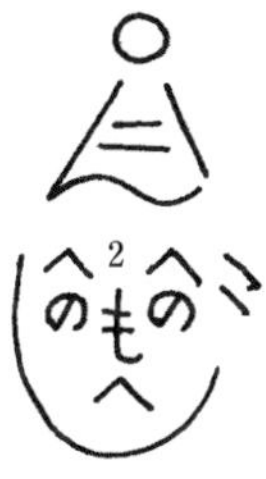

チンドンヤ⑤

以上は、冒頭の「ん」に引き続いてひらがな文字で顔を形作る伝統派（？）であるが、

チンドンヤ⑥（愛媛）

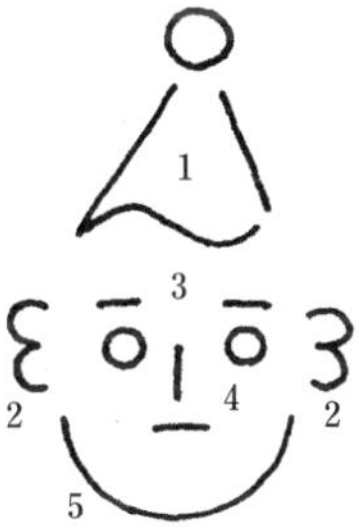

1・んちゃんが　1円の
豆たべて

2・3点とって　3点とって

3・一点とって　一点とって

4・1円の　豆たべて
1円の　豆たべて

5・あっという間に
チンドンや

チンドンヤ⑦（東京）

1･んちゃんが　1等賞で
　まるもろて

2･一円でパンかって
　一円でパンかって

3･まがったあめが
　四円で

4･大きなまんじゅう
　33円

チンドンヤ⑧（沖縄）

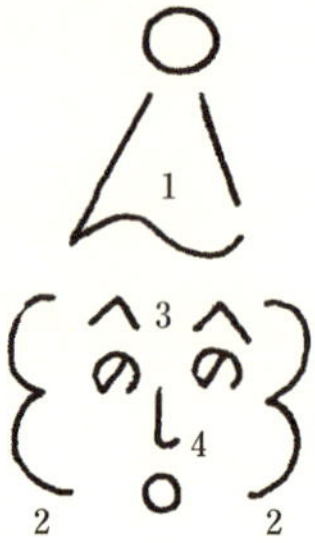

1･んちゃんが
　1円もらって　豆かって

2･3月3日

3･へいきで　へいき
　のんきで　のんき

4･しけんは　0てん

など、数字系やその折衷派も多く得られた。

さらに冒頭の発端であり、この遊びの特徴のひとつと考えられる「ん」が消滅した例も登場する。

チンドンヤ⑨（大阪）

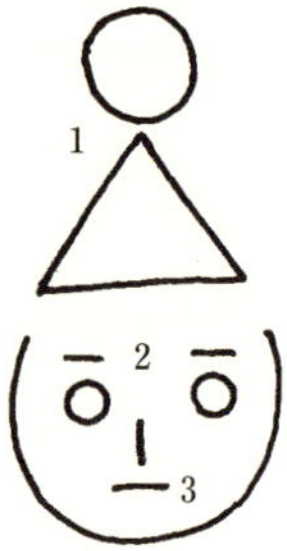

1･まあるいパンに
　三角パン

2･小さいパンが　一円で
　小さいパンが　一円で

3･たてよこ　まるで
　チンドンや

チンドンヤ⑩（石川）

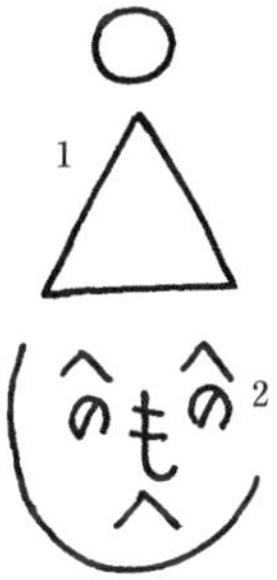

1･まるかいて　三角

2･へのへのもへし
チンドンや

チンドンヤ⑪（広島）

1･きゅう行列車は　三番目

2･がたがた道も

3･へいきの　へいき
のんきの　のんき

4･まるで　しらない
チンドンや

こうしてんちゃん系や、丸系の〈チンドンヤ〉の顔面を「1円／0点／3月3日／算数／3点／1等賞／四角／33円／1セント／三番目」などの数字、数詞を使って描出していたのである。

フリルスカート・ゼッケン姿

これまでのところで〈チンドンヤ〉の顔面頭部の描き方がわかったが、さらに奇抜異様な服装に関心が向かったためか、以下多様な資料が得られた（頭部の歌詞は、軀《く》体《たい》と一連のもの以外、以下では省略）。

チンドンヤ⑫（大分）

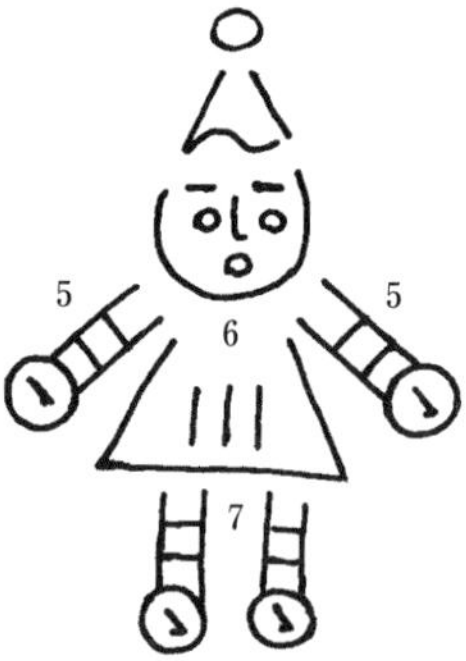

1～4・（略）

5・たてたて横々
　丸かいてチョン
　たてたて横々
　丸かいてチョン

6・三角定規に　ひび入って

7・たてたて横々
　丸かいてチョン
　たてたて横々
　丸かいてチョン

チンドンヤ⑬（宮崎）

1～4・（略）

5・たてたて横々
　丸うってチョン
　たてたて横々
　丸うってチョン

6・雨がザアザアふってきて

7・みみずがのろのろ
　はい出して

8・たてたて横々
　丸うってチョン
　たてたて横々
　丸うってチョン

チンドンヤ⑭（大阪）

1～5・（略）

6・三日月チョン
　三日月チョン

（以下略）

このひらひらフリルのついた服の描写は、「三日月てん（埼玉）、お皿にチョン（福岡）、しけんはチョン（愛知）」などの歌詞となり、さらに「かぎしてチョン⑮（沖縄）、棒してチョン⑯（東京）、山かいてチョン⑰（長野）、波かいてチョン⑱（三重）」などと変化し、そのフリルの数も四段⑲（長崎）、五段⑳（愛知）、さらに襟飾り㉑（岡山）となる。

チンドンヤ⑮

チンドンヤ⑯

チンドンヤ⑰

チンドンヤ⑱

チンドンヤ⑲

チンドンヤ⑳

チンドンヤ㉑

また、次の例は、つけヒゲのサンタ姿だろうか。

チンドンヤ㉒（山口）

1〜3・（略）

4・三日月さまが　笑ってる

5・たてたて横々丸かいてチョン
　たてたて横々丸かいてチョン

6・三日月チョン
　三日月チョン
　三日月チョン

7・雨がざんざんふり出して

8・みみずが三びきはい出した

9・たてたて横々丸かいてチョン
　たてたて横々丸かいてチョン

さらには、

チンドンヤ㉓（大阪）

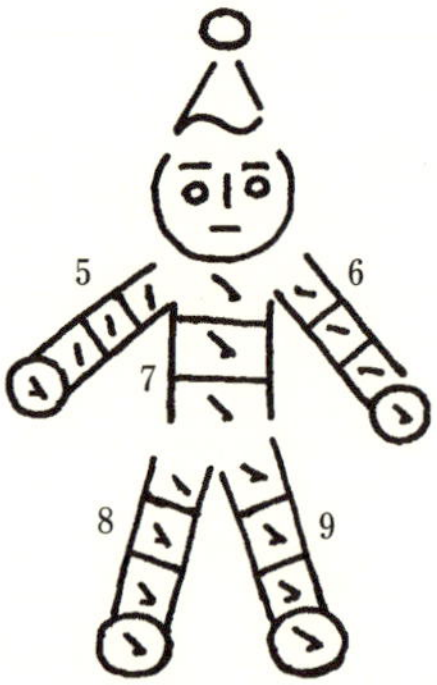

1〜4・（略）

5・丸かいてチョン
　たてたて横々チョンチョンチョン

6・丸かいてチョン
　たてたて横々チョンチョンチョン

7・たてたて横々チョンチョンチョン

8・丸かいてチョン
　たてたて横々チョンチョンチョン

9・丸かいてチョン
　たてたて横々チョンチョンチョン

という全身シマシマだんだら衣装や、逆に裸形（？）のもあらわれる。

チンドンヤ㉔（愛媛）

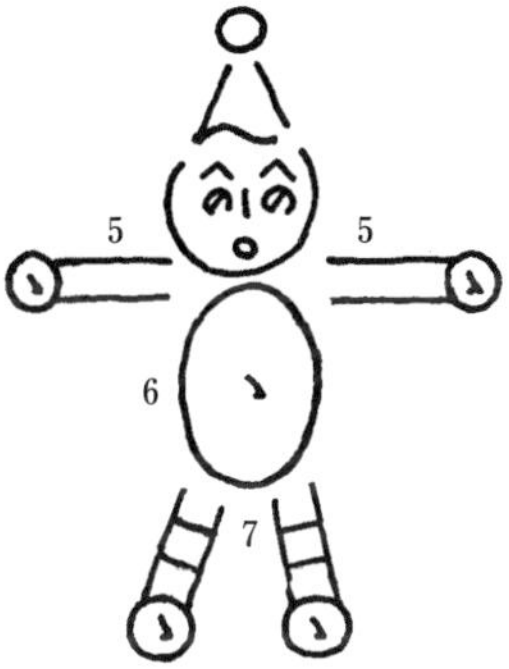

1〜4・（略）

5・横々かいて丸してチョン
　横々かいて丸してチョン

6・長まるチョン

7・たてたて横々丸してチョン
　たてたて横々丸してチョン

以上の⑫〜㉔は、「顔」に多様な服装軀体が連結し、〈チンドンヤ〉の多彩異形ぶりを示したが、ひらいた両腕両手は「たて横」の描法であらわすものが大部分であった。しかし〈チンドンヤ〉は、こうした「たて横系」の姿態ばかりではなかった。

チンドンヤ㉕（神奈川）

1〜4・（略）

5・6月6日は　さんかん日

6・丸かいてチョン
　丸かいてチョン

この両手を数字「6」で描く「6月6日系」の姿態は、すでに〈オカミサン〉（172ページ）にも登場したが、この〈チンドンヤ〉においてもまた、いろいろな変化を示した。たとえば同じような歌詞でありながら、

チンドンヤ㉖（宮城）

1〜4・（略）

5・6月6日は　さんかん日

6・ズボンをはいて　でかけます

と、胸に模様を描くものや、

チンドンヤ㉗（岐阜）

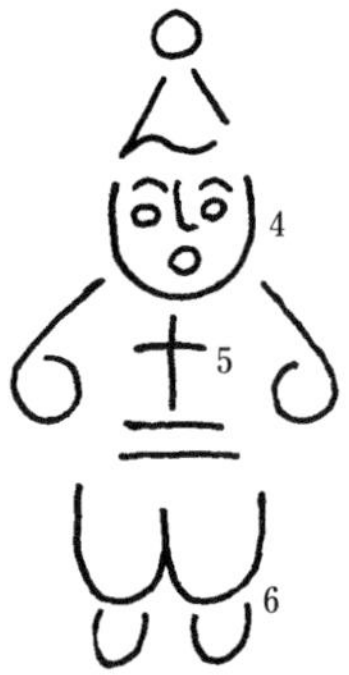

1〜3・（略）

4・しけんは　0点
　すべっちゃった

5・6たす6は　十二です

6・もんぺをはいたら　足がでる

という一連の「ゼッケン番号姿」が登場する。こうした一方で、次のようなものもある。

チンドンヤ㉘（佐賀）

1〜4.（略）

5.6ろく　6ろく　36

6.ズボンをはいて
あらエッサッサ

チンドンヤ㉙（岩手）

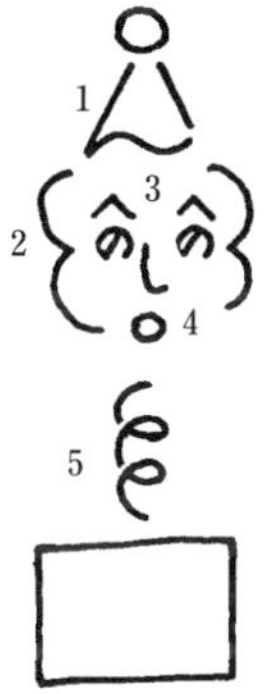

1.んちゃんが
1円もらって
アメなめて

2.3たす3が　わからない

3.へいき　へいき
のんき　のんき

4.しけんは　0点で

5.あっりゃっぱー

そのほか「くるくるのアンジャンパー（茨城）、にょろにょろまわってろくろくび㉚（愛知）こりゃおどろいた、びっくりだー（岐阜）、あっとおどろく　たまてばこ（兵庫）」などでビックリ箱化の画図が出現する。

こうして発展変化するにあたり、「6月6日／さんかん日／0点」などの数字の形態を用いるだけでなく、「6たす6／3たす3／6ろく36」といった加減乗除法も活用している点を、特記しておかなければならない。

チンドンヤ㉚（岩手）

連隊チンドンヤ

前記した〈チンドンヤ〉と、その内容、構成、描出を異にし、歌詞・画図がまったく違うのに明瞭に「チンドン屋」を表示する一群がある。

チンドンヤ㉛（佐賀）

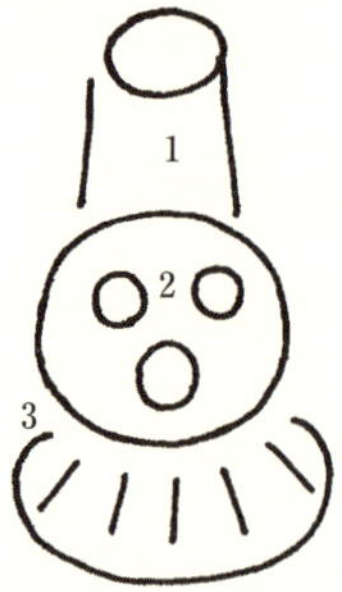

1・19連隊　散歩して

2・敵にかこまれ　たま三つ

3・トテチテ　トテチテ　チンドン屋

チンドンヤ㉜（埼玉）

1・19連隊　三連発

2・大きな　大砲　玉三つ

3・ガチャガチャガチャの
　チンドン屋

チンドンヤ㉝（大阪）

1・19連隊　散歩して

2・大きな池に　舟うかべ

3・たまこめ　たまこめ

4・でんでんでん　でんでんでん

この新しい「チンドン屋」は、前述の〈チンドンヤ〉が主として「んちゃん」にはじまったのに対し「19連隊」という軍隊用語が使われ、その帽子も、表情も、襟飾りもまったく異なっている。したがって「連隊チンドンヤ」と称し、「んちゃんチンドンヤ」と便宜的に区別したが、煩を避けるため、「〈チンドンヤ〉の算数展開」の中でまとめて〈チンドンヤ〉として記述することとした。

さてこの新しい〈チンドンヤ〉は、その歌詞から太平洋戦争以前、少なくとも一九四〇年より古い発生流布であることがわかる。

チンドンヤ㉞（宮崎）

1・19連隊　参謀長

2・一発ズドンと
たまこめて

3・ギザギザ　ギザギザ
チンドン屋

㉟によく似た次のような例もある。

チンドンヤ㉟（神奈川）

1・19連隊　三分隊

2・一発　二発　たまをこめ

3・たてよこ　ぐるりと

4・ドンドンドン　ドンドンドンと
　チンドン屋

チンドンヤ㊱（愛知）

1・19連隊　三分隊

2・たて横　2発のたまこめて

3・まわり　ぐるりと　みわたして

4・ドンドンドンとチンドンや
　ドンドンドンとチンドンや

子どもの遊びの世界に戦争が登場、介在していたのは昭和初期からで、戦争ごっこにも、まわりのフサだけとなった連隊旗（一九三一年・満州事変）や鉄かぶと（一九三二年・上海事変）の出現となり、「連隊／分隊／参謀長」といった用語が浸透するのは一九三〇年代の後半である。一方、シルクハット姿などのチンドン屋の活動は、せいぜい一九四一年頃まであった。そうした激しい時代の動きと、わずかな時間のすきまに、どうして二種類の〈チンドンヤ〉があらわれどのように広がっていったのだろうか。

さてこの「連隊チンドンヤ」においても、「んちゃんチンドンヤ」と同様、手足軀体にさまざまな服装の資料があらわれる。

チンドンヤ㊲（岡山）

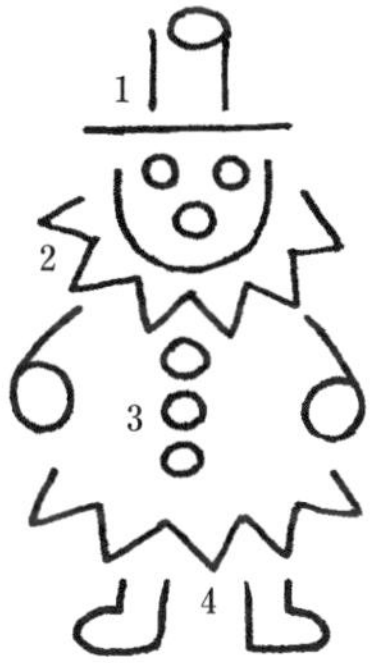

1･19連隊　一発うてば
丸三つ

2･ギジョギジョ
ギジョギジョ　チンドン屋

3･6たす6は　丸三つ

4･ギジョギジョ
ギジョギジョ　チンドン屋

チンドンヤ㊳（静岡）

1･19連隊　3連隊
一発うてば　丸三つ

2･ギザギザ　ギザギザ
チンドン屋

3･6月6日　雨ふって

4･ギザギザ　ギザギザ
チンドン屋

5･たてたて　横々
丸かいてチョン
たてたて　横々
丸かいてチョン

軍隊用語や射撃の歌詞によって描かれるのが、ラフとよぶ襟まわりの飾りをつけた、一六世紀の貴族の服装なので、なんとも奇妙な展開である。

さらに次の資料では、

チンドンヤ㊴（福岡）

1〜2・（略）

3・6月6日に　雨がふる

4・ギザギザ　ギザギザ
　ギッザギザ

5・6月6日に　ギッザギザ

チンドンヤ㊵（広島）

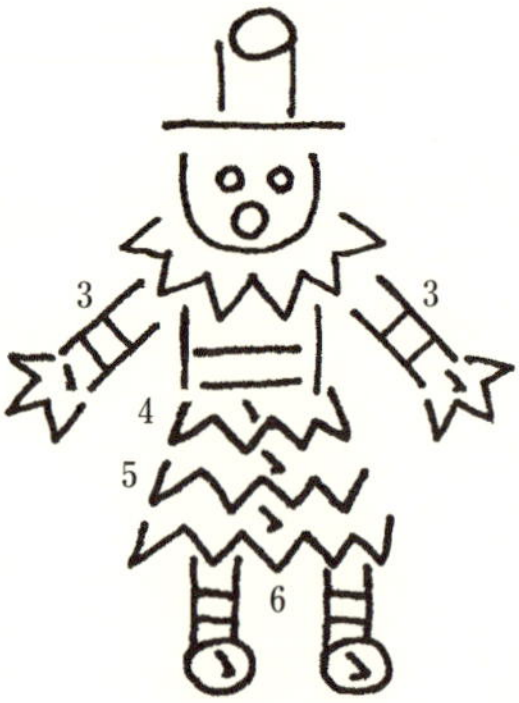

1〜2・（略）

3・たてたて横々
　ギザギザチョン
　たてたて横々
　ギザギザチョン

4・たてたて横々
　ギザギザチョン

5・ギザギザチョン
　ギザギザチョン

6・たてたて横々
　丸してチョン
　たてたて横々
　丸してチョン

と、何度もくり返されるギザギザ・ギジョギジョで、違ったフリルやスカート姿が出現する。

チンドンヤ㊶（香川）

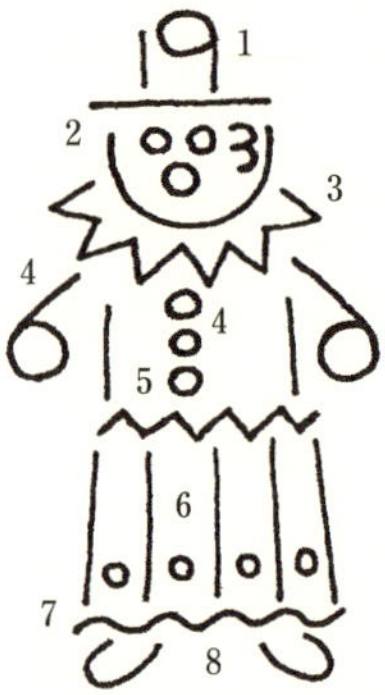

1・19連隊　3分隊

2・一発ズドンと　たま三つ

3・チカチカチカと　チンドンや

4・6たす6は　豆三つ

5・チカチカチカと　チンドンや

6・雨がざあざあ　ふってきて
　あられもパラパラ　おちてきて

7・雲がゆらゆら　ゆらめいて

8・くつをはいたら　チンドンや

このように「連隊チンドンヤ」では「たて横系」より「6月6日系」の服装軀体が多く見られたが、ビックリ箱化も次の例のようにちゃんと準備されている。

チンドンヤ㊷（三重）

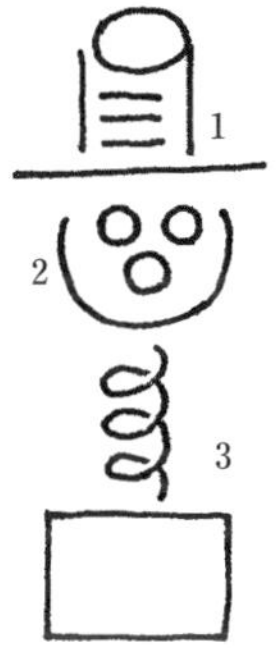

1･19連隊　散歩して

2･広い野原に　たま三つ

3･チンチン　ドンドン
びっくり箱

この「連隊チンドンヤ」においても「19連隊／散歩／三連発／三分隊／参謀長／一発／6たす6／6月6日」などの数字、数詞、そして加減法などを駆使して、遊びを展開していることがわかった。

〈チンドンヤ〉のまとめと問題

前記のような資料により、二系統の〈チンドンヤ〉の区分を表記すると、表9のようになる。

この表と、前述したそれぞれの分析から、次のような事項を読みとることができた。

❶〈チンドンヤ〉にはその出発始源を異にしている「んちゃん系」と「連隊系」の二系統がある。

表9 〈チンドンヤ〉の系統別種類数と資料数

系統	身体なし 顔面のみ	身体あり		ビックリ箱化	種類合計	資料数
		たて横系	6月6月系			
んちゃんチンドンヤ	29種	18種	13種	4種	64種	337
連隊チンドンヤ	7種	3種	7種	2種	19種	144
合計	36種	21種	20種	6種	83種	481

❷それぞれには頭部顔面だけのものと、躯体全身に発展したもの、およびビックリ箱化したものがある。

❸また躯体全身へ発展したものには、両手の描出を「たて横系」と「6月6日系」によるふたつの流れがある。

❹〈ヒゲマル〉(238ページ)、〈タビオジ〉(241ページ)で服装全身像の資料が少ないのを、成年男性のためと推定したが、〈チンドンヤ〉は性別不明であるものの、その服飾衣装は多彩である。これは題材そのものが子どもたちの関心をよび、興味を喚起していると推測される。

❺こうして喚起されたエネルギーは、〈チンドンヤ〉とは本来無縁な、各種の数字、数詞、そして加減乗除などの算術・算数の知識や法則を駆使活用し、とくにその服飾衣装に特異な展開をするに至っている。

以上が〈チンドンヤ〉からわかったことであるが、当時の私は「連隊チンドンヤ」に別な問題があることに気づかなかった。その問題にふれるには、もっとほかの絵かき遊びについての知見を持つ必要があるので、いましばらく、待っていただくこととする(575ページ「秘めた遊びの問題」参照)。

数楽遊びの総合と二極化

これまで数字や算数を遊びに使ういろいろな例を見てきた。それらの各種を利用した総合形、大げさに述べれば集大成版を〈ブタ〉〈ピエロ〉の一群に見ることができる。そして興味あるのは遊びがたどる変化や変容の経歴と、その果てはどのようになるかを典型的に示していることである。この点は児童行動面からも注目すべき点といえよう。

飛躍する〈ブタ〉

「丸センドウ舟遊びの図」（82ページ）と同じく、『独木舟《まるきぶね》』を使って〈ブタ〉を描く一群がある。

ブタ①（埼玉）

1･丸まる　丸まる
丸まーるちゃん

2･父さん　母さん
さようなら

ブタ②（奈良）

1・丸ちゃん　丸ちゃん
　まん丸ちゃん

2・土人の舟に　のせられて

3・父さん　母さん　さようなら

ブタは子どもたちに人気のある動物のひとつで、その画像を描きたがる。そのポイントはやはり顔である。そしてその中心はハナにある。大人の世界や専門家はさておき子どもの世界では、ハナこそブタを描く意義のひとつなのである。だから当然ハナから描きはじめる資料が多くを占めていた。

ブタ③（広島）

1・丸ちゃん　丸ちゃん　まん丸ちゃん

2・丸ちゃん　丸ちゃん　まん丸ちゃん

3・父さん　母さん　さようなら

4・お舟にのって
　あらシュッシュッシュウ

ハナから顔に及んだ次に、描線は身体全容に及んでゆくこととなる。

正面向きの〈ブタ〉の全図はなかなか迫力がある。さらに威力を持って迫るのは次の例である。

ブタ④（神奈川）

1・丸まる　丸まる
　丸まーるちゃん

2・父さん　母さん　さようなら

3・お舟にのって
　あらシュッシュッシュウ

ブタ⑤（兵庫）

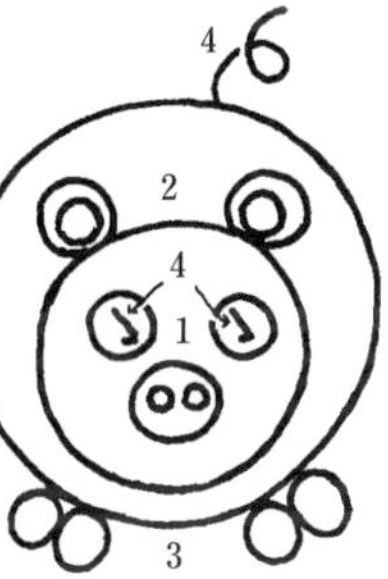

1・丸まる　丸まる　丸かいて

2・丸まる　丸まる　丸かいて

3・丸まる　丸まる　丸かいて

4・チョンチョンかいて
　ブタできた　ポ

最後の「ポ」は、何度もくり返した丸まるの疲れの吐息なのか、それとも画図完成の快哉《かいさい》の嘆声なのだろうか。

たしかに〈ブタ〉①〜⑤の顔や、正面全体像は「丸まる」の積み重ねで、『独木舟』の歌曲を借りる哀愁も必然性もあまり感じられない。

しかし次の擬人化した立像においては、様相が一変する。

ブタ⑥（埼玉）

1〜4・（略）

5・6ろく　6ろく　36

6・6ろく　6ろく　くもの上

これまで〈コックさん〉（115ページ）や〈チンドンヤ〉（271ページ）などで、両手を数字「6」であらわす「6月6日系」を多く見てきたが、両足まで数字「6」で描出するのははじめてである。

そしてその両足の股間を、二重山（岐阜）、山形（千葉）、波形（兵庫）、富士山（静岡）などで表現する。

ブタ⑦（東京）

1・丸てん　丸てん　まん丸てーん

2・土人のお舟に　のりこんで

3・6かけ　6は　さぶろくちゃん

4・6月6日は　富士登山
　つんつん

ここでようやく『独木舟』の曲に合致し、画図に適した歌詞を得るようになった。そして四肢の「6」による描出と、掛け算の答「36」が、胸のゼッケンとなって表示される。こうした数字の活用は次例以後にも続く。

ブタ⑧（愛媛）

1～3·（略）

4·6ちゃん　6ちゃん　12じだ

5·6ちゃん　6ちゃん　はらへった

ブタ⑨（広島）

1～3·（略）

4·6ちゃん　6ちゃん
さぶろーちゃん

5·6ちゃん　6ちゃん　山しっぽ

数字による手足や胸飾りの立像は、本来の〈ブタ〉からほかの動物への転化を生み出してゆく。

ブタ⑩（沖縄）

1・丸まる　丸さん
　丸まる　丸さん

2・おとさん　おかさん
　さようなら

3・6ろくさん　6ろくさん
　さぶろうさん

4・6ろくさん　6ろくさん
　くまの子さん

ブタ⑪（静岡）

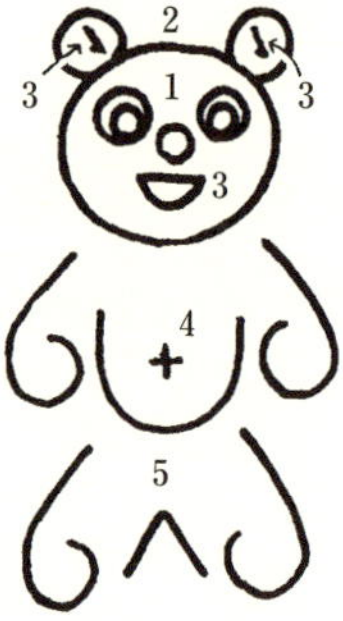

1・まん丸　まん丸
　まん丸ちゃん

2・まん丸　まん丸
　まん丸ちゃん

3・インドの　舟に
　のせられて

4・6ちゃん　6ちゃん
　6じゅう　6

5・山にのぼって
　パンダちゃん

ブタ⑫（京都）

1・まん丸ちゃんまん丸ちゃん
　まん丸ちゃん

2・橋をわたって　舟にのり

3・父さんも　母さんも
　さようなら

4・6かけ　6は　36

5・6月6日は　ライオン丸

ブタからクマ、パンダ、ライオンに変化していったのは、当時の子どもたちの好む動物であったからなのだろう。

変化といえば、すでに〈ガイコツ〉（56ページ）や〈カッパ〉（107ページ）、〈オカミサン〉（170ページ）で行われたような、ウチワ化やビックリ箱化が常法なのに、〈ブタ〉ではそうした安易な資料は得られなかった。そのかわり面白い飛躍を行っている。

ブタ⑬（埼玉）

1～3・（略）

4・6ちゃん6ちゃん
あらシュシュシュウ

5・6ちゃん6ちゃん
あらシュシュシュウ

ブタ⑭（福岡）

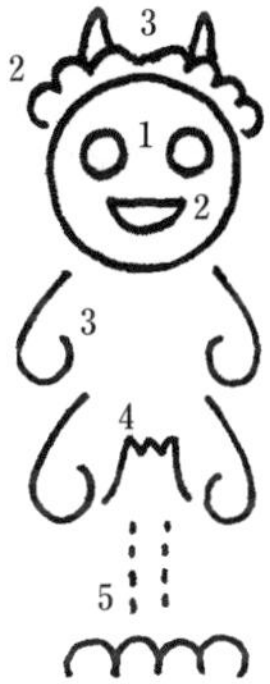

1・丸まる　丸まる
丸まるちゃん

2・土人の舟で
あらシュッシュッシュウ

3・父さん　母さん
つの出して

4・6ろく　6ろく
ふじの山

5・もくもく　もくもく
夕立だ

⑭の画図は歌詞に従えば「雷」となって、雀躍《じゃくやく》・跳躍・飛躍しているのであろうか。この変化からさらに次のような資料を生み出している。

最後のビービーは、英字「b」をあらわすとともに、歌詞からいって立腹の形容であるらしい。ロケットの噴射のような、天翔《あまかけ》るアニメキャラクターの姿は、飛躍の延長なのだろうか。さらに、

ブタ⑮（長野）

1・丸まる　丸まる　まん丸ちゃん

2・丸まる　半まる　まん丸ちゃん

3・6ろく　おこって　36

4・6ろく　はらたて　36
ビービー

ブタ⑯（沖縄）

1・丸まる　丸まる　丸まるちゃん

2・父ちゃんと　母ちゃんが
けんかして

3・6ろくちゃん　6ろくちゃん
36

4・6ろくちゃん　6ろくちゃん
山へ行き

5・スカート　ふたつ　2年生

両親が不和な家庭では多感な「2年生」なら山へ行きたくなるだろうが、この異様な姿態は何なのだろうか。上半部の変形〈ブタ〉と下半部スカートと足の結合と見れば、巨大な六脚昆虫のようで、不可解な画図であった。

滂沱たる涙の〈ピエロ〉

〈ブタ〉で、『独木舟』の歌曲を借用していることを述べたが、同様に利用しながら、さらに長編で、多様で、問題を含むものに〈ピエロ〉の一群がある。

この大群団の最も簡明でかわいい数例は次のごとくである。

ピエロ①（兵庫）

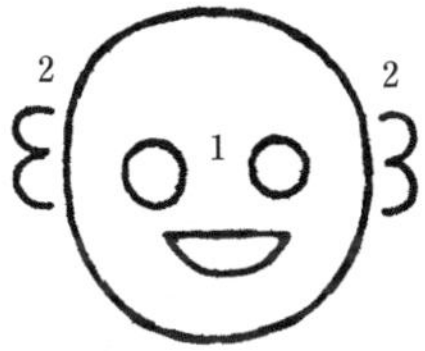

1·まあるい　まあるい　丸木舟

2·私が　こぎます
あらエッサッサ

ピエロ②（岡山）

1·丸ちゃん　丸ちゃん
丸木舟

2·みんなで　こぎます

3·あら　シュッシュッシュウ

ピエロ②′（静岡）

1·丸かいて　丸かいて
丸木舟

2·母さん　どこでしょ

3·あら
シュッシュッシュウ

ピエロ③（和歌山）

1·丸まる　丸まる
ささき舟

2·おふねを　こぎましょ

3·あら
シュッシュッシュウ

4·3月3日は　雨がふる

①〜③の例は、顔の画図を短い歌詞のメロディーにのせて描くのであるが、次の数例では歌詞に両親との別離が登場してくる。

ピエロ④（静岡）

1·丸かいて　丸かいて
ほかけ舟

2·おふねを　こぎます

3·あら
シュッシュッシュウ

4·父さん　母さん
さようなら

5·わたしの　ねえさん
こんな人

ピエロ⑤（千葉）

1·丸チョン　丸チョン
　丸木舟

2·父さん　母さん
　さようなら

3·土人の顔は

4·あら
　シュッシュッシュウ

ピエロ⑥*（岐阜）

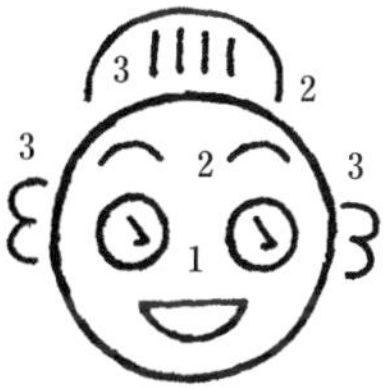

1·丸てん　丸てん　丸木舟

2·父さん　母さん
　さようなら

3·3月3日に　雨がふる

「父母との別れ」で哀愁哀感をただよわせたところで、画図に三角帽子が登場してくる。

ピエロ⑦（京都）

1·丸マーちゃん　丸マーちゃん
　丸木橋

2·丸いおかおに　耳二つ

3·父さん　母さん　さようなら

＊ピエロ⑥＝楽譜は84ページに掲載。

ピエロ⑩（福島）

1·丸チョン　丸チョン
丸木舟

2·土人に　つれられ

3·あら　シュッシュッシュウ

4·父さん　母さん
さようなら

5·つばめが　三羽

6·あら　シュッシュッシュウ

ピエロ⑨（東京）

1·丸まる　丸まる　丸木舟

2·土人のかおは　丸いかお

3·父さん　母さん
さようなら

4·かもめが三羽　とんでいる

ピエロ⑧（宮城）

1·丸まる　丸まる　丸木舟

2·土人のかおです　耳かざり

3·父さん　母さん
さようなら

あふれる悲しみを、つらくも堪えていたけれど、ついに涙が噴出流下するに至るのは、以下の数例である。

ピエロ⑪（東京）

1・丸ちゃん　丸ちゃん
　丸木舟

2・だんごを　まるめて
　あら
　シュッシュッシュウ

3・父さん　母さん
　さようなら

4・3月3日は　雨がふる

ピエロ⑫（山形）

1・丸ちゃん　丸ちゃん
　丸木舟

2・土人の顔に
　みみかざり

3・父さん　母さん
　さようなら

4・涙をながして

5・あら
　シュッシュッシュウ

ピエロ⑬（岡山）

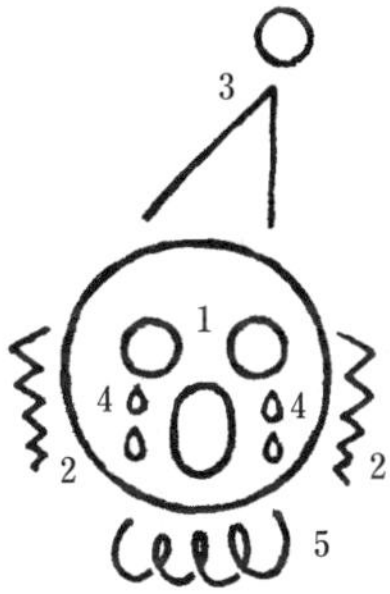

1・丸かいて　丸かいて
　丸かいて

2・南洋の土人の
　耳かざり

3・父さん　母さん
　いないけど

4・涙が　ポロポロ

5・あら
　シュッシュッシュウ

ピエロ⑭（岩手）

1・まーちゃん　まーちゃん
　丸木舟

2・土人のみみに　雨がふる

3・父さん　母さん　さようなら

4・涙がながれて

5・あら　シュッシュッシュウ

月光悲愁の不思議

⑪〜⑭で流された〈ピエロ〉の涙は、次の資料以下では、目の隈どりに変化して、あらわされる。

ピエロ⑮（宮城）

1・まーちゃん　まーちゃん
　丸木舟

2・土人の顔に　雨がふる

3・父さん　母さん　さようなら

4・涙がながれて

5・あら　シュッシュッシュウ

ピエロ⑯（群馬）

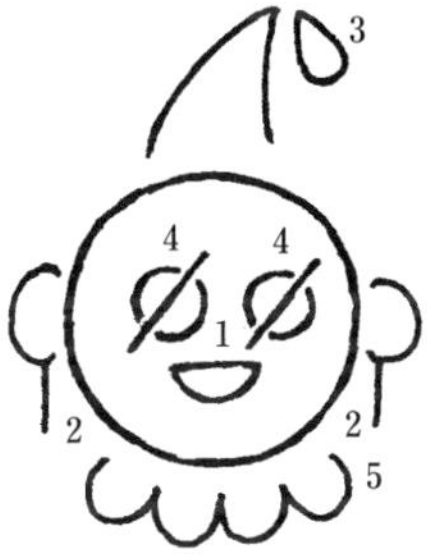

1・丸ちゃん　丸ちゃん
　ほかけ舟

2・土人のかおに　耳かざり

3・父ちゃん　母ちゃん
　さようなら

4・涙を　こらえて

5・あら　シュッシュッシュウ

ピエロ⑰（京都）

1・丸チョン　丸チョン　丸木舟

2・まるいおかおで

3・あら　シュッシュッシュウ

4・父ちゃん　母ちゃん
　死んじゃって

5・なみだ　そろえて

6・あら　シュッシュッシュウ

ピエロ⑱（山形）

1・丸まる　丸まる　丸木舟

2・土人の頭の　耳かざり

3・父さん　母さん　さようなら

4・涙ながして

5・あら　シュッシュッシュウ

こうして目、涙、隈どりという道化師としての顔化粧が、ようやく整ったのに、それをくつがえす歌詞と画図が登場する。

ピエロ⑲（宮城）

1･丸ちゃん　丸ちゃん
　丸木舟

2･土人の顔に　耳つけて

3･父ちゃん　母ちゃん
　さようなら

4･涙が　あふれて

5･あら
　シュッシュッシュウ

ピエロ⑳（神奈川）

1･バツかいて　バツかいて
　丸木舟

2･父さん　母さん

3･さようなら　さようなら

ピエロ㉑（山梨）

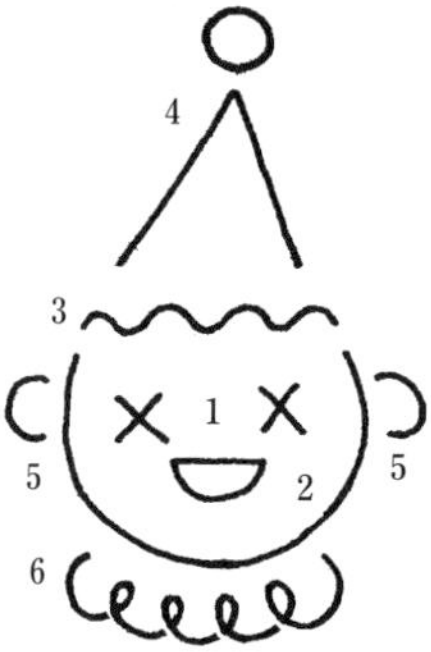

1･ペケちゃん　ペケちゃん
　丸木舟

2･土人に追われて

3･波　シュッシュッシュウ

4･金の帽子に　銀の鈴

5･父ちゃんも　母ちゃんも

6･波　シュッシュッシュウ

ピエロ㉒（静岡）

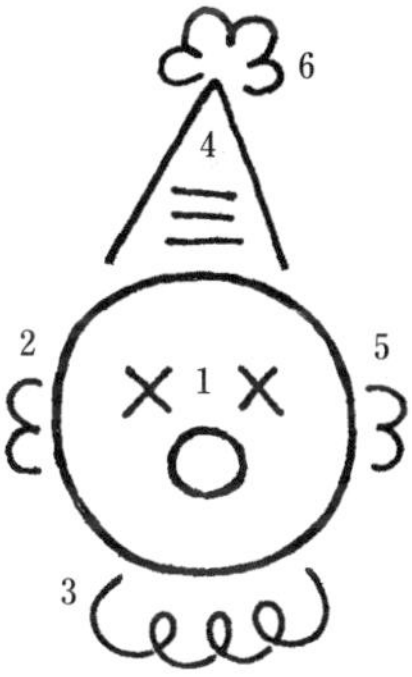

1･でたら目でたら目
丸もらい丸もらい

2･三羽の　カラスが

3･あら
チョイチョイチョイ

4･父さん　母さん
さようなら

5･三羽の　カラスが

6･あら
チョイチョイチョイ

「連隊チンドンヤ」（274ページ）では多数のヒダをとった布製のラフと称する襟飾りが山形であったが、この〈ピエロ〉のラフは、らせんで描かれているのが特徴である。

また〈ピエロ〉のもうひとつの特徴として大きな丸い目が必要で、そのための歌詞画図が用意されていたのに⑳～㉒の例はそれに反し、縮小した表示となっている。

さらに次のような例も出現する。

ピエロ㉓（茨城）

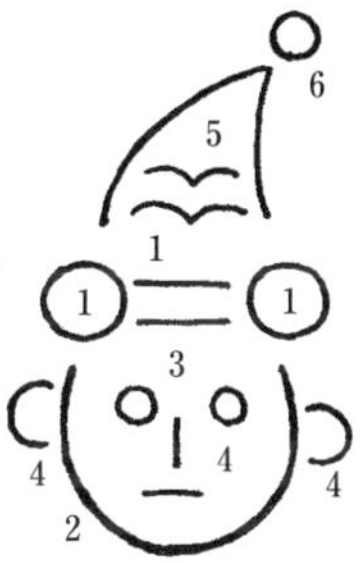

1･丸かいて　丸かいて　丸木橋

2･東京　はなれて

3･アメかいに　アメかいに

4･父さん母さん　いないので
いないので

5･かもめが　すいすい

6･シチャラカ　チャン

㉓では円形は帽子の飾りになり、小円の目の三角帽子という〈ピエロ〉に変貌した。

以上のように、いろいろな〈ピエロ〉の顔を得たが、それらの画図だけを比較すると①〜⑤は後述する〈マルチャン〉（330ページ）に、⑦〜⑩は前述した「んちゃんチンドンヤ」（263ページ）に類似しているものの、まったく違った気配をただよわせている。歌詞に出てくる別離、涙、悲しみ、哀愁は、白塗厚化粧の〈ピエロ〉自身の秘めた心情を物語っている。もちろんそれは、前述したように、西条《さいじょう》八十《やそ》作詞の『独木舟』（83ページ）の詩文を巧みに借用しているからである。しかし〈センドウ〉（82ページ）や〈ブタ〉（281ページ）では、ただ歌曲の字句を寸借している程であるのに、〈ピエロ〉ではその曲のメロディーが、最もふさわしい心情曲として活用されている。

子どもたちは、月光に青くぬれる〈ピエロ〉の胸中真意をどうやって詩人*のように知ったのであろうか。また歌曲『独木舟』が〈ピエロ〉に適合していると、どうやって見ぬいたのであろうか。恐るべき不思議である。

第一系「36型」の羅列

前記した子どもたちの〈ピエロ〉や借用の歌曲に対する心情問題はしばらくおくとして、「顔」を描く歌詞と画図にあらわれた特徴は、

❶主として四・四・五音による構成。

❷重複畳語や対句の頻出。

❸耽美《たんび》哀愁の童話性、いわゆる赤い鳥童心主義による展開。

であった。この❶❷❸を基本とした全身像の資料を次のごとく多く得ることができた。

ピエロ㉔（茨城）

1～4・（略）

5・6ろく　6ろく　36

6・山をかいたら　ピエロちゃん

ピエロ㉕（神奈川）

1～4・（略）

5・6ろく　6ろく　36

6・6ろく　6ろく　わかれます

＊詩人＝詩集『月光とピエロ』（一九一九）を書いた堀口大學のこと。

ピエロ㉖（福岡）

1〜4・（略）

5・6ろく　6ろく　36

6・6ろく　6ろく
あらピエロ

これまで哀愁だの涙だのと〈ピエロ〉の性格概念を既定のように述べてきたが、歌詞に「ピエロ」はまったく出現してこなかった。しかしようやく、㉔と㉖に至り歌詞に登場し、この画図が「ピエロ」であることが判明したのである。要するに①〜㉓は〈ピエロ〉の前半頭部が独立分離したもの、あるいは後半部を欠落消滅したものということである。〈オカミサン〉（１７２ページ）や〈チンドンヤ〉（２６７ページ）などでは、顔を基にして後から軀《く》体《たい》化という流れであったが、外見上同様でも〈ピエロ〉では、全身像が先行の基本型で、顔だけの資料は後出の欠落形で、歌詞に「ピエロ」ということばがないのに〈ピエロ〉と推測されていたのであろう。さて、こうした全身像において、次のようなものがある。

ピエロ㉗（宮城）

1〜4・（略）

5・6ちゃん　6ちゃん　36

6・6たす6は　人の数

ピエロ㉘（愛知）

1～4.（略）

5.6ろく　6ろく　36

6.6ろく　6ろく　ふじの山

これまでの諸例で明らかなように、〈コックさん〉（115ページ）や〈チンドンヤ〉（271ページ）では「6月6日系」とよんでいた数字「6」による両腕双手の描写が〈ピエロ〉では「6月6日」に限定せず、しかも両足にまで及んでいる。この描出法は、〈ブタ〉（284ページ）でも見られたものである。

ピエロ㉙（静岡）

1～4.（略）

5.6かけ　6は　36

6.6かけ　6は　あらピエロ

数字「6」の多用と頻出、そして「6」と「36」の関連がよほど子どもたちの意に合うのか、その度合いをさらに高じた結果が、次の諸例となる。

ピエロ㉚（福岡）

1〜4・（略）

5・6かいて　6かいて　36

6・6かいて　6かいて
なみ
シュッシュッシュウ

ピエロ㉛（広島）

1〜4・（略）

5・6ろくちゃん
6ろくちゃん
かわいいな

6・6ろくちゃん
6ろくちゃん
あら
シュッシュッシュウ

ピエロ㉜（徳島）

1〜4・（略）

5・6ろく　6ろく　36

6・6ろく　6ろく
波シュッシュッシュウ

ピエロ㉟（山口）

1～4・（略）

5・6ろく　6ろく　36

6・6ろく　6ろく
　あら　シュッシュッシュウ

ピエロ㉞（大分）

1～4・（略）

5・6ろく　6ろく　36

6・6ろく　6ろく
　ピエロちゃん

ピエロ㉝（埼玉）

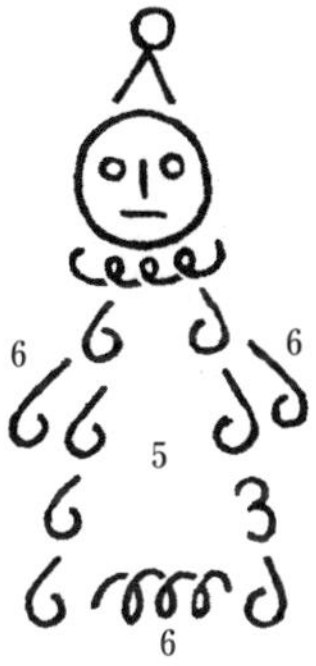

1～4・（略）

5・6ろく　6ろく　36

6・6ろく　6ろく
　あら　シュッシュッシュウ

「6」と「36」の数字で体や服装を描くため、その順序や向きをいろいろ工夫してきたものの、こうした無理や不揃いをすっきり整理したのが次の数例である。

ピエロ㊱（兵庫）

1〜3・（略）

4・6ろく　6ろく　36

5・父さん母さん
いってきます

ピエロ㊲（三重）

1〜3・（略）

4・6ろく　6ろく　36

5・ズボンを　はいて
こんにちは

ピエロ㊳（北海道）

1〜3・（略）

4・6ちゃん　6ちゃん
36才

5・赤いおやねに
ホラシュッシュッシュウ

6・三角　三角　丸二つ

7・これでピエロの
できあがり

ピエロ㊴（山形）

1・バツかいて　バツかいて　丸木舟

2・紀州のとの様
あらシュッシュッシュウ

3・父さん　母さん　さようなら

4・三羽のカモメも
あらシュッシュッシュウ

5・6かいて　6かいて　36

6・6かいて　6かいて
あらチンドン屋

㊴は〈チンドンヤ〉での、いわゆる「ゼッケン派」の一例（273ページ）との類似・混合が見られる。それは大正期から昭和初期にかけての文芸や芸能分野に「ピエロ」が登場し、社会現象のひとつとして迎えられたが、戦後は子どもたちにはなじみがうすく、その衣服扮装は「チンドン屋」にからくも名残をとどめたゆえであろう。

また画図的に見れば〈チンドンヤ〉の三角帽子は「ん」の字に加筆して三角形が形成されるのに対し、〈ピエロ〉は二辺による三角表示にとどまる点が差となっている。

以上の点をふまえ、歌詞にさんざん暗唱暗記させられた掛け算、九々の中で、とくに重複畳語である「6ろく36」を用い、画図上は胸の装飾ゼッケン番号として「36」を付す㉔〜㉚や一部「36」を欠落するその亜流を含む三一種の全身〈ピエロ〉を「36型」と称し、区分上第一系とよぶこととした。

第二系「12型」の偶然

第一系の「36」の否定、反撃から第二系の発生となる。なぜなら、その出自である「6ろく36」は、掛け算という幼少児にとっては、まだ理解できない壁であるため数字「6」によって、両手や四肢を描きつつ、理解できる算数を活用する例が、次のように展開されることとなった。

ピエロ⑩（福岡）

1〜3・（略）

4・6たす6は　12です

5・6ろく　6ろく
山にいこ

第一系の場合と同じく、股間の山形を二重山（山口）、富士山（群馬）、ℓ《リットル》の字（三重）など、同形のものが多いが、

ピエロ㊶（長野）

1〜4・（略）

5・6たす　6は　12まる

6・6かいて　6かいて
あら
シュッシュッシュウ

と、定型句によって渦巻き（宮城）、波型（石川）など、これも同類が多数出現する。さらに、

ピエロ㊷（静岡）

1〜4・（略）

5・6たす6は　12の上《じょう》

6・ズボンを　はいたら
足が出る

ピエロ㊸（埼玉）

1〜4・（略）

5・6たす6は　12です

6・じょうずに　できた
小学生

7・たてたて　よこよこ
丸かいてチョン
たてたて　よこよこ
丸かいてチョン

と、足し算とその正解の喜びが歌われる。この系列はさらに変化を生み出し、

ピエロ㊹（大阪）

1・丸ちゃん　丸ちゃん
丸々ちゃん

2・3月3日に　舟が出る

3・6文字　6文字
12文字

4・モンペを　はいたら
足が出る

と、さまざまな服装を生み出している。㊹のモンペと㊺のトレパンの間には、戦争をはさむ二〇年くらいの歳月があり、トンガリ帽が異様な頭上ディスプレーの展示となっている。さらに、次のようなものがある。

ピエロ㊺（静岡）

1･丸てん　丸てん　丸木橋

2･まるい　おにわに
　草はえて

3･3月3日に　月が出て

4･父さん母さん
　さようなら

5･6月6日　12日

6･トレパン　はいたら
　あらピエロ

ピエロ㊻（群馬）

1･丸かいてチョン
　丸かいてチョン

2･大きな丸に　月が出た

3･父さん　母さん
　さようなら

4･3月3日は　雨がふる

5･6の字　6の字
　12の字

6･スカート　はかせりゃ
　足が出る

ピエロ㊼（宮城）

1～4･（略）

5･6たす　6は　十二なり

6･父さん　母さん
　さようなら

ピエロ㊽（新潟）

1〜4·（略）

5·6たす　6では
十二です

6·父さん　母さん
さようなら

ピエロ㊾（和歌山）

1〜4·（略）

5·6文字　6文字
十二文字

6·お池を　わたれば
足がでる

㊼〜㊾では加算の経過にも、解答の数にも誤りはない。ただ「12」と記すべき所を、ちょっとした手違いで漢数字の「十二」と記したにすぎない。しかしその偶然の違いが、思わぬ方向への進行となってゆく。

ピエロ㊿（岐阜）

1·丸てん　丸てん
ほかけ舟　ワッハ

2·3月3日に
シュッシュッシュッ

3·6の字　6の字
十二の字　ワッハ

4·モンペをはいたら
これピエロ　ワッハ

ピエロ㊿（福井）

1・丸ちょん　丸ちょん　丸木舟

2・3月3日に　ちょうがとぶ

3・6の字　6の字　十二番

4・お池を　わたって　足ぬれる

ピエロ㊾（愛知）

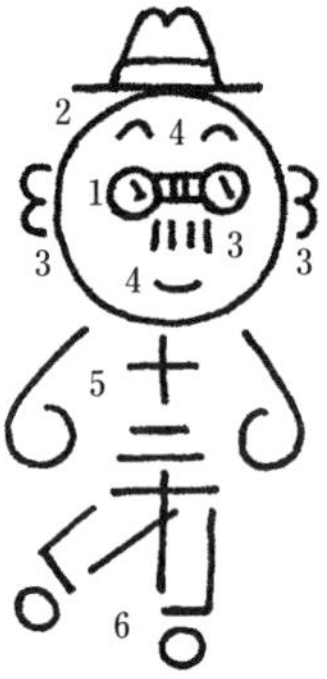

1・丸てん　丸てん　丸木橋

2・お山に　ぼんやり　月が出た

3・3月3日　雨がふり

4・父さん　母さん　さようなら

5・6ちゃん　6ちゃん　十二才

6・ズボンを　はいたら　足が出る

以上のように第二系は第一系の掛け算を、加算により「12」としたものである。その数字の表示を「12」ではなく、漢数字の「十二」を記する時、その形態を利用し、三角帽子の頭部顔面の描写をかえ、〈ピエロ〉とは違った人物全身像を得るに至った。これらの資料を「36型」と区別するため「12型」と称すると、第二系「12型」として二七種の全身画図を得た。

第三系「十型」の誤認

第三の系列は、前記第二系の延長上に、一種の錯誤誤認としてあらわれる。

ピエロ⑬（広島）

1·丸ちゃん　丸ちゃん　丸木橋

2·おぼんの　ような　月が出た

3·6文字　6文字　十文字

4·きれいな　おズボン　でき上り

ピエロ⑭（東京）

1～3·（略）

4·3月3日に　雨がふる

5·6月6日の　十字架に

6·ズボンを　はいたら　足が出た

ピエロ⑮（福井）

1·まん丸　まん丸　丸木舟

2·土人の　パイプで
あら　シュッシュッシュウ

3·頭のかんむり　たからもの

4·お耳も　大切
あらシュッシュッシュウ

5·6ちゃん　6ちゃん　十文字

6·父さん　母さん　さようなら

もうおわかりだろうか。本来は第二系と同様に「十二」にすべき所を、「十」と見間違えたのである。画図ではちゃんと「十二」になってはいるものの「二」をズボンのベルトと錯覚し、残った「十」を「十文字」や「十字架」として生かし、遊びに仕上げていったのである。またほかの場合、本来の「十二」を、どのように誤り、巧妙にまとめていったかを見ていただくとしよう。

ピエロ⑯（滋賀）

1·丸ちゃん　丸ちゃん　丸木舟

2·父さん　母さん　おねえさん

3·3月3日に　雨がふる

4·6月6日の　十一じ

5·スカート　はかせば
足がでる

同様に「十一じ（香川）、十じ頃（岡山）、ごご十じ（兵庫）」という時刻と、「十三才（大分）」とした画図は、いずれも胸に「十」の印を描いているものの、第二系の㊾51と同型であり、「十三才」の例は52の「十二才」の変形である。

一方、否定の歌詞によるという次のような例がある。

ピエロ57（愛知）

1・丸ちゃん　丸ちゃん
　丸木舟

2・父さん　母さん
　さようなら

3・3たす　3は　8でなし

4・6たす　6は　十でなし

5・6ろく6ろく
　あらシュッシュッシュウ

遊びに描出したい「3／6／8／十」の数字がたがいに関係がないのをどうしたらよいかという時、子どもたちが用いた否定形のうまさには、脱帽せざるを得ない。

また胸にクロスと長い裾の姿態には、次の歌詞が添えられる。

ピエロ58（大阪）

1・丸まる　丸まる
　まん丸ちゃん

2・土人の　舟が
　あらシュッシュッシュウ

3・父ちゃんと　母ちゃんが
　けんかして

4・3月3日に　雨ざあざあ

5・6月6日に　十の文字

6・ながい　スカート
　神父さん

この神父さん姿の歌に三角帽子がないのは当然であるが、その髪型から「オカミサン（静岡）、マルマゲ（愛媛）、サザエサン（長崎）」などの名が付され、〈オカミサン〉（156ページ）との混交となっている。そして神父さんに続くのは当然次の例である。

ピエロ㊾（京都）

1·丸かいてチョンチョン
丸かいてチョンチョン　丸木舟

2·父さん　母さん　さようなら

3·3月3日に　雨がふり

4·6月6日に　十文字

5·ズボンを　はいて
丸かいてチョン　丸かいてチョン

6·ふくろを　もてば　サンタクロース

そして胸のしるしが、少し傾きを持つとどうなるかを次の例が示す。

ピエロ㊿（神奈川）

1·丸まる　丸ちゃん　丸もろて

2·3月3日に　花ざかり

3·6月6日に　ペケもろて

4·父さん　母さん　さようなら

5·7月7日に　足がでた

この⑥⓪の採取は、まだ受験地獄とか進学戦争の語が一般化しない一九五〇年代のはじめであったのを付記しておく。

ともかく以上のように第二系からの転化の過程で数字「12」を「十二」と誤記誤用し、さらにそこから数字「十」が独立転用され、種々な意味を持つ全身像を形成していったのが第三系なので、区分のため「十型」とよぶこととした。得た種類数は一八であった。

第四系「三型」の縞模様

さらに異なった歩みを示すのが第四系である。

ピエロ㉖①（宮城）

1〜4・（略）

5・6かいて　6かいて
　三かいて

6・黒いズボンを　はかせましょ

同様の画図を得るため「6の字6の字三の文字（東京）、6ちゃん6ちゃん三かいて（茨城）」などがあり、歌詞の結びは「モンペをはいてくつはいて（静岡）、短いズボンに長いくつ（秋田）、ピエロはズボンをはかせましょ（千葉）」などがある。しかし数字「6」と数字「三」の関係については明らかでない。次の例に見られるように単に数字の形の利用が目的としか思えない。

ピエロ62（岩手）

1〜4・（略）

5・6かいて　6かいて
三かいて

6・7かいて　7かいて　赤いくつ

こうした一群に対し、少数であるが時刻を述べるものがある。

ピエロ63（高知）

1・まん丸　丸ちゃん　丸木舟

2・故郷を　こえて　足ならし

3・父ちゃん　母ちゃん
さようなら

4・3月3日に　足ならし

5・6月6日の　三時ごろ

6・ズボンを　はいて　足ならし

数字「三」が時刻であることがわかったが、その理由と「足ならし」の関係も不明である。また、

ピエロ64（熊本）

1～4・（略）

5・6月6日の　三時はん

6・長いズボンの　ピエロです

数字「三」から漢字「王」への変換が鮮やかではあるが、依然として単なる胸の飾り模様以外の理由がはっきりしない。

こうした一方、戦後急速に広まっていった「さんかん日」の流れがある。〈ピエロ〉においても一九六八年ごろ以降多出してくる。

ピエロ65（神奈川）

1～4・（略）

5・6月6日は　さんかん日

6・小学校へ　出かけます

など、多くの資料を得た。もちろん「参観日」の「参」を「三」と記すのは、数字「三」を証書類で「参」と記す逆法で、〈コックサン〉など、本稿の各絵かき遊びに出てくる、常用法のひとつとなっている。しかし「6月6日」が「さんかん日」である理由は述べられていない。

したがって数字「三」が、胸の横縞模様や「王」の字模様として活用されていることと、その「三」と両手の描出にあたる数字「6」との関係は見あたらない。

ピエロ⑥⑥（兵庫）

1～3・（略）

4・6月6日は　さんかん日

5・しけんは　しっぱい
　0てん0てん

ピエロ⑥⑦（京都）

1・丸ちゃん　丸ちゃん
　くりあたま

2・3月3日に　雨がふる

3・父さん　母さん　さようなら

4・6月6日の　さんかん日

5・あらまあ　かわいい
　小学生　小学生

つまりこのことは第一系の「36」、第二系「十二」、第三系の「十」が、それぞれ数字「6」と関連して導出されたり、たとえ誤認にせよ関係があったのに対し、基本的に相違があることを示す。

このことは第一〜第三系までが直列で関連していた変化形であったのに対し、第四系は第一またはそのほかの系列から枝分かれして、胸部に「三」を描く簡易型をたどったものではないかと推測される。

このような状況から第四系を「三型」と略称することとした。入手資料の種類は一二であった。

第五系「丸型」の雑然異様

最後に残った第五の系列は、以下に示すようにその歌詞も画図も奔放自在で、変容異形を極めるものである。

ピエロ⑥⑧（岩手）

1･まん丸ちゃん　まん丸ちゃん　丸木舟

2･大きな　お皿に　なべの耳

3･父さん　母さん　さようなら

4･涙流して　あらシュッシュッシュウ

5･大根　大根　井戸の水

6･長いアンヨに　くつはいた

ピエロ⑲（宮城）

1･まあるうちゃん
　まあるうちゃん　丸木橋

2･土人のかおに　耳かざり

3･父ちゃん　母ちゃん
　さようなら

4･涙を流して
　もうシュッシュッシュウ

5･大根　大根　まる大根

6･たけのこ　たけのこ
　丸々チョンチョン

ピエロ⑳（山形）

1･丸かいて　丸かいて
　ほかけ舟

2･美人のかおに　耳かざり

3･あら
　シュッシュッシュウ
　あら
　シュッシュッシュウ

4･大根　大根　たけのこに

5･ひょうたん　ひょうたん
　足がでた

両手や両足の描き方が「大根形（？）」で描かれるものが登場する一方、これまでと同様の、いわゆる「6月6日系」のものも健在である。

ピエロ㉑（岡山）

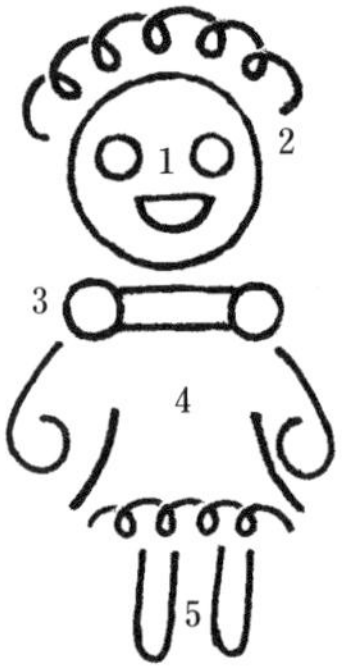

1･丸ちゃん　丸ちゃん
　丸木舟

2･土人がのります
　ほらシッシッシッ

3･父さん　母さん
　さようなら

4･6の字　6の字
　八の文字

5･足が二本で
　ほらシッシッシッ

ピエロ⑫（静岡）

1・丸てん　丸てん　丸木舟

2・お経をあげたら
あらシュシュシュウ

3・三角　丸々　さようなら

4・3月3日は　雨がふる

5・6文字　6文字
八の文字

6・波が　よせたら
足がでた

ピエロ⑬（石川）

1・丸てん　丸てん　丸木舟

2・お経をとなえて
あらシュシュシュウ

3・父さん　母さん
おたっしゃで

4・6月6日に　雨がふる

5・バンドに　ズボンに
足がでた

⑫⑬の二例は、珍しいことに「お経」が歌詞に述べられている。わずかに首の周囲の飾りに〈ピエロ〉の名残りをとどめているものの、姿態形状がどんどん違うものとなり、歌詞もまた多様な開花を示す。

ピエロ⑭（千葉）

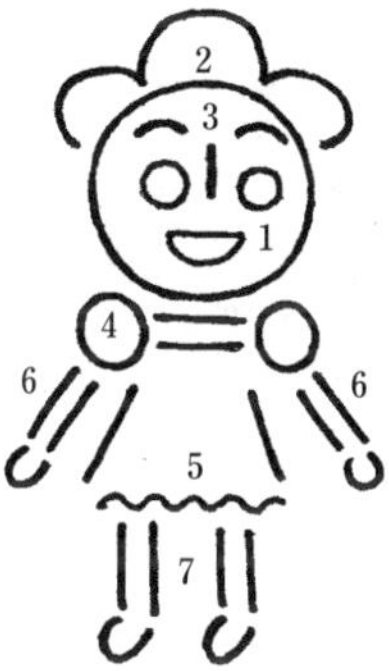

1・丸ちゃん　丸ちゃん
丸木舟

2・きれいな顔で
あらシュッシュッシュウ

3・父さん　母さん
こんにちは

4・じいちゃん　ばあちゃん
こんにちは

5・兄さん　ねえさん
こんにちは

6・おとうと　いもうと
こんにちは

7・赤ちゃん　赤ちゃん
こんにちは

ピエロ⑮（長野）

1･丸まる　丸まる　丸木舟

2･土人の帽子は　高ぼうし

3･3の字3の字
あらシュッシュッシュウ

4･土人のパイプ
あらシュッシュッシュウ

5･父さん　母さん
どこへいった

6･遠い　お国へ　たびに出た

7･たてたて横々　丸かいてチョン
たてたて横々　丸かいてチョン

「大根／八文字／お経」などに続いて、一族そろっての登場の後も、変容異形が続く。

ピエロ⑯（大分）

1･丸まる　丸まる
*さんきばし

2･ふるさと　出てから
エッサッサ

3･3月3日に　雨がふり

4･父さん　母さん
さようなら

5･6月6日
ぼたもちついて

6･ズボンを　はかせりゃ
足が出る

ピエロ⑰（愛知）

1･丸まる　まーちゃん
丸木舟

2･3よーだ　3よーだ
あらチッチッチ

3･頭の上には　てつかぶと

4･3よーだ　3よーだ
あらチッチッチ

5･スカート　はいたら
足が出た

画図的にも大分乱れているが、歌詞の「3よー」とは「3の様」という意味なのだろうか。戦時中の必需品であった「てつかぶと」と、禁止されていたスカートの奇妙な取り合わせは、何を物語るのか不明である。

ピエロ(78)（京都）

1・丸ちゃん　丸ちゃん　まん丸ちゃん

2・父ちゃん　母ちゃん　さようなら

3・6ろくちゃん6ろくちゃん　山へいこ

4・スカート　はいたら　2年生2年生

(78)に似た画図を見た御記憶があることだろう。〈ブタ〉の⑯（288ページ）で出会った、奇妙な六脚の画図である。そしてその歌詞は「6ろくちゃん　6ろくちゃん　山へ行き　スカート　ふたつ　2年生」であった。こうした諸点から〈ブタ〉と〈ピエロ〉(78)が合体し〈ブタ〉⑯となったとの推測が成り立つ。

こうして(68)～(78)に至る画図は、顔面頭部もさまざまで、身体衣服も雑然異様であるが、その歌詞をこまかに検討すると、その一部にほかの常套句《じょうとうく》や定形律をちりばめていて、ほかの系統の絵かき遊びと〈ピエロ〉の変化型と融合混合して生み出されたと見なされる。その岐路経路は明確でないが、第一～第四系に入らないこの第五系は、いずれも冒頭登場が「丸」なので、まとめて「丸型」と称することにした。

＊さんきばし＝地域の橋名か。出所不明。

〈ブタ〉〈ピエロ〉群の集約

以上述べてきた〈ピエロ〉群の資料を集約し、表記すると表10になる。

この表と、前記してきた〈ブタ〉〈ピエロ〉の資料とその分析から、次のような集約が得られる。

❶〈ピエロ〉資料から顔頭図四一種と全身図一〇五種を得たが、この遊びの基本形は全身図で、その簡略化、欠落形として、顔頭図が後発し、独立した。

❷総資料のうち、顔頭図が円形、丸い両眼、三角帽子、首飾りとしてらせん状のラフを付すものが多数であり、主流と考えられる。

❸顔面の目バリ、隈どり、アイシャドウ、涙などは、変化発展形として工夫されたものであろう。

❹両手の表示は数字「6」による「6月6日系」が主流で、それ以外のものはほかの全身像と融合混交したものであろう。

❺その両手の数字「6」の関連から、胸部に飾り模様として「36」や「12」を次々案出し、また漢数字「三」などを付す系列を生み、それらが全身図「36・12・十・三型」となっていった。

❻両手の数字「6」と、胸部模様「36」との関連で「6」の多出重畳《ちょうじょう》が脚部にまで及び、両足「6」表示やズボン・スカート・モンペ・ガウンなどの姿態が錯綜《さくそう》提示されているが、資料の各六〇%はズボン姿が占めていた。〈ブタ〉全身図の影響や道化師の特徴などから、だぶだぶズボン、いわゆるクラウンスタイルが両足描写の基本であったと推測される。

表10　〈ピエロ〉の構成区分別種類数と資料数

構成区分	種類数	資料数
顔頭図	41種	357
全身図		
第一系（36型）	31種	374
第二系（12型）	27種	187
第三系（十型）	18種	85
第四系（三型）	12種	115
第五系（丸型）	17種	74
小計	105種	835
合計	146種	1,192

図3　〈ブタ〉〈ピエロ〉関連図

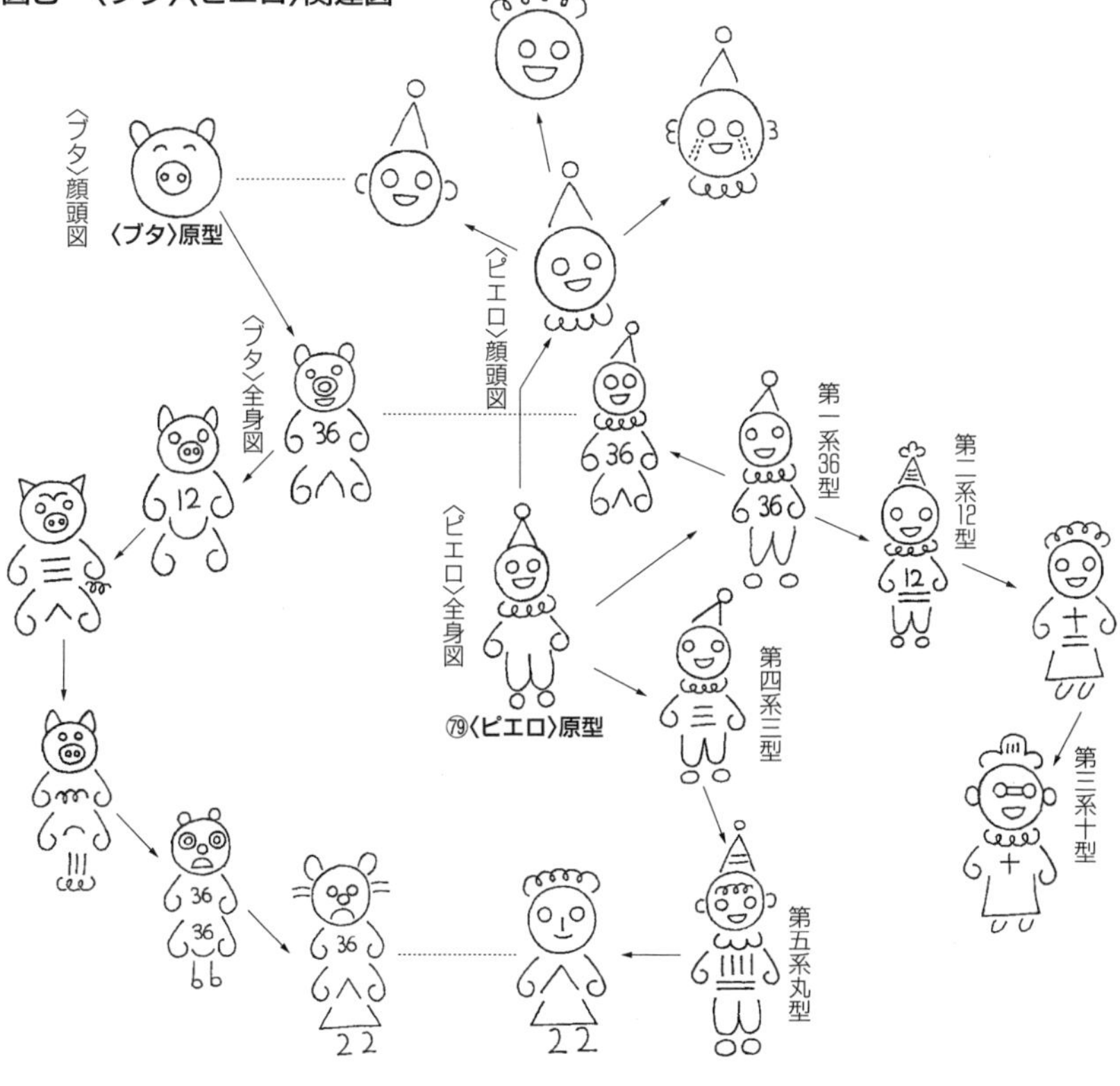

❼こうした集約から伝承伝播《でんぱ》の初源〈ピエロ〉図をさかのぼると、大体図3の⑲のような画図に至る。このような原型〈ピエロ〉から分化と変化をたどり、一方では❶の全身図の欠落省略と顔頭図の独立、他方では複雑多彩化による各種全身図を生み出し、その間ほかの絵かき遊びの頭部を借用混用した「丸型」を生ずるに至ったと推測される。

❽得られた〈ブタ〉〈ピエロ〉の結果を図3として関連図にまとめると基本的な一致と差が浮きぼりとなる。一致点は「原型」の始源からはじまり、伝播波及により、しだいに遊びとして完成されてゆき、ある完成度に達すると、簡略短縮化と複雑過飾化の二方向へ分極化することである。他方、基本的な相違は、一方が顔頭部の図から出発したのに対し、他方は全身全体図から出発したと推定され、興味の中心と魅力の振幅の差を見ることができる。

❾とくに数字数学など、誤差や一致が明確不動と思えるものを用いているのに微妙な錯誤や失敗、転化で、次々多種多様な変化形を生み出し、柔軟に興味を広げている点は、〈ブタ〉〈ピエロ〉の質的頂点を示す。

❿これら〈ブタ〉〈ピエロ〉に見られる遊びの経歴、変化は、ほかにおいても見出すことができるひとつの法則であり、とくに数字数学など異質なものの共存混在における興味の所在と発展の様子は、興味の一般性と個別特性と個性差の問題として、注目する必要がある。人気のキャラクターをそえれば子どもは喜ぶという安易な考えは、この〈ブタ〉〈ピエロ〉から大いに学ぶ必要が出てくる。

第7章・娘三人　にぎやか遊び

「三人娘」の遊び

すでに〈ベッティ〉（58ページ）、〈ヒメサマ〉（138ページ）、〈オカミサン〉（156ページ）、などで、女性を描くさまざまな資料と、それを楽しむ女の子の感覚や配慮、執念といったものを見てきた。

しかしそのほかにも、文字などで女性の顔や姿を描くものがいくつも伝承されている。

こうした資料を私は一九五〇～六〇年代にかけて入手していたが、そのころ芸能の世界では「三人娘」*とやらが大いに喧伝《けんでん》されていたので、それにちなんで絵かき遊びの世界で際立っている「三人娘」を次々に、紹介するとしよう。

まず最初の登場は〈マルチャン〉娘である。

〈マルチャン〉の顔づくり

〈マルチャン〉はその名前の通り円形丸顔を特徴としている。この女の子の顔の描き方は、次のごとくである。

*三人娘＝江利チエミ、美空ひばり、雪村いづみの歌謡三人娘。

「乙《おつ》」という通信簿の評点や「銭《せん》」という単位から戦前、戦中からの伝承であることがわかる。また、この①②の「丸・乙・四」を特徴とする顔立ちとは少し違う例もある。

マルチャン①（岡山）

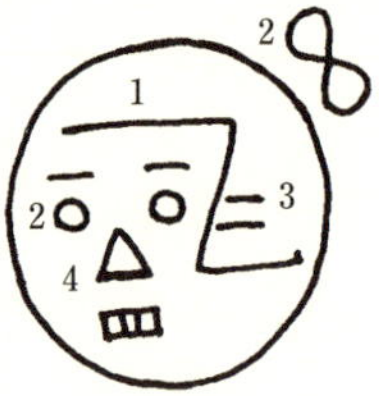

1・丸ちゃんが　乙もろて

2・きれいなリボンが
　10銭で

3・頭のとめが　10銭で

4・三角定規が　四銭

マルチャン②（千葉）

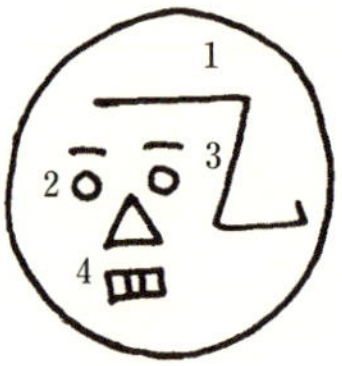

1・丸ちゃんが　乙とって

2・1銭もらって
　パンかって

3・1銭もらって
　パンかって

4・三角定規が　四銭です

マルチャン③（宮城）

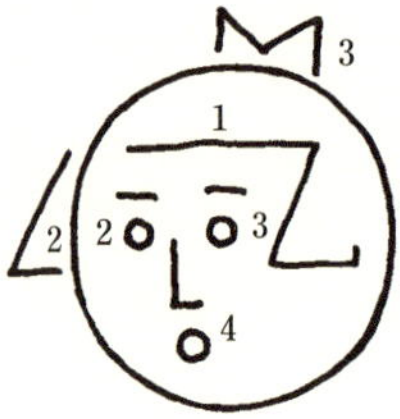

1・丸ちゃんが　乙とって

2・三角定規が　一〇銭で

3・きれいなリボンが
　一〇銭で

4・まがった針が　0銭で

マルチャン④（岐阜）

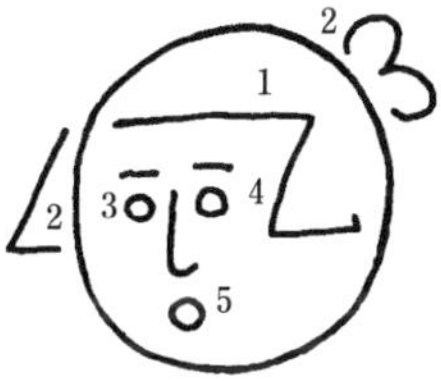

1・まる子さんが　乙もろて

2・三角定規が　３銭で

3・丸いダンゴが　1銭で

4・丸いダンゴが　1銭で

5・ステッキもって　パンかいに

この③④は「丸・乙・三角」を特徴としたやさしい顔で、両頬に垂れる髪の毛が愛らしい。

マルチャン⑤（東京）

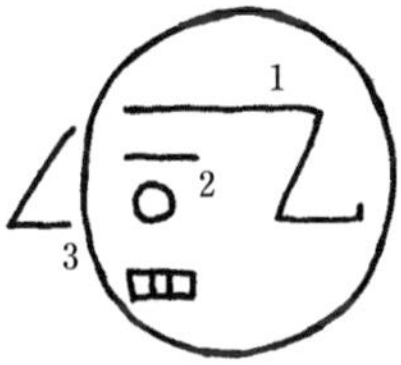

1・まる子さんが
乙もらって

2・一銭もって　パンかって

3・三角定規が　四銭だ

マルチャン⑥（宮城）

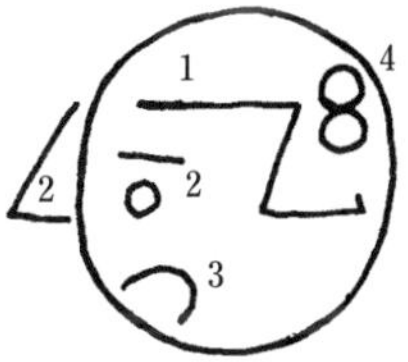

1・まる子さん　乙とって

2・三角定規が　10銭で

3・アンパン半分

4・８銭だ

⑤⑥は前記「丸・乙・四」と「丸・乙・三角」が混融した「丸・乙・片目」の右向き横顔となっている。
さらに天候のゆえか、次のようなものもある。

マルチャン⑦（兵庫）

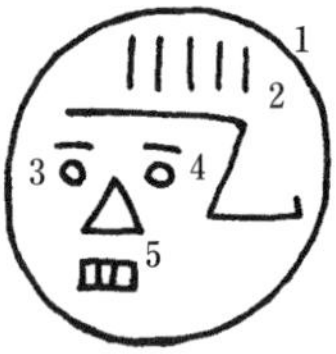

1・丸ちゃんが
2・雨のふる日に　乙もろて
3・一銭もろて　アメかって
4・一銭もろて　アメかって
5・三角定規が　四銭で

同様に「雨のふるのに⑧（埼玉）、雨がふる中⑨（山形）」など、髪の毛の描写を特徴とするものもある。

マルチャン⑧

マルチャン⑰

マルチャン⑨

マルチャン⑱

マルチャン⑬

マルチャン⑭

一方、この「乙」をもらった日を忘れぬよう記録しておこうというのもある。

マルチャン⑩（高知）

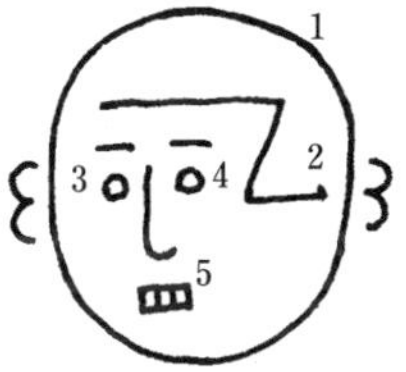

1・まるちゃんが

2・3月3日に　乙もろて

3・一銭もって　パンかって

4・一銭もって　パンかって

5・まがったステッキ
　四銭だ

マルチャン⑪（京都）

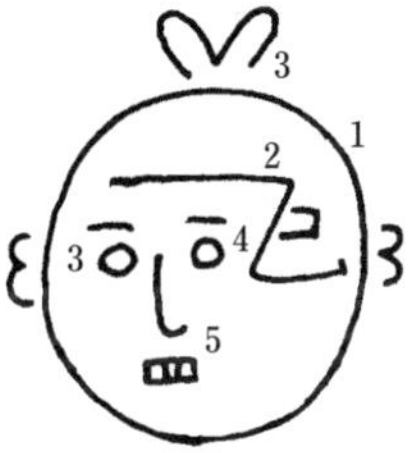

1・まるちゃんが

2・3月3日に　乙もろて

3・きれいな　リボンが
　10銭で

4・きれいな　ピン止
　10銭で

5・まがったアメが　四銭で

マルチャン⑫（奈良）

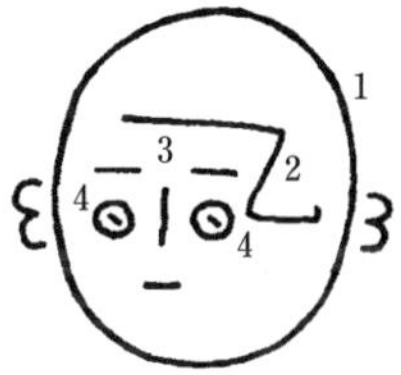

1・まるちゃんが

2・3月3日に　乙もろて

3・よこよこ　たてよこ

4・まるかいて　チョン
　まるかいて　チョン

この「丸・乙・3月3日」を特徴とする系統にも、雨による髪の筋が⑬（福井）、⑭（岡山）のように加えられてゆく。

ところで小学校における成績評価は、戦後五点法やABC、さらに文章表記となったが、戦前、戦中は、甲《こう》乙《おつ》丙《へい》丁《てい》戊《ぼ》という五段階で、乙は平均値以上なのに「アヒル」などと子どもたちにはいやがられていた。そうした中、別の意外な評点があらわれる。

マルチャン⑮（京都）

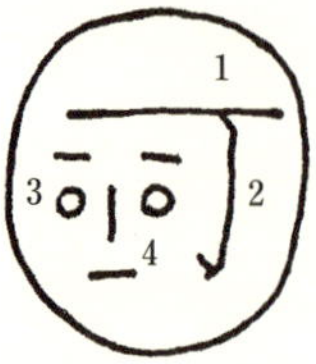

1・丸ちゃんが

2・丁《てい》もろて

3・よこよこ　まある

4・たてよこ　まある

マルチャン⑯（岡山）

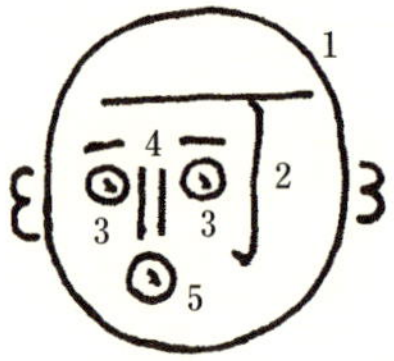

1・丸ちゃんが

2・3月3日に　丁とって

3・丸かいて　チョン
　丸かいて　チョン

4・たてたて　よこよこ

5・丸かいて　チョン

と、平均以下の評点「丁」に転落するのである。こうして「丸・丁」を特徴とする〈マルチャン〉においても、3月3日の両耳⑰（三重）や、雨による髪の筋⑱（大阪）が登場し、愛嬌《あいきょう》ある笑顔を作ってゆく。

丸系の容貌、月系の顔立ち

前述のごとく「丸・乙」「丸・丁」という〈マルチャン〉は、一九六〇年代後半にはさすがに消えてゆき、次のような鮮やかな変換により、新しい顔の表現を得るようになる。

マルチャン⑲（福岡）

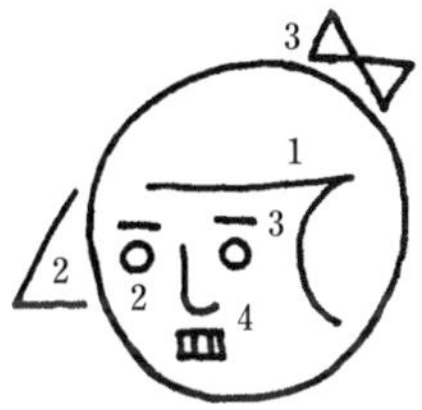

1・丸ちゃんとこの
　ていちゃんは

2・三角定規が　10円で

3・きれいなリボンが
　10円で

4・魚つり針が　四円だ

「丁」から「て」への変化を示す例として「丸ちゃんが　手をとって（愛知）、手をそえて（京都）、手をもろて（岡山）、てをすって（兵庫）」などの歌詞が多数採取され、それには明らかに「丁」の誤記、聞き誤り、伝承違いも含んでいたが、死語となった「丁」を「て」にするだけでなく、意味のある人名や呼称におきかえてゆく。

マルチャン⑳（長野）

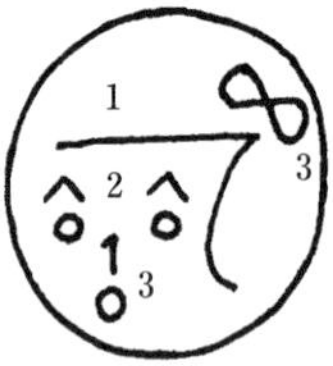

1・丸ちゃんとこの
てい子ちゃん

2・お山へ　お山へ
パンかいにパンかいに

3・きれいな　リボンは
10《イチマル》円

マルチャン㉑（東京）

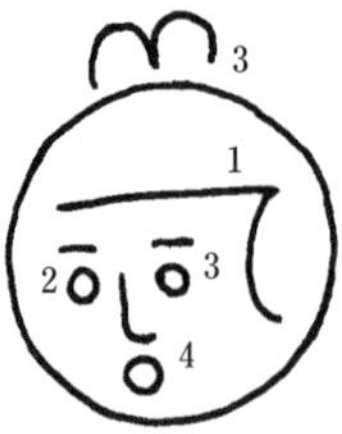

1・まる子さん
てすとをしたら

2・10てんで

3・さんすうしたら
10てんで

4・しけんは　おやまあ
0てんで

こうして「乙からてへの変換」すなわち「丸・て」を特徴とする〈マルチャン〉が出現することになる。

当然のことながら「丸・て・3月3日」や「丸・て・雨」の丸顔も登場する。

マルチャン㉒（静岡）

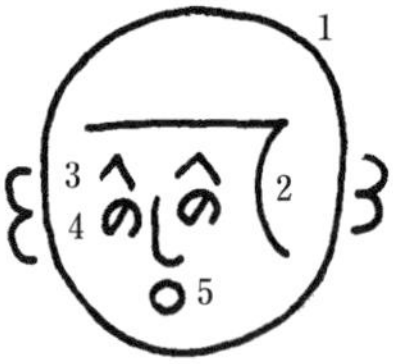

1・丸ちゃんが

2・3月3日に　てをおって

3・へいきで　へいき

4・のんきで　のんき

5・しゅくだいわすれて
0てん

マルチャン㉓（愛知）

1·丸いうちの　ていちゃんが

2·雨のふってる　8時ごろ

3·へいきで　へいき

4·のんきで　のんき

5·もんだい出されて　0点

ここにひとつの問題が生じてくる。この一連の絵かき遊びは、丸形の顔の女の子を描くもので、「丸ちゃん／まるこさん」との名前や、歌詞が「丸」ではじまるところから「丸系マルチャン」とか「丸系の顔」とよぶことができた。

しかし、新しく「てえ子ちゃん」があらわれると、丸ちゃんとの関係がどうもしっくりしなくなる。そこで新たな発想の転換が行われる。

マルチャン㉔（愛知）

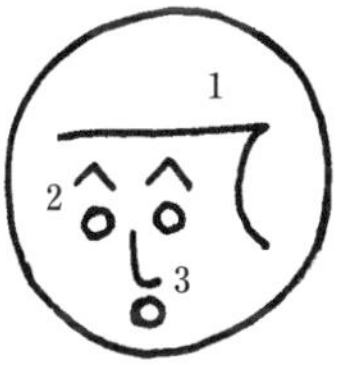

1·月夜のばんに　てっちゃんが

2·山へ　山へ　栗ひろい
栗ひろい

3·まがった道に　おとしあな

こうしてめでたく「丸ちゃん／まる子さん」は「月」へと昇華し、新人「てる子さん」などは「月系マルチャン」として定着することとなったが、ここにまたおかしな怪奇があらわれる。

マルチャン㉕（富山）

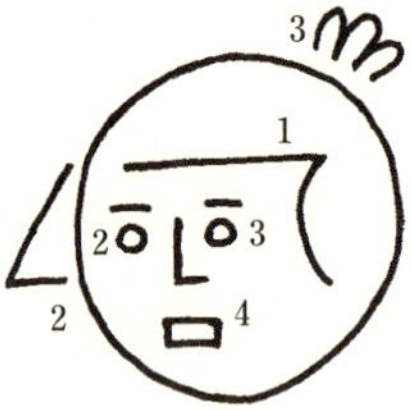

1･月夜の中で　てるこさん

2･三角定規が　10円で

3･きれいなかざりが
10円で

4･まがった針は　はこの中

マルチャン㉖（岐阜）

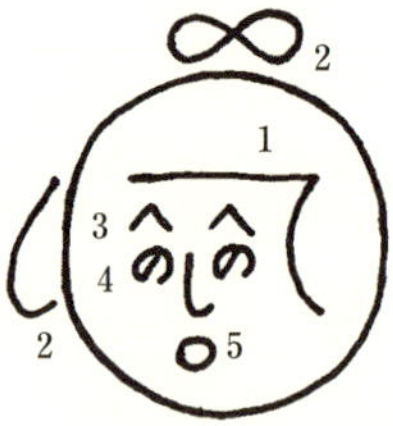

1･月夜のばんに
てるちゃんが

2･はちみつのんで
しかられて

3･へいきで　へいき

4･のんきで　のんき

5･しけんは　0てん

マルチャン㉗（神奈川）

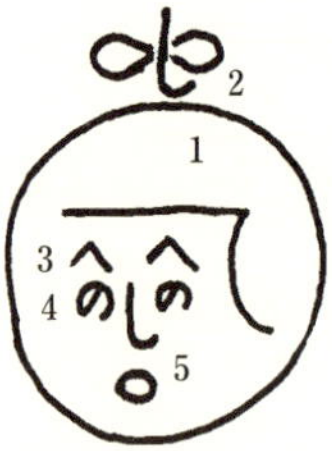

1･月夜のばんに
ていちゃんが

2･はちみつなめて
しかられて

3･へいきだ　へいき

4･のんきだ　のんき

5･しゅくだい　出来んで
0点

夜な夜な油をなめる妖怪は知られているが、月夜にはちみつに引き寄せられる怪しい行動はまた一方で次のような不合理な状況・現象を生むことになる。

マルチャン㉘（千葉）

1・月夜のばんに
　てる子さん

2・はちにさされて
　いたがって

3・へいきで　のんき

（以下略）

私の寡少な知識によれば、蜂は夜間活動しないはずなのに、因果な〈マルチャン〉はへいきで、痛がらなくてはならない。さらに、

マルチャン㉙（香川）

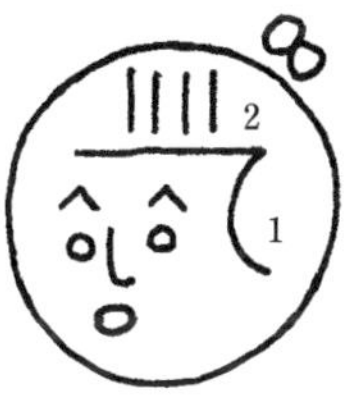

1・月夜のばんに
　てえちゃんが

2・雨のふる中　8時ごろ

（以下略）

においては、「雨のふる月夜」という特異な気象が出現する。

こうした「月系マルチャン」の変異は、もうひとつ「丸系マルチャン」で少数見うけられた「ひらがな文字」が、「月系マルチャン」では「へ・の・し・も」の文字による顔の構成、いわゆる「へのへの」の

顔が多くあらわれるようになる。そのためなのであろうか、

マルチャン㉚（神奈川）

1·月夜のばんに
てるちゃんが

2·8円　もらって

3·へいへい　のんのん
しらんふり

マルチャン㉛（京都）

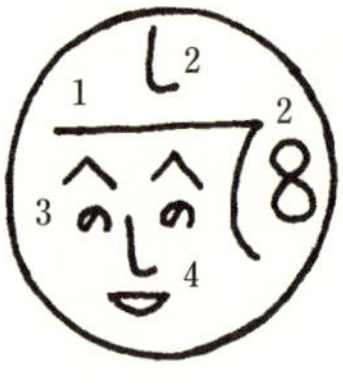

1·月のてる晩
ていちゃんが

2·はちみつなめて
しかられて

3·へいきへいき
のんきのんき

4·しかられても
えっへっへ

マルチャン㉜（岐阜）

1·月夜のばんに
てるちゃんが

2·はちみつのんで
しかられて

3·へいきのへいき
のんきでのんき

4·しかられたって
へっへのへ

などの例を生み出している。

各種〈マルチャン〉顔の系譜

〈マルチャン〉の顔の円形を描くため、「月夜／月のてる／月がでる／月のばん」など「月系」を生み出したが、何も円形は月に限ることはない。「おぼん（京都）、かがみ（三重）、丸ござ（岡山）、あぶらげ（静岡）、ぼたもち（宮城）、丸もち（茨城）、丸てん（大阪）、丸あげ（三重）、せんべい（千葉）」などとともに、「まんじゅうやの　てこちゃん㉝（群馬）、だんごやの　ていちゃん㉞（青森）、パンやの　てい子さん㉟（岩手）」と、円形食品店の看板娘が登場することとなる。こうした「食品系マルチャン」にも、やはり雨が加わるもの㊱（宮城）、㊲（熊本）、㊳（新潟）などがあって一群を形成する。こうした円形の「食品系の顔」の中にあって――

マルチャン㊴（宮城）

1·だんご屋の　てるちゃんが

2·三円もらって　リボンつけ

3·へいきへいき　のんきのんき

4·しけんの時は　0てん

の画図は、左の目と眉毛《まゆげ》が裏文字であらわされていたり、あるいは㊵（福島）では「パンやの　ユミちゃんが」と、カタカナの「ユ」の字の登場が見られた。

マルチャン㉝

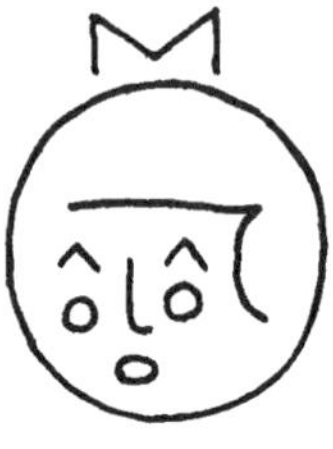
マルチャン㉞

マルチャン㉟

マルチャン㊱

マルチャン㊲

マルチャン㊳

マルチャン㊵

以上述べてきた各種〈マルチャン〉の顔の系列を比較のため表記すると表11のようになる。

〈マルチャン〉の顔の構成は［外形・顔］［髪・頭］［目・鼻・口］の三つが主要な要素となっていて、それに［耳／飾り／毛筋］が付随、添加される。

そして［外形・顔］は〈マルチャン〉であるから円形、［髪・頭］は女の子であることが明らかな形状、［目・鼻・口］は表情をあらわすよう工夫されている。そして不可欠の基本要素と付随添加部を比較し、その前後、新旧関係を矢印で示すと〈マルチャン〉顔の系譜図として図4を得ることができる。

表11と図4を対照すると、次のような四点を知ることができる。

第一は「丸・乙」「丸・丁」「丸・て」「月・て」「食品・て」の各種結線を遡行《そこう》してゆくと、結果として

表11　各種〈マルチャン〉顔系の比較表

顔の系列区分	種類数	外形・顔	髪型			目・鼻・口			その他		
			三角	雨線	その他	線画	文字	四の字	耳	飾り	はちみつ
丸・乙	29種	円・乙	○	☆	―	◎	☆	○	○	◎	―
丸・丁	8種	円・丁	○	☆	―	◎	☆	☆	○	◎	―
丸・て	15種	円・て	○	☆	―	○	○	☆	○	○	―
月・て	31種	円・て	☆	☆	も	☆	◎	―	―	―	⊚
食品・て	34種	円・て	☆	☆	ユ	☆	◎	―	―	―	○
合計	117種										

＊凡例　資料数　－無し・☆稀少・○少数・◎多数・ ⊚ 極多数

図4　〈マルチャン〉顔の系譜図

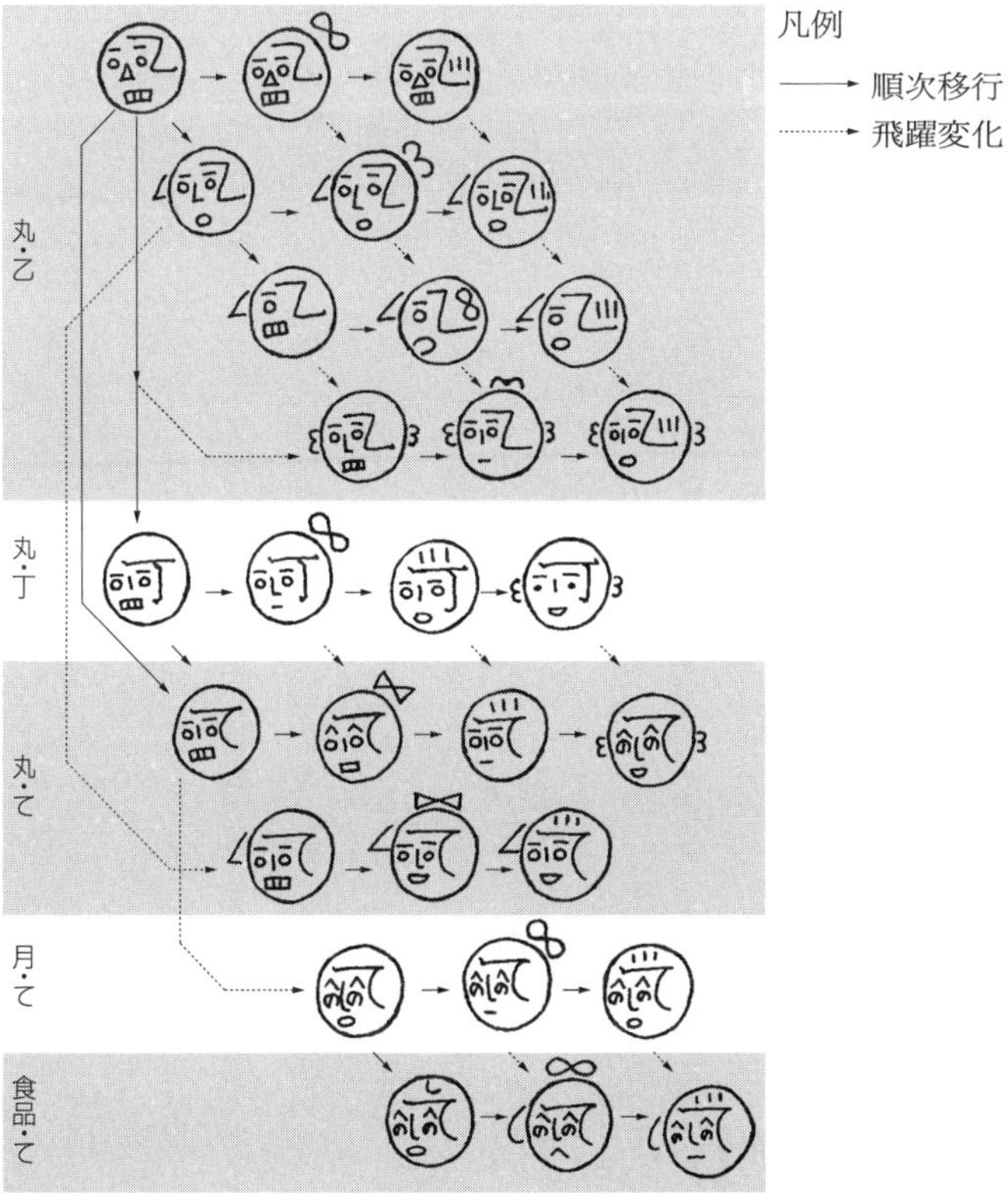

「丸・乙」の個所にたどりつく。すなわちここが〈マルチャン〉顔の発祥起源と推察されることである。

第二は本稿に記載した各資料の背後に、同一のものや一部の欠落型や亜種が多数あり、それらを点綴《てんてつ》配置すると、「丸・乙」「丸・丁」「丸・て」と「月・て」「食品・て」の二線が強固となるが、「丸・て」と「月・て」との間は表においても断層を示す。したがって特別な要素が加わったと考えられる。

第三はそうした断層をとびこえて変化したものには、合理的な思考、工夫、考究だけではなく、歌詞・画図の消失や混乱、不合理な穴うめ、錯誤や間違い、偶然の思いつきや失敗などによってもたらされた跡を見つけることができる。これは子ども一般はいったん定着流布している遊びに対して案外保守的でかえようとせず、また少数の才覚ある子の革新案に対し、案外鈍感で見殺しにしてしまう反面、発生が思いつきであろうが気まぐれであろうが、共感共鳴できるものなら、直ちに支持伝播《でんぱ》してゆくことを物語る。こうしたことが〈マルチャン〉の顔においても行われてきたのであろう。その跡が「丸・て」「月・て」の断層なのである。

第四はこうした忘却や錯誤、それを埋める思いつきやいい加減な間に合わせといったものまで、取りいれてきたのは何かといえば、そうしたものまでも取りいれようとかりたてる遊びの面白さである。そしてこの面白さは、自分に関係あること、ここでは「女の子」を描くのだから、遊んだのは女の子が主であったことを示す。そしてその内容や手法が、全部わかると同時に、自力で完成に至り、それが自他に認められ満足が得られることが必要である。それは子ども自身の知恵、判断、記憶、試行などの総合した成長の確認であり、生きている証左にほかならない。この絵かき遊びが、単なる歌つきマンガの描法ではなくて、もっと根元的な、子どもという成長する生き物の営みにかかわっているから、多くの種類を生み出してきたことを示している。

〈マルチャン〉の顔が、私に教えたものは以上の四点であった。

「6月6日系」の衣服さまざま

これまでの〈マルチャン〉は、すべて顔の作成にかかわることであった。しかし〈マルチャン〉には顔に続く身体、とくに服装にさまざまの資料が用意され、その数は顔の二倍ほどが得られた。したがって〈マルチャン〉は本来、全身像が基本で、その前半部が独立分離したのが、これまでのところで述べた「顔」であったのでは、という仮説を抱き、全身像に臨むこととなった（以下〈マルチャン〉の身体部を〈マル〉と略記し、顔頭部の歌詞を省略し、画図は円形で示す）。

マル①（静岡）

1・6月6日に　雨ザアザア

2・スカートはいてる
小学生

3・たてたて横々
丸かいてチョン

4・たてたて横々
丸かいてチョン

身体上部の顔は、前述した〈マルチャン〉①〜㊵のいずれを用いてもよく、極端にいえばたちまち四〇種の〈マルチャン〉全像を得ることとなる。この歌詞1は「6月6日は　雨がふる（東京）、雨ふって（宮城）、雨やまず（長野）、雨もよい（佐賀）、しとしと雨（山口）」などと多様であるほか、

マル②（宮城）

1・6月6日は　雨じゃあじゃあ

2・スカートはいて　小学校

3・6月6日に　雨じゃあじゃあ

マル③（山口）

1・6月6日に　11円

2・スカートかって　66円

3・おりめをつけて　11円

以上の6月梅雨期の例より多数であったのが、次の6月6日さんかん日である。

すでに〈コックさん〉（115ページ）でふれたように、戦後六三制とともに参観日という教育用語が定着したが、前述の〈マルチャン〉に戦前、戦中の評点である「乙《おつ》／丁《てい》」が用いられたりして、おかしいこととなる。しかし実社会では通貨単位の「銭《せん》」が消えたのに、〈チンドンヤ〉（264ページ）のように遊びの世界では一九六〇年頃まで「銭」の資料が伝承されていたり、「乙」と「さんかん日」の共存が見られた。また「6月6日の三学期（宮城）、6ちゃん6ちゃん三年生（東京）」という資料も見うけられた。

歌詞2は「スカートはいた女の子（富山）、きれいなスカート縦じまで（福島）、スカートはいてサッサッサ（岩手）、赤いスカート11円（福岡）、111円（愛知）、11円11円⑤（青森）、1111円（神奈川）、スカートはいた三年生（京都）、1年生⑥（岩手）、大学生⑦（愛媛）、大学校（兵庫）」などがあった。

そして歌詞3、4の足の部分は、「そろばんパチパチ丸してチョン（長野）、たてたて横横まるしてバツ⑧（東京）、たてたて横々まるかいてチョン⑨（北海道）、たてたて横々まるかいてチョンチョン⑩（愛媛）、11円11円⑪（福岡）」などが加わる。

マル④（福岡）

1・6月6日は　さんかん日

2・スカートはいてる　小学生

3・たてたて　横々
丸かいてチョン

4・たてたて　横々
丸かいてチョン

マル⑤

マル⑥

マル⑦

マル⑧

マル⑨

マル⑩

マル⑪

とりわけ子どもたちは、重語、畳語にひかれるのだろうか、スカートのひだ⑤と両足⑪が同じ「11円、11円」で描かれている。

さらにスカートに工夫を加えてゆく。

マル⑫（長野）

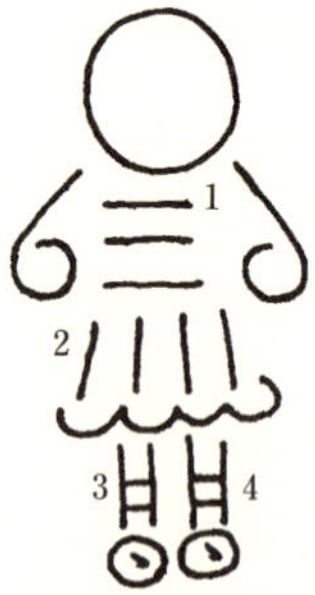

1・6月6日は
さんかん日

2・雨がザアザア
雲もくもく

3・たてたて　横々
まるかいて　テン

4・たてたて　横々
まるかいて　テン

マル⑬（広島）

1・6月6日は
さんかん日

2・雨がザアザア
ふってきた

3・波がゆらゆら
ゆれてきた

（以下略）

さんかん日と雨でお膳立てができたところで、いよいよ服飾に力が注がれるようになるのだが――

マル⑭（鳥取）

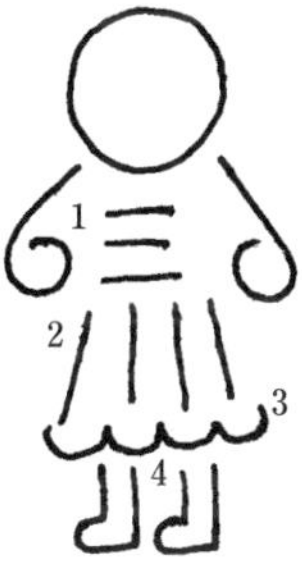

1・6月6日は
さんかん日

2・雨がザアザア
ふってきて

3・雲がふわふわ
とんできて

4・長靴はいて　できあがり

と、雨にはやはり長靴の登場となる。

マル⑮（島根）

1・6月6日は
さんかん日

2・雨が
ザンザンふってきて

3・お皿にうけて
お皿にうけて

4・たてたて
よこの丸かいてチョン

5・たてたて
よこの丸かいてチョン

女の子が気に入るのは、フリルのついたスカートや、すてきな服だけとは限らない。服装にだけ目を奪われていると、突如異様な表現と現物に驚かされる。

マル⑯（宮崎）

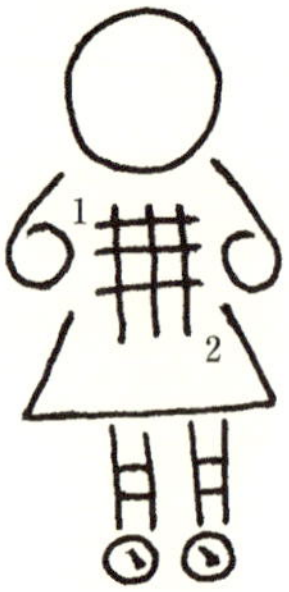

1・6月6日は　さんかん日

2・かざりの洋服　111円

（以下略）

マル⑰（群馬）

1・6月6日は　さんかん日

2・三角定規に　ヒビいって

3・大根まる　大根まる

マル⑱（静岡）

1・6月6日は　さんかん日

2・ズボンをはいて　小学校

3・たてたて横々
丸かいてチョン

4・たてたて横々
丸かいてチョン

⑱は、雪国のかんじきをつけた図であろうか。以上は6月6日さんかん日の系統だったが、6月6日がさんかん日と決まっているのではない例が多くよせられた。

マル⑲（静岡）

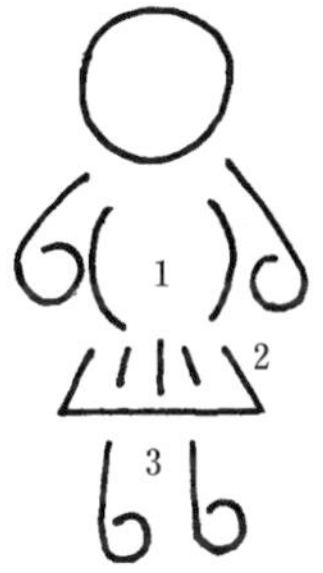

1･6月6日に　たべすぎて

2･スカートはいた　小学生

3･6年生　6年生

マル⑳（沖縄）

1･6月6日の　12時に

2･三角定規に　キズつけて

3･たてたて横々
丸チョンチョン

4･たてたて横々
丸チョンチョン

マル㉑（大分）

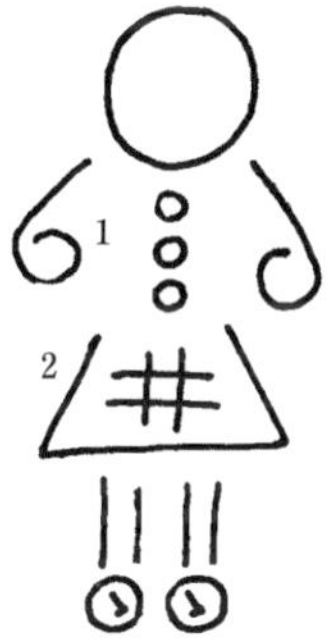

1･6月6日に　アメ玉三つ

2･三角畠　ほりかえし

（以下略）

これまで述べてきた〈マルチャン〉の全身像は、両腕を数字「6」であらわしているので、この系統の全身像を「6月6日系」とよぶこととする。以上のように〈マルチャン〉の「6月6日系」の姿態は、その顔立ちのゆえか比較的簡素であり、見方によって清潔清楚《せいそ》といえる服装である。

同じ「6月6日系」においても、次の三資料は、漢字をうまく取りいれている例である。

マル㉒（和歌山）

1・6月6日に　田んぼにいって

2・スカート　はいて

（以下略）

マル㉓（宮城）

1・6月6日は　たん生日

2・スカートはいた　小学生

3・鉛筆2本　けしゴムふたつ

マル㉔（福岡）

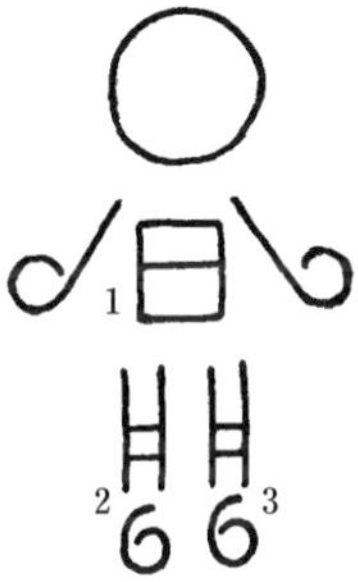

1・6月6日は　日曜日

2・たてたて横々　6年生

3・たてたて横々　6年生

さらに次の例となると、簡素単純化に傾斜している。

マル㉕（宮崎）

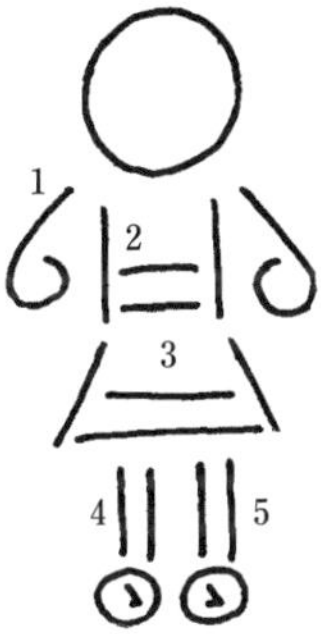

1・6月6日は

2・たてたて　よこよこ

3・はすはす　よこよこ

4・たてたて　かいて
丸してチョン

5・たてたて　かいて
丸してチョン

マル㉖（宮城）

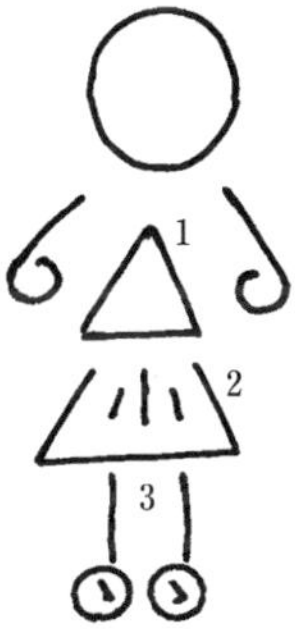

1・6月6日に　三角形

2・小さい　スカート

3・棒丸チョン　棒丸チョン

マル㉗（東京）

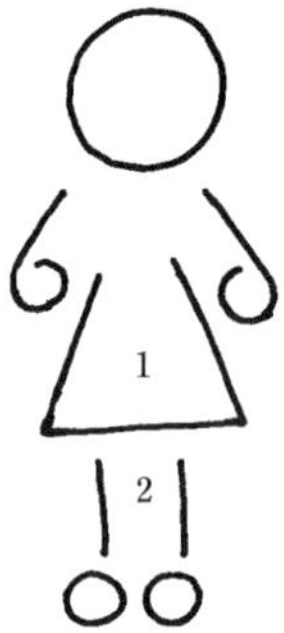

1・6月6日に　洋服かって

2・棒して丸　棒して丸

以上のように同じ〈マルチャン〉の「6月6日系」でも①～㉑は清純正統的な様相であったが㉒～㉗はやや単純簡略化していることが認められる。

「たて横系」の衣装や姿態

前述の「6月6日系」の全身像をあらわすにあたって、その脚部を描くため、しきりに用いられた「たてたて横々」のくり返しで、両腕も描く系統がある。「6月6日系」に対し、この系統の全身像を「たて横系」と略称するとしよう。

マル㉘（京都）

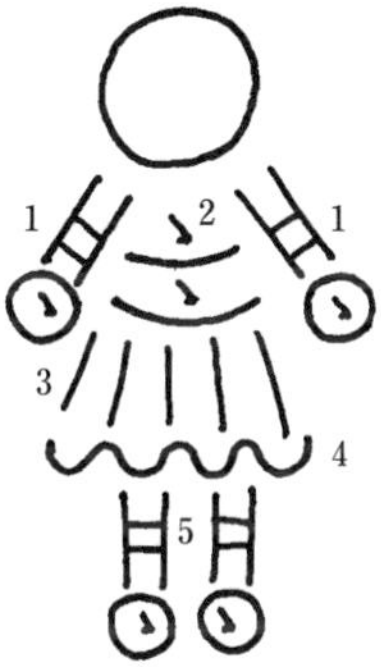

1・たてたて横々
丸かいてチョン
たてたて横々
丸かいてチョン

2・三日月チョン
三日月チョン

3・雨がざあざあ
ふってきた

4・雲がゆらゆら
ゆれてきた

5・たてたて横々
丸かいてチョン
たてたて横々
丸かいてチョン

マル㉙（福井）

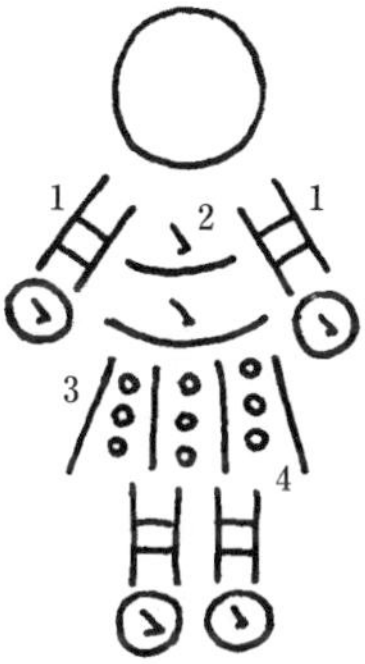

1・たてたて横々
丸かいてチョン
たてたて横々
丸かいてチョン

2・三日月チョン
三日月チョン

3・雨がザアザア
ふってきた

4・あられが　ポツポツ
おちてきた

（以下略）

もうお気づきであろうか。わずか二例ではあるが「6月6日系」に比べ、この「たて横系」は全身美麗、服飾華麗となっている。さらに襟《えり》まわりや胸もとに種々な飾りが付けられる。

マル㉚（大分）

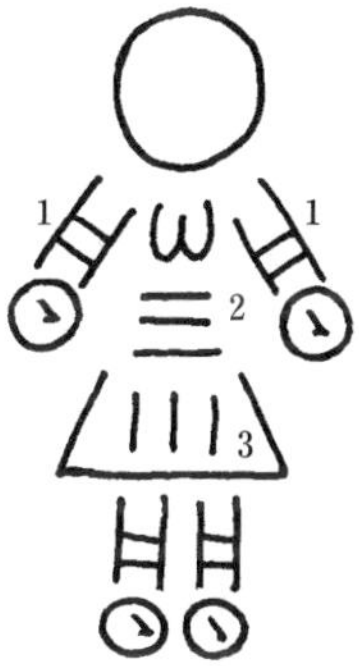

1・たてたて横々
丸かいてチョン
たてたて横々
丸かいてチョン

2・リボンを結んで　参観日

3・スカートはいて　参観日

（以下略）

マル㉛（岡山）

1·たてたて横々
丸かいてチョン
たてたて横々
丸かいてチョン

2·洋服が　99銭で

3·スカートが　66銭

せっかく買うのだから、やはりスカートにも模様や柄がほしくなる。

マル㉜（岐阜）

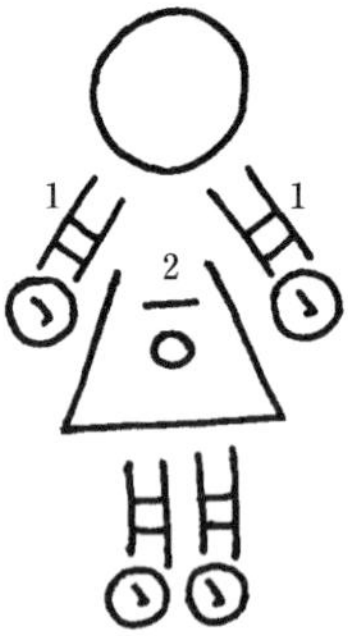

1·たてたて横々
丸かいてチョン
たてたて横々
丸かいてチョン

2·三角定規が　10銭で

（以下略）

マル㉝（大阪）

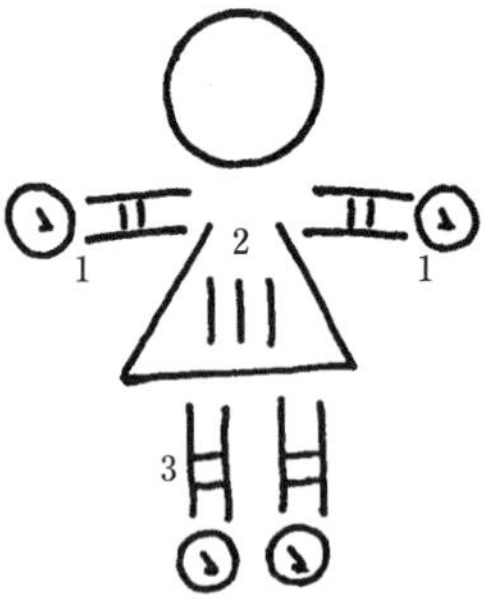

1·横々たてたて
丸かいてチョン
横々たてたて
丸かいてチョン

2·三角定規に　きずつけて

3·たてたて横々
丸かいてチョン
たてたて横々
丸かいてチョン

（以下略）

次の例は「たて横系」の中でも優美な典型を示すものであろう。

マル㉞（愛知）

1・横々たてたて
丸かいてチョン
横々たてたて
丸かいてチョン

2・月夜にチョン
月夜にチョン

3・雲でてチョン

（以下略）

これまで女の子らしい服装衣装が続いたけれど、次の例はモダンな絵柄というべきか、直截《ちょくせつ》な表示というべきか、いささか戸惑いの例である。

マル㉟（岡山）

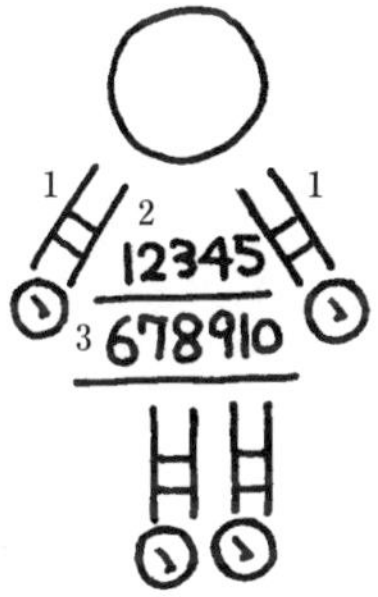

1・横々たてたて
丸かいてチョン
横々たてたて
丸かいてチョン

2・いっちゃん方の　にいちゃんが
さんちゃん方で　しっこして
ごめんもいわずにかえってった

3・ろくちゃん方の　ななちゃんが
はっちゃん方で　くりもろて
おれいもいわずにとおしめた

（以下略）

この歌詞は232ページで述べた〈カズウラミ〉の呪詛《じゅそ》の数例である。この〈マルチャン〉は女の子主体の遊びであるから、年頃の男の子へのうっぷんばらしとなって、ここに吐露されたのかもしれない。それであるかあらぬか、いささかギョッとする異形が以下ズラリと並ぶようになる。

マル㊱（静岡）

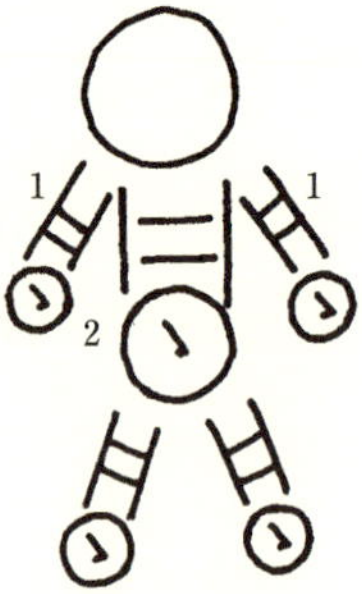

1・横々たてたて
丸かいてチョン
横々たてたて
丸かいてチョン

2・たてたて横々
丸かいてチョン

（以下略）

マル㊲（岡山）

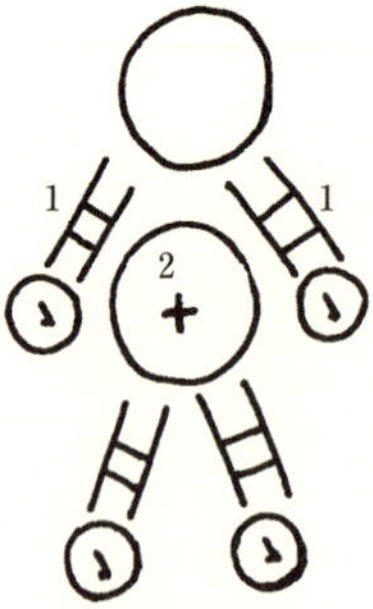

1・横々たてたて
丸かいてチョン
横々たてたて
丸かいてチョン

2・大きなせんべい
十銭で

（以下略）

マル㊳（三重）

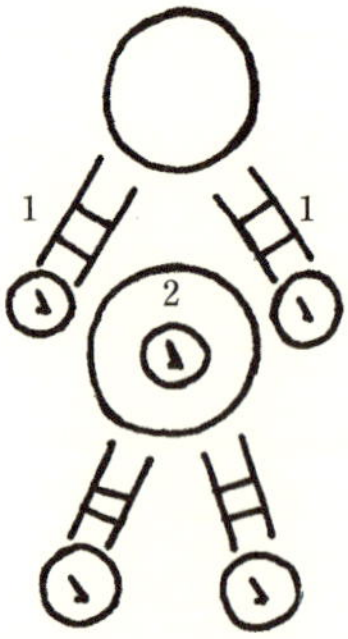

1・横々たてたて
丸かいてチョン
横々たてたて
丸かいてチョン

2・大きな丸に
丸かいてチョン

（以下略）

マル㊴（兵庫）

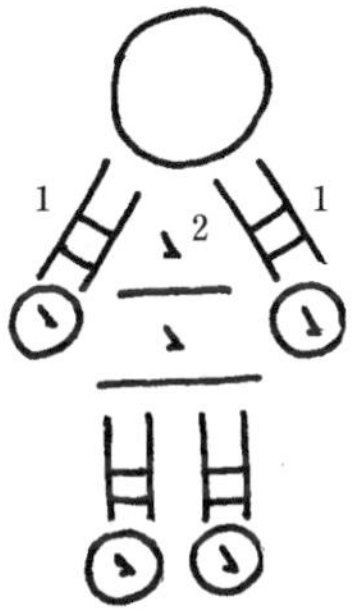

1・横々たてたて
丸かいてチョン
横々たてたて
丸かいてチョン

2・チョンして棒
チョンして棒

（以下略）

マル㊵（山口）

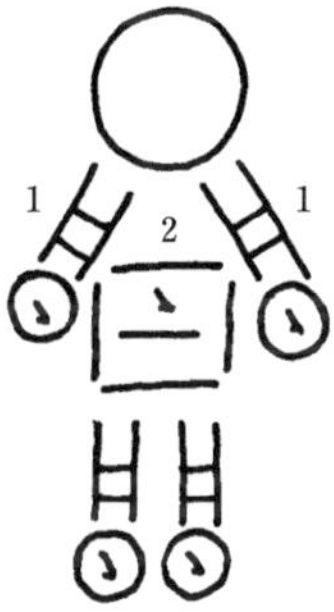

1・横々たてたて
丸かいてチョン
横々たてたて
丸かいてチョン

2・たて横　たて横
棒してチョン

（以下略）

以上のように〈マルチャン〉の「たて横系」全身像において、㉘〜㉟の例では、華麗優美な服飾を見ることができたが、㊱〜㊵は、「腹出しスタイル」「へそ出しルック」で、〈マルチャン〉の顔にはいささか不釣り合いな、組み立て骨材によるブロック人形のごとくである。したがってこれらは、「たて横系」の中で、簡略化した部類なのであろう。

「雑多系」と全身像のまとめ

〈マルチャン〉の全身像には、「6月6日系」「たて横系」以外にも、いくつもの資料がある。

マル㊶（愛知）

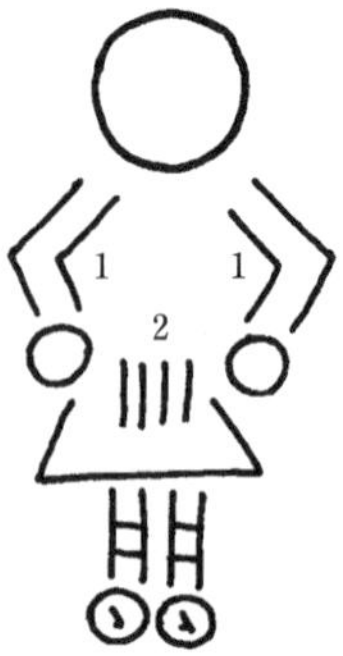

1･くうくう　丸子さん
　くうくう　丸子さん

2･きれいなスカート　ひだよせて

（以下略）

ひらがな文字「く」で両腕を表示する方法なので「くく系」とよんでおくとしよう。

マル㊷（静岡）

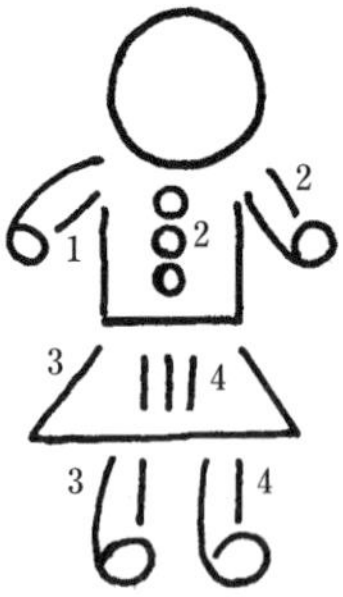

1･服をかったら　61円

2･ボタンをつけたら　61円

3･スカートかったら　61円

4･ひだをつけたら　61円

「6月6日系」においで両腕のみならず両足も数字「6」であらわす方法は、〈ピエロ〉などで見られるが、数字「61」で四肢を表示するこの「61系」が少数あった。

マル㊸（大分）

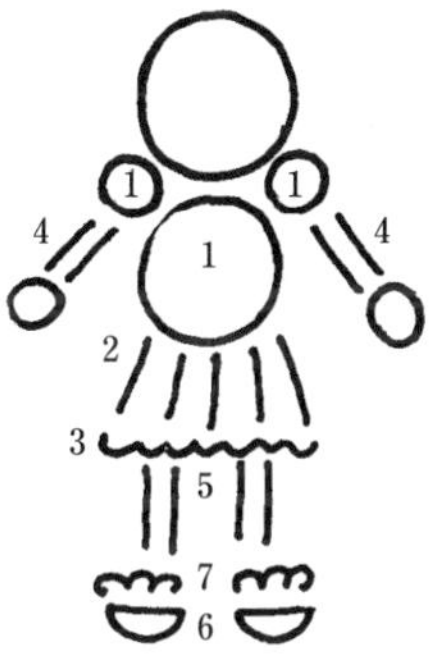

1・丸ちゃん　丸ちゃん
まん丸ちゃん

2・お舟を　こぎましょ

3・ラララランランラ

4・手がでて　手がでて

5・足がでて

6・お舟を　こぎましょ

7・ラララランランラ

この姿態は、どこやら〈ニンギョウ〉に似ている。そしてまた、

マル㊹（岡山）

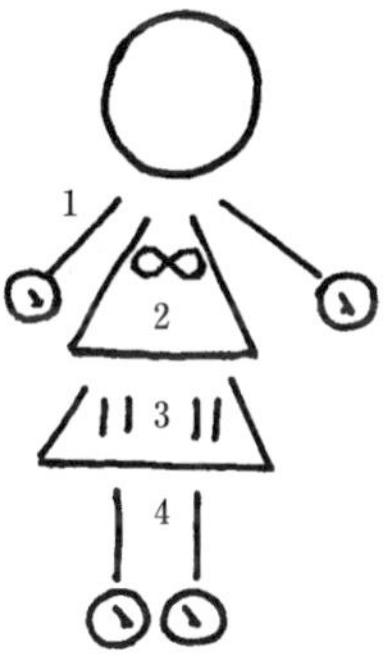

1・棒まるチョン
棒まるチョン

2・三角定規が　8銭で

3・きれいなスカート
11銭　11銭

4・棒まるチョン
棒まるチョン

こうした四資料のいずれも〈マルチャン〉であることがはっきりしているものの、数詞や画図上からは、共通するものがなく、それぞれ別個の雑多な展開であるので、仮に「雑多系」として整理すると、この部類に次のようなものが入ってくる。

前述㊱～㊳などで見てきた「へそ出しルック」が、ここではもっと立派な「太鼓腹」となって登場する。「へそ出しルック」はまだ続く。

マル㊺（広島）

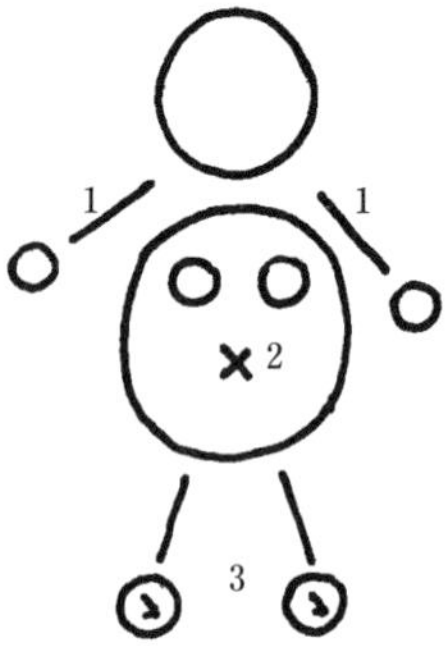

1·棒まる　棒まる

2·まるまる　まるチョン

3·棒まるチョン
棒まるチョン

マル㊻（岡山）

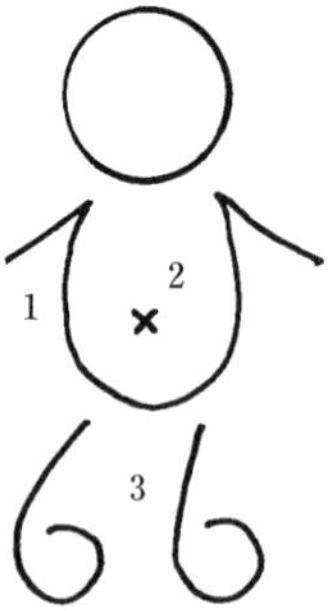

1·ひばりのすきな
ひーちゃんが

2·大きな　でべそで

3·ろくろく　歩き

マル㊼（長崎）

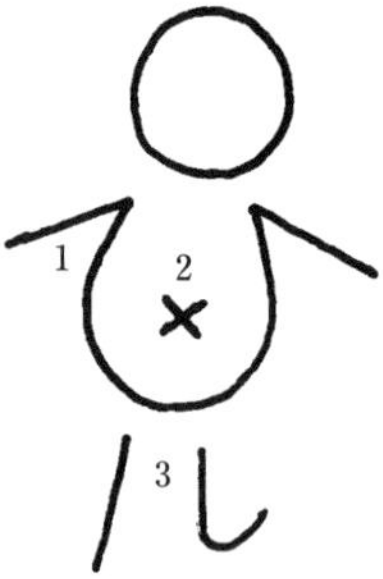

1·ひるの　ひるまに

2·へそだして

3·あら　エッサッサ

いやはや、こちらの方が恐縮して逃げ出したいところであるが、これらも「たて横系」の場合と同じく、簡略化の例であろうか。

以上のように〈マルチャン〉の顔頭部に続いて、身体部の資料を検討してきたが、それらをまとめて表記すると、表12のようになる。

343ページで述べた表11、図4と照応考察すると、次のような事項を知ることができる。

❶〈マルチャン〉顔頭部は「丸・月・食品系」の三系統一一七種、身体部は「6月6日・たて横・雑多系」の七三種を得たが、資料数は顔頭部が三八七、身体部が七九六であった。

❷顔頭部は「丸・乙系」を基本始源として時代、地域により変化をとげ、「外形・髪形・目鼻・装飾」の組み合わせが比較的容易であるため、種類数を多く生むに至った。

❸身体部は「6月6日・たて横系」の二系列の展開に加え「雑多系」が加わっている。その発展過程や系譜は、同系のほかの資料と照応して検討する必要がある。

❹顔頭部は身体部より一応独立して、交替変換が自由である。「銭」のある顔頭部と、「さんかん日」の身体部の結合が、その証左で、単純に❶

表12 〈マルチャン〉身体部の構成別種類数

構成区分		特徴	種類数
「6月6日系」	基本型	清楚	26種
	簡略型	単純	8種
「たて横系」	基本型	華麗	19種
	簡略型	異形	7種
「雑多系」	基本型	多種	8種
	簡略型	線画	5種
合計			73種

の種類数より、数千の組み合わせが可能となる。

❺しかし身体部だけの独立系はなく、全身像の資料数が、顔頭部の二倍以上でありながら、種類数が少ないことは、〈マルチャン〉の基本始源が全身像であり、顔頭部は二次的に分離発展したと見なすことができる。

❻〈マルチャン〉の基本全身像が、各種の工夫や試みにより一応の完成に至ると、細部の装飾や美麗化を図る一方、簡略単純化への変化も随伴し、それが顔頭部だけの独立や、身体各系列の簡略型を生ずるに至ったのであろう。

これらから、この遊びは「女の子の全身像」を描くことにはじまり、伝承の間、しだいに身体部、とくに衣装服装に力がこめられ、多様に発展、分化していったものと推測される。

二人目の娘の問題

絵かき遊び「三人娘」の二人目の登場であるが、これがまたなかなかの問題である。性格なぞはともかく、まずその呼び名が一定しない。「つーちゃん」というのもあれば、「てーちゃん」とよぶのもあって、入り乱れる。ここでは通例に従い、まず「つーちゃん」から述べることにしよう。

〈つーチャン〉の顔の形成

二人目の通常「つーちゃん」とよばれているのは、次のような顔の娘である。

つーチャン①（徳島）

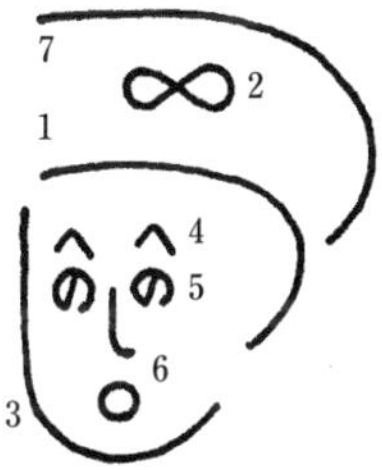

1·つーこちゃん

2·はちみつのんで

3·しかられて

4·へいきの　へいき

5·のんきの　のんき

6·しけんは　0てん

7·つーこちゃん

女の子の名前は「つんこ／つねこ／つまこ／つたこ／つわちゃん／つかちゃん／つやちゃん」などと変化する。

つーチャン②（岩手）

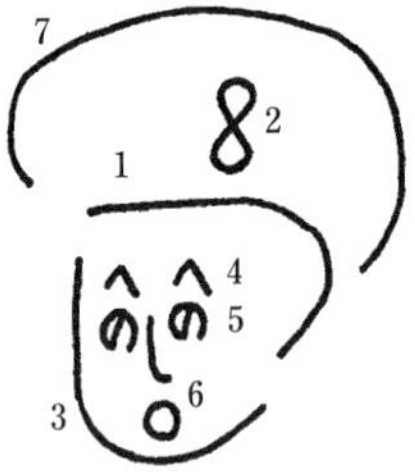

1・つーちゃんが

2・はちみつ　なめて

3・しかられて

4・へいきで　へいき

5・のんきで　のんき

6・しけんも　0てん

7・つーちゃん

①と②はほとんど同型であるが、「つ」の字を同形に描くと①のように顔の額と、髪の線が離れることになるのを、②では後出の「つ」の形をややかえて補っている。その欠陥を補うためであろうか、

つーチャン③（福島）

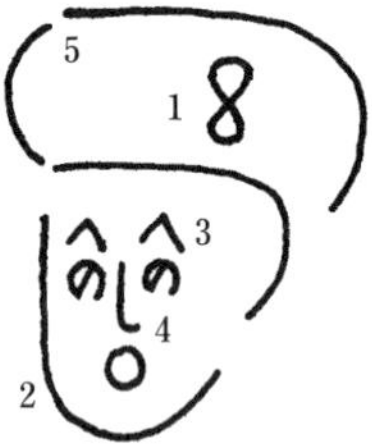

1・つうこさん　はちみつのんで

2・しかられて

3・へいきで　へいき
　のんきで　のんき

4・しけん　とられて　0てん

5・つうこさん　はずかしい

と、髪の毛の間をうずめている。

このこまかな補足補修は、次の例でも見うけられる。

つーチャン④（香川）

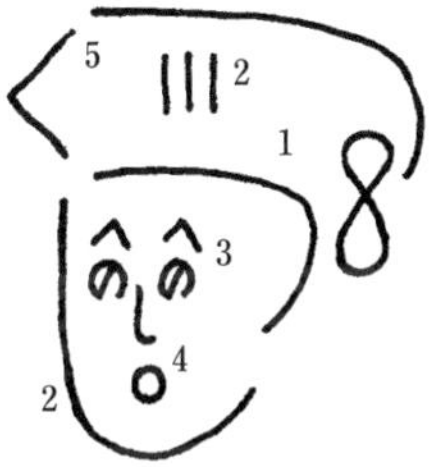

1・つーちゃんが　はちみつのんで

2・しかられて　雨がふっても

3・へいきでへいき
のんきでのんき

4・しけんは　0てん

5・つーちゃんは　くいしんぼ

歌詞5の結句はほかに「くるなといわれた　つーこさん（福島）、くやしい　つうこさん（愛知）、くうなといわれた　つるこちゃん（兵庫）」などがある。

この女の子の名が「つる子」の場合、最初の「つ」にだけ「る」を描く例⑤（長野）、二回とも描く例⑥（東京）、などのほか、たとえばイソップなどを記すラテン文字に出てくる二重字*（digraph）、Æのように、「つ」「る」の2字を合字（？）にした例⑦（愛媛）などにより、微妙な額と髪との間隙《かんげき》描写がからんで顔の種類が増えてゆく。

こうした一連の〈つーチャン〉の顔の描出にあたって、ふたつの特徴が浮かび上がってくる。

そのひとつは、〈つーチャン〉の顔を描くため、名前の「つ」とともに「し」の字が必要となり、その「し」は「しかられて」の歌詞となり、その原因である「はちみつ」すなわち数字「8」が必要となることである。〈マルチャン〉（338ページ）でも数字「8」がリボンとして登場したけれど、それは副次的

＊二重字＝Æsop（イソップ）、Cæser（シーザー）などに使用される複合文字。

装飾にとどまっていたのに対し、〈つーチャン〉では必要な、構成要素となっているのである。

逆に〈マルチャン〉の場合、数字「8」を描くため、夜中にハチミツをなめるという怪奇が行われたが、〈つーチャン〉ではそんなことはまったく不要となった。

もうひとつの特徴は、〈つーチャン〉の顔頭部外形が数字・ひらがな文字で構成される流れから、目鼻立ちもその流儀により、主としていわゆる「へのへの」の顔で描かれるということである。
①〜⑦に至る〈つーチャン〉の顔は、このふたつの特徴をそなえている。
だがこの〈つーチャン〉の特徴からはずれた資料も存在する。

つーチャン⑧（山形）

1·つうこちゃん　はちみつなめて
2·しかられて
3·へいきへいき　のんきのんき
4·しかられても　のんき
5·まあ　おかしい

〈つーチャン〉では、頭部髪形を、文字によって描くというのが特徴であったがその場合、①〜⑦の画図を見ればわかるように、いささかぎごちなく、もっと自由でスマートでぴったりの形を求めたひとつが⑧なのであろう。そのほかにも数字や文字を用いない⑨（大分）、⑩（富山）の資料が得られた。

一方、目鼻を「へのへの」以外の方法で描出する例として、

つーチャン⑪（広島）

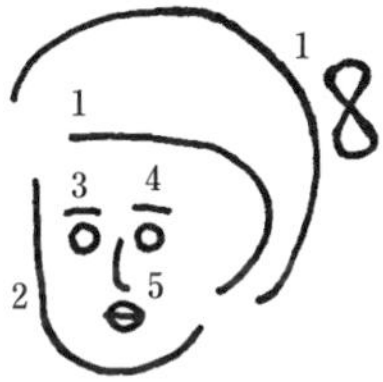

1･つうこちゃん　はちみつなめて

2･しかられて

3･一円もって　パンかいに

4･一円もって　パンかいに

5･まがった道で　ひと休み

などのほか、⑫（京都）、⑬（群馬）、⑭（静岡）の例は、〈ヒメサマ〉（142ページ）、〈オカミサン〉（156ページ）などの顔の描法を転用している。

つーチャン⑤

つーチャン⑩

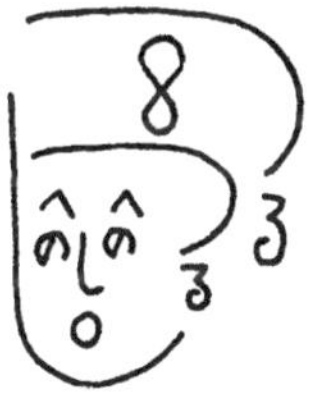
つーチャン⑥

つーチャン⑫

つーチャン⑦

つーチャン⑬

つーチャン⑨

つーチャン⑭

他方、これらとまったく違った描法によるものもある。

つーチャン⑮（大阪）

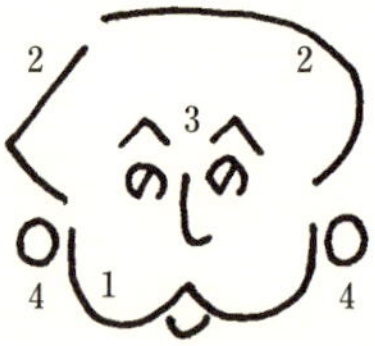

1･おけつに豆が　はさまって

2･くるなといわれた　つーこちゃん

3･へいきでへいき　のんきでのんき
　しけんは　いつも

4･0てんで　0てんで

ここでは〈ベッティ〉（61ページ）の一部を取りいれた特異な〈つーチャン〉の顔となっている。

以上の〈つーチャン〉の顔頭部の資料によれば、

❶文字「つ」「し」による顔、容貌《ようぼう》の形成。
❷数字・ひらがなによる目鼻口の描出。
❸頭部外郭形の種々な造形。
❹前記❶❷からの脱出努力。

によって、二五種の〈つーチャン〉の顔を得ることができた。

身体服装との関連

さて〈つーチャン〉二五種の顔に対して、種々な身体と服装が〈マルチャン〉（３４５ページ）などと同様に用意されている。〈マル〉と重複するものは省略し、〈つーチャン〉で初出のものを述べるとする（以下〈つーチャン〉の身体部を〈ツー〉と略記し、顔頭部の歌詞を省略し、画図は円形で表示する）。

まずいちばん多いのは、〈マル〉などで述べた「６月６日系」のものである。

ツー①（大阪）

1･6月6日の　二時間目

2･三角定規に　キズつけて

3･たてたて横々
丸してチョン
たてたて横々
丸してチョン

ツー②（宮崎）

1･ベルトをかって　66円

2･スカートかって　111円

（以下略）

次に多いのは、いわゆる「たて横系」の服装である。

ツー③（宮城）

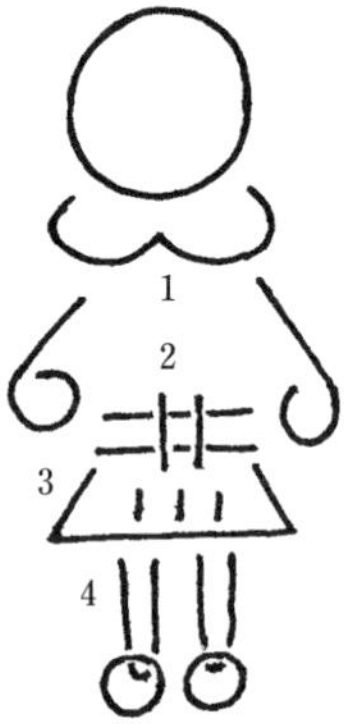

1·えりまきかって　66円

2·ベルトをかって　11円

3·スカートかって　111円

4·大根かって　お金がない

ツー④（東京）

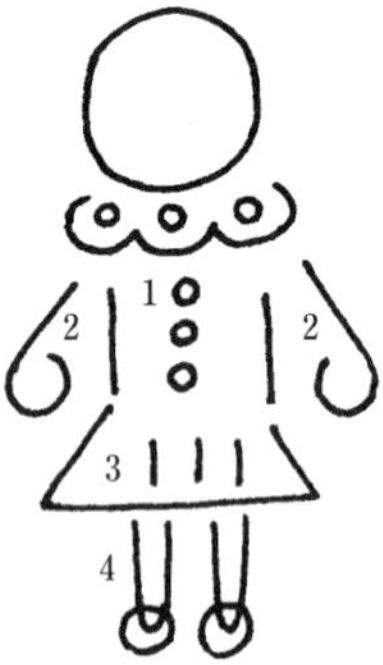

1·だんだん畠に
　豆三つ　豆三つ

2·6月6日に　雨ふって

3·三角定規に　キズ三本

4·大根2本に　カブ二つ

ツー⑤（山形）

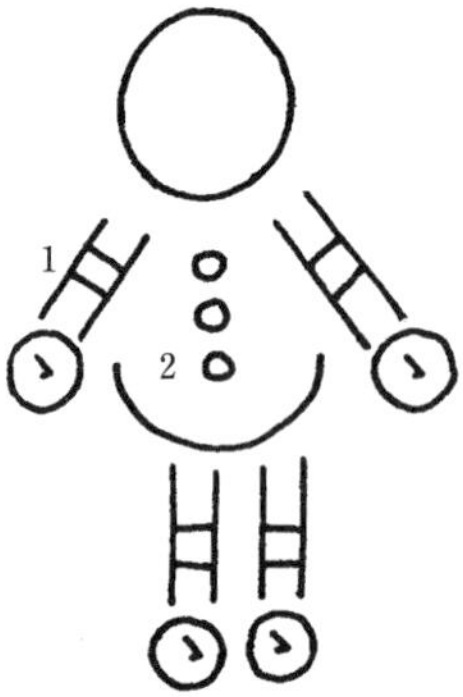

1·たてたて横々
　丸かいてチョン
　たてたて横々
　丸かいてチョン

2·大きなふくろに　豆みっつ

（以下略）

ツー⑥（和歌山）

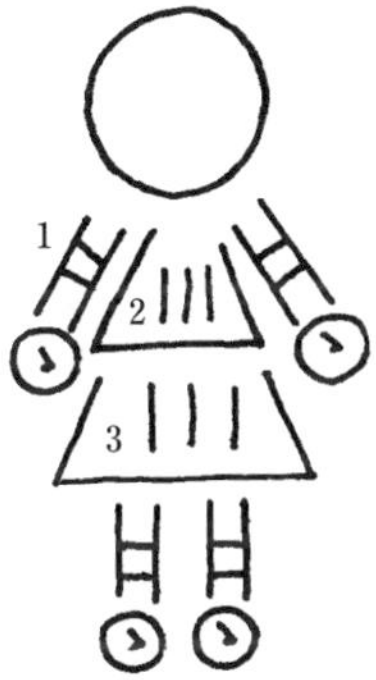

1･たてたて横々
丸かいてチョン
たてたて横々
丸かいてチョン

2･三角定規に　ひびいって

3･三角定規で　123

（以下略）

ツー⑦（秋田）

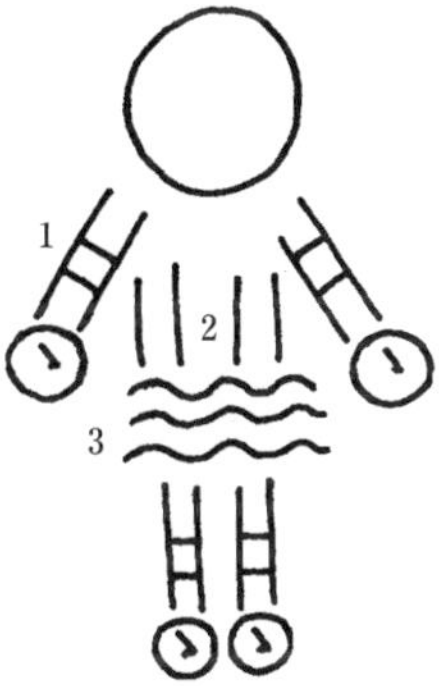

1･たてたて横々
丸かいてチョン
たてたて横々
丸かいてチョン

2･雨がザーザー　ふってきて

3･大波小波　やってきて

（以下略）

ツー⑧（岩手）

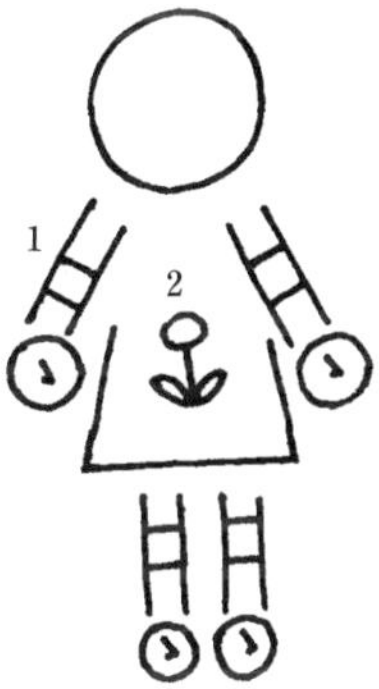

1･たてたて横々
丸かいてチョン
たてたて横々
丸かいてチョン

2･大きな前かけ　花ひとつ

（以下略）

これまではかわいらしい子供服の感じであったが、しだいに女性服飾が完備されてゆく。

そして「雑多系」の〈マル〉㊶（360ページ）のような「く」の字による両腕描出の「くく系」の資料が多く見られた。

ツー⑨（熊本）

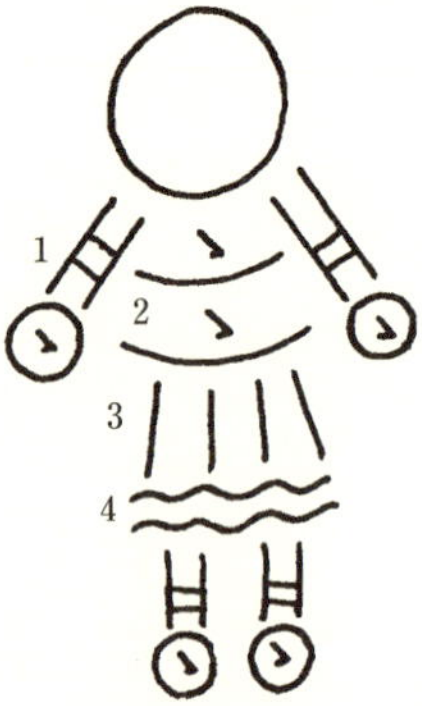

1・たてたて横々
丸かいてチョン
たてたて横々
丸かいてチョン

2・三日月チョン
三日月チョン

3・雨がザアザア
ふり出して

4・大波小波　やってきて

（以下略）

ツー⑩（宮城）

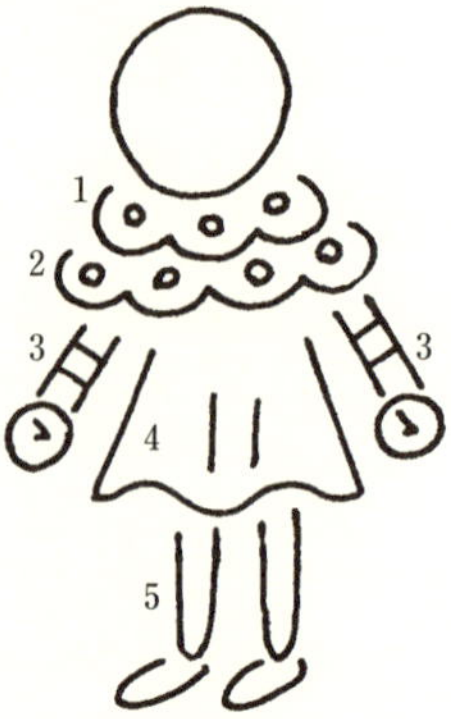

1・だんだん畠に　花三つ

2・だんだん畠に　花四つ

3・たてたて横々
丸してチョン
たてたて横々
丸してチョン

4・大きなスカート
11センチ

5・大根かって　くつかって
大根かって　くつかって

ツー⑪（山形）

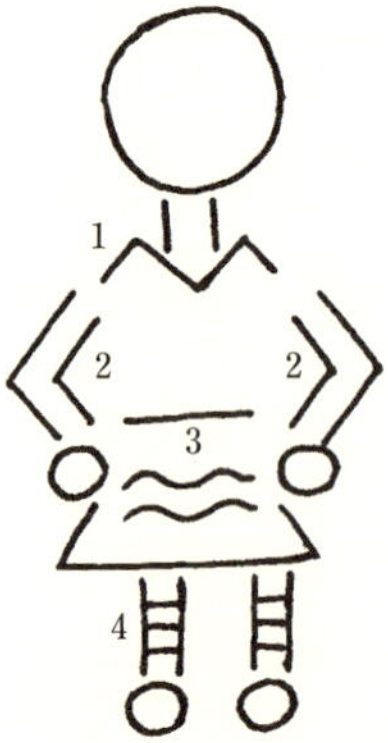

1・お山の　時計が　11時

2・くいたい　くいたい
パンかいに
くいたい　くいたい
パンかいに

3・赤いスカート
ひいらひら

4・はしごがおちて
こぶひとつ
はしごがおちて
こぶひとつ

こうした身体部と前記した顔頭部は自由に連結交換して、多様な〈つーチャン〉の全身像を作り出すことができる。

しかし次の例では両者不離の対応が必要となる。

ツー⑫（福岡）

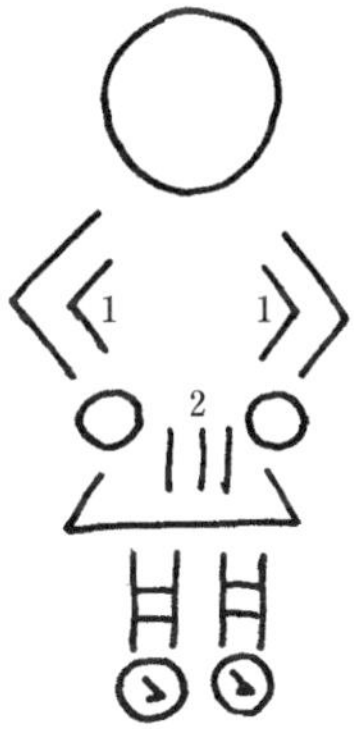

1・くやしく　くやしく　0もろて
　くやしく　くやしく　0もろて

2・三角定規を　キズつけて

（以下略）

すなわちこの顔頭部は「くやしい／しけんは0てん」などの歌詞のある、具体的には〈つーチャン〉①～④に限られることとなる。こうした例は次の⑬においても、はっきり提示されている。

ツー⑬（福島）

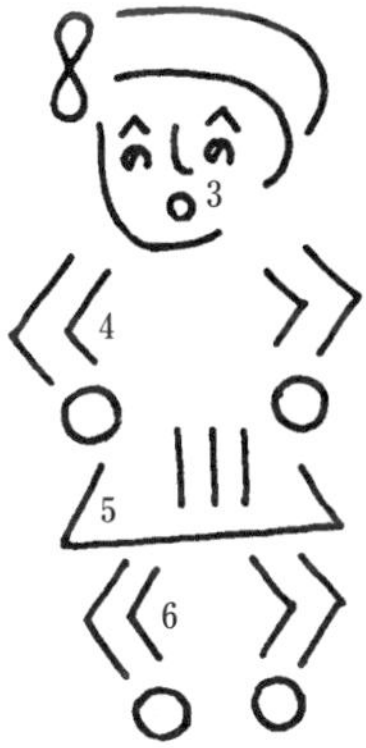

1～2・（略）

3・しけんをしたら　0てんだ

4・くやしい　くやしい　0てんだ
　くやしい　くやしい　0てんだ

5・スカートかって　きずつけて

6・くやしい　くやしい　0てんだ
　くやしい　くやしい　0てんだ

当然のことながら、身体部だけ独立して遊ばれることはなく、常に顔頭部と一連のものとして描かれる。その時、歌詞の意味するものや画図の連続に齟齬《そご》矛盾があってはならず、間隙《かんげき》があれば矯正されてゆく。

したがって〈つーチャン〉の顔で得た二五種の資料と、〈ツー〉の身体部の構成別種類数をまとめた表13を照合し、次のような集約を得た。

❶〈つーチャン〉は、顔頭部と身体部の連結した、一連の全身像の遊びが基本、その顔頭部が分離独立し、二五種以上の種類を生むに至った。

❷顔頭部の〈つーチャン〉は、文字・数字を構成の基軸とするものと、それを離脱するものの二派に分かれるが、前者が主流を占めている。

❸身体部は「6月6日系」「たて横系」「くく系」の三系列で占められていて、「6月6日系」は比較的おとなしい端正簡明な服装、「たて横系」は多彩多様で服飾的な華美を追求しており、この両者が主流となっている。残る「くく系」は、前二者が、顔頭部との一連性にあまりこだわっていないのに比し、内容的にも表現的にも首尾一貫していることが特徴で、そのためか少数であった。

❹ほかの〈マルチャン〉や〈ヒメサマ〉〈オカミサン〉〈ベッティ〉などとの影響、交絡の形跡が認められるが、そうした中でも特有の〈つーチャン〉としての特徴をそなえ、三人娘のひとりとして、独立した遊びを形成していることが認められた。

表13　〈つーチャン〉身体部の構成別種類数

構成区分	特徴	種類数
「６月６日系」	端正	19種
「たて横系」	装飾	16種
「くく系」	連結	6種
合計		41種

＊種類数には既出例を含む。

〈てーチャン〉は双生児か

〈つーチャン〉の調査の折、たびたび〈てーチャン〉に遭遇した。〈てーチャン〉とは次のような女の子である。

てーチャン①（福岡）

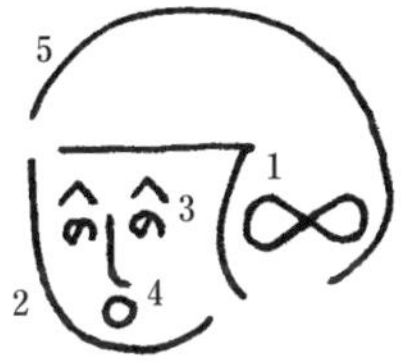

1·てるこさん
はちみつすうて

2·しかられて

3·へいきへいき
のんきのんき

4·しけんは　0てん

5·てるこさん

女の子の名は「てるこ／てんこ／ていちゃん／てっちゃん／てこちゃん／てえちゃん」と変化し、名前は〈マルチャン〉の「てーちゃん」と同じであるが、画図は②（静岡）や③（熊本）のように〈つーチャン〉と酷似している。さらに、

てーチャン④（埼玉）

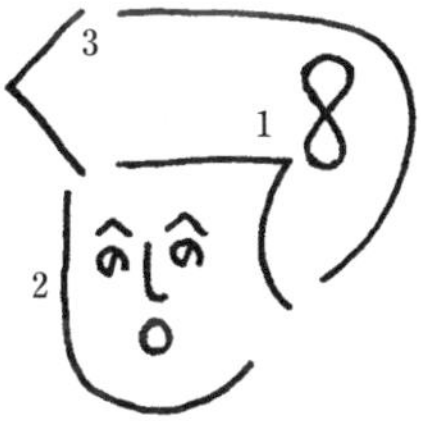

1·てーちゃんが
はちみつこぼして

2·しかられて

3·くるなといわれて
つんとして

（以下略）

は、〈つーチャン〉の④に、

てーチャン⑤（福島）

1·てるこさん雨の日に
はちみつのんで

2·しかられて
くうなといわれても

3·へいきで　へいき
のんきで　のんき

4·しけんは　0てん

5·てるこさん

は〈つーチャン〉の⑫に、

てーチャン⑥（奈良）

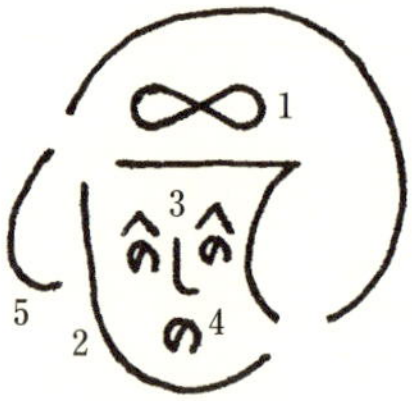

1·てーちゃんが　はちみつのんで

2·しかられて

3·のりちょうだい　へい
のりちょうだい　へい

4·しろい　のり

5·しりません

は〈つーチャン〉の⑧に相似している。

この〈てーチャン〉の顔頭部に共通している特徴は、女の子の顔の輪郭を、「て」と「し」の文字で描いていることである。「て」は名前の頭文字であるが、顔の輪郭を形成する「し」のため「しかられる」

必要が生じ、その原因として「はちみつ」をなめたりこぼしたりしているところは〈つーチャン〉の場合とまったく同様である。

もうひとつの特徴は顔の目鼻口の描出を、ひらがなと数字の構成で行っていることである。多出する「へのへの」の顔も〈つーチャン〉と規を同じくしている。それぞれの顔の特徴が合致し、できあがった画図もきわめてよく似ている。

ただひとつの相違する所は、頭や髪の外形が〈つーチャン〉では文字で描出されたが、〈てーチャン〉では原則として随意の曲線であらわしている点である。しかしやはり任意では形が定まらないためか、④の「つ」に続き「つるこさん⑦（埼玉）」と〈つーチャン〉への傾斜を示したり、「てこてこちゃん⑧（東京）、パーマネントをかけすぎて⑨（富山）、くるまにのせて⑩（静岡）」など苦心をしたあげく、忘失か放棄かまったく頭髪部を描かない資料⑪（兵庫）も出現した。まれに原則を脱し、顔の目鼻口も⑫（愛媛）、⑬（岐阜）と文字ではなく、線条であらわすものもある。

てーチャン②

てーチャン③

てーチャン⑦

てーチャン⑧

てーチャン⑨

てーチャン⑩

てーチャン⑪

てーチャン⑫

てーチャン⑬

こうした〈てーチャン〉の特徴を列記すると次のようになる。

❶文字「て」「し」による顔・容貌《ようぼう》の形成。

❷数字・ひらがなによる目鼻口の描出。

❸頭部外郭形の苦心。

❹前記❶❷からの脱出努力。

この❶〜❹は376ページの〈つーチャン〉における集約❶〜❹の「つ」「し」を「て」「し」とかえただけでまったく同一となる。このことは〈つーチャン〉と〈てーチャン〉が仲良き友人であるより、姉妹か双生児なのではないかという疑いを生じさせる。実態はどうなのであろうか。

てんぷら娘の出現

〈つーチャン〉と〈てーチャン〉の関係を探していた私は、一軒の店舗（？）にゆきあたった。

てーチャン⑭（宮城）

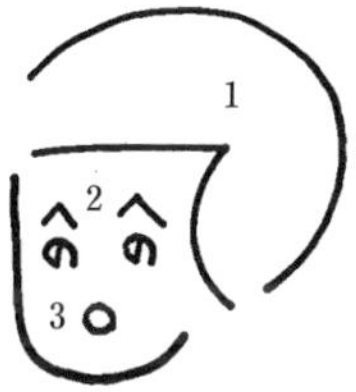

1·てんぷらやの　てーちゃんが

2·へいきでへいき
のんきでのんき

3·しけんの時は　0である

なぜ唐突に「てんぷらや」が出現するのか不思議に思ったものの、子どもにとっててんぷらはごちそうであるからと、ひとり納得していた。

てーチャン⑮（沖縄）

1·てんぷらやの　てーちゃんが

2·はちみつなめて

3·へのへの　もへまる

この「てんぷら娘」は、次にどこかで見たような顔で、あらわれた。

てーチャン⑯（高知）

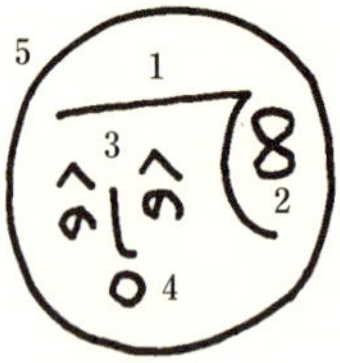

1·てるこさん

2·はちみつこぼし

3·へいきへいき
　のんきのんき

4·しけんは　0てん

5·てるこさん

てーチャン⑰（東京）

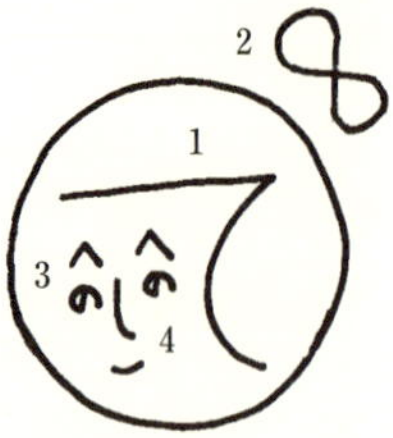

1·てえちゃんが

2·はちみつのんでも

3·へへ　のんき　のんき

4·しらんかお

てーチャン⑱（和歌山）

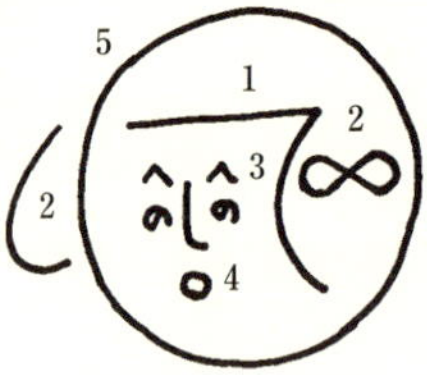

1·てえちゃんが

2·はちみつのんで
　しかられて

3·へいきでへいき
　のんきでのんき

4·しけん　0てん

5·おお　0てん

⑯～⑱の歌詞は377ページの〈てーチャン〉と同様でありながら、描かれた画図は〈マルチャン〉（338ページ）にそっくりではないか。ここにまた〈マルチャン〉の双生児のような〈てーチャン〉がいるのであろうかと、疑念にかられた折、次の資料に遭遇した。

てーチャン⑲（群馬）

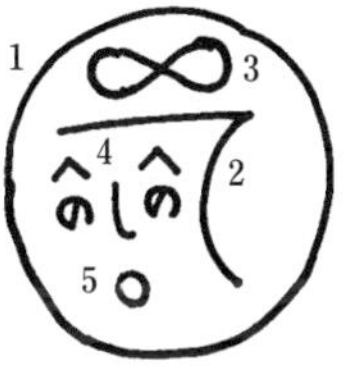

1·てんぷらやの

2·てーこちゃんが

3·はちみつのんで

4·のんでもへいき
のんでもへいき

5·しらんかお

うかつな私は、ようやくここで気がついた。⑲の歌詞1の「てんぷらや」で、顔の円形を描いている。「てんぷら」とは食品である。すなわちこれは〈マルチャン〉における「食品系マルチャン」ではないのか。⑭⑮の「てんぷら」や「てーチャン」の歌詞につられて〈てーチャン〉の同類にしてしまったけれど、⑯～⑲は〈マルチャン〉の部に入れるべき資料を誤って混入させてしまったのではないかと慌てて、〈マルチャン〉を点検すると、案の定、食品系に「あぶらげ／丸てん／丸あげ」が記されている。

したがって次の⑳においても〈マルチャン〉の「食品・て」と同じく、「てんぷらや」で円形の顔を描き、「ていこちゃん」で髪の形を「て」の字で描いてゆくのである。

一方、歌詞はまぎれもなく〈マルチャン〉の「月系」であるが、画図が〈つーチャン〉に連なる資料があらわれた。

てーチャン⑳（石川）

1・てんぷらやの
ていこちゃん

2・雨がざあざあ　ふった時

3・8時におきて

4・へいきのへいき
のんきののんき

5・しけんは　0てん

てーチャン㉑（山形）

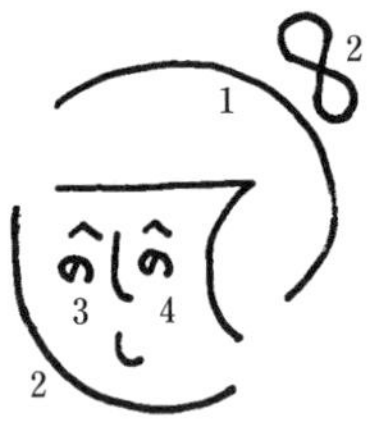

1・月夜のばんに
てーちゃんが

2・はちみつのんで
しっこして

3・へいきのへいき
のんきののんき

4・しーらないよ
しーらない

てーチャン㉒（栃木）

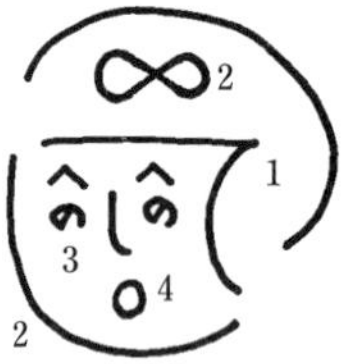

1・月夜のばんに
てこちゃんが

2・はちみつこぼして
しかられて

3・へーのんき　へーのんき

4・しけんは　0てん

以上見てきた〈てーチャン〉⑯～㉒の資料など一六種を「円系てーチャン」として区分すれば次の集約となる。

❶文字「て」と「し」によって顔頭部、あるいは髪形と鼻を形成する。

❷ひらがな及び数字「0」などで目鼻口を描出する。

❸頭部外郭形の表出のうち「てんぷらや」で円形を描くものは、〈マルチャン〉の「食品系　丸・て」との混交融合が濃厚である。

❹前記❶❷からの離脱変異形も多く見られる。

❺これらの諸点により〈つーチャン〉と〈てーチャン〉そして〈マルチャン〉の関係が複雑に入り組み、たがいに影響融合しあっていることが推測される。

❻しかし歌詞を詳細に点検しても、「丸」という表現を見出すことはできない。したがって「てんぷら」あるいは「てんぷらや」をただちに円を描くものとし、上記の資料を、〈マルチャン〉とするには無理がある。

❼㉑㉒の「月夜」が〈マルチャン〉の「月系」とする証となり得るが、その画図は円形ではなく、「つ」というひらがな文字で表出され、すなわち非〈マルチャン〉が明らかである。したがって〈てーチャン〉の一種として「円系てーチャン」とするのが妥当であろう。

あなたもみんな同一人

これまでの所で、入手した資料により〈つーチャン〉〈てーチャン〉そして「円系てーチャン」などを区分してきたものの、まだ不明の点も多い中、一群の興味ある資料に出会うこととなった。

てーチャン㉓（長崎）

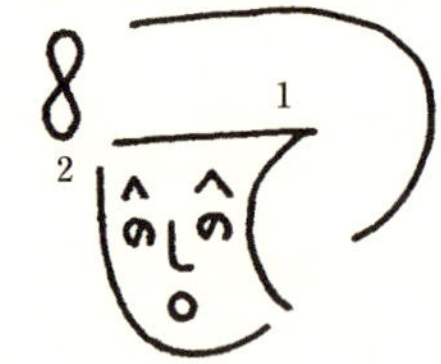

1･てるこさん　つるこさん

2･はちみつのんで　しかられて

（以下略）

てーチャン㉔（埼玉）

1･てるこさんと　しずこさん

2･パーマをあてて
ヘアーバンドしめて

（以下略）

これまで〈つーチャン〉にしろ〈てーチャン〉にしろ、資料に出てくる名はひとりであったのに、㉓〜㉕では、画図は従来と同じなのに、二名の名が登場している。しかもしだいに人数が増えてゆく。

てーチャン㉕（東京）

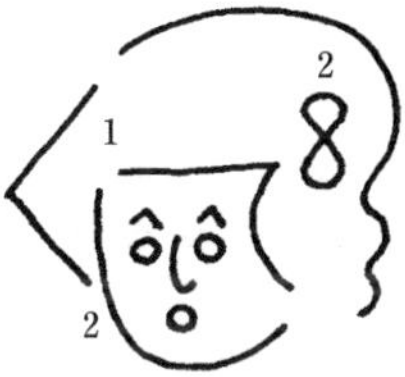

1·てこちゃん
　くこちゃん

2·はちみつなめて
　しかられて

（以下略）

てーチャン㉖（島根）

1·ていちゃんと
　つるちゃんと

2·なごやの　しげちゃんが

（以下略）

てーチャン㉗（広島）

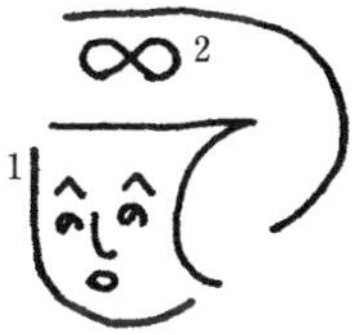

1·てるちゃん　しいちゃん

2·やおやの　つるちゃん

（以下略）

てーチャン㉘（石川）

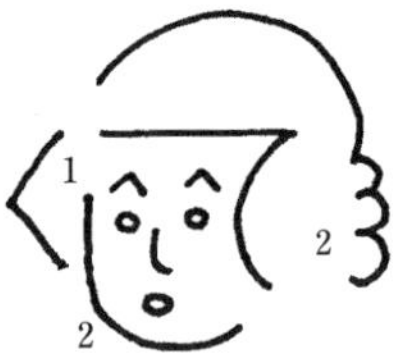

1·てっちゃんと
　くみちゃんと

2·しいちゃんがあつまって

（以下略）

てーチャン㉙（鹿児島）

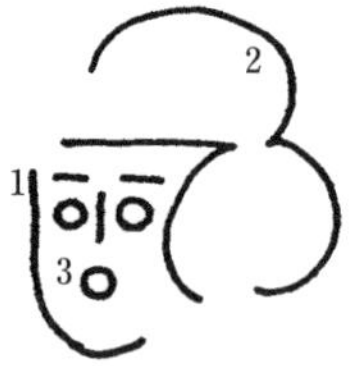

1·てーちゃんと
　しーちゃんが

2·さんちゃんとこで

3·ダンゴ　3つに
　くし三本

友人の名前だけでは不足なのか、次の例では地名や店の名を借りるに及んでいる。

てーチャン㉚（石川）

1·てーちゃん　つるちゃん

2·くつやの　しずこさん

3·へいきへいき　のんきのんき

4·しけんは　0てん

5·たまには　8てん

まだまだ資料は続くが、なぜ人名・地名・事物名を追い求めるのかを中間的に整理すると、「㉓て・つ・し、㉔て・し、㉕て・く・し、㉖て・つ・し、㉗て・し・つ、㉘て・く・し、㉙て・し、㉚て・つ・く・し、㉛て・し・つ・く」という文字を、画図構成上必要としたからである。この女の子の顔頭部を描くのに必要な要素が、次の諸例ではっきりと示される。

てーチャン㉛（岡山）

1·てるこさん　しずこさん

2·つやまの　くみこさん

（以下略）

てーチャン㉜（鹿児島）

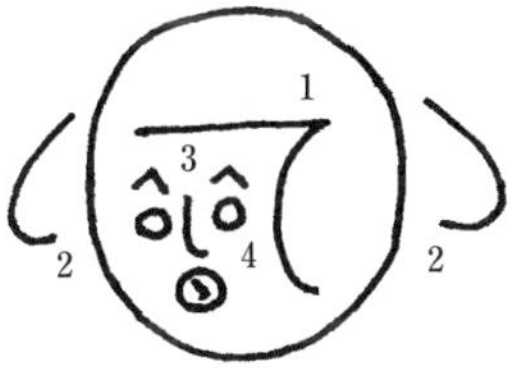

1·てるちゃんと　まるちゃんと

2·しいちゃんと　つるちゃんと

3·お山へ　お山へ　くり　ひろい

4·まがった棒で、丸かいてチョン

てーチャン㉝（福岡）

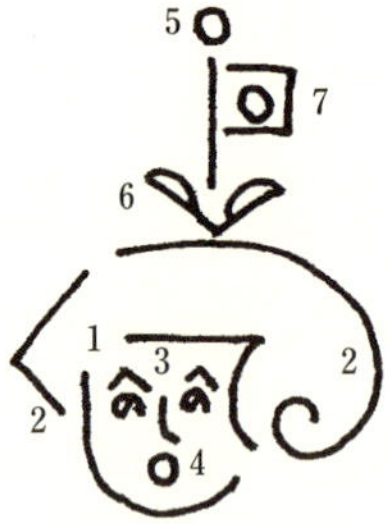

1・てるこさん　しげこさん

2・くみこさんとこに　あつまって

3・へいきへいき　のんきのんき

4・しけんは　０てん

5・お父さんから　まるもろて

6・お母さんから　バツもろて

7・日本一の　つるこさん

㉝の頭の上の日の丸は、飾りなのか帽子の付属物なのかご愛嬌《あいきょう》であるが、要するに「て・つ・く・し」の四文字を準備し、それにより女の子の顔を形成するのがこの一群なのである。

そしてこの四文字の追求は、ついには直截《ちょくせつ》簡明な次のような例を生み出している。

てーチャン㉞（岡山）

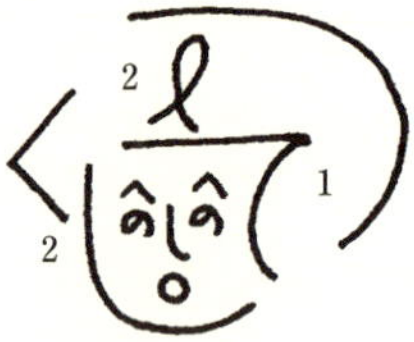

1・てるちゃん　つうちゃん

2・リットル　しくちゃん

（以下略）

なんのことはない、これまで〈つーチャン〉とか〈てーチャン〉といっていたのは、この女の子の顔を描くため、「つ」の字を先行したものが〈つーチャン〉となり、「て」の字を前にした時〈てーチャン〉となったのである。

したがって姉妹といえばその通り、双生児といえばそれまたしかり、要するに実体は、これらを総合した単一の「てつくしチャン」なのである。つまり、〈つーチャン〉も〈てーチャン〉も本質的に同一人ということになる。

しかし遊びの世界では、通称としてなじんでいるので、前述してきた資料分布の区分名称とし、〈てーチャン〉㉓〜㉞の資料のものを狭義の「て・つ・く・しチャン」とし、長いので「て・つチャン」と略称する。

そして時に〈つーチャン〉時に〈てーチャン〉とよばれる二人目の娘の全資料を、広義の「て・つ・く・しチャン」、略称を「つ・てチャン」とする。

てーチャン㉟（岩手）

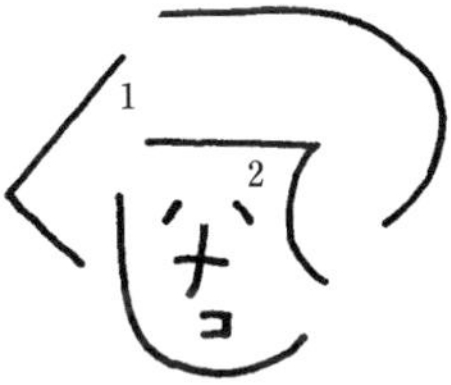

1·て つ く し

2·ハナコさん

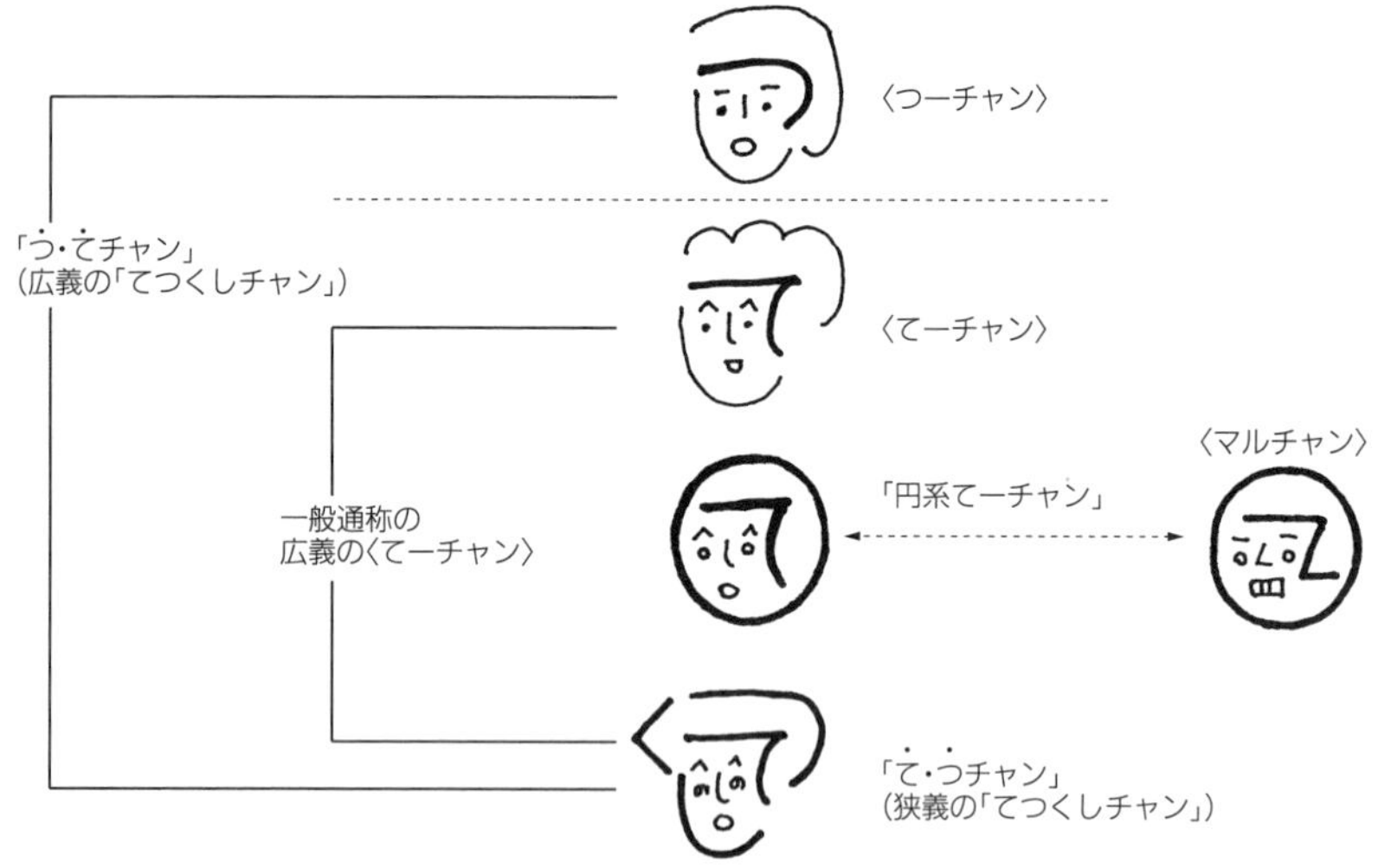

図5　「つ・てチャン」総合関係図

これらの顔頭部の名称区分と、相互の連係を図化すれば、「つ・てチャン」総合関係図、図5を得ることとなる。

呼び名は違うが真はみな「つ・てチャン」、これが二人目娘の顔の集約であった。

「つ・てチャン」服装の集約

377ページ以後で見てきた〈てーチャン〉には「円系てーチャン」など、六〇種をこえる顔頭部に対し、多数の身体服装が用意されている（〈つーチャン〉の身体部を〈ツー〉としたように〈てーチャン〉などの身体部を〈テー〉と略記する）。

〈てーチャン〉などの身体部の中で、最も多いのは、いわゆる「6月6日系」で、既述の〈マルチャン〉や〈つーチャン〉の場合と同様に、両腕と身体部を「6月6日に　三ちゃんが　スカートはいて　出かけたら（宮城）、6月6日の　午後三時　スカートはいて　12の3（福島）、ろくろく床屋で　さんぱつし　スカートはいて　チンドン屋（宮崎）、6月6日の　三回目　スカートつけて　さあ学校（奈良）」などの歌詞で綴《つづ》るものである。初出の例として、次のようなものがあった。

テー①（熊本）

1･6月6日は　さんかん日

2･スカートはいて　教室で

（以下略）

テー②（山口）

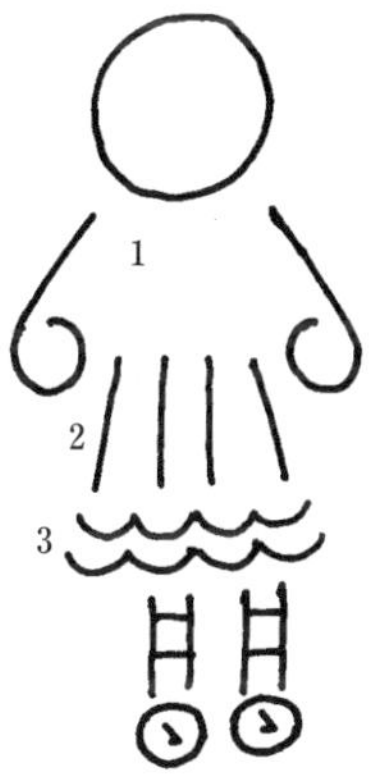

1･6月6日

2･雨ざあざあ　ふってきて

3･波もザンブリ　やってきて

（以下略）

このようにして、「6月6日系」一九種を得た。
同様に多出なのは「たて横系」である。

テー③（富山）

1·6月6日に
上衣をかって

2·7月7日に
スカートかって

3·11月11日は　くつかった

テー④（広島）

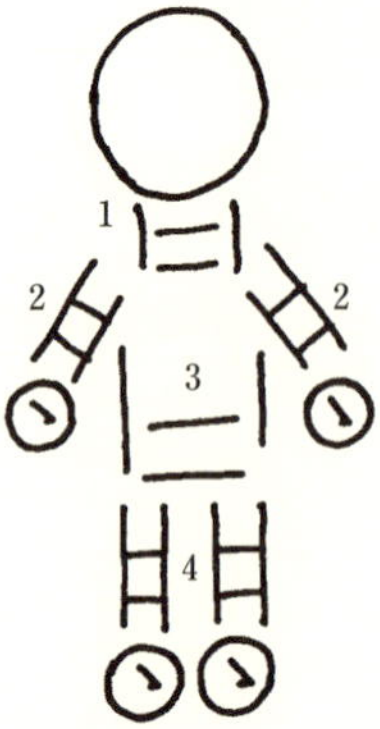

1·たて横　たて横

2·たてたて横々
丸かいてチョン
たてたて横々
丸かいてチョン

3·たて横　たて横

4·たてたて横々
丸かいてチョン
たてたて横々
丸かいてチョン

テー⑤（沖縄）

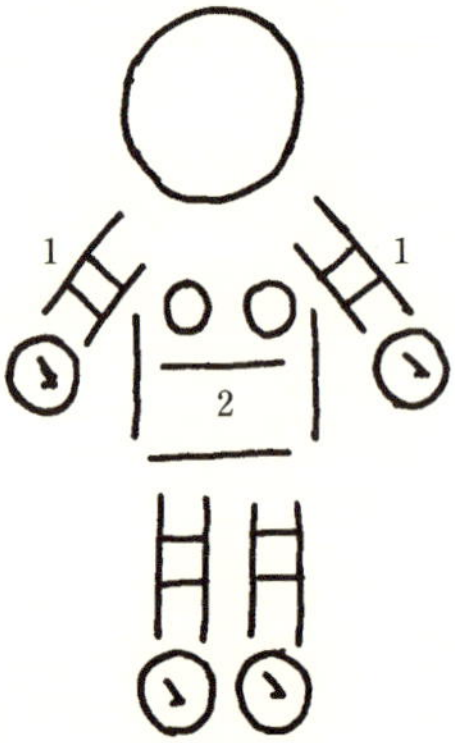

1·たてたて横々
丸かいてチョン
たてたて横々
丸かいてチョン

2·たてたて　横々
丸にまる

（以下略）

顔は女の子でも、体は鉄製のロボットのようであるが、次にようやくスカート姿があらわれる。

テー⑥（熊本）

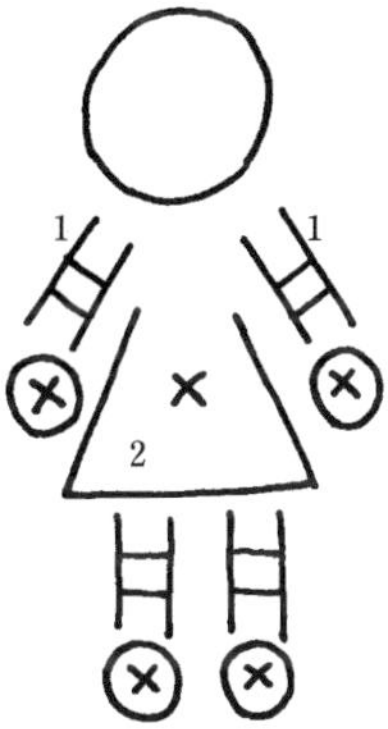

1·たてたて　横々
丸してバツ
たてたて　横々
丸してバツ

2·三角バツ

（以下略）

テー⑦（愛知）

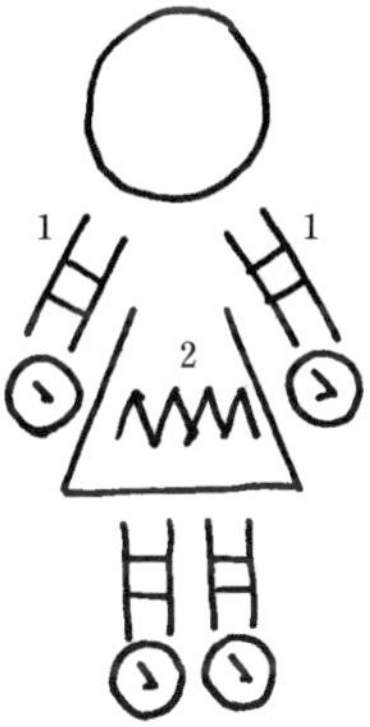

1·たてたて横々
丸かいてチョン
たてたて横々
丸かいてチョン

2·三角定規が
キズだらけ

（以下略）

テー⑧（埼玉）

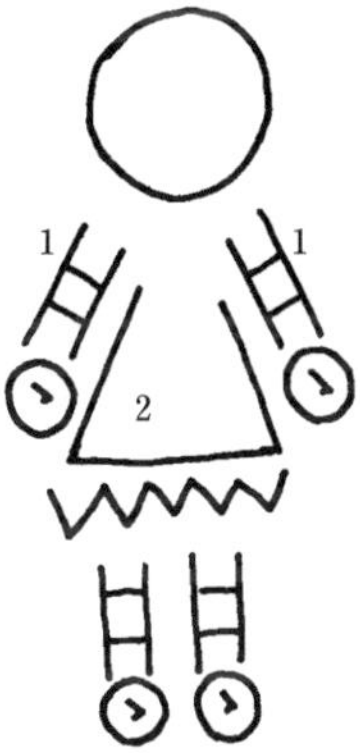

1·たてたて横々
丸かいてチョン
たてたて横々
丸かいてチョン

2·三角定規が
ギザギザギザ

（以下略）

小学校での計算問題など、不正解につけられる赤印は、地域や時代によってバツとかバッテンと恐れられている。また女の子の衣服には三角スカートではない表現が、次々とあらわれる。

テー⑨（佐賀）

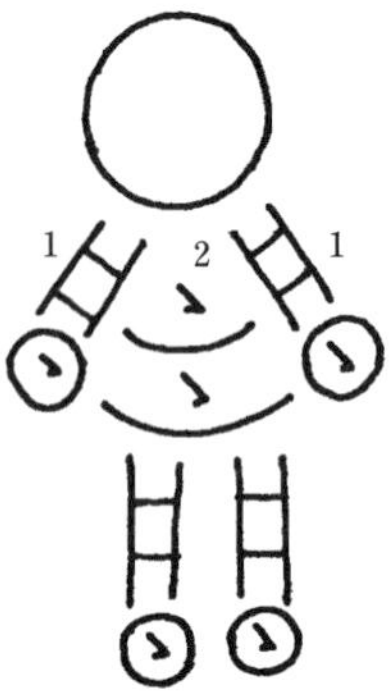

1·たてたて横々
丸してチョン
たてたて横々
丸してチョン

2·三日月テン　三日月テン

（以下略）

テー⑩（大分）

1·たてたて横々
丸してチョン
たてたて横々
丸してチョン

2·かいだん　おりて
三段目

（以下略）

テー⑪（千葉）

1·たてたて横々
丸してチョン
たてたて横々
丸してチョン

2·三日月さん

3·三角定規に　キズついて

（以下略）

テー⑫（奈良）

1･たてたて横々
丸してチョン
たてたて横々
丸してチョン

2･三日月チョン
三日月チョン

3･ざあざあぶりに
かささして

（以下略）

テー⑬（富山）

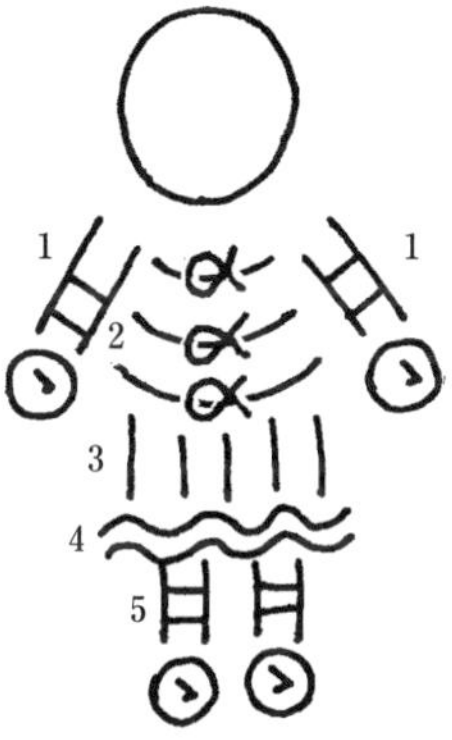

1･たてたて横々
丸してチョン
たてたて横々
丸してチョン

2･月みそ　月みそ
月のみそ

3･雨がザアザア
ふってきて

4･へびがニョロニョロ
はい出して

5･たてたて横々
丸してチョン
たてたて横々
丸してチョン

こうした多くの「たて横系」に加え、新しい「くく系」が見られた。

テー⑭（新潟）

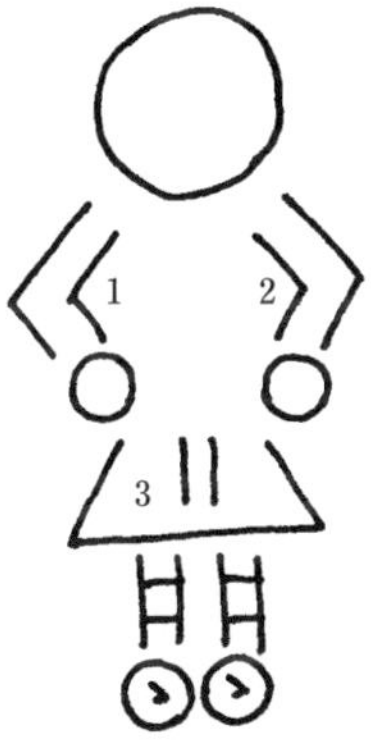

1･くつくつ　まある

2･くつくつ　まある

3･三角定規　ヒビいって

（以下略）

テー⑮（静岡）

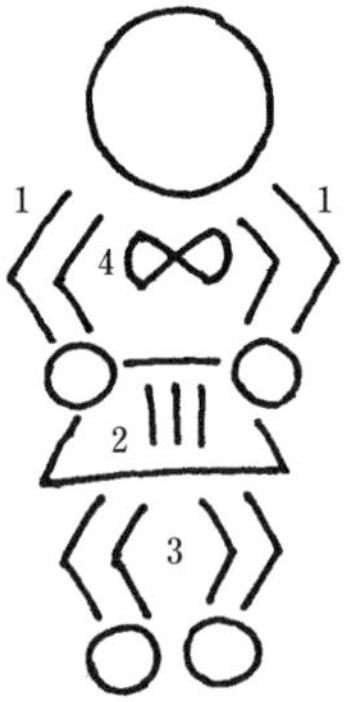

1･ちっくたく　ちっくたく
　パンかって
　ちっくたく　ちっくたく
　パンかって

2･スカートかったら　111円

3･ちっくたく　ちっくたく
　パンかって
　ちっくたく　ちっくたく
　パンかって

4･おっと　どっこい
　女の子

テー⑯（埼玉）

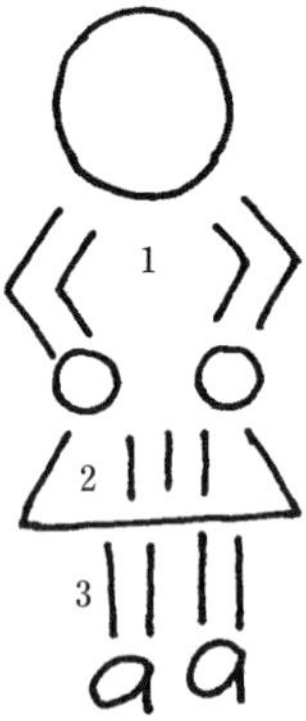

1･くうくう　まるして
　くうくう　まるして

2･きれいなスカート
　111円

3･たてたて　9
　たてたて　9

なるほど数字「9」が、女性のハイヒール靴に化するとは気づかなかった。以上の身体姿態各種に加え、〈マルチャン〉（360ページ）で見うけられた「6月6日系」の変異形「61系」の資料が見うけられた。

テー⑰（島根）

1･ろくちゃん　いくちゃん

2･ろくちゃん　いくちゃん

3･あかいスカート
　ハリ三本

4･ろくちゃん　いくちゃん

5･ろくちゃん　いくちゃん

6･あっというまに　女の子

表14 〈てーチャン〉身体部の構成別種類数

構成区分	種類数
「６月６日系」	19種
「たて横系」	19種
「くく系」	7種
「61系」	2種
合計	47種

表15 「つ・てチャン」の区分と種類数

構成区分		顔頭部	身体部（計88種）			
			６月６日系	たて横系	くく系	61系
〈つーチャン〉		25種	19種	16種	6種	―
広義「てーチャン」	「てーチャン」	27種				
	「円系てーチャン」	16種	19種	19種	7種	2種
	「て・つチャン」	21種				
合計		89種	38種	35種	13種	2種

以上のようにして得られた〈てーチャン〉の身体部資料の種類数は、表14のようであった。

一方、既述のごとく〈つーチャン〉や〈てーチャン〉など、「つ・てチャン」全体の資料、状況は表15のようであった。

こうして「三人娘」の二人目として登場した〈つーチャン〉の追求は〈てーチャン〉の出現や思わぬ総合型「て・つ・く・しチャン」を知り得た。

一方、「6月6日系」「たて横系」「くく系」「61系」の身体部資料八八種を入手し、いくつも流布していた通称を整理した。

以上で二人目の娘の問題は一応終了したが、まだひとり残っている。娘が「残っている」のは親として落ち着かぬもの、先を急ぐとしよう。

〈しーチャン〉〈くーチャン〉の混乱

「三人娘」の最後は「しーちゃん」である。しかし「しーちゃん」にも、そっくりよく似た「くーちゃん」がいて、時に間違え、混乱がおこる。二番目娘の〈つーチャン〉（365ページ）や〈てーチャン〉（377ページ）と同じようなことがおこっているのだろうか。

前髪カールの女の子

三人目の「しーちゃん」とよばれる娘は、最初から少しかわった女の子であった。それは――

しーチャン①（宮城）

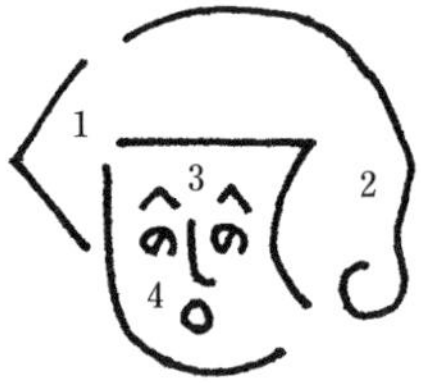

1・しいちゃん　くうちゃん
　てるこさん

2・しかられたって

3・へいきへいき　のんきのんき

4・しけんがあっても　0てん

と前述の「てつチャン」（391ページ）のように、単独名のものは稀《まれ》で、ほとんどが二名以上の連名で登場する。したがって〈しーチャン〉は、ひとりの女の子の顔や名をあらわすのではなく、数人の名によって「ひとりの女の子の画図を構成」し、その先頭者の名を冠し、この集団技を代表させているのが、呼び名の由来である。その典型は次のような資料である。

しーチャン②（岡山）

1･しっちゃん　くっちゃん

2･てんてるやの　てーちゃん

3･おしゃれの　ぴーんこちゃん

（以下略）

目鼻口は、ほかの資料の例と同様の方法や「へのへの」の描き方によるものもある。

しーチャン③（宮崎）

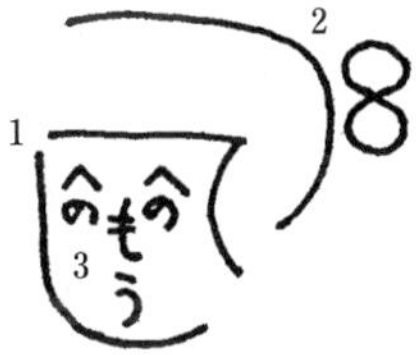

1･しーちゃん　てーちゃん

2･つーちゃん　8時

3･へのへの　もうちゃん

資料によると一九六〇年に入る頃から急速に広がっていったのが、次のような例である。

しーチャン④（千葉）

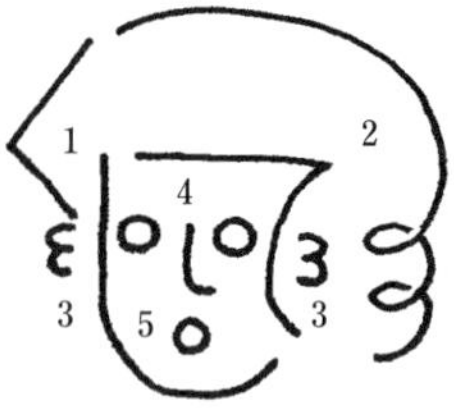

1･しーちゃん立って
　くうちゃん立って

2･てすとをすれば
　くるくるぱあー

3･さんすう　3点

4･国語は0点　社会も0点

5･しけんは　みごとに
　0点

しーチャン⑤（東京）

1･しいちゃん　てるちゃん

2･さんすう3点
　こくごも3点

3･あたまの中が
　めちゃめちゃで

4･へいきでへいき
　のんきでのんき

5･しけんはいつも　0てん

しーチャン⑥（神奈川）

1･しけんで　てすとで
　くやしいぞ

2･あたまの中が
　くちゃくちゃで

（以下略）

④〜⑥の資料は一九六七〜六九年の間に採取したもので、ちなみに当時の小学校では五点評価が行われ

ていた。こうした間、多数連名の筆頭者としての〈しーチャン〉は、かわったくせを示す。

この歌詞2のリットルで、前髪のカールを作るのが、大事な特徴となる。

しーチャン⑦（東京）

1・しいちゃん　くうちゃん

2・リットル　てるちゃん

3・ぐるっとまわって
お人形さん

（以下略）

しーチャン⑧（神奈川）

1・しいちゃん　くうちゃん

2・リットル　てっちゃん

3・へへへ　のんきだね
のんきだね

4・くるっと　まわって
女の子

しーチャン⑨（長野）

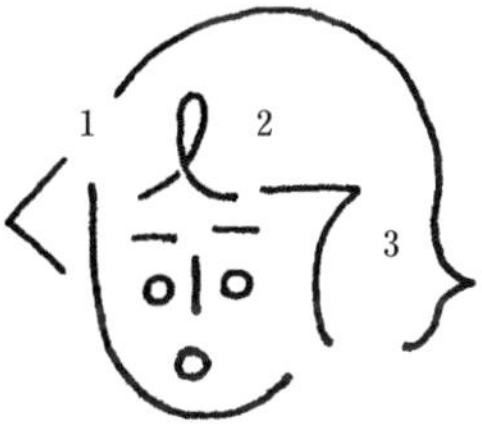

1・しいちゃん　くっちゃん

2・リットル　てこちゃん

3・まあ　かわいらしい
キュピーちゃん

（以下略）

しーチャン⑩（岡山）

1・しーちゃん　くうちゃん

2・リットル　レイちゃん

3・パーマネントが
くうるくる

（以下略）

戦前、戦中の教科書には、容積の単位リットルの活字が数字の「1」と同じような形「l」で印刷されていた。しかしノートに書く時にはこのようにと教えられたのが前髪の形ℓである。それだけで英語を書けるようになった思いが、この前髪にはこめられている。しかしそれはたしか三年生以後であって、そのわけを知らぬ戦後の子にはピンとこないのだろう。そのため「ルッテルちゃん（広島）、べってるてーちゃん（愛知）、でってるちゃん（岡山）、ラッてるてーちゃん（埼玉）、おってるちゃん（山形）」など、多数の誤伝偽名が伝承されてきた。

そうした中で前記④〜⑥のような「五点評価学力テスト」の波が襲うことになる。

しーチャン⑪（群馬）

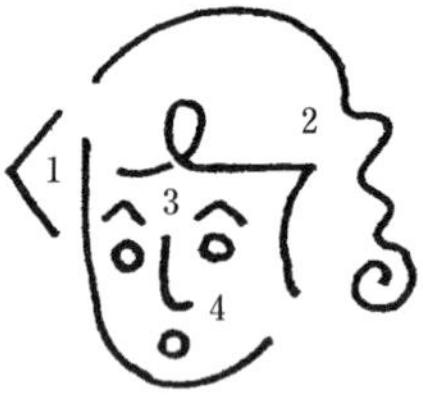

1・しけんやって
くるしんで

2・でんぐりてすと
ぐっちゃぐちゃ

3・へいきでへいき
0点0点

4・しっぱいばかり　0点で

その一方で、一筆がきのようなスマートな例もある。

しーチャン⑫（福岡）

1·しーちゃんに
くーちゃんに

2·リットルちゃんに
れいこちゃん

3·あらまあ　あんたは
かわいいね

これまでほとんど使われなかったひらがなでの頭髪描出など、〈しーチャン〉の顔は至ってあどけない。

パーマネントのくるくる

〈しーチャン〉の特徴で前髪のカールを述べてきたが、それは単なるくせにとどまらぬ勢いを示してゆく。

しーチャン⑬（千葉）

1·しいちゃん　くうちゃん

2·リットラ　ていちゃん

3·パーマネントの
うずまきさん

（以下略）

パーマネントとは61ページの〈ベッティ〉で述べたような、パーマネント・ウェーブという整髪の処理方法である。その力を借りて、単一のカールにとどまらず、しだいに何重もの渦巻きが増えてゆく。

しーチャン⑭（北海道）

1·しいちゃん　くうちゃん

2·でんでる　でーちゃん

3·モダンな　かみして

4·へへ　へへ　へー

しーチャン⑮（岐阜）

1·しいべるちゃんに
くうべるちゃん

2·くるくる　くるくる
くうるくる

3·あんパン３つ　はし三本

4·ああというまに
つうべるちゃん

しーチャン⑯（岡山）

1·しーちゃん　くーちゃん

2·てってる　しーちゃん

3·お山をあがって
坂おりて

4·きれいな　リボンが
10銭で

5·きれいな　かざりが
10銭で

6·しけんは　あれまあ
0点

しーチャン⑰（宮城）

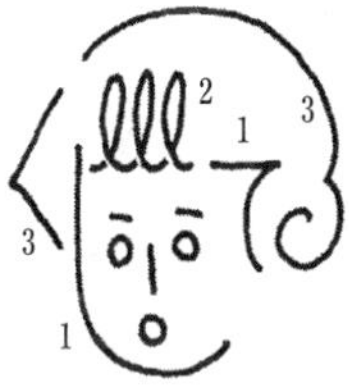

1·しけんで　てすとで

2·でんでるちゃん

3·すてきな　かみして
　くやしいな

（以下略）

前髪が何重もの渦巻きで飾られたからには、残る髪も整えねばならなくなる。そこで——

しーチャン⑱（栃木）

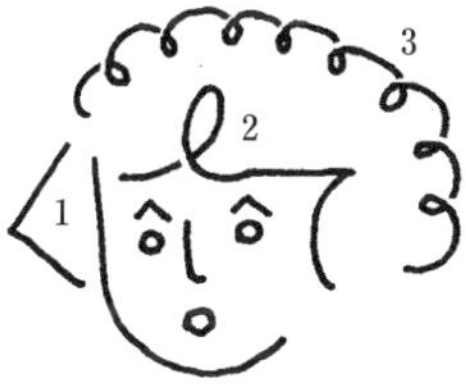

1·しーちゃん　くーちゃん

2·びっくり　てるちゃん

3·パーマネントの
　おねえちゃん

（以下略）

しーチャン⑲（神奈川）

1·しーちゃん　くーちゃん

2·リットル　ねえちゃん

3·パーマネントが
　ぐうるぐる

4·へいきの　のんき
　へいきの　のんき

5·しゅくだい忘れて
　へいきだね

この度重なる前髪の渦と、パーマネントのくるくると、しけん、テスト、しゅくだいの交錯《こうさく》の意味するものはいったい何なのであろうか。くどいほど執拗《しつよう》にくり返される髪型と、学習指導への表明は、どのような期待なのか、まったく逆の意識なのか。そしてこの両者を内蔵して描く〈しーチャン〉に、何を子どもは仮託しようとしていたのだろうか。

髪の毛だけでなく、くるくる乱れる心の渦巻きも、まだ続く。

しーチャン⑳（山梨）

1·しっちゃん　くっちゃん

2·くるくる　てるちゃん

3·パーマネントを　くうるくる

（以下略）

しーチャン㉑（広島）

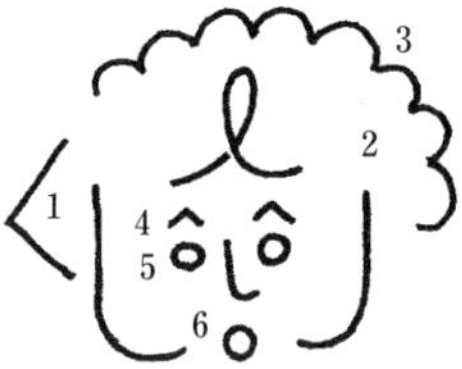

1·しーちゃん　くーちゃん

2·リットル　しーちゃん

3·パーマネントの　おじょうさん

4·のをこえ　山こえ

5·パンかいに　パンかいに

6·まがった道を　パンかいに

子どもの遊びにことよせて、教育や社会を論ずるのを私は好まない。それは子どもの遊びに過ぎない。その児戯にまで反映し、表明している事実を、関係者は何と見るかを問いたいのである。当事者の言い訳や逃避は、もう結構である。子どもの真意を知らず、無視した当事者は、何の疑念も反省も持たなかったのだろうか。

不分明な「しなの問題」

こうした〈しーチャン〉に「しなの問題」が付随している。「しなの問題」といっても、その昔の日支事変や長野地域のダム建設のことではない。冒頭に「しなの——」という歌詞のある一連の絵かき遊びにかかわる事柄である。

しーチャン㉒（北海道）

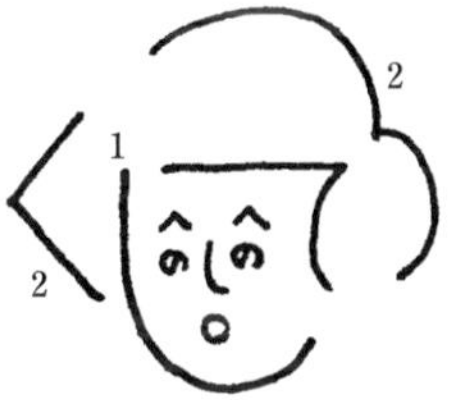

1・しなのの　てるこさん

2・くみこさんと　さんぽして

（以下略）

しーチャン㉓（群馬）

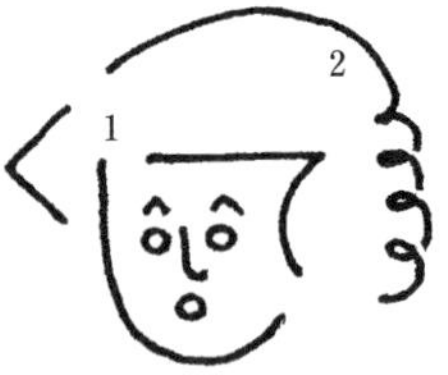

1・しなのの　くにの
てーちゃんが

2・きれいなかみを
くるくるくる

（以下略）

しーチャン㉔（富山）

1・しいなーの　くにーの

2・れってるさんの
ていこちゃん

3・おでこちゃんで
おしゃれさん

（以下略）

歌詞冒頭の句が「しなの」であるか「しな」であるかは後に検討するとして、この資料の区分を、人名優先とすれば〈てーチャン〉に属することとなるが、〈しーチャン〉⑥⑪（402、404ページ）で「しけん」は人名「しーちゃん」の代替と考えられるため、それらを〈しーチャン〉の資料として処理したように、㉒以下の資料を〈しーチャン〉として扱うこととした。

ところでなぜ「しなの」あるいは「しな」なのであろうか。当然ながら「し」の音韻だからと考えたいところであるが、次のような資料も存在しているのである。

しーチャン㉕（新潟）

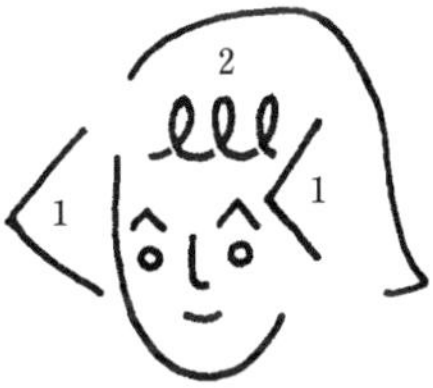

1・名古屋のくにの　くみ長さん

2・くるくるくると　女の子

（以下略）

しーチャン㉖（滋賀）

1・兵庫の　くにこさん

2・小学校の　くみ長さん

3・雨のふる日に　かささして

（以下略）

しーチャン㉗（山口）

1・熊本の　くみこさん

2・ぼうしをかぶって
　くるくると

3・かざりをつけて　くるくると

（以下略）

そのほか「和歌山の　くめこさん（三重）、静岡の　くすのきさん（愛知）」などがあったが、いわゆる御当地愛好のあらわれと思ったものの、不思議にも、その御当地では一件も得られず、いずれもほかの地域での採取であった。

そしてこの「地名おりこみ」の資料で、最多なのが「しなの」「しな」なのである。

しーチャン㉘（富山）

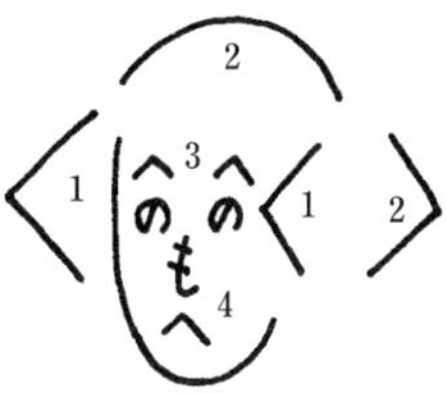

1・しなのの　くにの
　くみ長さん

2・くるくるぼうしの
　くみ長さん

3・へいきでへいき
　のんきでのんき

4・もひとつ　へいき

しーチャン㉙（佐賀）

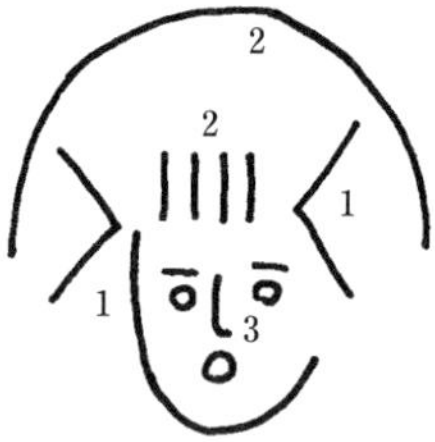

1・しなの　くにの
　くに長さん

2・四つに　分れた　女の子

3・10てん　10てん
　しけんは　0てん

問題の歌詞「しなの」を「信濃」と仮定するとしよう。長野県で集会があると、県歌をこぞって斉唱し、それは戦前、戦後あまりかわっていないように感じていた。その県歌の冒頭がたしか「しなの国の――」であったと記憶するが、そうしたことが子どもたちに強い印象を与えていたのであろうか。だがここにも不思議なことに、御当地長野で得られた資料は次の㉚のみで、遠隔地で「しなの」が多く採取されていたのである。その唯一の長野の資料は次の通りである。

しーチャン㉚（長野）

1・しなの　くにの　くに長さん

2・まるい　あたまは　くうるくる

3・へいへい　のらりのんきで

4・しっぱい　へいき

せっかく御当地だから「しなののくにの」とすれば、県歌と相まってよいのに、なぜ「しなのくに」なのだろうか。それに「くに長」とは何のことだろう。戦前、戦中の小学校では「級長・組長」が児童の憧れであったから「くみ長」のたびたびの登場は理解できるが、「くに長」は単なる誤りなのだろうか。

そうした資料の中に次のような例があった。

しーチャン㉛（大阪）

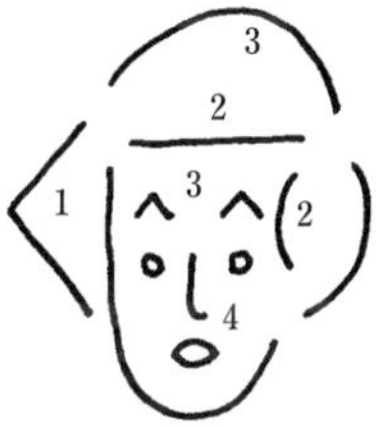

1・しなの　くにの

2・一りん車

3・大山こえて
　小山もこえて

4・うめぼしふたつ
　しおづけひとつ

一九八〇年頃から、小学校の体育器具として一輪車が使用されるようになったが、戦前、戦中時代、一輪車といえば中国独特の運搬用具として知られていた。だからこの歌詞は「支那の国」と考えてよいだろう。

「しなのくに」は「支那、すなわち現在の中国のこと」と仮定すると、次の資料は何を意味しているのだろうか。

しーチャン㉜（岡山）

1・しなのくにの　くに長さん

2・お国を守る　女の子

3・へいきへいき　のんきのんき
　しなの　くに長さん　へいき

以上のことを要約すると次のようになる。

❶子どもの生活地域の地名をおりこんだ〈しーチャン〉のひとつとして「しなの」、すなわち「信濃」を歌詞としたとするには、全国の広い分布と、長野に至って少ない資料状況は整合しないこと。

❷「しなの」をすべて「しな」とするには無理があり、さりとて誤用ではなく明らかに「支那」の意味で用いた形跡があること。

❸顔の形成のため「しなの」「しな」により「し」の文字と「くみ長」「くに長」などによって「く」の文

字を必要としたこと。

❹以上のことから長野以外の地で「信濃の国」と「組長」を歌詞に含む遊びが最初に発生したのであろう。

❺全国へ浸透、流布の間、各地で類型を発生。折からの日中戦争の背景もあって「支那の国」へ転化したものが生まれた。

❻こうした数種が淘汰《とうた》や変遷を経て、戦後まで伝承されてきたと推測。

❼しかしなお多くの未解明の部分があり、散逸、消失した資料の探査発掘をまたねばならぬこと。

こうした不分明なことも含み、得られた二六五の資料により、〈しーチャン〉三六種を得ることができた。そしてそのすべての〈しーチャン〉の顔は、「し・く・て・リットル」の文字によって構成されるものであった。

くしやの〈くーチャン〉

「前髪カールの女の子」の冒頭（401ページ）で述べたように、標題〈しーチャン〉は、複数集団の先頭者名、たとえば「しいちゃん・くうちゃん・てるこさん」の「しいちゃん」をとったままで、順序がかわり、先頭者がかわれば、集団は同一でも代表者名がかわり、〈くーチャン〉となる。

くーチャン①（広島）

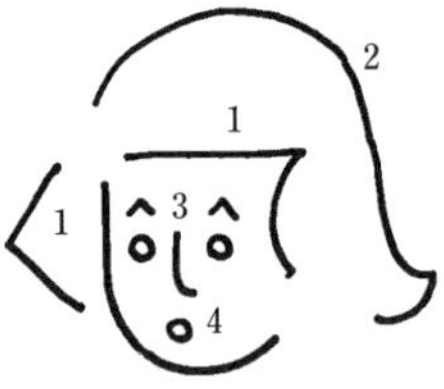

1·くーちゃん　しーちゃん
てるてるちゃん

2·なんにもしらない
ピーコちゃん

3·山こえ　山こえ
パンかいに　パンかいに

4·ステッキ　もって
パンかいに

くーチャン②（富山）

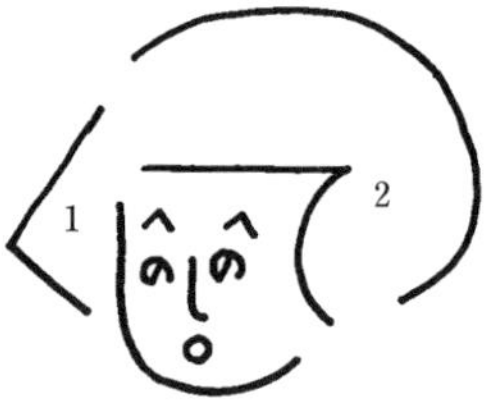

1·くーこちゃん　しーこちゃん

2·てってるちゃん
つーこちゃん

（以下略）

くーチャン③（岡山）

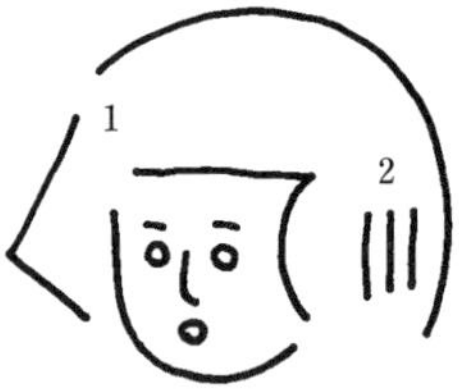

1·くうちゃん　しいちゃん
てこちゃんが

2·あたまを　とかして
毛をかいて

（以下略）

人員点呼のように、ただ人名を連ねるのでは味気ないとして、次のような工夫も行われる。

くーチャン④（東京）

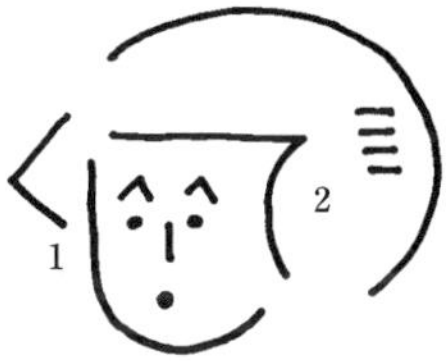

1・くーちゃん　しーちゃん

2・くしてつちゃん

（以下略）

くーチャン⑤（広島）

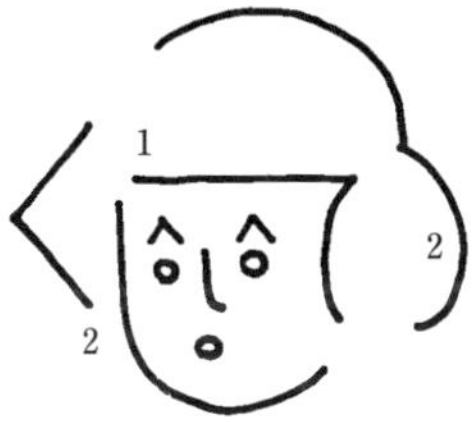

1・くしやの　てるこさん

2・さんぱつやの　しずこさん

（以下略）

厳密に標記を先頭者名とするなら、この資料は〈テーチャン〉（377ページ）の部にまわることとなるが、物の名や地名が人名の代替となったこれまでの例にならい「くしや」という店舗名は「くうちゃん」という人名と同等同質であるという立場から〈くーチャン〉の項に入ることとなる。

同様にしてこのほか「くつやの　しずこさん、てんぷらやの　つるこさん（島根）、くしやの　しげちゃん、てんまやの　まりこさん（広島）、くすりやの　しいちゃん、てらまち　つうちゃん（和歌山）」などがあり、これらもすべて〈くーチャン〉の部に入る。

しかしこうして区別した〈くーチャン〉は集団の先頭者名を、たまたまの順序で名づけたのであるから、集団の構成が同一であれば、前出の〈しーチャン〉と本質的な差はないこととなる。だが伝承伝播《でんぱ》の間、その名称や順序の違いから、歌詞や画図の微妙な差となっているので、子どもたちの名称に従い〈しーチャン〉と〈くーチャン〉を区別しておくこととした。

さてその〈くーチャン〉にも、やはり前髪リットルがついた資料が多く見られる。

くーチャン⑥（山梨）

1・くうちゃん　しいちゃん

2・リットルちゃんに
てんてるちゃん

3・モダンガールが
くうちゃくちゃ

4・へーきだね　へーきだね

5・のんきだね　のんきだね

6・6つになっても　三日月だ

最後の歌詞の「三日月」はどういう意味か不明であるが、モダンガールという言葉がもてはやされたのは大正末期から昭和初期の一九二〇〜四〇年代で、「近代女性」というより先端風俗を追う若い女性を、当時流行の「のんき節」の一節とともに、皮肉と揶揄《やゆ》をこめて述べたのであろう。そしてまた、のオリンピックとはいつのであろうか。中止となった一九四〇年や、まさか東京大会（一九六四年）ではないだろう。そうするとベルリン大会（一九三六年）の前畑秀子《まえはたひでこ》のことをいっているのだろうか。そして通貨単位は銭単位から一挙に円単位の物価の戦後にかわってゆく。

くーチャン⑦（福岡）

1・くーちゃん　しーちゃん

2・リットル　てるちゃん

3・オリンピックの　おじょうさん

（以下略）

くーチャン⑧（福島）

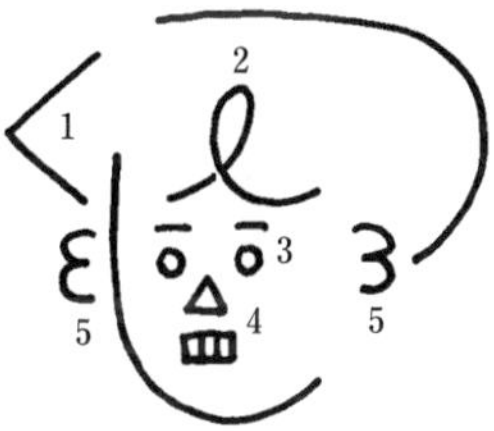

1・くーちゃん　しーちゃん

2・リットル　つーちゃん

3・となりの　まんじゅう　1円で
　となりの　まんじゅう　1円で

4・三角定規　四円で

5・33円　のこった

〈しーチャン〉で見られたように、リットルの前髪が、女の子としては大事なので、多数のリットル型〈くーチャン〉が得られるが、同時に「デッテルてーちゃん（鹿児島）、レッテルちゃん（福井）、てっとるてーちゃん（宮城）、リッてるてるちゃん（岩手）、びっとるやのおていさん（広島）」などにかわり、頭部を「パーマネントのおっちょこちょい（山形）、くるりとすべってひと休み（香川）、おならの大きなおていちゃん（兵庫）、おなべをかぶったピンこさん（岐阜）」などで描くこととなる。

こうした中で少々飾りに凝るものもある。

くーチャン⑨（兵庫）

1・くうちゃん　しいちゃん

2・リットル　ていちゃん

3・オランダやしきの
キューピーちゃん

（以下略）

オランダとキューピーの関係は不明であるが、髪飾りは英字の「Q」「P」からなっていて、なかなか芸がこまかい。

くーチャン⑩（大阪）

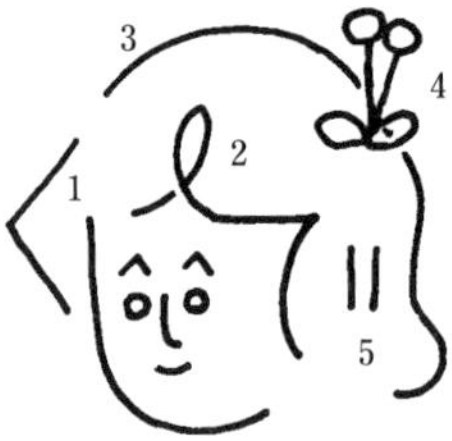

1・くーこちゃん
しーこちゃん

2・リットル　てーこちゃん

3・それは　パンやの
おじょうさん

4・ボンボンダリアの
花つけて

5・だれかと　だれかが
はなしてる

（以下略）

さらに405ページの〈しーチャン〉の時と同じように、前髪のカールは幾重にも増え、連なってゆく。

くーチャン⑪（新潟）

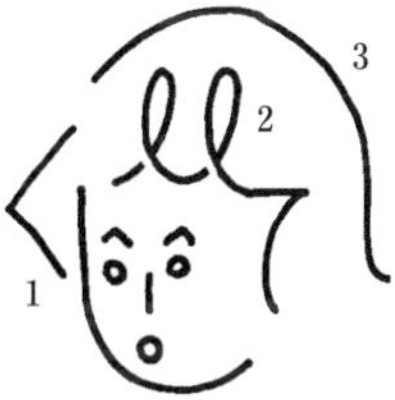

1・くるみちゃんに
しるみへちゃん

2・リットルリットル
てーぷるちゃん

3・あらまあ　かわいい
ぴんこちゃん

（以下略）

くーチャン⑫（岡山）

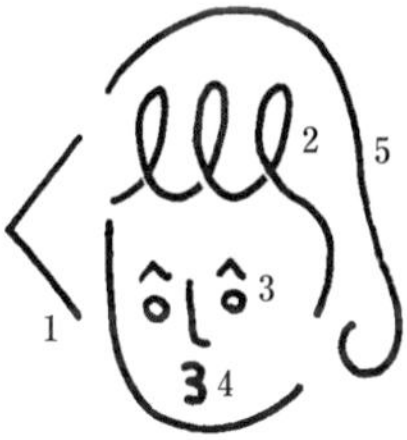

1・くびいちゃんに
しびいちゃん

2・れっとるれっとる
れいちゃんが

3・お山へ　お山へ
パンかいに　パンかいに

4・まがった　おかしが
3円で

5・まあ　かわいらしい
ぴんこちゃん

くーチャン⑬（福岡）

1・くーぴいちゃんに
しいぴいちゃん

2・ゼットルかかえて
ていこちゃん

3・なんにもしらない
ぴいこちゃん

（以下略）

次々と登場する人名の、均衡のとれた中で韻をふんだ、愛らしい変化に感心させられる。

くーチャン⑭（福岡）

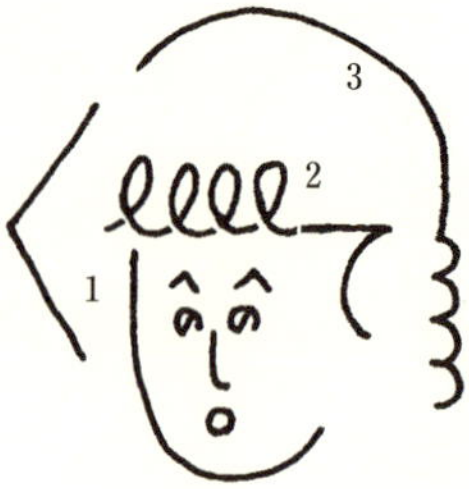

1・くうりこちゃん　しいりこちゃん

2・リットリぐるぐる　てんぷりちゃん

3・くろいかみのけ　ぐじゃぐじゃで

（以下略）

このようにして〈くーチャン〉の顔は、〈しーチャン〉と同じく「く・し・て・リットル」の文字を主軸として構成されていたことがわかった。

くしゃくしゃのテンプルちゃん

〈くーチャン〉で「リットル」文字による前髪が整うと、次に頭髪全体に整髪美容の手が及んでゆくこととなる。

くーチャン⑮（石川）

1·くにこさん　しいこさん

2·れってる　ていこさん

3·パーマネントを　ちいりちり

（以下略）

くーチャン⑯（兵庫）

1·くうちゃん　しいちゃん

2·リットル　てっぴちゃん

3·パーマネントの
くっしゃくしゃ

（以下略）

くーチャン⑰（山口）

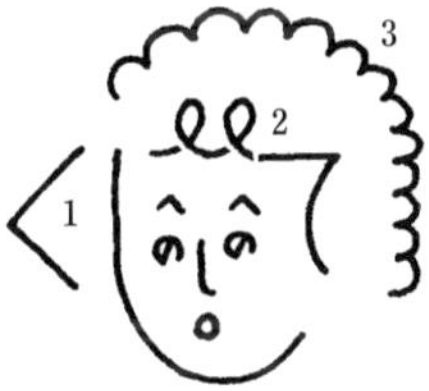

1·くつちゃん　しつちゃん

2·てってる　てつちゃん

3·パンマネントの
パッピちゃん

（以下略）

くーチャン⑱（茨城）

1・くちくちゃんに　しちくちゃん

2・りっちくちゃんに
　てちくちゃん

3・パーマネントを　かけすぎて

（以下略）

これまでの資料により〈しーチャン〉は「し・く・て・リットル」の文字により、〈くーチャン〉も「く・し・て・リットル」の文字により顔が構成され、その差は単に先頭者名がどちらが前であるかだけと述べてきた。ところがここに、そうした前提をくつがえす資料があらわれた。

くーチャン⑲（愛知）

1・リットルちゃん
　テンプルちゃん

2・大きなおでこを　つきだして

3・へいきです　へいきです
　のんきです　のんきです

4・むっつになったら　三角定規

この女の子の顔の構成は、「く・し・て」の文字を離れ、「リットル」に主を置いたものとなっている。

くーチャン⑳（岐阜）

1・リットルちゃん
テンプルちゃん

2・へのへのもへーの
おねえちゃん

パーマネントをかけた頭髪を、テンプルちゃんとよぶにはわけがある。戦争前、アメリカ映画の名子役として、世界中で人気のあったシャーリー・テンプルは、その愛くるしいえくぼとちぢれっ毛が特徴であった。その髪形と名前がこの遊びに記録されているのである。

だがリットルとちぢれっ毛だけでは、〈ベッティ〉（58ページ）の系統かもしれないと思っていた折、次の資料がその由来を示してくれることになる。

くーチャン㉑（兵庫）

1・リッテルちゃん
テンプルちゃん

2・しかられて　くやしがり

3・ぼう丸チョン　ぼう丸チョン

4・テンプルちゃん

くーチャン㉒（神奈川）

1･くみこさん　しずこさん

2･リットル　パーマの
　テンプルさん

3･へいきの　へいきの

4･テンプルさん

要するにこの「テンプルちゃん」の顔も、本来「く」と「し」の文字により構成されていたもので、それはすなわち〈しーチャン〉〈くーチャン〉の流れであることを示している。

このようにして「く・し・て・リットル」の文字による構成から「テンプルちゃん」を含む〈くーチャン〉の顔二六種を、一六三資料より得ることができた。

リボンは66円66銭

前記した〈しーチャン〉〈くーチャン〉の身体部を以下まとめて述べる。いっしょにしたのは、顔頭部描出の共通性だけではなく、この身体部でも共通性と重複が多く、相互交換や混交が自由に行われ、境界が不明であったからである。

まず、いわゆる「6月6日系」から見てゆくとしよう（前例と同様〈シク〉と略記し、顔頭部を省略、円形で表示する）。

シク①（東京）

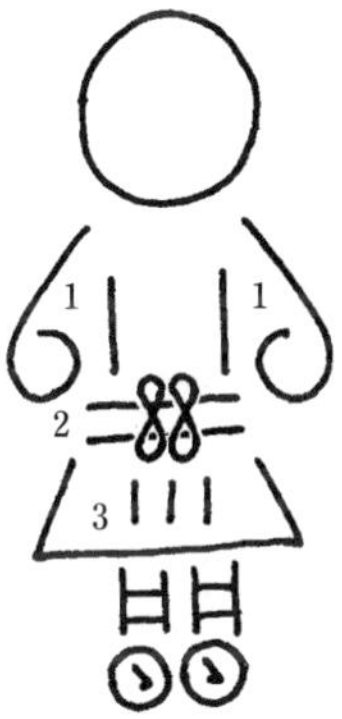

1・6月6日に　雨ふって

2・きれいなバンドが　88銭

3・きれいなスカート
111銭

（以下略）

シク②（宮城）

1・6月6日に　おかいもの

2・赤いおリボン　＊66銭

3・短いスカート1円11銭

4・大根かうとき　金がない

シク③（神奈川）

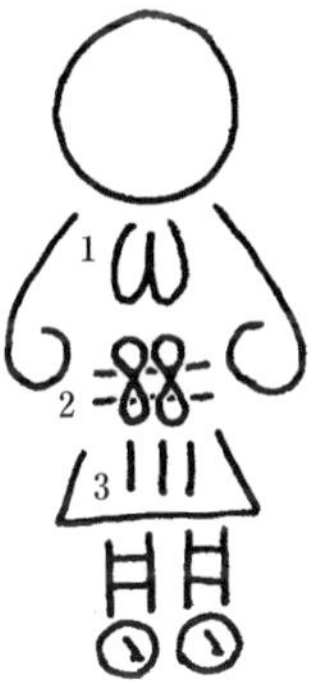

1・かわいいネクタイ　66銭

2・かわいいバンドが　88銭

3・かわいいスカート
111銭

（以下略）

＊66銭＝リボン部分を「99銭」といいながら描く資料もあったが、「66銭」という資料が多かった。

ちなみに①〜④の採取は一九六二〜七二年の間であったが、もちろん当時の一般社会では「銭《せん》」という通貨単位は使用されていなかった。こうした子どもの遊びにおける金銭表示と、実社会の価格は、奇妙なズレを残し、ほかの例でも、長く尾をひいてゆくことがある。

シク④（福島）

1・えりまきかったら　66円

2・バンドをかったら　11円

3・スカートかったら　66円

4・ひだをよせたら　11円

シク⑤（福岡）

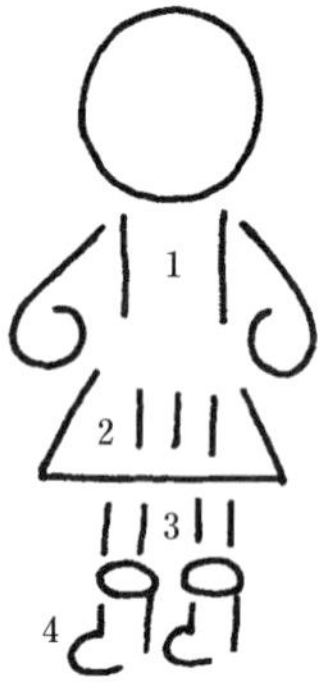

1・かんづめ11こで　66円

2・スカートかったら　111円

3・くつしたかったら　99円

4・ながぐつ　はいた　おじょうさん

この「6月6日系」では両腕を数字「6」であらわし、胸や胴の身体部を種々な衣服で表示するが、最も苦心をしているのが両脚の描き方である。種々な工夫の跡が次の例からも読みとれる。

シク⑥（岩手）

1･ネクタイかって　66円

2･スカートかって
　777円なり

3･大根　2本　88円

シク⑦（埼玉）

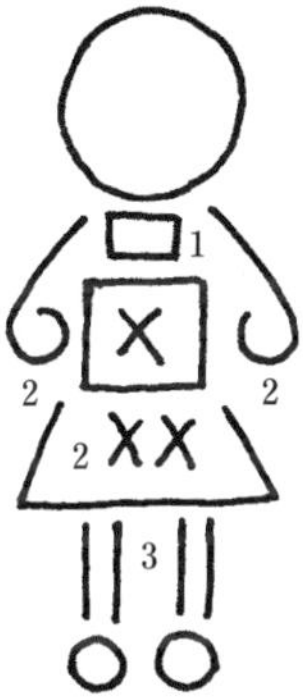

1･四角が2つに
　バツひとつ

2･6月6日に
　三角定規にヒビいって

3･電信柱にアンパン
　ひとつ
　電信柱にアンパン
　ひとつ

シク⑧（静岡）

1･6月6日に　7円もらい

2･三角定規に　キズついて

3･たてたて横々
　丸してチョン
　たてたて横々
　丸してチョン

シク⑨（岡山）

1・三角定規が　8円で

2・ろくろく　まんじゅう　11円

3・ステキなドレスが　11円

4・ステッキもって
パンかいに
ステッキもって
パンかいに

シク⑩（兵庫）

1・えりまき　かって　66円

2・バンドを　かって　11銭

3・スカート　かって　66円

4・ひだを　よせたら　11銭

シク⑪（広島）

1・えりまきかったら　66銭

2・ふくをかったら　44銭

3・くつをかったら　88銭

いろいろと買い物の値段が、銭だったり円だったり、不釣り合いがあるけれど、それは数字が遊びに必要だったからで、寛恕《かんじょ》していただくとしよう。

旺盛な買い物意欲というか、活発な購買行動とともに、こんな資料もある。

シク⑫（三重）

1・6月6日は

2・ふじ登山　つかれがたまって

3・大根まる　大根まる

疲れをとるため大根が有効ならば、次の首もとの苦しみを除く方法はないのだろうか。

シク⑬（新潟）

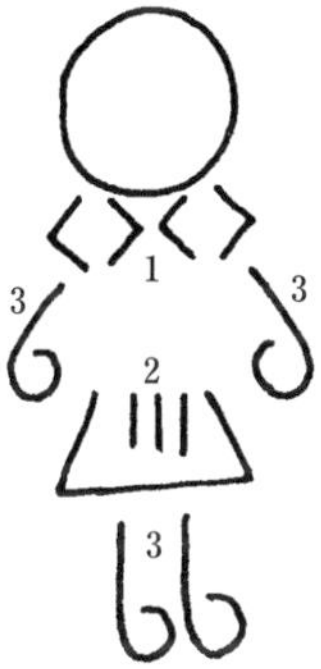

1・くるしいくるしい　くるしいくるしい

2・三角定規に　キズいれて

3・66円　66銭

この「く」の字の多い「6月6日系」として、もうひとつ別の例がある。

シク⑭（富山）

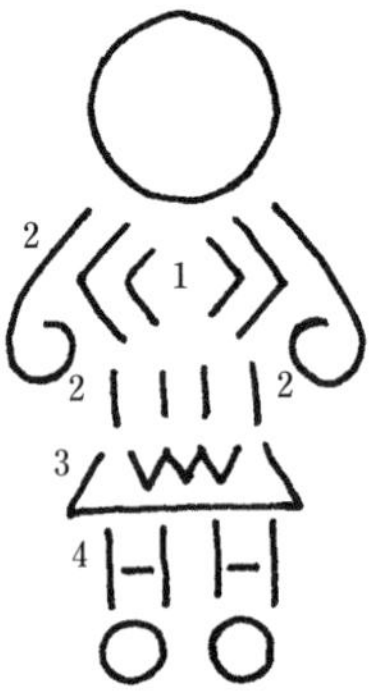

1・くーちゃん　くーちゃん
くーくーちゃん

2・6月6日に　雨ザアザア

3・三角定規に　ヒビいって

4・1ひく1は　レイ
1ひく1は　レイ

以上〈しーチャン〉〈くーチャン〉の「6月6日系」身体部を見てきたが、⑬⑭は、「6月6日系」と後述する「くく系」が連結した形で、両者の混合形、あるいは移行形として貴重な存在である。

丸してチョンの13銭

さて次の身体部の「たて横系」を見るとしよう。

シク⑮（栃木）

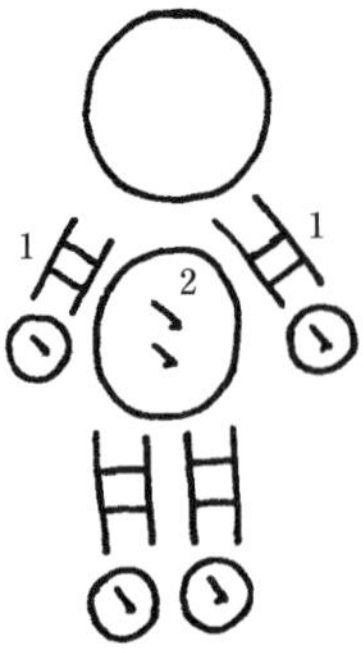

1・たてたて横々
丸してチョン
たてたて横々
丸してチョン

2・丸して　チョンチョン

（以下略）

例の「ヘソ出しルック」かと思ったが、ふたつ並んだ点が奇妙である。

シク⑯（岡山）

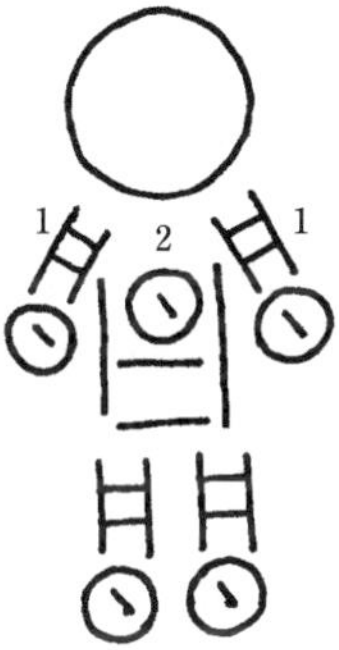

1·たてたて横々
丸してチョン
たてたて横々
丸してチョン

2·たてたて　横々
丸かいてチョン

（以下略）

シク⑰（福岡）

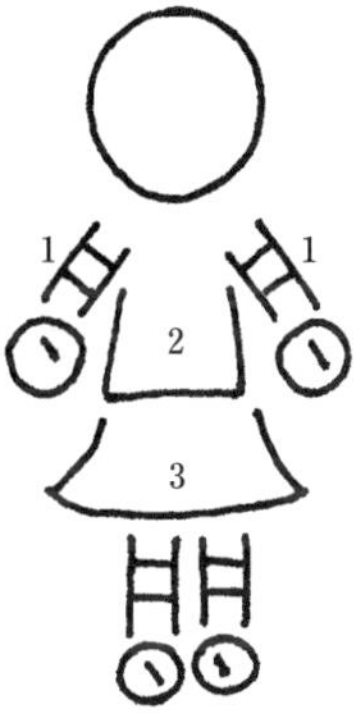

1·たてたて横々
丸してチョン
たてたて横々
丸してチョン

2·しーちゃんのブラウス
すてきでしょ

3·しーちゃんのスカート
すてきでしょ

（以下略）

シク⑱（兵庫）

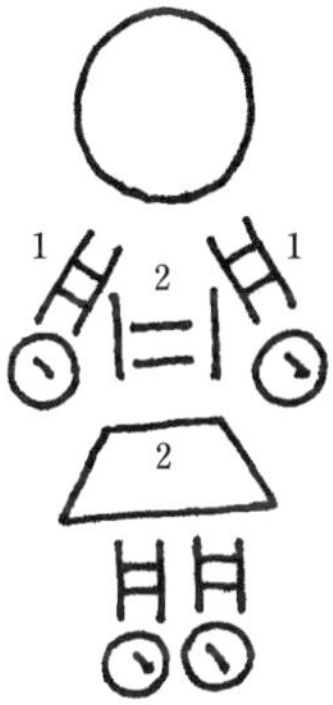

1·たてたて横々
丸してチョン
たてたて横々
丸してチョン

2·たてたて　横々
三角スカート

（以下略）

これまで、手足とともに至って簡潔簡素な服装であったが、やはり女の子らしく、飾りリボンなどがついてゆく。

シク⑲（神奈川）

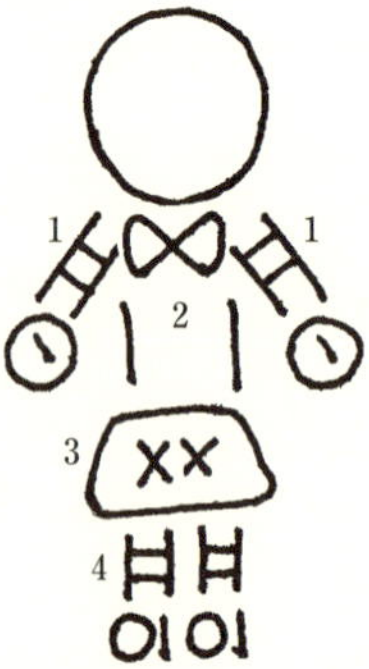

1・たてたて横々
丸してチョン
たてたて横々
丸してチョン

2・やっつの問題　11てん

3・ハンドバックに　キズつけて

4・たてたて　横々　丸にチョン
たてたて　横々　丸にチョン

両脚の表現に苦心していることを前に述べたが、ここでは「丸にチョン」で底高靴を表現しているのだろうか。さらに、

シク⑳（東京）

1・たてたて横々
丸してチョン
たてたて横々
丸してチョン

2・11問題　8点で

3・風がびゅびゅ　ふいてきて

4・雨がざあざあ　ふってきて

5・たてたて　横々
丸チョンチョン
たてたて　横々
丸チョンチョン

と、別な表現で新型の靴をあらわしている。

一方「たて横系」の常法を重ねて「美麗」を表現しようという試みが行われてゆく。

シク㉑（山口）

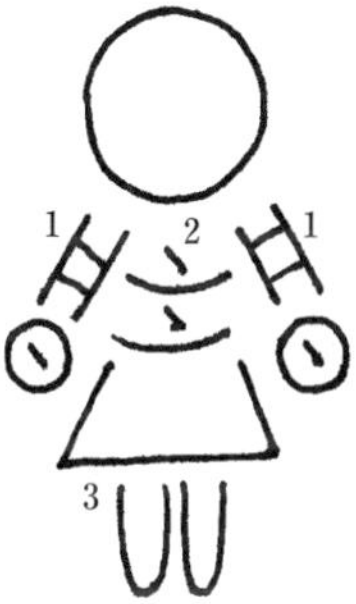

1·たてたて横々
丸してチョン
たてたて横々
丸してチョン

2·三日月チョン
三日月チョン

3·スカートはいて
お出かけね

シク㉒（岐阜）

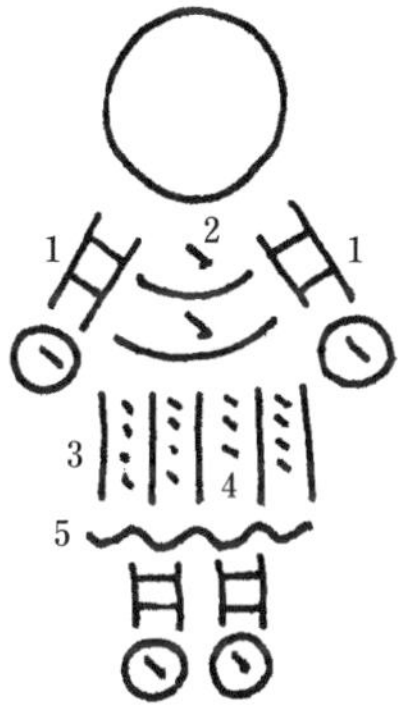

1·たてたて横々
丸してチョン
たてたて横々
丸してチョン

2·三日月チョン
三日月チョン

3·雨がざあざあ
ふり出して

4·あられがぽつぽつ
ふってきて

5·みみずがニョロニョロ
はい出して

（以下略）

この雨や霧などによるスカートの表現にもいろいろと工夫が加えられてゆく。

シク㉓（岡山）

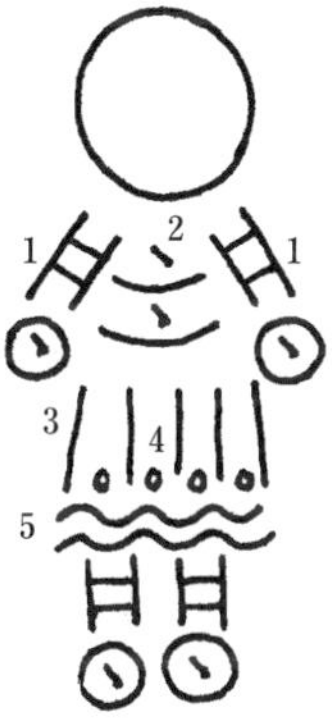

1·たてたて横々
丸してチョン
たてたて横々
丸してチョン

2·三日月てん　三日月てん

3·雨がザンザンふり出した

4·あられがポツポツ
ふり出した

5·大波小波がよせて来た

（以下略）

シク㉔（佐賀）

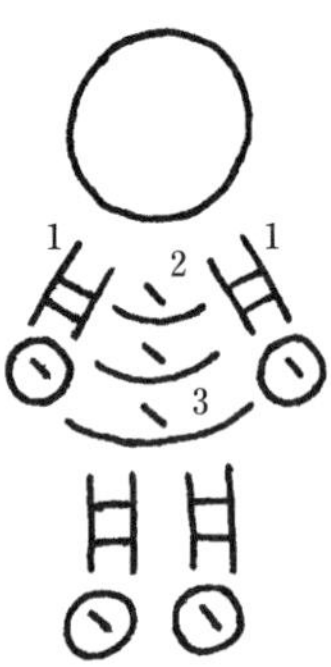

1・たてたて横々
　丸してチョン
　たてたて横々
　丸してチョン

2・三日月とん　三日月とん

3・三日月　とおーん

（以下略）

シク㉕（鹿児島）

1・たてたて横々
　丸してチョン
　たてたて横々
　丸してチョン

2・丸きびチョン
　丸きびチョン
　丸きびチョン

3・雨がザーザーふり出して

4・あられがポツポツ
　おちだして

（以下略）

⑲⑳で「丸にチョン」「丸チョンチョンチョン」と底高靴を表現したことを述べたが、次の例では、また違った表現をしている。

シク㉖（奈良）

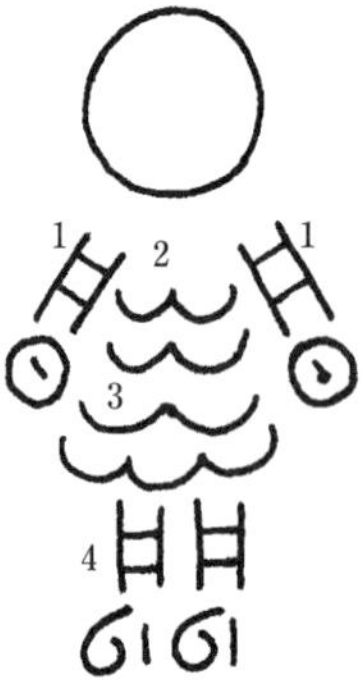

1・たてたて横々
　丸してチョン
　たてたて横々
　丸してチョン

2・おつきみさん
　三日月さん

3・おつきみさん
　三日月さん

4・たてたて横々
　6してチョン
　たてたて横々
　6してチョン

これまでの「たて横系」を正統派とすれば、それにいろいろ工夫をこらした次のような例が続く。

シク㉗（埼玉）

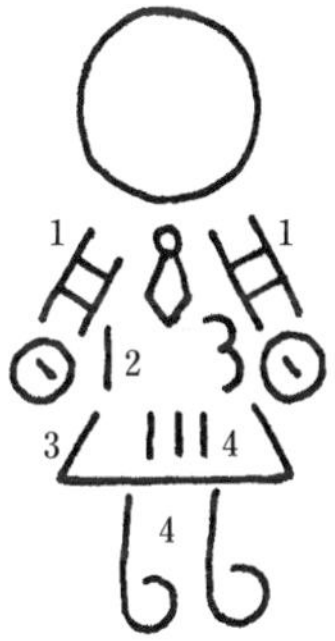

1・たてたて横々
丸してチョン
たてたて横々
丸してチョン

2・かわいい　ネクタイ　13銭

3・かわいい　スカート　はいてゆく

4・6月6日に　雨がふる

「6月6日系」がここでは足となって使われ「たて横系」との融合の形となっている。また「13」という数は、欧米では忌数となっているが、子どもたちの知っている大きな素数であるばかりか、大人の戯《ざ》れ唄、スッチョイ節の一節、

♪スッチョイ　バケツが　13銭　安いと思たら　底ぬけだ

に用いられるように「13銭」は極めてゴロがよいので、子どもたちも盛んに使うのが、ここにあらわれたのであろう。

ペケペケペケと三角定規

次の「くく系」の身体衣服では、また次のような資料がある。

シク㉘（福岡）

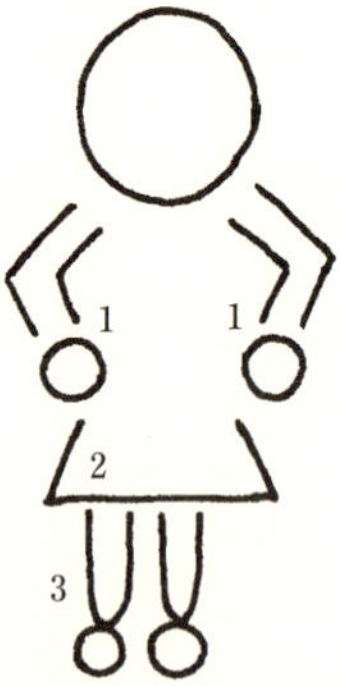

1・くくーちゃん　くくーちゃん

2・スカート　はいて

3・大根あし2本　パン2つ

シク㉙（兵庫）

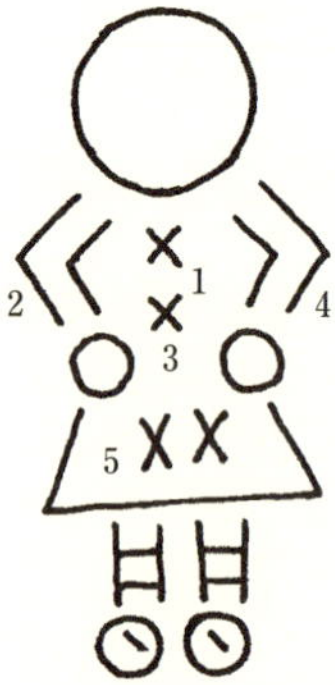

1・ポケポン　ポケポン

2・くやしさ　くやしさ

3・ポケポン　ポケポン

4・くやしさ　くやしさ

5・三角定規　キズつけて

（以下略）

この×印を人によりあるいは地域によって「ペケ／バツ／カケル／ダメ／チョメ」などと称しているが、子どもにとっては相当の脅威の印なのである。

シク㉚（静岡）

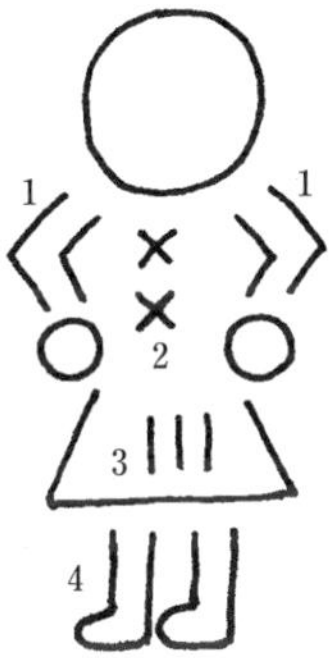

1・くーちゃん　くーちゃん
　くくーちゃん

2・丸がふたつ
　かけるがふたつ

3・三角定規を　キズつけて

4・くつ下一足　かいました

シク㉛（神奈川）

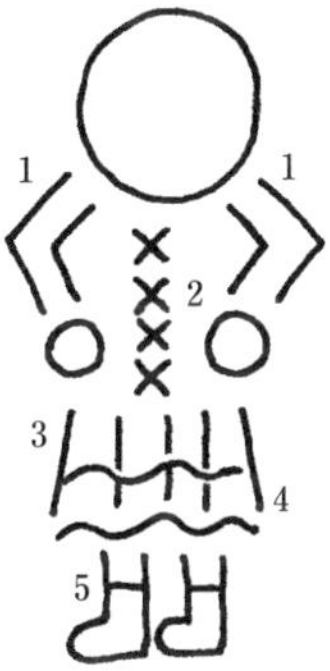

1・くーちゃん　くーちゃん
　くくーちゃん

2・バツバツバツバツ
　丸ふたつ

3・雨がザアザア
　ふってきて

4・なみがゆらゆら
　ゆれてきて

5・長ぐつ一足　はきました

シク㉜（兵庫）

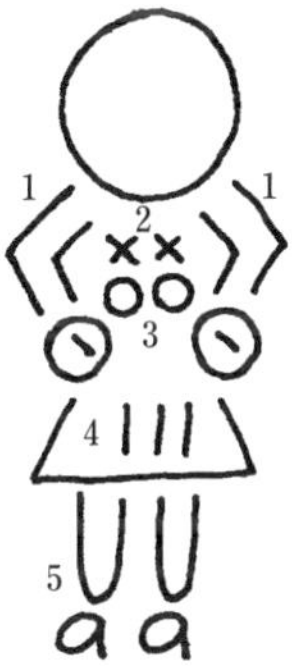

1・くーくーちゃん
　くーくーちゃん

2・ペケペケ　丸丸

3・丸かいてチョン
　丸かいてチョン

4・三角定規に　キズつけて

5・大根2本で　9円9円

絵かき遊びで丸や三角の形が盛んに用いられるが、後者は「三角定規」としてあらわされる。玩具や雑誌など持ち込めなかった戦前の教室で、学用品の中でなんだか玩具の風合いを持つのが三角定規だったから、ピストルにしたり、鉛筆を穴に入れてくるくるまわしたあげく、セルロイドやプラスチックの本体にイタズラ彫刻した小さな後悔が、常套句《じょうとうく》となって多用されている。また大根で足をあらわす成人の発想を、子どもたちはどこで獲得したのだろうか。さらに、

シク㉝（宮城）

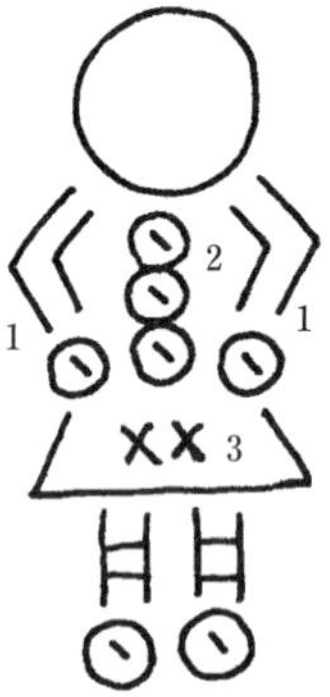

1・くーちゃんくーちゃん
丸かいてチョン
くーちゃんくーちゃん
丸かいてチョン

2・三つのボタンに
キズついて

3・三角定規に　キズついて

（以下略）

シク㉞（滋賀）

1・くーちゃんくーちゃん
くーくーちゃん

2・丸々もらって
三角定規は
チョメチョメチョメ

3・くーちゃんくーちゃん
くーくーちゃん

4・丸してチョメ
丸してチョメ

㉞で雪道に使うかんじきが登場した。

一方、数字「6」の、スマートな使い方の資料もある。

シク㉟（長野）

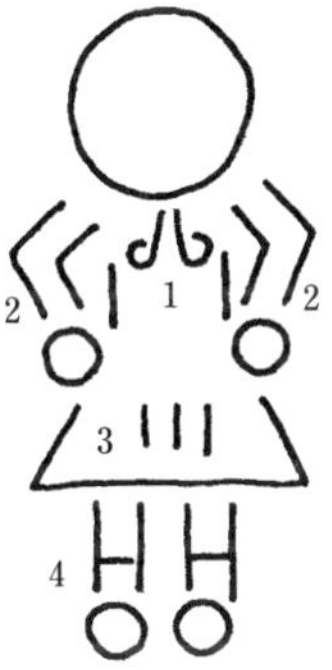

1・きれいなようふく　66円

2・くーくーちゃん
パンかいに
くーくーちゃん
パンかいに

3・三角定規に　キズついて

4・たてたて　横で
パンかいに
たてたて　横で
パンかいに

こうして、一五種の「くく系」資料を得た。

大根の足、にんじんの足

以上のような三つの身体部以外に、各種の変形や折衷型、混合型や簡略型の資料が残った。これらの「雑多系」の中で、「たて横系」と「くく系」が混合したような次の例がある。

シク㊱（香川）

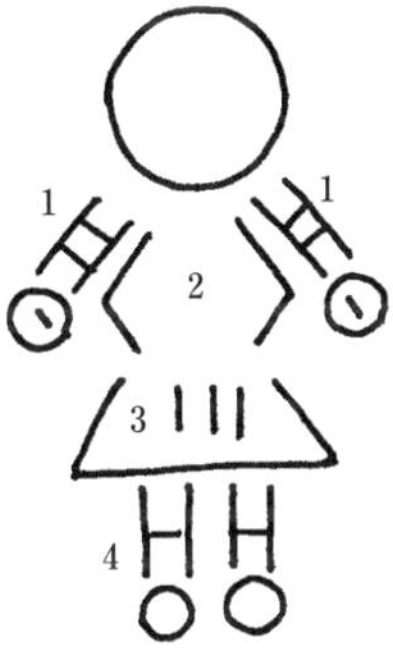

1・たてたて横々
丸してチョン
たてたて横々
丸してチョン

2・くーくー　くーちゃん

3・スカートかって　111円

4・たてたて横で丸
たてたて横で丸

シク㊲（秋田）

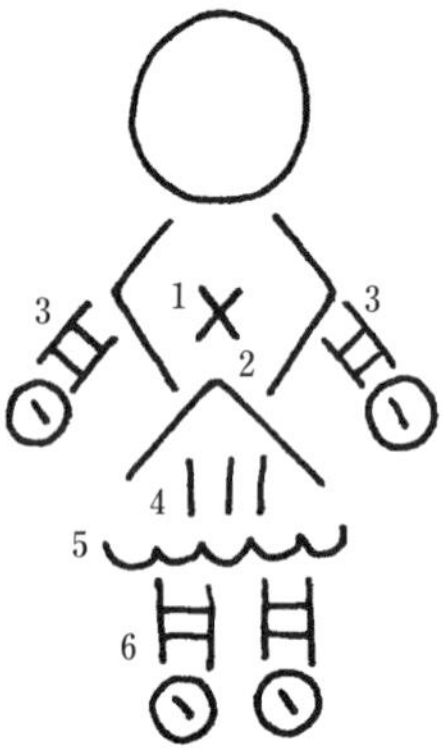

1・くーちゃん　くーちゃん

2・バツ点もらって
へいきでね

3・たてたて横々
丸でチョン
たてたて横々
丸でチョン

4・雨がざあざあ
ふってきて

5・くもがゆらゆら
ゆれてきて

6・たてたて横々
丸でチョン
たてたて横々
丸でチョン

次の資料は「たて横系」と「くく系」の、それぞれの変形の接合である。

シク㊳（鹿児島）

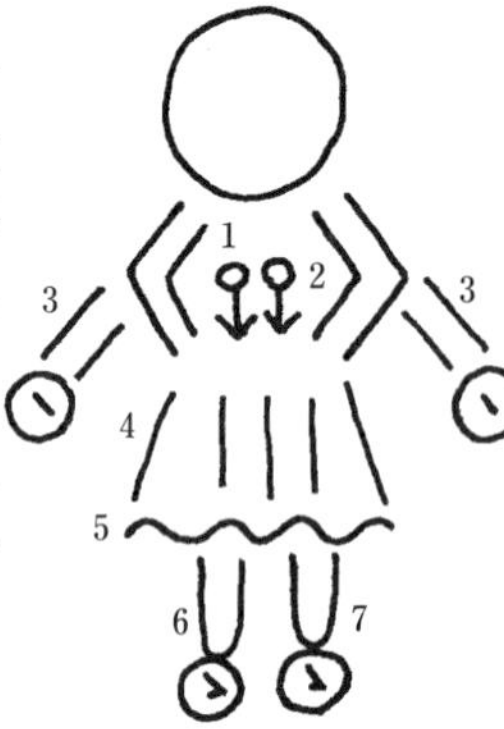

1・くうちゃん　くうちゃん
くくーちゃん

2・お花を２本　かいまして

3・たて棒たて棒
丸してチョン
たて棒たて棒
丸してチョン

4・雨がザアザア
ふり出して

5・みみずが一ぴき
はい出して

6・にんじん一本
丸かいてチョン

7・だいこん一本
丸かいてチョン

成人のように足は大根ばかりとせず、にんじん足を登場させるのは、やはり子どものなせる業《わざ》であろう。

シク㊴（兵庫）

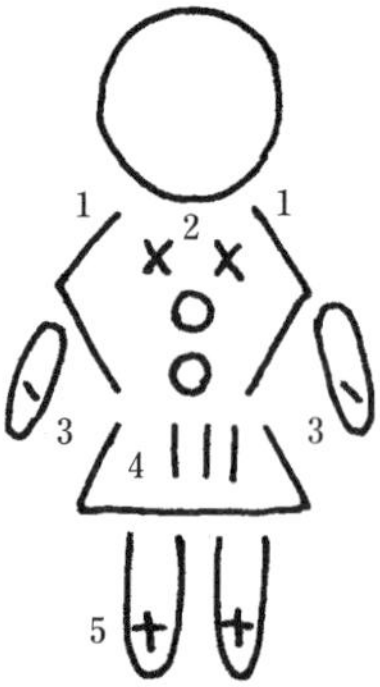

1・くーく　くーちゃん

2・ペケペケ　まるまる

3・長まるチョン
長まるチョン

4・三角定規　キズつけて

5・大根十円　一本十円

この姿態は131ページの〈ニンギョウ〉の四肢と「くく系」の融合のようである。そして、

シク㊵（北海道）

1・ろくちゃん　いくちゃん
ろくちゃん　いくちゃん

2・赤いスカート　はり３本

3・ろくちゃん　いくちゃん
ろくちゃん　いくちゃん

は、「6月6日系」の変形した「61系」となっている。

以上の各系の複合型、融合型とともに、簡略簡素そのものの資料もある。

シク㊶（岐阜）

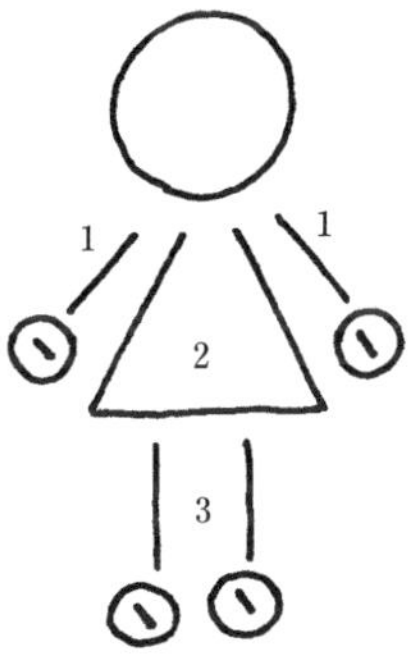

1・棒まるチョン　棒まるチョン

2・三角定規で

3・棒まるチョン　棒まるチョン

さらに赤裸の「ヘソ出しルック」が続く。

シク㊷（茨城）

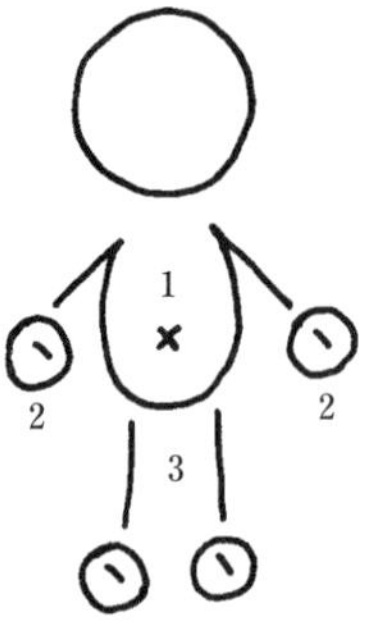

1·ひょっこり　バッてん

2·丸して　チョン
丸してチョン

3·ぼう丸チョン
ぼう丸チョン

シク㊸（和歌山）

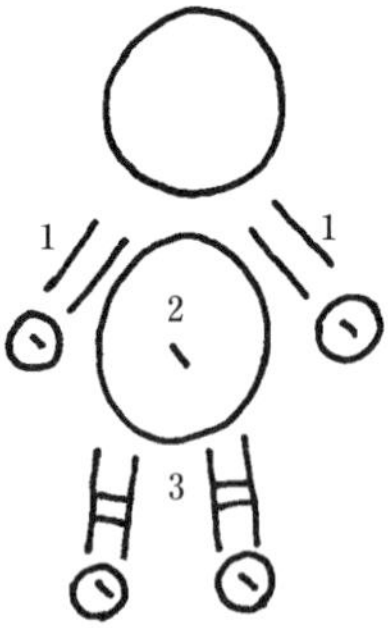

1·ぼうして　ぼうして
丸かいてチョン
ぼうして　ぼうして
丸かいてチョン

2·へそ丸チョン

3·たてたて横々
丸かいてチョン
たてたて横々
丸かいてチョン

以上のような各種の複合型や簡略型を含む「雑多系」資料一一種を得た。

かくして「三人娘」の三人目は、「く・し・て・リットル」の文字を構成要素とした〈しーチャン〉〈くーチャン〉並びに簡略型の「テンプルちゃん」の「顔」を得たが、それらの代表名を「し・くチャン」とすれば六二種の資料となった。

その身体部の資料七五種とを表16にまとめた。

表16　三人目娘「し・くチャン」の種類表

顔頭部	種類数
〈しーチャン〉	36種
〈くーチャン〉	26種
合計	62種

身体部	種類数
「6月6日系」	27種
「たて横系」	22種
「くく系」	15種
「雑多系」	11種
	75種

表17　三人娘の顔頭部・身体部の種類数

種類	顔頭部	身体部（計236種）			
		6月6日系	たて横系	くく系	雑多系
マルチャン娘	〈マルチャン〉 117種	〈マル〉 34種	〈マル〉 26種	—	〈マル〉 13種
つ・てチャン娘	「つ・てチャン」 89種	〈ツー〉19 〈テー〉19 38種	〈ツー〉16 〈テー〉19 35種	〈ツー〉6 〈テー〉7 13種	〈ツー〉— 〈テー〉2 2種
し・くチャン娘	「し・くチャン」 62種	〈シク〉 27種	〈シク〉 22種	〈シク〉 15種	〈シク〉 11種
合計	268種	99種	83種	28種	26種

＊〈マル〉の「くく系」は1資料のみであったため、「雑多系」としてまとめた（360ページ、363ページ参照）。

三人娘の関係と総括

第7章でのこれまでの記述により、「三人娘」のそれぞれの特徴と、相互の関係が明らかとなってきた。以下にそれらを要約する。

❶子どもたちの中で、とくに女の子は、服を着た女子像を描きたい希求を持つ。そのあらわれが「三人娘」の全身像「マルチャン娘」「つ・てチャン娘」「し・くチャン娘」の絵かき遊びとなる。

❷得られた三〇〇〇余の資料より表17のようなそれぞれの顔頭部と身体部の種類を得た。身体部約二〇〇種は「三人娘」に自由に交換可能である。

❸顔頭部は、最も特徴がはっきりする所である。❶により全身像を描く際、最

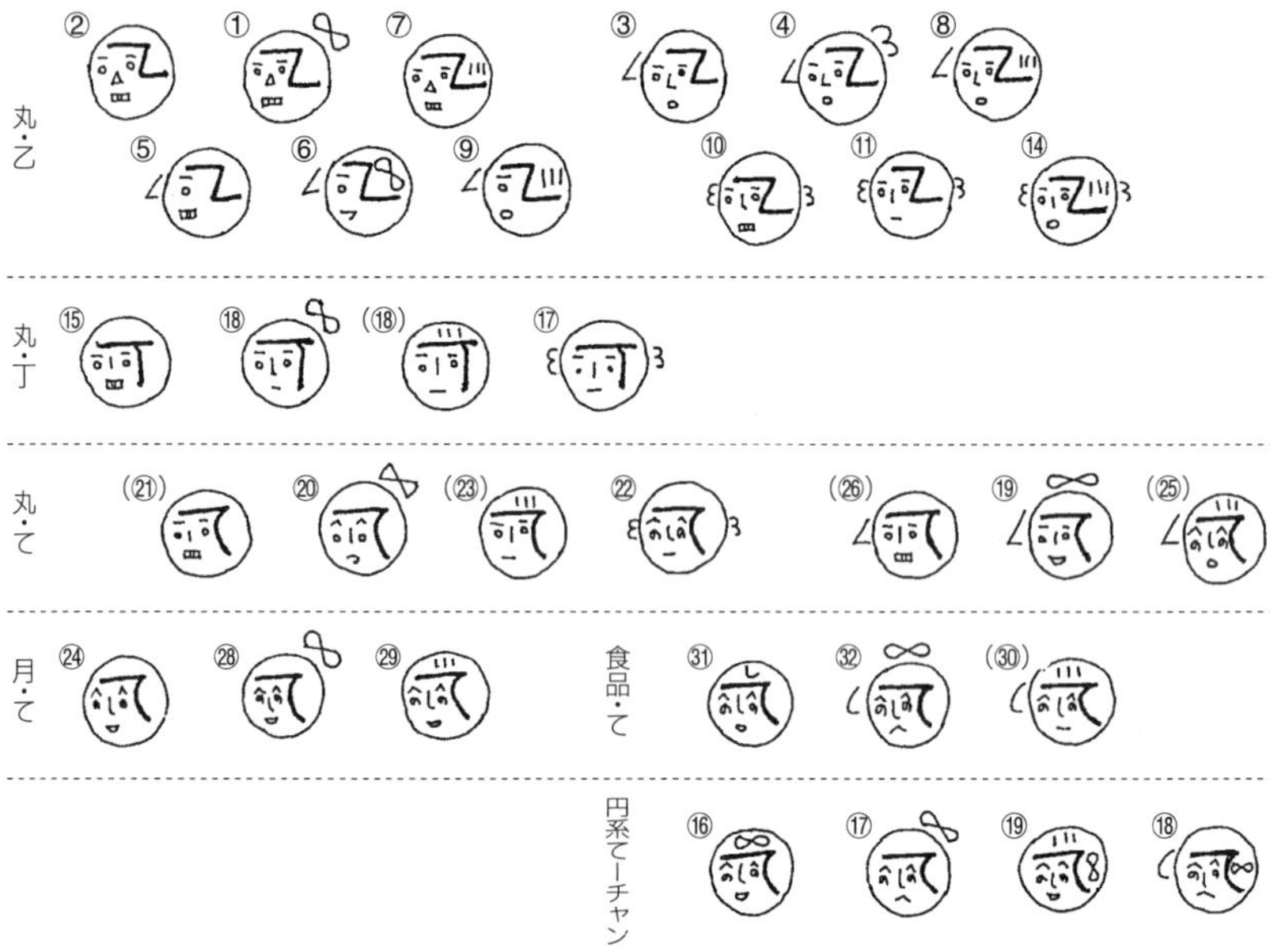

図6　マルチャン娘関係図

も容易な顔頭部の描法は円形である。それが〈マルチャン〉の出発点となり「三人娘」の源泉になったと推測される。

❹円形の顔頭部で「女の子」をあらわすための髪型を示すので、「乙」の字、すなわち「丸・乙」が案出され、やがて「丸・丁」から「丸・て」、そして「月系」、「食品系」と変化をたどったと推定される。こうした変化と資料との関係を図6に示す。

❺このようにして「マルチャン娘」が成立すると、その髪型、表情、衣服等に種々な工夫や変化が加わってゆく。こうした中で円形の顔頭部の外形を、ひらがな文字で表現する試みから「つくして」の四文字の活用となり、やや変化に富む「つ・てチャン娘」が成立し

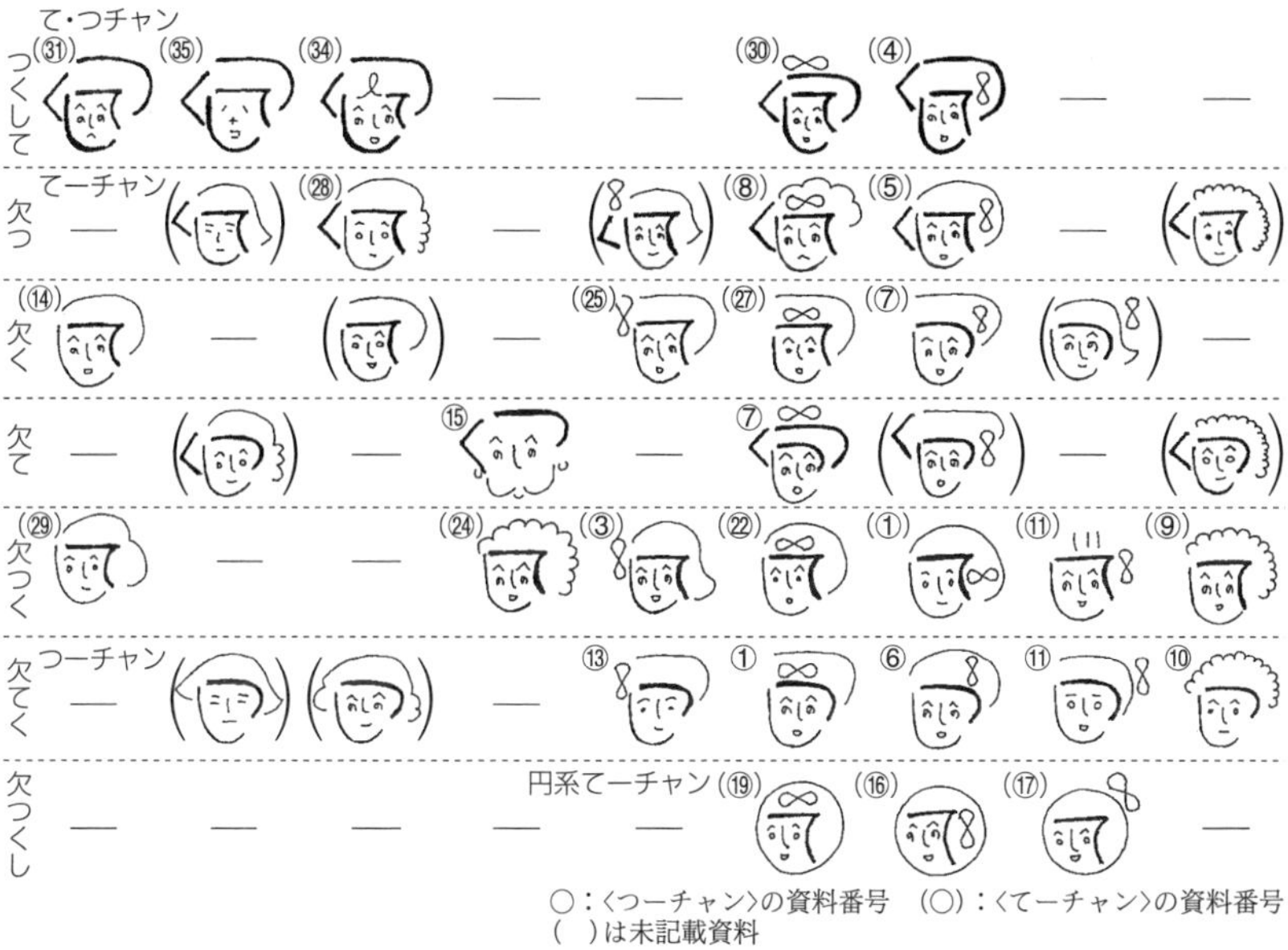

図7　つ・てチャン娘関係図

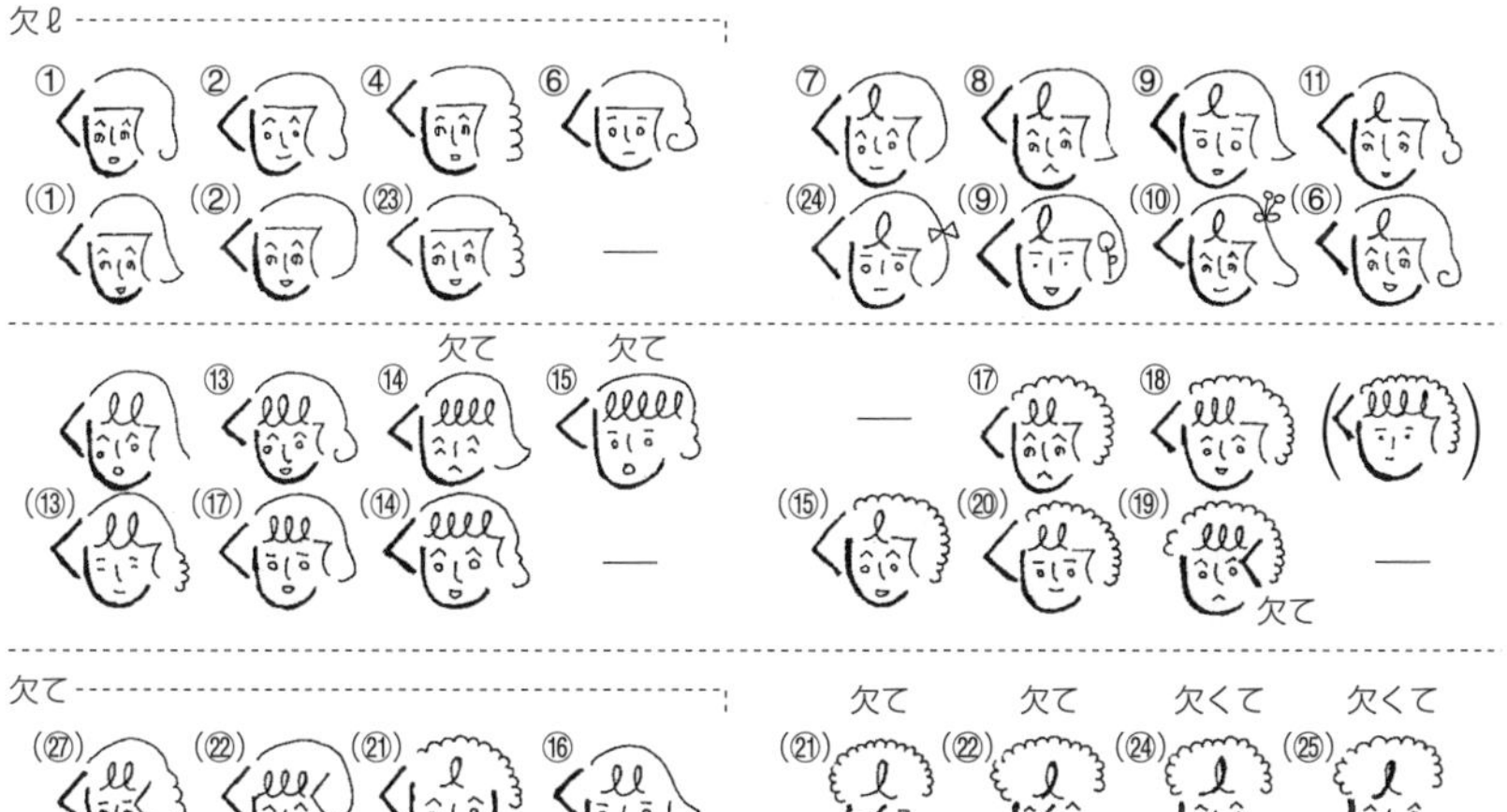

図8　し・くチャン娘関係図

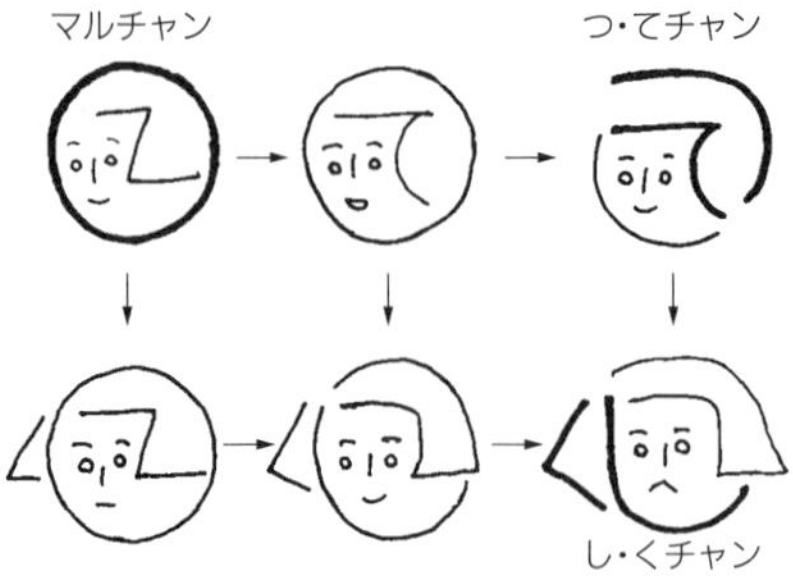

図9　三人娘の顔頭部関連図

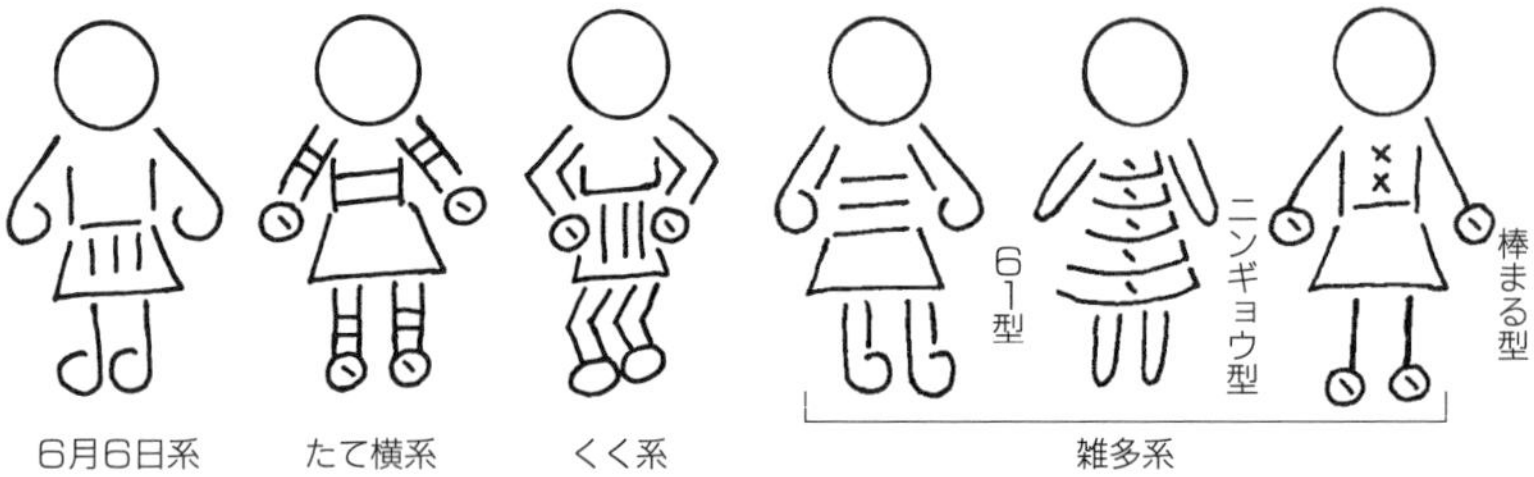

図10　身体部の基本構成

ていった。

❻この「つ・てチャン娘」は「つ」「て」の文字を主幹とする変化と、一部の欠落忘失により、種々な種類を派生していった。その関係を図7に示す。

❼一方❺の「つくして」の残存の「し」「く」の二文字を構成の主幹とする「し・くチャン娘」が成立、さらにℓの文字や一部の欠落忘失により多様化していった。〈しーチャン〉系と〈くーチャン〉系の対比と関係を図8に示す。

❽以上のような「三人娘」の関係関連を端的に図示すると、顔頭部〈マルチャン〉と「つ・てチャン」と「し・くチャン」は図9のごとくであり合計二七〇近くの種類を入手した。一方、身体部は、図10のごとき「6月6日系」

「たて横系」「くく系」及び「雑多系」の四系統の基本形をもとにした、総計二三〇余の種類を得たが、顔頭部との組み合わせにより「マルチャン娘」「つ・てチャン娘」「し・くチャン娘」が形成されているのである。

第8章・文字の遊びと文字絵の問題

文字の絵かき遊び

すでに263ページの「んちゃんチンドンヤ」をはじめ、第7章の〈つーチャン〉や〈てーチャン〉など、文字を使う絵かき遊びをいくつか見てきた。親たちはもちろん、当の子どもにとって文字が書ける、文字を使えるという喜びや、それを使って遊べる満足感が、文字のある絵かき遊びに拍車をかけるのだろう、熱中の度がほかよりも大きくなる。本章では本格的（?）な文字の絵かき遊びをお目にかけるとする。

お前はどこのかめさんか

文字の絵かき遊びの中に、ひとつの文字からはじまって、かわいい「かめのこ」を描く一群がある。

カメノコ①（東京）

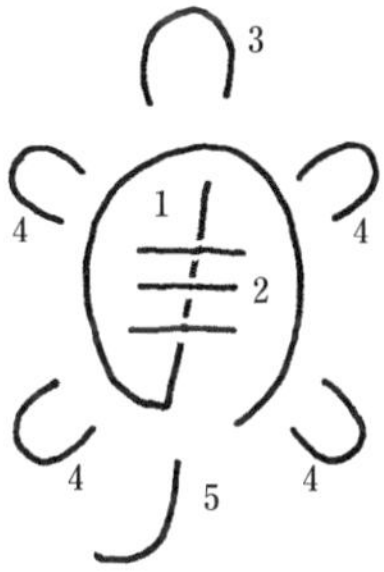

1・のりおくれ

2・三枚か

3・おまえは

4・となりの

5・かめさんか

両者とも歌詞1の「のり」の頭文字からはじめ尻尾で終わるが、足の形を異にしている。
この①②の描き方と画図をやや異にするものに、次のような例がある。

カメノコ②（宮城）

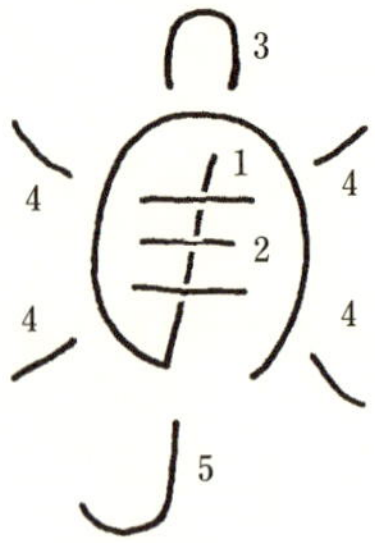

1・のり下さい
2・三銭です
3・おまえ
4・どこの子
5・かめやの子

カメノコ③（北海道）

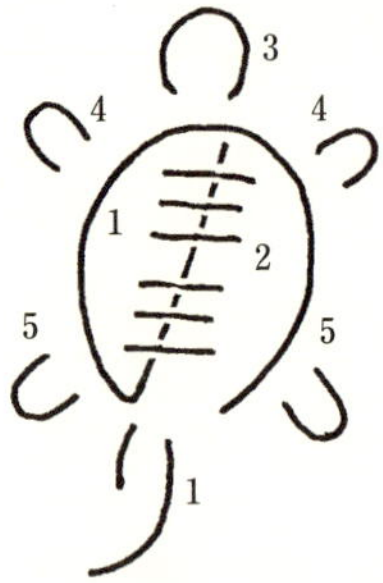

1・のりちょーだい
2・三枚三銭だ
3・お前は
4・どこの子だ
5・かめやの子か

この三種の画図を描く、ほかの歌詞として、歌詞1には「のりまいて（岡山）、のりたべて（三重）、のしおくれ（群馬）、のしつけて（徳島）、農村の（山梨）」、歌詞2には「三センチ（北海道）、三輪車（栃木）、三円だ（埼玉）、三文じゃ（群馬）、三里さき（北海道）、三人が（山梨）、さんりんぼ（福井）、三千三銭（京都）」などがある。

一方、①②は「の」「三」の二文字を用いているのに対し、③では「り」を加えた三文字を利用している。

また次のような例もある。

カメノコ④（愛知）

1・のりまきが
2・三十銭
3・あんたは　どこのこ
4・となりの　かめの
5・しりしっぽ

同じ歌詞でも、四つの足を②のように略記するもの（岐阜、岡山、山口）があったが、いずれも「の・三・し」の三文字を利用するもので、①〜③の画図に似ているが、④は尻尾が右へ曲がる特徴を示している。まったく同じ画図④′で、

カメノコ④′（和歌山）

1・のぎさんが
2・さんぽして
3・あんたたち　どこゆくの
4・となりのうちの　かめのこの
5・しっぽ

というのがあった。この歌詞の意味は何なのであろうか。
また次のような二資料を入手することができた。

カメノコ⑤（埼玉）

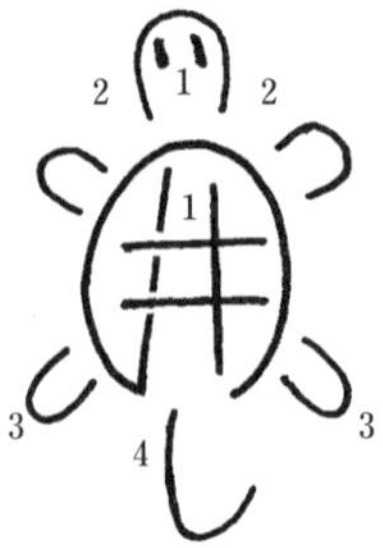

1・のぎさんが

2・一、二、三

3・あんたは　となりの

4・かめのしり

カメノコ⑥（岡山）

1・のぎさんが　さんぽして

2・あんたは　どこの
こどもかい

3・となりの　かめやの

4・しりっぽかい

④は「の・三・し」、⑤は「の・ギ・し」⑥は「の・三・し」と、それぞれ三文字を利用している中で、「の」の字のために登場している「のぎさん」とはいったい誰のことなのだろうか。「のぎさんのカメ」の資料は、概して全国の年長者に分布記憶されていたところから、当時国民的英雄であった乃木希典《のぎまれすけ》将軍とみてよいだろう。しかし、旅順《りょじゅん》攻略の戦功者としての歌詞ではない点から、晩年、学習院院長時代、「早朝の乗馬による散歩を描写」との伝承が流布されている。全体にただよう雰囲気は、殉死《じゅんし》した悲

劇の将軍に寄せる子どもたちの思いなのであろうか。
ところで「のり」にしろ「のぎさん」にしろ、この一連の遊びが、「の」という文字を主にして展開するために歌詞の冒頭に登場してきていた。しかし次の例からは「の」が次席になってしまうのである。

カメノコ⑦（新潟）

1·とん　とん　とん

2·のり下さい

3·三円です

4·お前どこの子

5·かめのこちゃん

さらに⑧以降では「の」の字が歌詞から消えてしまっている。

カメノコ⑧（宮城）

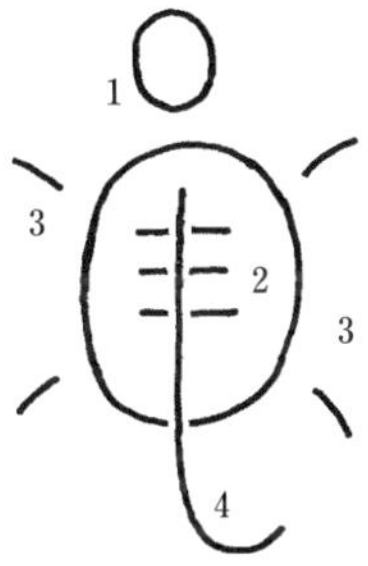

1·いもちょうだい

2·三円だ

3·おまえ　どこの子だ

4·かめやまの子

カメノコ⑨（大阪）

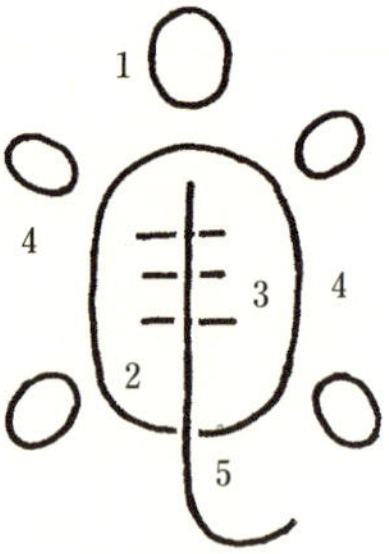

1・まめくって

2・いもくって

3・三人で

4・たいこたたいて

5・わしゃ　かめだ

この⑧⑨では「三」の一文字しか用いていないが、⑧の「かめやま」は宮城県気仙沼《けせんぬま》市と、利府《りふ》町に「亀山」の地名があり、⑨の類例に歌詞5が「わしゃしらぬ（京都）」というのもあったので、あるいは本来は④⑥のように、「の・三・し」の三文字を使ったものが伝承の間に欠落、変形したのかもしれない。

いずれにしても〈カメノコ〉は、文字を覚えはじめの子にふさわしい頻度の多い「の」の字を基本とする、明快簡潔なかわいいかめを描き、資料として一〇種を得た。

つるつるめんとの〈ツルサン〉

前述の〈カメノコ〉に、無理に対応させたわけではないが、文字や数字を使う絵かき遊びの中で、とくに注意を払っているのは〈ツルサン〉である。

ツルサン①（神奈川）

1・つる

2・さんハ

3・まるまる

4・ムし

このひらがな、カタカナ、数字からなる画図を見る時、私事で恐縮の至りだが、種々な感慨を抱く。冒頭に記した〈キンギョ〉とともに一九五一年、セツルメントの子ども会に来ていた小学校三年生のしょうぞうクンから教わったものである。セツルメントとは、いわば社会福祉活動のひとつで、戦後の工場労働者の街の一角で、医療や教育志向の学生、ＯＢが、夕方や休日、小さなハウスを拠点に活動を行っていた。現今のボランティア活動のはしりといったらよいだろうか。しかし地域の人々は、そうした奉仕のうらに何か下心があると思い、折からの政治情勢から、アカの巣とにらんでいた。だから子どもたちもセツルメントとよばず「つるつるめんと」とはやし、

♪つるつるめんと　つるめんと
つるつるめんとの　ハゲあたま
つるつるめんとの　百ワット

ツルサン　〈採譜地・川崎〉

つるつるめんとのうた　〈採譜地・川崎〉

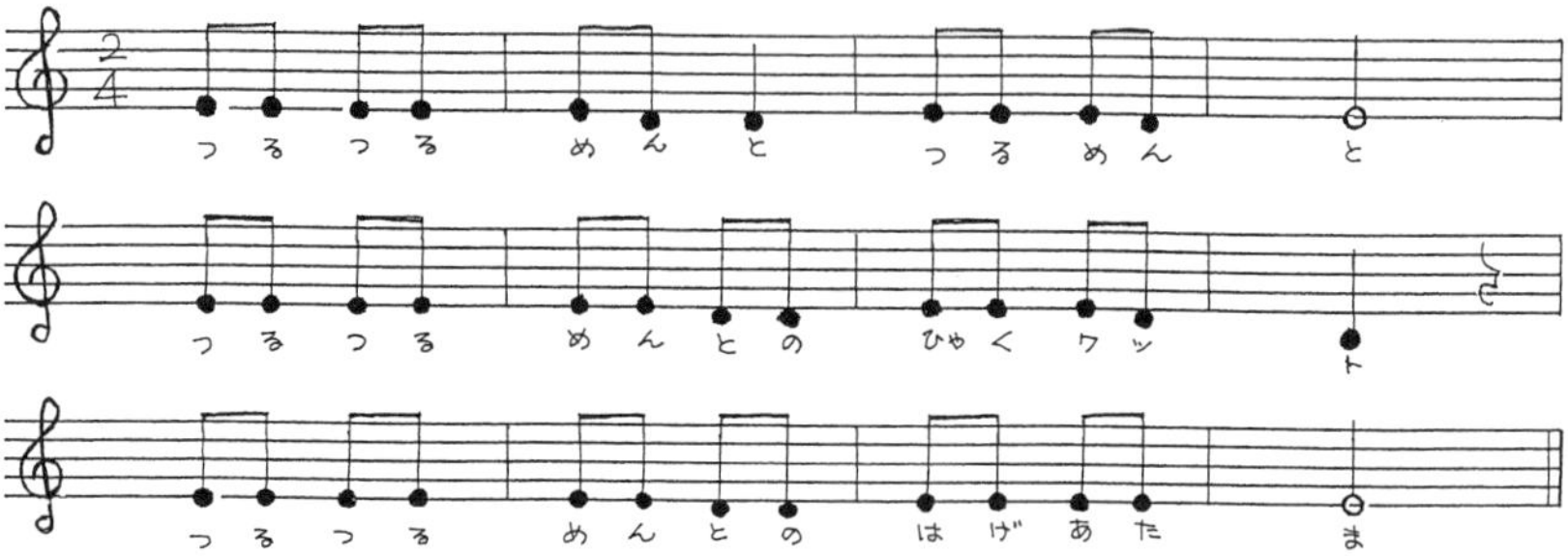

という悪口歌と、対応する前記の〈ツルサン〉の落書きを、ハウスの外壁に描きちらしていた。セツラーたちはせっせと消したり、いさめたりしたものの、女子学生など逆に泣かされる有様だった。子ども会の担当だった私は、子どもたちには何の罪もないのだからと、一緒にその悪口歌を歌い、〈ツルサン〉を描いて遊んだ。こうして半年ほどもたった頃にはつるさんの歌はセツルの讃歌（カンタータ）となり、〈ツルサン〉はセツルのシンボルマークに変貌《へんぼう》していった。

この間、北海道・青森・宮城・長野・京都・岡山・佐賀の友人知人から、①と同じものが伝承されていることを知らされ、しだいに全国への調査へ深入りして行った。

この間もうひとつ重要な示唆がもたらされた。それは、

ツルサン①′（大阪）

つる三八　まるまるムし

と、まったく①と同文であるが、最後の「し」の描く位置を、鼻の下からではなく、目の横から大きく描く画図があることがわかった。前者①は真横ではないが、8対2ぐらいの偏りで右を向いている。しかし①′は真正面ではないが6対4ぐらいの向きである。したがって①はやや精悍《せいかん》な横顔だが、①′は柔和な太り顔で、異なった人物像を示す。こうした例は非常に珍しく、この両者の描き分けで、子どもたちは多様化を楽しむのであるが、以下必要な時、正面（寄り）の方に「′」をつけることにする。

さて調査を続けてゆく中で、横浜市鶴見《つるみ》区の子どもたちが①の歌詞を、「つるみハ　まるまるムし」といっていて、その御当地主義に感心している間、次のような例に出会った。

ツルサン②（京都）

つる二ハ　まるまるムし

ツルサン②′（青森）

つる二ハ　まるまるムし

苦悩を刻む額のシワが、一本少なくなることで表情もまた少し異なるが、これにも前例と同様の正面型②′がある。

しかしこの額のシワの数は、たとえば〈しーちゃん〉の服装の模様やボタンの数のようにむやみに増減

せず、四本じわも、一本じわも四〇年間私は待ち、そして探したがついに出会わなかった。そして一挙に、

ツルサン③（大阪）

つる八　まるまるムし

となる。もちろん正面型③′（千葉）もあり、

ツルサン③′（千葉）

つる八　まるまるムし

ツルサン④（岐阜）

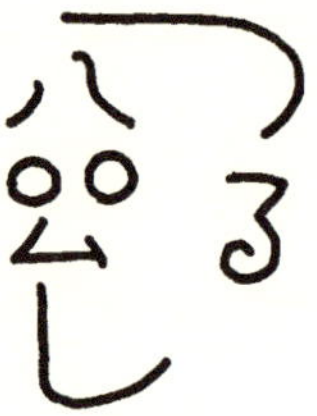

つる八《はち》　まるまるムし

と、数字にかえるものもある。

かくして美容整形は、額のシワだけではなく、顔の各部に及んでゆく。まず目の部分に表現や工夫を加えたものに、

というのがあらわれる（これらすべてに額のシワの変化型や正面型があるが、煩雑のため、以下代表例のみを示し、ほかを省略する）。

ツルサン⑤（富山）

つる二ハ
めがねムし

ツルサン⑦（静岡）

つる二ハ
まる点まる点
ムし

ツルサン⑥（岡山）

つるハ
まるチョン
まるチョン
ムし

ツルサン⑧（北海道）

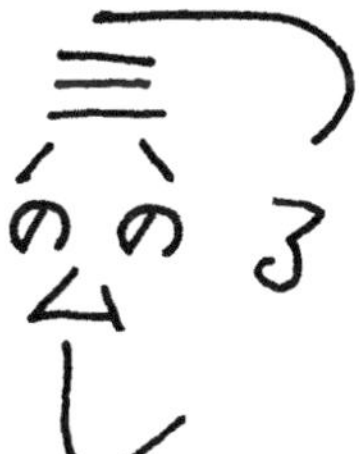

つるさんハ
ののムし

さて⑧の、目の所をカタカナに変換すると、これまたがらりと違った表情をあらわす。

ツルサン⑨（山形）

つるハ　ノノムし

このカタカナ変換が口もとに及ぶと、

ツルサン⑩（宮城）

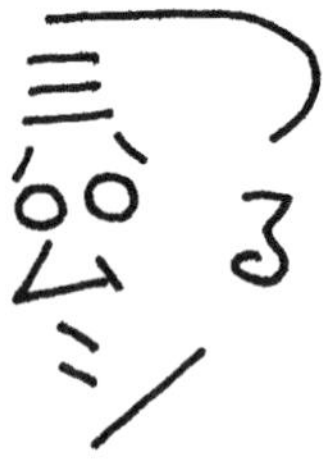

つるさん八　まるまるムシ

ツルサン⑪（東京）

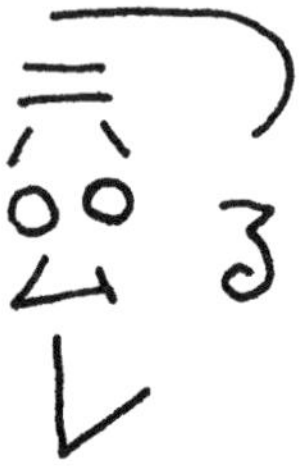

つる二八　まるまるムレ

さらに少々手がこんだものに、

ツルサン⑫（京都）

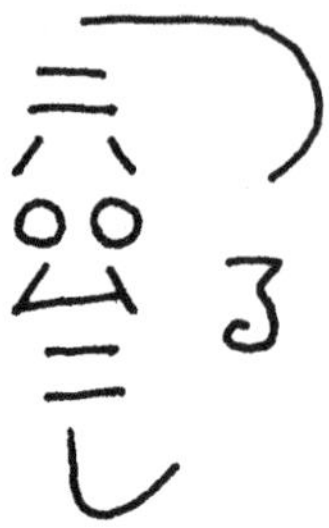

つる二八　まるまる
ムニし

ツルサン⑬（静岡）

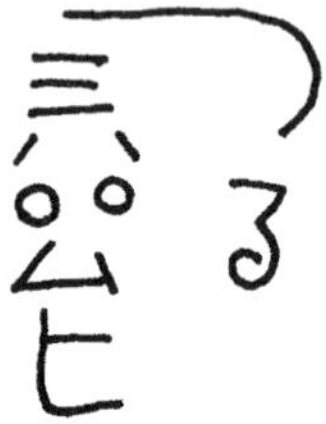

つるさん八　まるまる
ムヒ

などがあった。そしてまるで笑劇ののんきな父さんとムコどのを思わせるような、

ツルサン⑭（愛知）

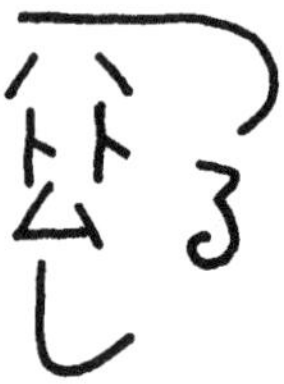

つる八　トトムし

ツルサン⑮（静岡）

つる二八　まるまる
ムこし

ツルサン⑯（長崎）

つる六　まるまる
ムし

というのもあらわれた。

こうした〈ツルサン〉群の多様な展開は、

❶横顔・正面の重複表示。

❷シワ・目・口など各部の変化とその組み合わせ。

❸使用する文字の変換・転移・活用。

により、実体は掲載例の数倍の資料数となる。

しかし❶の主因である「し」の描出位置の移動や❷の額のシワの数の変更、あるいは❸の「し」が「シ」にかわったり、「ムシ」が「ムニし」にかわったりすることなどは、書き誤り、転写違い、描き忘れなど、口誦《こうしょう》伝承のうつろいやすさが、多様さを生み出したと思われる跡を容易に見出すことができる。たとえば②の歌詞「二ハ」を見誤まった結果が⑯「六」で（後記の㉜も同様であろう）こうした経緯を随所に見出すことができる。普通の絵かき遊びのように、線や円や点による構成ではあまり気づかないが、文字や数字の構成である場合、どこでどうして変化や誤りをおこしたかを示してくれることとなった。こうして「つるつるめんと」の悪口歌にはじまったこの〈ツルサン〉の調査は、私に貴重な収穫をもたらし、以後まだまだ多くの〈ツルサン〉に出会うこととなった。

ムロし、ムトし、そしてマムし

これまで述べてきた〈ツルサン〉は、①に示したように、一〇字ほどの文字や数字などによる顔の構成であったが、ほかの文字や数字を使って、それまでとは異なる表情をあらわすものが、次々に出てきた。

ツルサン⑰（富山）

つる二八　100　ムヒ

ツルサン⑲（福岡）

つる三八
まるまるむし

ツルサン⑱（岐阜）

つる二八　まるまる
ムロし

ツルサン⑳（神奈川）

つる三八　まるまる
ムつし

まったく同様の歌詞であるが、ひらがな文字とカタカナ文字を使い分けているものがある。

ツルサン⑳′（青森）

つる三八　まるまる
むつし

ツルサン⑳″（富山）

つる三八　まるまる
ムツし

この⑳′の例は、同じ青森県のむつ市をおりこんだ御当地版となっているのかと思ったけれど、栃木、大阪、兵庫などでも同じ資料が得られたので、直接の関係はないものと思われる。

他方――

ツルサン㉑（北海道）

つるさん八　まるまる
しし

ツルサン㉒（岡山）

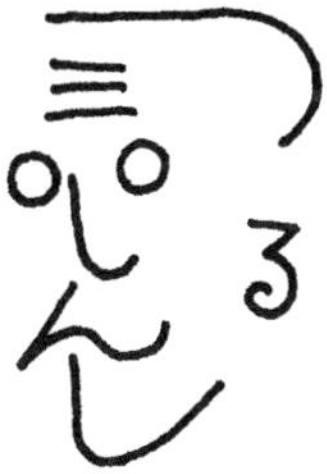

つるさん　まるまる
しんし

などは、歌詞の意味が不明瞭《ふめいりょう》であるが（㉒はあるいは「しんし（紳士）」の意か）、次の例では、釣り好きの人が生き餌のことを「むし」とよんでいることを考えると、は、意味も通ったなかなかのできといえる。
またカタカナを巧みに生かしたものに次のような例がある。

ツルサン㉓（岩手）

つりニハ　まるまる　ムし

ツルサン㉔（富山）

つる八　豆豆　ムトし

ツルサン㉖（広島）

つる八　まるまる　ノムし

ツルサン㉕（福島）

つる八　まるまる　ノし

ツルサン㉗（熊本）

つる八　まるまる　のムし

ツルサン㉘（石川）

つる二八　まるまる
ハムし

ツルサン㉚（香川）

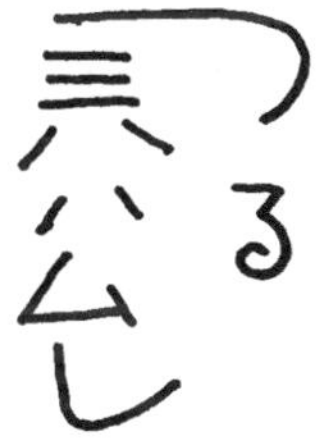

つる三八　ハムし

ツルサン㉜（青森）

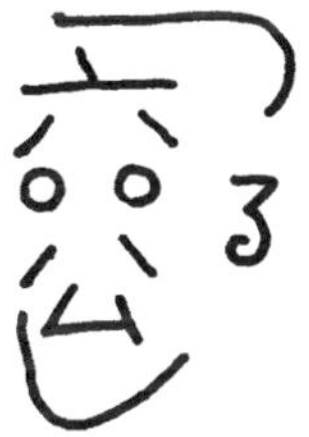

つる六　まるまる
チョンチョンムし

ツルサン㉙（奈良）

つる二八　まるまる
てんてんムし

ツルサン㉛（岡山）

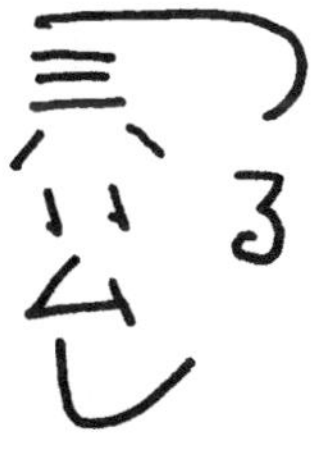

つる三八
ちょんちょんムし

上記の中で㉖と㉗、㉘と㉙、㉚と㉛、及び㉘と㉜は同形異称、あるいは同文異形と考えられる。

さらに鼻下のヒゲをはっきりとさせた例として、

があらわれる。

こうした中、「つるつるメントのツルサン」の冒頭〈ツルサン〉①①′などで述べた横顔か正面顔かの問題に、はっきり決着をつける資料があらわれた。

ツルサン㉝（兵庫）

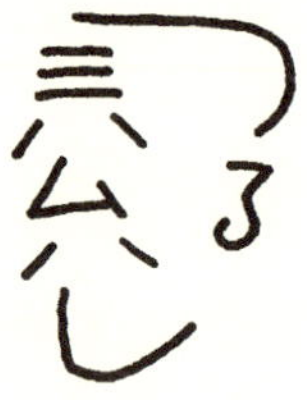

つる三ハ　ムハし

ツルサン㉞（栃木）

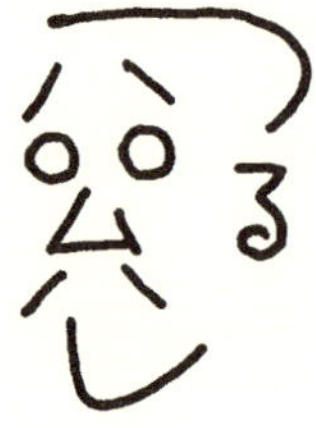

つるハ　まるまる　ムハし

ツルサン㉟（山口）

つるべの　ムシ

ツルサン㊱（大阪）

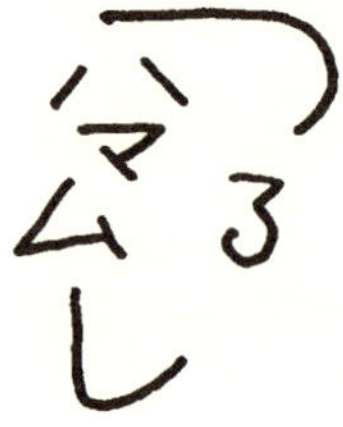

つるハマ　ムし

ツルサン㊲（和歌山）

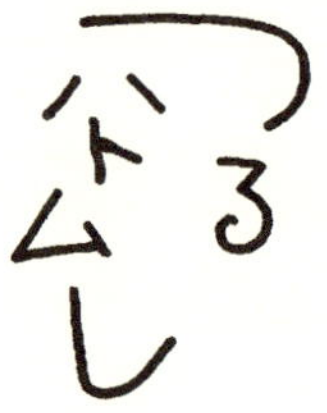

つるハト　ムし

ツルサン㊳（兵庫）

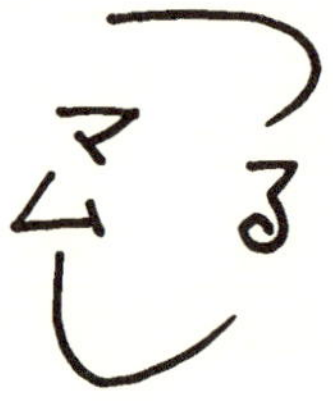

つる　マムし

㉟〜㊲は明らかに右向き横顔の〈ツルサン〉である。しかしここではいつの間にか数字が消え、文字だけの構成となっているけれども——

ツルサン㊴（兵庫）

つる　さん　マムし

ツルサン㊵（愛媛）

つる　二ハ　マムし

ツルサン㊶（静岡）

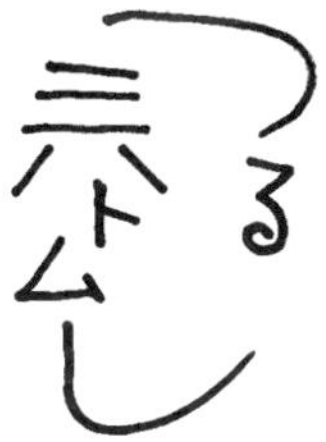

つる　さんハ　トムし

など、数字の復活は、額のシワの描出、すなわち老齢化を示す。またこうした横顔群にあって「ハ」文字による眉毛《まゆげ》の有無は、やはり年齢の老若を示すとともに、横向きのたびに微妙に違いを出している。

ツルサン㊷（三重）

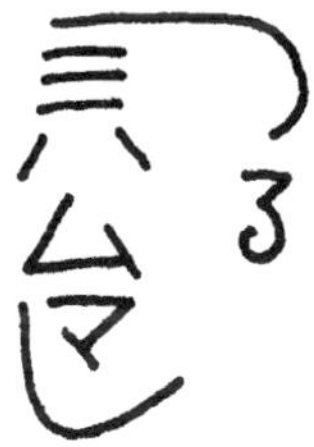

つる三ハ　マムシ

ツルサン㊸（京都）

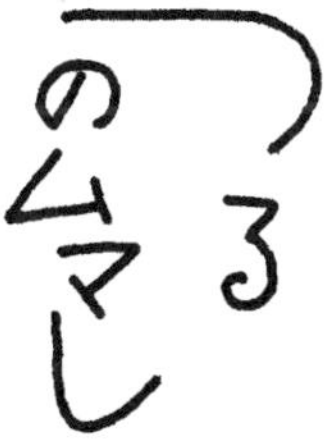

つるの　マムし

ツルサン㊹（岡山）

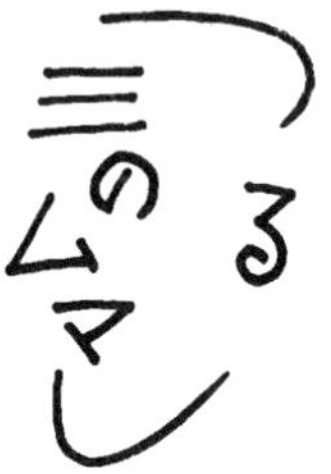

つるさんの　マムし

ところで歌詞中に「マムシ／マムし」のある㊳㊴㊵㊷㊸㊹は注目に値する。

絵かき遊びにおける画面の描出順序、描き方には一定の法則がある。歌詞に従い、それにちなむ線や丸、点、文字などを描いてゆくが、おおむね左から右へ、上から下へと進んで完成に至るが、この方則に反し逆行や倒置は異例となる。まして碁石の配置よろしく、どう連結するのか、何時全体にまとまるかわからない場所に、とびとび描くなどということは皆無なのである。

こうした中、「マムし」が「ムマし」と描出されるのは、それなりの理由がなければならない。この異例は「マ」「ム」の文字が、時に口となり鼻となり、交換して使うとき、それなりの独特の表情を形づくるからにほかならない。歌詞の順序をかえて、目や口によって意のある表情をあらわしたい希求がこの異例を生み出したのであろう。

また「マムし」の資料において、いわゆる関西圏に多く見られたので、毒蛇の意ではなく、うなぎ料理の「まむし（まぶし）」の発想ではないかという思いがする。それは、という、いわゆる文字絵の看板を大阪南部で見たことがあるからで、したがって㊱の歌詞「つるハマ　ムし」は「つるハ　マムし」と記述すべきなのかもしれない。

一方、「マムし」と同様なことが「のムし」においてもおこっている。

うなぎ屋の文字絵

う(なぎ)ハマムシ

ツルサン㊺（岡山）

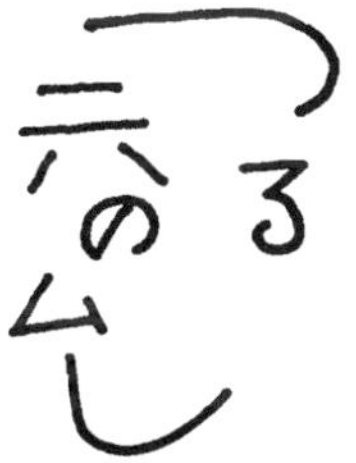

つる二ハ　のムし

ツルサン㊻（愛媛）

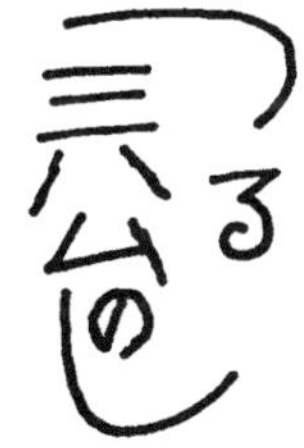

つる三ハ　のムし

㊺は歌詞の順序通りであるが、㊻は描く順に従えば「ムのし」とかえなければならない。「のムし」にしろ「ムのし」にしろ意味は不明であるが、画図の示す表情や年齢、雰囲気の差は大である。

以上の〈ツルサン〉のほか、

ツルサン㊼（長野）

つる三八　へのへの
もへし

ツルサン㊽（愛知）

つる　へのへの
もへじ

の二例は、〈ツルサン〉と、いわゆる「へのへの」の融合した例となっていて、後述の「「へのへのもへじ」の資料と分析」（480ページ）を参照していただくこととする。

〈ツルサン〉の顔がほぼ出揃ったところで小道具が加わる。

ツルサン㊾（静岡）

1・つる三八　まるまる
ムひ

2・パイプくわえて
けむりのドーナツ

ツルサン㊿（宮城）

1・（略）

2・パイプくわえて
パイのパイのパイ

ツルサン51（茨城）

1・（略）

2・むぎわらぼうし

ツルサン52（東京）

1・（略）

2・やきゅうの　ぼうし

以上、少々頭髪がうすくなった〈ツルサン〉の顔頭部七五種の資料を得ることができた。ほかと比較して、同じ歌詞でも顔の向きの違いや、シワの多少で一挙に種類を増す点がこの〈ツルサン〉の顔の大きな特徴であろう。

光頭老人ハしル

〈ツルサン〉顔頭部の資料を多数得られたが、身体部はどのようになっているであろうか（前記した顔頭部の種類を〈ツルサン〉とし、身体部の種類を、以下〈ツル〉と略記する）。

身体部といっても、まず次のような漢数字によって表現される。

ツル①（愛媛）

1・（略）

2・八十八

ツル②（兵庫）

1・（略）

2・はちろく

この数字は〈ツルサン〉の年齢なのか、生年なのか不明であるが、これで身体部の表現なのだから、きわめて簡単な骨格である。数字でない、カタカナによる方法もある。

ツル③（福岡）

1・（略）

2・ハス

ツル④（島根）

1・（略）

2・ハカス

ツル⑤（愛知）

1・（略）

2・ハカル

しかし次の二例は、意味が明快で、画図もまた適切で、簡潔、要を得た傑作とよびたいものである。

ツル⑥（岡山）

1・（略）

2・ハしル

ツル⑦（高知）

1・（略）

2・ハレル

⑥はそのはった両手と、高く跳ね上げた片足の姿態は正に「ハしル」そのものであり、⑦も同様の形態をカタカナでまとめ、天気にしろ胸中にしろ「ハレル」喜びがあふれている。

ひらがなを用いた例もある。

ツル⑧（千葉）

1・（略）

2・いろハ

この⑧は「マムし」で述べた、逆に描出する稀《まれ》な例である。

また漢字を用いた、次のような例がある。

ツル⑨（佐賀）

1・（略）

2・大

ツル⑩（愛知）

1・（略）

2・八大

同じく漢字を用いる例で、顔頭部と一連化した次の例がある。

ツル⑪（兵庫）

1・つるニハチ

2・ののムし

3・ニハチ矢

歌詞の意味は不明であるが、顔頭部の描出に「ニハチ」という語を用い、身体部にもそれをくり返して韻律を整えている点、なかなかの工夫がされている。

さて以上の身体部を見ると、「三人娘」のような華麗さや多彩とは程遠いのはもちろん、〈ピエロ〉や〈コックさん〉に比しても、はるかに簡単である。衣服もほとんどなく、四肢の描写も単線のみで、シワや目、口などの描出に力が注がれた顔頭部に比べ均衡を欠いている。

それはごたごたした装飾や過剰な身体描写を避けたというより、この遊びの中心が顔頭部にあって、ほかは付属、付随の添加であると見た方が素直であろう。ではその中心であり、基点であった顔頭部は、どこにその重心を持っていたのだろうか。

それはもし関係者がおられたら、失礼を御寛恕《かんじょ》をいただくとして、やはり光頭区域が第一となる。それを表示する「つる」なる歌詞は、全資料にもれなく登場するキーワードとなっている。「三人娘」で紹介した〈つーチャン〉（365ページ）などに登場した同じ「つ」の文字であっても、ここでは、それに続く「る」の文字によって、耳たぶの上に微妙な曲線を描き、あやしい光輝さえ放つ様相を描写することとなる。子どもたちにとってその意味内容と、字形の示す表現がまことにぴったりなのだから、絵かき遊びとしては適切この上ないこととなる。

しかし単に身体的特徴を、誇張高唱するのみであるなら、子どもと言えども悪意のいたずら、邪《よこしま》な所業にとどまる。子どもらは、まず光頭年長者に対し、六分の尊敬と三分の親愛の情、そして一分の稚気をこめて「サン」という呼名を付したのである。ここがこの遊びの重要な点であると思考する。

子どもたちが臨んだ「つるサン」という姿勢とは何であったのか。それは尊称「サン」を数字の「三」に読みかえ、それを額の横ジワに表現した時、重心は多少の嘲笑蔑称を含む「つる」から「サン」の側に傾く。額にシワを刻んだ人、高齢者に「つるサン」とよびかける姿勢は、三〇〇をこえる〈ツルサン〉資料総数の七割以上を占めていた。「サン」にこめられたシワと年齢に対する子どもたちの関心は、〈ツルサン〉の遊びが愛好され、支持され伝承伝播《でんぱ》する間、さまざまな錯誤《さくご》、混乱、忘却、失敗、失念がおこる。尊称「サン」が欠け、重心が再び「つる」に戻った時、キーワード「つる」を生かし、それに続く歌詞を考え、補い、修復を試みる。さまざまな試行の中で、意味が通じ、画図としても安定する「つる二ハ」「つるハ」が残ったけれど、意味のない「つる四ハ」「ツル一ハ」は消滅し、現在に至ったのであろう。

したがって三割弱の資料の歌詞には「サン」が消えているが、本来の意味と姿勢は、光頭とシワの関係に残り、遊び全体に浸透し、子どもたちの心をつかみ、いきいきとしたエネルギーのもととなっていたのである。

以上「つるつるめんと」の悪口歌にはじまる〈ツルサン〉の遊びは、私に大きな収穫をもたらしてくれたのである。

「へのへのもへじ」の資料と分析

文字を使った「絵かき遊び」で、どうしても忘れてはならない一群がある。一般に「へのへのもへじ」とよばれている一連のものである。文字を使った絵かき遊びの代表であるばかりでなく、悪童の落書きの代表とみなされ、よくさし絵の塀の点景に愛用（？）されたりしている。この一連の遊びを、本稿では以下〈ヘノヘノ〉と略称して述べることとする。

〈ヘノヘノ〉の資料収集の方法は、ほかと同様、遊んでいる子どもから直接回答を得たもの、さまざまな集会、研究会、講演会の折、アンケート式の記入紙によって得たものに加え、特定のかたに依頼しその地域の状況を調査してもらう方法と、児童文化について私がテレビ出演の際、中央局及び地方局を通じ視聴者に資料提供を依頼した。その結果、ほかの資料数を上まわる、総計四万七〇〇〇をこえる資料を得ることができた。

したがって資料提供者は、幼児・児童・小中高校大学生・一般市民など、居住地・年齢・職業など不特定で、その構成は地域や生活態様と、必ずしも対応比例しているとは限らないゆえ、統計処理の方法によらず、もっぱら野外生活文化の集約解析によることとした。

具体的には、次のような方法を取った。

❶できるだけ多くの資料を集積累積し、共通、類似、同系の団塊群と、単独、分離、異形の少数例に大別。

❷資料の外表的詞文・音韻・図形・構成だけではなく、収集採取年の違いによる変化に留意して、支配的要素や興味関心の中心など、裏意底流とおぼしき傾向と特徴を仮説として摘出。

❸前記の仮説から地域・年齢・時代の要素が、ほかの要因で乱れないよう収集採取を行った。とくに対象区域あたり、最低二〇〇以上の資料数が単位となるよう配慮。

❹資料が本来の伝承伝播《でんぱ》であるか否かを直接、原資料で全数点検を行ったが、少数資料の中には、個人的創作やその場での思いつきも混在していると考えられる。しかし伝承伝播の起源は、未確認で無名であっても、誰かの創出が出発であり、周辺、周囲の支持、共感、同意により伝達のエネルギーとなるものであるから、まったく類型のないものは保留資料とし、後刻追加調査の分と照合し単独孤立を脱した時、資料に加えることとした。

このようにして得た資料を集積した結果〈ヘノヘノ〉を基本形とその変化、変容形の、計三種に大別した。以下その実態を種類別に述べる。

〈ヘノヘノ〉の基本形四種

まず、七音を基本とし、該当の字により顔を描出するものを〈ヘノヘノ〉の基本形としてA類とした。そしてさらに、A類を歌詞の違いにより分類すると、四つに分けることができた。

「へのへのもへじ系」 A[1]

歌詞「へのへののもへじ」または「へへののもへじ」により、A[1]の画図を描くものを基本型とする一群で、四〇種以上の描き順、画図の差を持つ資料が得られた(筆順としなかったのは、文字のみでなく、時には空白のままの個所もあるため)。添記の都道府県名は、比較的多く資料が得られた所、または初出した資料を得た所を参考のため記したので、他県には無いという意味ではない。①~㊷の大部分は、歌詞終末の「じ」の濁点の位置による差である。その様相は無軌奔放というより、いささか濁点の処置と置き場所に困惑しているような様相を呈している。また㉖㊲㊶㊸㊹㊺などでは、歌詞末を「じ」と発音しながら、濁点ぬきの「し」や円形を描いたり、時にはまったく外形を描かない㊻の例もあった。

このようにこの系列が多種類ある原因が、「じ」の濁点の処理のために起因するなら、当然伝承の間、その濁点を除いた「へのへのもへし」という歌詞と画図に交替してゆくと思われるのに、当該資料は意外に少数で、全国経年の頻出率は後述のB、C類と同等であった。このことは単に顔面の外形を描くためだけで「じ」があるのではなく、濁点のある文字に意味があり、したがって「し」では代替できないことを物語っている。

一方、描き順を少し異にするが、画図では見分けのつかない「へへののもへじ」もこの系列の中に含め、両者を区別する必要ある時は、「への…じ」、「へへ…じ」と略記することとした(以下A類の他の系統においても同様の記述法を踏襲した)。

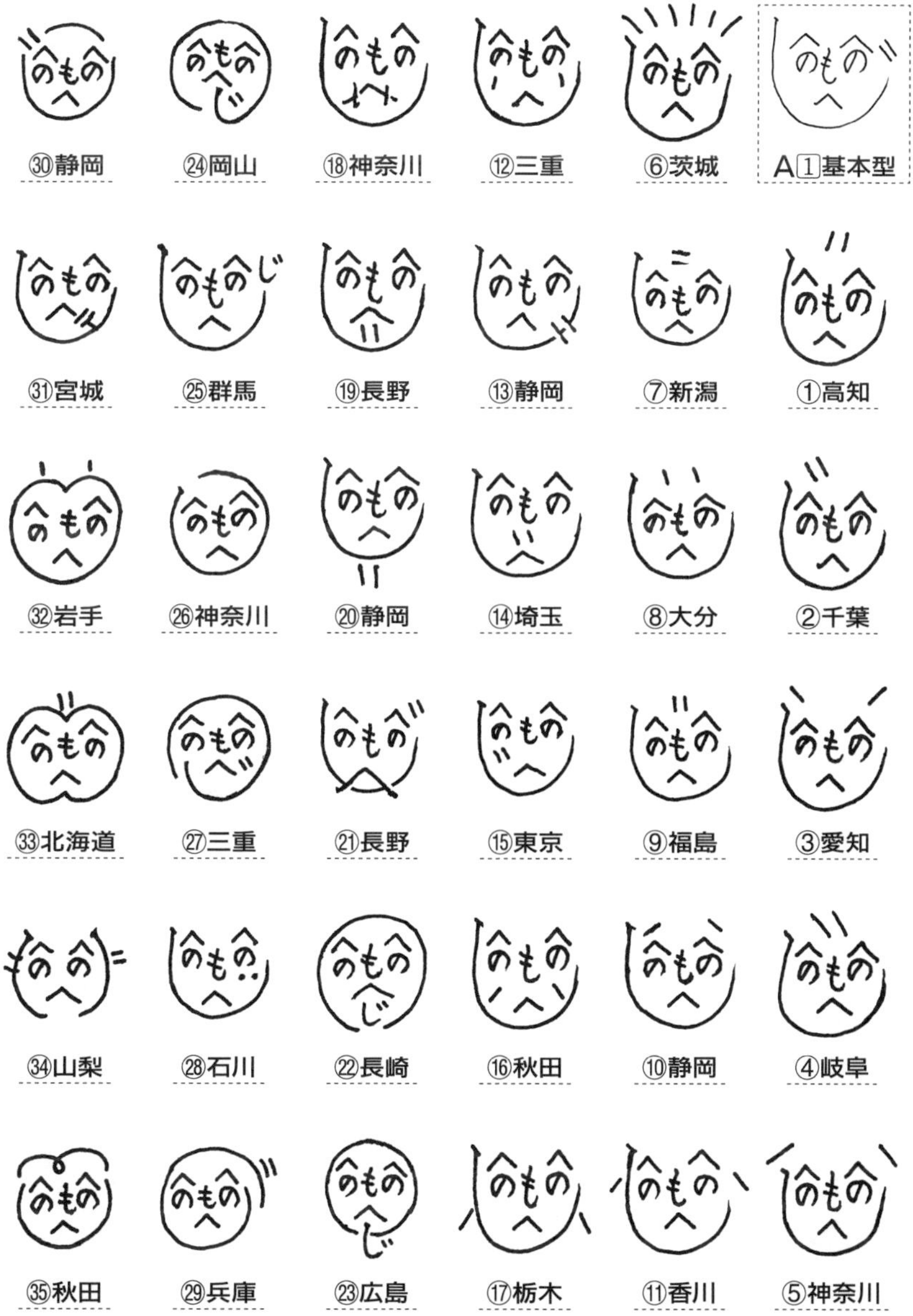

A 1 基本型
①高知
②千葉
③愛知
④岐阜
⑤神奈川
⑥茨城
⑦新潟
⑧大分
⑨福島
⑩静岡
⑪香川
⑫三重
⑬静岡
⑭埼玉
⑮東京
⑯秋田
⑰栃木
⑱神奈川
⑲長野
⑳静岡
㉑長野
㉒長崎
㉓広島
㉔岡山
㉕群馬
㉖神奈川
㉗三重
㉘石川
㉙兵庫
㉚静岡
㉛宮城
㉜岩手
㉝北海道
㉞山梨
㉟秋田

㊱福島

㊲愛媛

㊳栃木

㊴高知

㊵広島

㊶静岡

㊷岐阜

㊸兵庫

㊹山形

㊺岐阜

㊻宮城

「へのへのもへの系」 A②

次に資料数が多くを占めたのが、歌詞「へのへのもへの」の描き順によるもので、末尾「の」の字で顔の輪郭を描き、その画図はA②のようで、ほかに二〇種以上の変形画図を得た。資料の中には末尾を「の」と発音しながら、文字「の」の形を描かないものも多く、そうした中で⑥⑬⑭⑮㉔㉕は全円を描いている。

また「へへののもへの」もこの系列の中に含め、前記のように「への…の」に対して「へへ…の」と略記することとした。

A②基本型

①三重

②大阪

③兵庫

④山口

⑤福井

「へのへのもへ〇系」Ａ③

第三に多かった資料は、「へのへのもへまる」という発音により画図Ａ③を描く一連のものである。この表記を「へのへのもへまる」としなかった理由は、その描き順の最後の発音は「まる」であるが、それを文字の「まる」ではなく円形「〇」で描く場合が多く、また時に歌詞を「まル」「まろ」と唱えたり、無音のまま円を描く資料があったからである（以下、無音で描く場合、点線で表示した）。

歌詞を「へのへのもへまろ」としたものには「へのへのもへまる」と同じ画図を描くものや「ろ」「ロ」の文字を添加表示するものがあった。

これらを結果から整理すると、円形○を描くのに「まる」「まろ」「無音」の場合があり、また「まる」「まろ」といいながらも円形を描かないものもあり、円に近い形を描いて「まる」または「まろ」と称するものもあったのである。

この系列にも少数であるが「へへののもへ○」の資料があったので、それも含めることとした（以下「へへ…○」と略記する）。

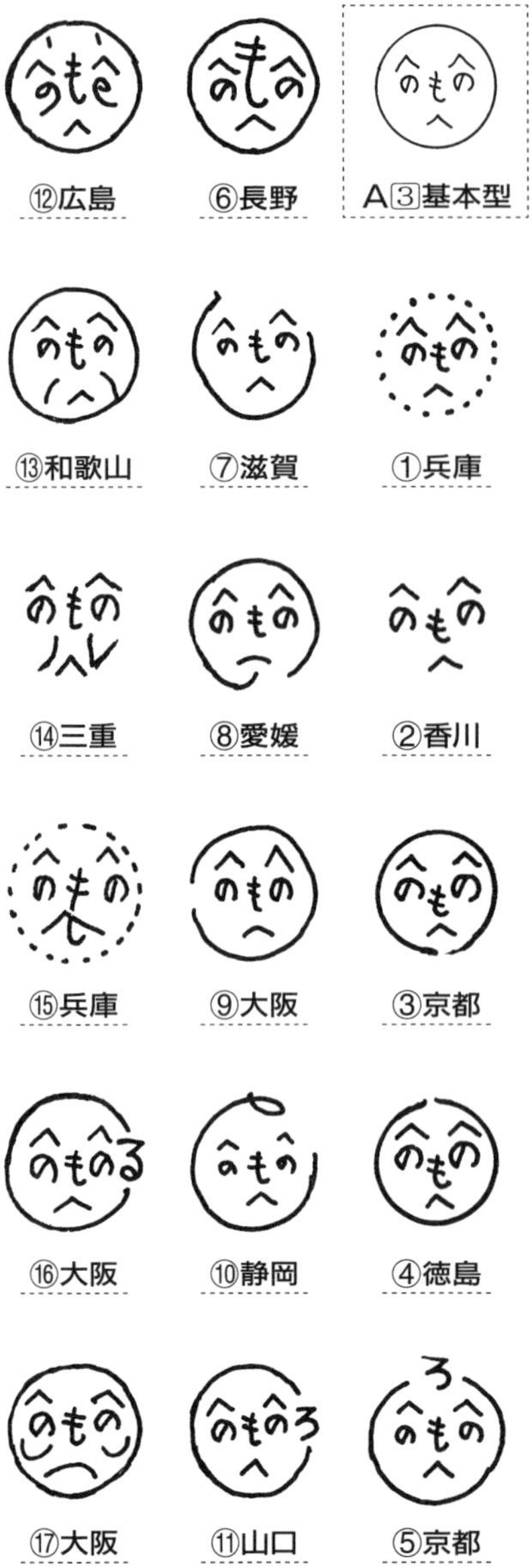

⑱熊本

⑲京都

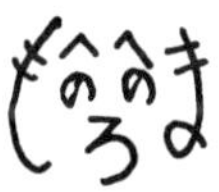

⑳福岡

「へのへのもへα・系」 A④

四番目のものは、歌詞の末尾に「ひらがな字、カタカナ字、英字など」の文字を置き、それにより顔の外形輪郭を完成するA④である。

その種類は意外に多彩で、

へのへのもへい・①～⑥
へのへのもへう・⑦
へのへのもへえ・⑧
へのへのもへけ・⑨
へのへのもへこ・⑩
へのへのもへさ・⑪～⑭
へのへのもへサ・⑮⑯
へのへのもへす・⑰
へのへのもへそ・⑱
へのへのもへぞ・⑲
へのへのもへた・⑳
へのへのもへぢ・㉑㉒
へのへのもへつ・㉓
へのへのもへづ・㉔
へのへのもへて・㉕
へのへのもへと・㉖～㉘
へのへのもへひ・㉙
へのへのもへび・㉚
へのへのもへへ・㉛
へのへのもへべ・㉜
へのへのもへま・㉝
へのへのもへむ・㉞
へのへのもへよ・㉟㊱
へのへのもへろ・㊲
へのへのもへん・㊳
へのへのもへQ・㊴㊵㊶

などがあった。

こうして種々な末尾字を用いているため、「へのへのもへα」と記することとした。

以上の資料の示す四種、七音を基本とし、該当の字により顔を描出する「へのへのもへじ系」「へのへのもへの系」「へのへのもへ○系」「へのへのもへα系」が、本格的な〈ヘノヘノ〉の基本形であるのでほかと区別するためA類とした。

なおこれらA類の発音は地域、個人により多少の変化があるが、大要採譜①②③のような音程であった。

〈ヘノヘノ〉A類の音程

① 〈採譜地・川崎〉

② 〈採譜地・宇治〉

③ 〈採譜地・東京〉

①群馬

②石川

③広島

④福岡

⑤群馬

⑥埼玉

⑦富山

⑧愛知

⑨愛知

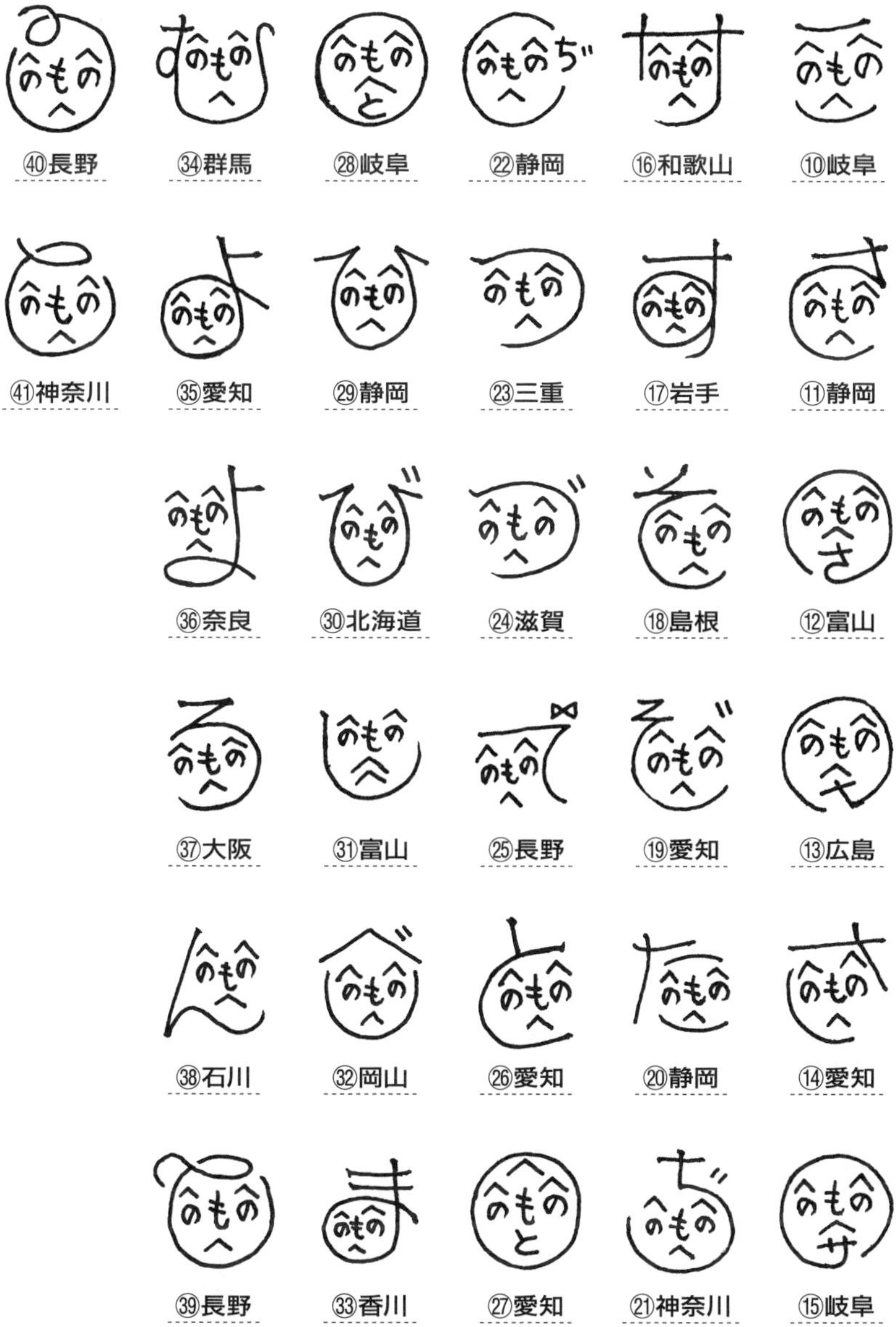

⑩岐阜
⑪静岡
⑫富山
⑬広島
⑭愛知
⑮岐阜
⑯和歌山
⑰岩手
⑱島根
⑲愛知
⑳静岡
㉑神奈川
㉒静岡
㉓三重
㉔滋賀
㉕長野
㉖愛知
㉗愛知
㉘岐阜
㉙静岡
㉚北海道
㉛富山
㉜岡山
㉝香川
㉞群馬
㉟愛知
㊱奈良
㊲大阪
㊳石川
㊴長野
㊵長野
㊶神奈川

〈ヘノヘノ〉の変化形

前記した〈ヘノヘノ〉の基本形であるA類は、絵かき遊びの一種であるから、これまで見てきたと同様に伝承伝播《でんぱ》の間、さまざまな変化をし、変貌《へんぼう》をとげてゆく。そうした変貌変化をとげた〈ヘノヘノ〉をB類と総称する。以下それらについて述べる。

「七字群」 B[1]

A類と同じ字数、音数で変化した二群がある。

へのへのもえじ①
へのへのもえの②
へのへのもくじ③
へのへのもけじ④
へのへのもこじ⑤
へのへのもしし⑥
へのへのもしじ⑦
へのへのもしる⑧
へのへのものじ⑨
へのへのものの⑩
へのへのものべ⑪
へのへのもべじ⑫⑬
へのへのもべの⑭
へのへのもみじ⑮
へのへのもロじ⑯
へのへのもきじ⑰
へのへのもへし⑱
へのへのしこし⑲
へのへのしつじ⑳
へのへのしへじ㉑
へのへのしべじ㉒
へのへのしもじ㉓
へのへのほへと㉔
へのへのほへの㉕
へのへのほへじ㉖

また歌詞の描き順がいろいろとかわったのもある。

へもへのもへじ㉗　のへのもへのへ㉘　へのへのもへじ㉙　へのへのムフフ㉚
のへのへもへじ㉛　へのほのもへじ㉜　べのべのもべじ㉝　へべへべたけい㉞
へべへべもへし㉟　へへへへへへじ㊱

このB[1]では同じ字数、音数であるから、A類の歌詞の順序をかえたもの、いわゆる文字遊びにおけるモノグラム（へのへのもへじ↓へのもじへのへ↓へへへのののもじなど）の出現を期待したが、資料としては得られなかった（⑧はひとつのるで多数描く。⑧と⑪は最後にしを無音で加える。㉙は裏描きの鏡字を描く）。

①滋賀

②奈良

③埼玉

④奈良

⑤愛媛

⑥愛知

⑦福井

⑧埼玉

⑨神奈川

⑩奈良

⑪静岡

⑫長野

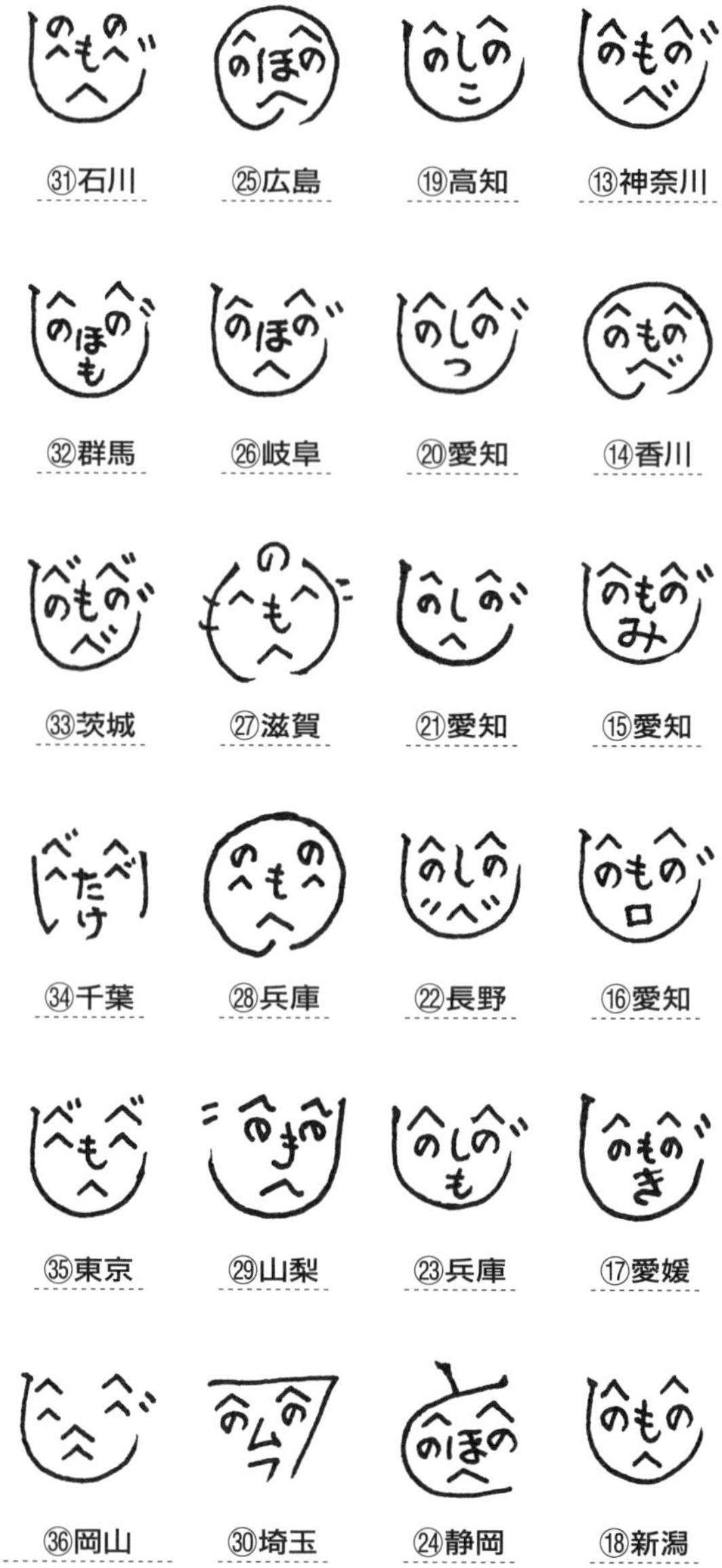

「八字群」 B②

次に〈ヘノヘノ〉の字数、音数が八に増えた一群B②がある。

へのへのもへいじ①②

へのへのもへえじ③

へのへのもへさん④⑤⑥⑦

㉛石川　㉕広島　⑲高知　⑬神奈川

㉜群馬　㉖岐阜　⑳愛知　⑭香川

㉝茨城　㉗滋賀　㉑愛知　⑮愛知

㉞千葉　㉘兵庫　㉒長野　⑯愛知

㉟東京　㉙山梨　㉓兵庫　⑰愛媛

㊱岡山　㉚埼玉　㉔静岡　⑱新潟

492

へのへのもへじい⑧
へのへのもべじじ⑨
へのへのもへじじ⑩〜⑮
ヘノヘノモベシジ⑯
へのへのもへじへ⑰
へのへのもへしろ⑱
へのへのもへじん⑲
へのへのもへとと⑳
へのへのもへのオ㉑
へのへのもへのじ㉒
へのへのももまる㉓
へもへもののまる㉔
へのへのもへのの㉕
へのへの4もへじ㉖
じへいもののへへ㉗
のへのへもへまる㉘
へのもへのもまる㉙
まるへのへのもし㉚
まるへのへのもへ㉛
へのへのもべまろ㉜
へのへのしへしし㉝
へのへのもアハハ㉞

一応基本形を保ちつつ、字数増加により多くの変化形が生まれていることがわかる。

①千葉

②滋賀

③新潟

④島根

⑤岡山

⑥広島

⑦静岡

⑧長野

⑨群馬

⑩新潟

⑪長野

⑫三重

「九字群」 B③

さらに〈ヘノヘノ〉の字数、音数が九の一群B③がある。

へのへのもへいまる①

へのへのもへじのじ②

へのへのもんへんじん③

⑬滋賀 ⑭新潟 ⑮千葉 ⑯岡山 ⑰埼玉 ⑱福岡

⑲福島 ⑳岡山 ㉑広島 ㉒広島 ㉓岡山 ㉔和歌山

㉕鹿児島 ㉖岡山 ㉗佐賀 ㉘静岡 ㉙兵庫 ㉚茨城

㉛鹿児島 ㉜愛知 ㉝石川 ㉞埼玉

へのへのこんぺーと④
へのへのもへいじん⑤
へのへのもへじのじ⑥
へのへのもへのじじ⑦
へもへへののしまる⑧
へのへのもへしやま⑨
へへへのののもももも⑩
へのへのもへのぢさ⑪
へのへのもへまる大⑫

B②の八字群は、〈へノへノ〉の形が残っていたが、二字（音）増加すると歌詞も画図もA類からはっきり異質化がおこっている様相がわかる。

①静岡　②島根　③熊本　④北海道　⑤広島　⑥北海道　⑦千葉　⑧愛知　⑨奈良　⑩長崎　⑪福井　⑫香川

「六、五字群」B④

〈へノへノ〉の字数、音数が減少して、六、五となる一群B④がある。まず六字のものに次のようなものがある。

へのへのもの①
へのへものへ②
へのへのもへ③
へへもへへへ④
へへのものへ⑤
へのへのへの⑥
へへのもへじ⑦
へのへのもじ⑧
へのへのもし⑨
へとへともし⑩
へのへのへえ⑪⑫
へのへのもへ⑬
へのへのしん⑭
くるくるくる⑮

基本形からの略化はそう深化していないため、A類のおもかげが濃く残っている（②は無音でのを描く。③④⑨は無音で○を描く。⑩は無音でしを描く）。

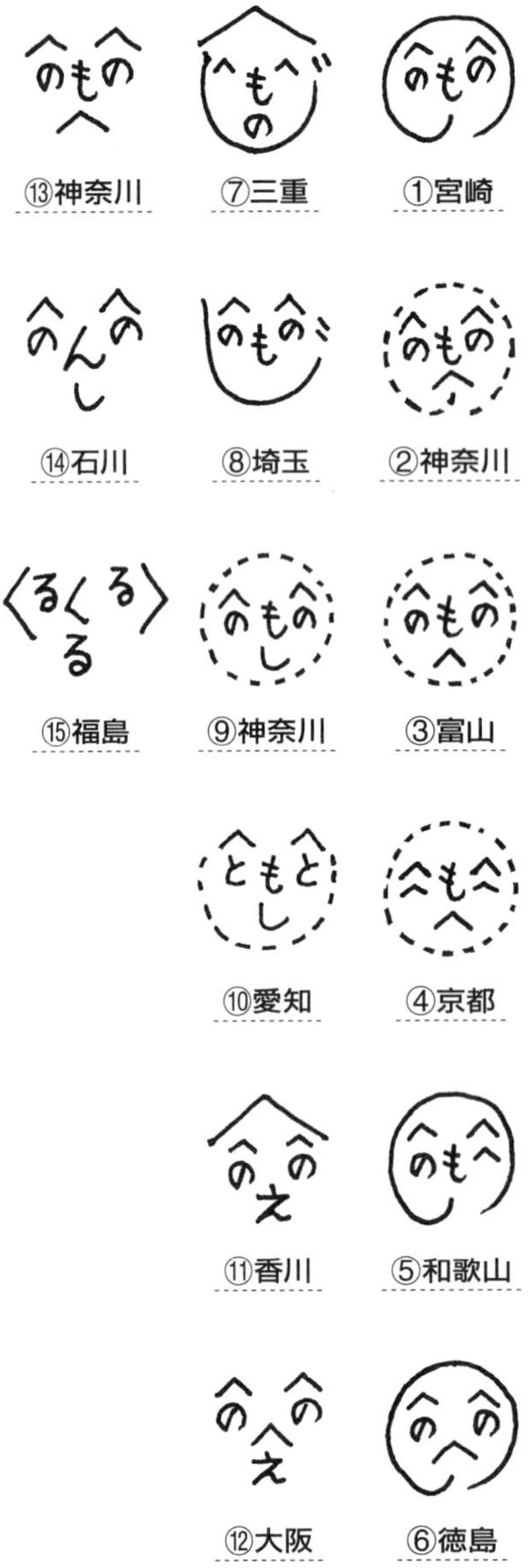

①宮崎　②神奈川　③富山　④京都　⑤和歌山　⑥徳島　⑦三重　⑧埼玉　⑨神奈川　⑩愛知　⑪香川　⑫大阪　⑬神奈川　⑭石川　⑮福島

しかし、さらに短くなって五字の〈ヘノヘノ〉となると、空白間隙《かんげき》が画図にはっきりとしてくる。

へへのもへ①　へへしへじ②　ののもへじ③　しししへし④

へへのくへ⑤　へへのもへ⑥

①京都

②長野

③静岡

④山口

⑤京都

⑥京都

「へめへめ群」 B⑤

以上長短化したB類の〈ヘノヘノ〉がA類とともに伝承される間、その画図や歌詞の少々古くさい点が気になったのか、子どもたちの間で、種々な試みが行われ、その結果、一九六〇年頃から急速に、広まっていった〈ヘメヘメ〉なる新しい絵かき遊びの一群B⑤がある。はじめは女子中学、高校生の間で、

へめへめくこし①　へめへめくこひ②　へめへめくつし③

といった新型が生まれたらしいが、やがて数年のうちに全国に広がり、

へめへめくつむ④　へめへめくつも⑤　へめへめくのし⑥　へめへめくのじ⑦
へめへめくんし⑧　へめへめくんひ⑨　へめへめくひし⑩　へめへめしこし⑪
へめへめしこじ⑫　へめへめしへじ⑬　へめへめしらじ⑭　へめへめつくし⑮
へめへめひつじ⑯　へめへめつくも⑰　へめへめむひひ⑱　へめへめもくじ⑲
へめへめもひじ⑳　へめへめもへじ㉑　へめへめもへも㉒

などを生むに至った。さらにほかの文字の構成によって、

へしへしのへじ㉓　へしへしのべじ㉔　へしへしもしじ㉕　へっへっとこし㉖
へもへものへじ㉗　へもへもくつも㉘

また、

こめこめくんし㉙㉚　こめこめくんじ㉛　こめこめもへじ㉜㉝　このこのくんし㉞
ハムハムじいさん㉟　へりへりしろし㊱　へらへらもすし㊲　へよへよしとし㊳

など、多彩な新しい一群を生み出している。

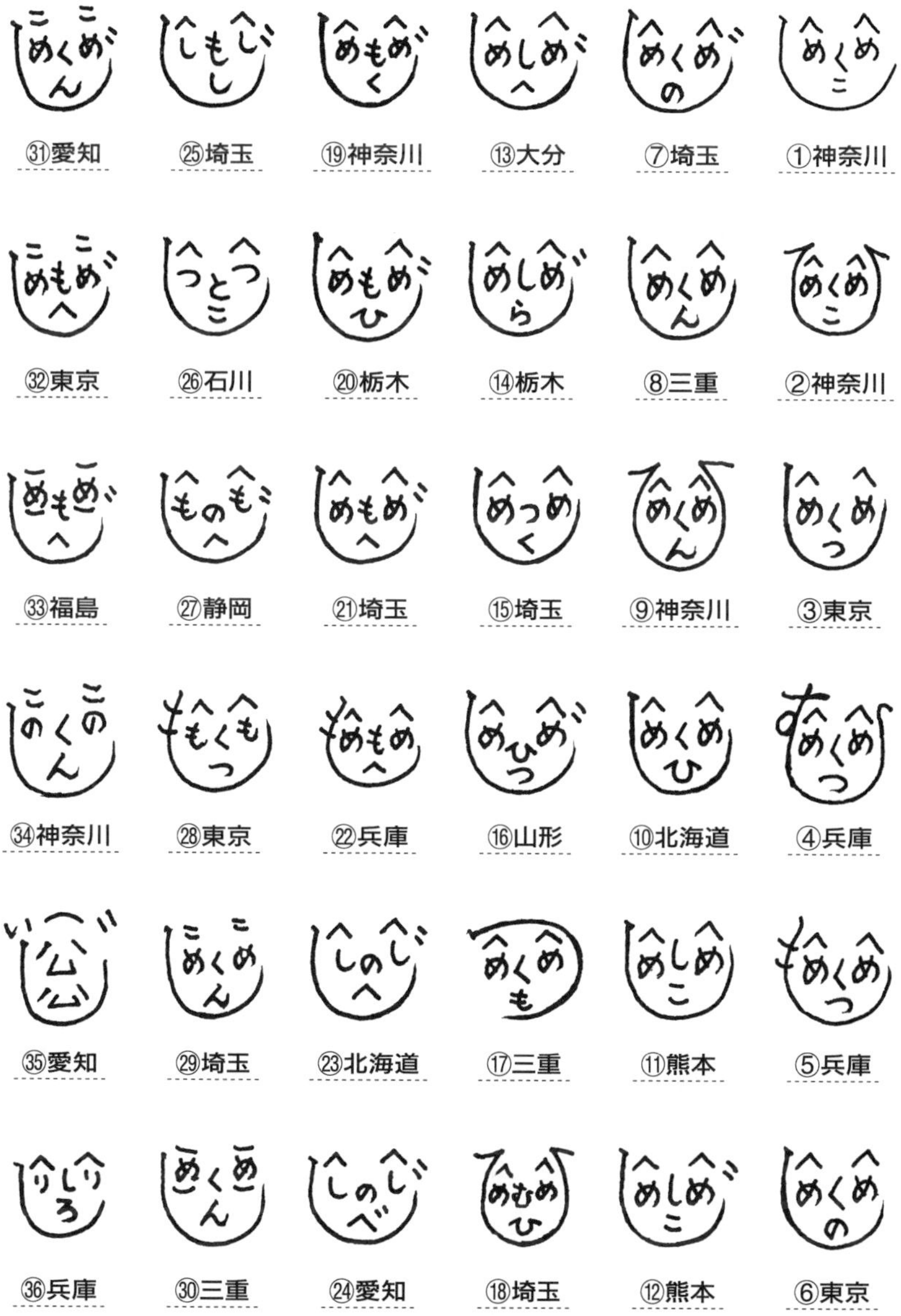

①神奈川
②神奈川
③東京
④兵庫
⑤兵庫
⑥東京
⑦埼玉
⑧三重
⑨神奈川
⑩北海道
⑪熊本
⑫熊本
⑬大分
⑭栃木
⑮埼玉
⑯山形
⑰三重
⑱埼玉
⑲神奈川
⑳栃木
㉑埼玉
㉒兵庫
㉓北海道
㉔愛知
㉕埼玉
㉖石川
㉗静岡
㉘東京
㉙埼玉
㉚三重
㉛愛知
㉜東京
㉝福島
㉞神奈川
㉟愛知
㊱兵庫

㊲埼玉

㊳愛媛

こうした新しい顔頭図の最も大きな特徴は「め」などの字によって両眼を表示する点で、その睫毛《まつげ》パッチリの画像と資料提供がほとんど若い女子生徒であったところから、少女マンガの影響が大きいと思われるが、その展開ぶりは、伝統の〈ヘノヘノ〉に十分対応しうる力を示している。

以上〈ヘノヘノ〉の変化変貌や異質化したB類の頻出度はA類の2%以下であったが、子どもの世界では、A、B類ともに差異なく遊びの対象となっている。そして〈ヘノヘノ〉の遷移伝播の経路推測上、極めて有用な資料となった。

〈ヘノヘノ〉の変容

前述までで、各種の〈ヘノヘノ〉A類と、その変形、異形のB類を見てきたが、子どもたちは貪欲《どんよく》というか、あくなき追求というか、歌詞に追加を付し、画図に装飾付属物を描きそえて、さらに遊びの変容、変質を図ってゆく。これらをC類とした。

まず本来の歌詞である基本形（A類）に短い追加が行われるものから見てゆく（以下〈ヘノヘノ〉A類の歌詞を……と略記する）。

短い歌詞追加形　C[1]

……はい、でき上り（愛知）
……丸がついた（山形）
……丸かいてチョン（東京）
……丸かいてチョンチョン（静岡）①
……チョイチョイ（広島）
……耳かいてチョン（愛知）②
……だんごのばっちかぶった（和歌山）③
……へのもへじ（大阪）④
……つんつるてん（奈良）
……やじろべえ（岡山）
……のかんたろう（北海道）

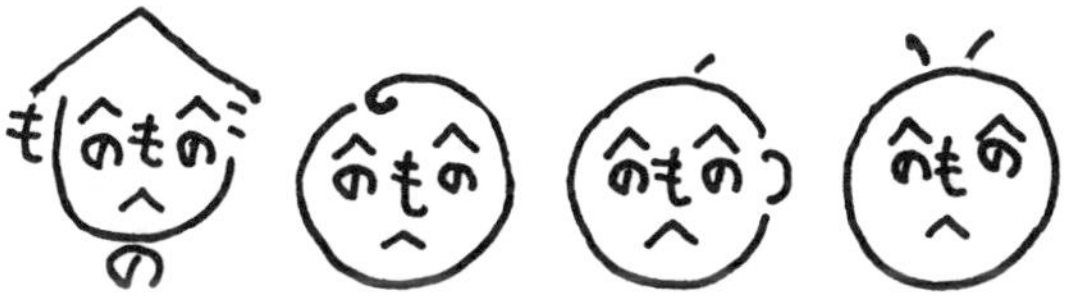

①静岡　②愛知　③和歌山　④大阪

⑤愛媛　⑥秋田　⑦兵庫　⑧新潟　⑨群馬

……ななしのごんべえ（栃木）
……あっという間にほおかぶり（愛媛）⑤
……あっとできたへんな顔（静岡）
……だれのかお（高知）
……だれかににてる（栃木）
……ともちゃんのかおだ（秋田）
……ひとのかお（石川）
……あっという間におとうさん（香川）
……あれあれこれはお父さん（大阪）
……おやじさん（静岡）
……はげあたま（秋田）⑥
……ぐるっと回っておじいさん（兵庫）⑦
……へいいちろう（新潟）⑧
……けが三本（群馬）⑨

追加された分、歌詞が長くなったけれど、画図にはまだ大きな変貌、変容がおこっていない。

①山口　②東京　③広島　④埼玉　⑤高知　⑥岡山

案山子への変身　C②

変容系の二番目は〈ヘノヘノ〉の実用性（?）から、案山子《かがし》の形態にかわってゆくものがある。

……じんがさかぶり（山口）①

……さん　かかし（島根）

……で、かかし（鳥取）

……かかしどん（福岡）

……かかしさん（岡山）

……かかしのかおになる（東京）②

……あっという間にかかしさん（山形）

……あっという間にかかしが出来た（広島）③

……ぐるっとまわってかかしの子（岐阜）

……三角かいたらかかし（埼玉）④

……かさをさしたら山田のかかし（三重）

……横かいてたてかいて田んぼのかかし（高知）⑤

……ミミズが三匹はってでてあっという間にかかしどん（岡山）⑥

⑦大分

①静岡

②愛知

③福岡

④三重

……丸かいてチョン三角帽子に四角のきものでかかしさん（大分）⑦

みのりの穂波の中に立つ案山子の顔に〈ヘノヘノ〉の顔が描いてある風景も、しだいに乏しくなっているが、〈ヘノヘノ〉の遊びの画図に、この案山子の姿がとどめられている。

〈ツルサン〉との融合　C③

〈ヘノヘノ〉と〈ツルサン〉という二大絵かき遊びがひとつに融合した、夢のようなおっさんや爺《じい》さんへの変容である（本稿では、歌詞のはじめに〈ヘノヘノ〉があるものをこの類としたが、同じ画図で〈ツルサン〉の歌詞が先にあるものは、〈ツルサン〉の資料としてその項目に記述した）。

へのへのもへしつるさん（静岡）①
へのへのもへじつるさん（愛知）②
へのへのもへじつる（福岡）③
へのへのもへじつるさん（三重）④
へのへのもへてをかいてつる（岡山）⑤

へのへのもへじてをかしてつる（兵庫）⑥
へのへのもへしつるおばさん（香川）⑦
へのへのもへしつるかみさん（広島）⑧

さらに顔だけでなく、身体全体を描くに至るものもある。

へのへのもへじつる二八かめ（岐阜）⑨

〈ウチワ〉〈タコ〉への転化　C④

〈ヘノヘノ〉の外形を利用し〈ウチワ〉に転化するものがある。

……おっとどっこいまるうちわ（富山）
……あっという間にうちわができた（広島）①（図は507ページ）
……おっと驚くうちわです（石川）
……あっという間にうちわになった（長野）②（図は507ページ）

また一方、翌日の晴天を祈る「てるてる坊主」に変化させるものもある。

……てるてる坊主（愛知）

……てるてる坊主のでき上り（埼玉）③

……あした天気になあれ（京都）④

……たてたて横々　雨ざあざあ（石川）⑤

……雨がざあざあふってきた（北海道）⑥

……雨がザアザアふってきてこりゃたまらんかさした（広島）⑦

「ウチワ」にしろ「てるてる坊主」にしろ、そうした変容、転化は丸い外形によっている。そのほかに丸い形といえば風船がある。

……ひもをつければ風船だ（福岡）

……あっという間に風船じゃお化け（山梨）⑧

……あっという間に風船お化けふわー（静岡）

……ひもをはなせば風船あがる（群馬）⑨

さらに丸い形といえば、子どもたちがすぐに思い浮かべるのは、やはり「たこ坊主」となる。

……たこぼうず（愛媛）⑩

……ミミズが三匹、雨がざあざあ　あられがぽつぽつ、かさをかぶったたこ入道（岐阜）⑪

……雨がふったらたこ入道（静岡）⑫

……ぐるっとまわって　たこの目玉（長野）⑬

……はちまきしめて　たこ八ちゃん（香川）⑭

こうして丸形の四種への布石が配備される（〈タコ〉については第5章を参照されたい）。

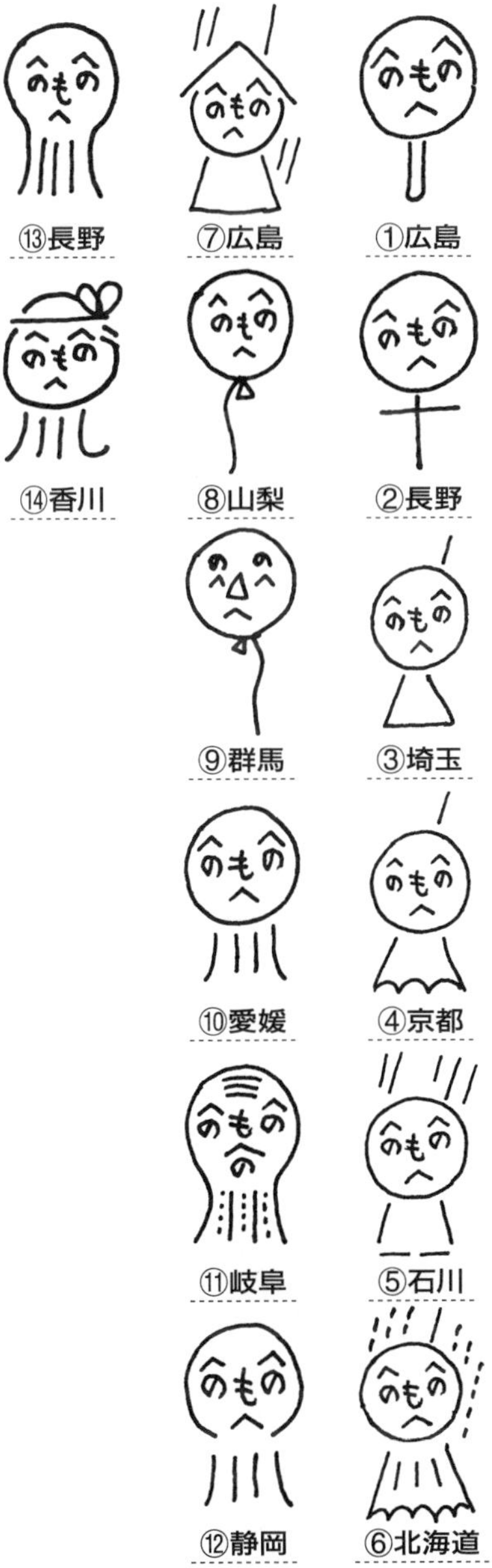

〈オカミサン〉への変容　C[5]

前述C[3]において、おっさんやら爺さんに変化した〈ヘノヘノ〉の一群を見てきたが、それだけでは物足りないようで、女の子やおばさんにかわる〈ヘノヘノ〉の一群C[5]が出現する。

……に毛がはえた（静岡）①

……にくさぼうぼう（東京）②

……くうくるくる（高知）③

……やまやまやまやま（熊本）④

……ポコペン（岡山）⑤

……おんなのこ（栃木）⑥

……で　リボンをつけた（兵庫）

やがてその髪型の説明描法がついてくる。

……毛が三本、毛が三本、毛が三本　あっというまにおよめさん（山口）⑦

……おっとたまげたおよめさん（栃木）

⑦山口

⑧愛媛

⑨大分

⑩朝鮮

⑪三重

⑫愛媛

……おっとびっくりべっぴんさん（静岡）
……そろばんカチャカチャ　33銭　これは大きなオカミサン（愛媛）⑧
……そろばんカチカチ　33　ちょっとまるめてオカミサン（岡山）
……けが三本　お年はことし33　あっというまにサザエサン（大分）⑨
……そろばん　はじいて　33　あれという間にサザエサン（栃木）
……のんきな父さん毛が三本、毛が三本、毛が三本、あらあらふしぎ
おかみさん（朝鮮）⑩
……あっという間にサザエサン（岡山）
……あれとたまげたおかあさん（山口）
……そろばんがちゃがちゃ　3千円　3千円　これはどこかの
おねえさん（三重）⑪
……おっとおどろくべっぴんちゃん（愛知）
……そろばんガチガチ　33円なり　ふろやのかみさんできた（愛媛）⑫
……またまたたまげたさかやのかあさん（高知）

これまで顔の目鼻立ちを描いてきた〈ヘノヘノ〉を、さらに長く、一文字ずつ描き進める方法がとられてゆく。

⑬奈良

⑭広島

……へー今日は　へー今日は　のり下さい　のり下さい　もっと下さい
へらして下さい　かみにつつんで　毛が三本　毛が三本　毛が三本
どこへお出かけオカミサン（奈良）⑬
……のり下さい　へい　のり下さい　へい　も少し下さい　へい　ふくろに
つめて　そろばんカチカチ　33円　あれまあたまげたおっかさん
（広島）⑭

女の子からおばさんに至るびっくり変容のいろいろである。

以上、簡単にして要を得た人の顔面の描法として〈へノへノ〉が定着すると、それを基点として各種の変形、改質が行われ、種々な添加・増幅が試みられる様子を、順次見てきた。そうした究極、顔面目鼻立ちを描写する簡潔短明な歌詞を、逐次長文化する動きを生むに至る。それはいわば「短詩型」を「長詩型」化して、その楽しみの時間帯を、十分満喫したいためなのであろうか。

長詞化連結型の全身像　C6

前述したC5で、子どもたちは「長詩型」化してその増した時間を楽しむ方向を

①島根

②山形

③兵庫

指摘したが、もしそうならば、その方向はほかの部分にも及んでゆくはずであろう。はたせるかな、子どもたちの希求は、顔そして髪型と及んだが、それだけにとどまらず、身体衣服、全身に及んでゆくこととなる。

のりおくれ　へい　お皿に一杯　のりおくれ　へい　もっとおくれ　へい
のんきな父さん　毛が三本　毛が三本　毛が三本　おっとたまげた
オカミサン　ひばりのすきな　ひーばあちゃん　大きなでべそを
つき出して　六十六で　あるきだす（島根）①

のり下さい　へー　のり下さい　へー　もっと下さい　へー　紙につつんで
33才　あたまの上に毛が三本　あっという間に　サザエサン　6月6日
散歩して　たてたて横々　丸かいてチョン　たてたて横々
丸かいてチョン（山形）②

へえ　のりちょうだい　へえ　のりちょうだい　もっとちょうだい　へえへえ
ふくろに入れて　33円　そろばんがちゃがちゃ　おっとおこった
オカミサン　たてたて横々丸してチョン　たてたて横々丸してチョン
たてたて横々　波ザブザブ　たてたて横々丸してチョン　たてたて横々
丸してチョン（兵庫）③

④大分

⑤山梨

今日は　へー　今晩は　へー　のり下さい　もっとのり下さい　へー
　ふくろにつめて　そろばんかちかち　あっという間におよめさん
たてたて横々丸してチョン　たてたて横々丸してチョン　三日月チョン
三日月チョン　三日月チョン　たてたて横々丸してチョン
たてたて横々丸してチョン（大分）④

へえ　今日は　へえ　今日は　のり下さい　のり下さい　もっと下さい
へらして下さい　かんぶくろに入れて下さい　毛が三本　毛が三本
毛が三本　よくよく見たらオカミサン　たてたて横々丸かいてチョン
たてたて横々丸かいてチョン　雨がざあざあ　波ざぶざぶ
たてたて横々丸かいてチョン　たてたて横々丸かいてチョン（山梨）⑤

こうして〈ヘノヘノ〉の変形長詞化はいつの間にか〈オカミサン〉の全身像となり、両者の融合連結を見るに至った。

すでに本稿において〈ヒメサマ〉〈チンドンヤ〉〈ベッティ〉〈マルチャン〉〈つーチャン〉〈てーチャン〉〈しーチャン〉〈くーチャン〉などで〈ヘノヘノ〉の出現を見てきたが、〈オカミサン〉と〈ヘノヘノ〉においても同様に混合連結が行われていても何の不思議はない。

以上の〈へノへノ〉C1〜6は〈へノへノ〉の拡張変異か、他の「絵かき遊び」との融合付着であり、〈へノへノ〉の基本形が定着した後の変化と考えられる。したがって、爾後の〈へノへノ〉の基本的検討では、このC1〜6を参考資料にとどめた。

①いじめっ子

②甘えっ子

③おしゃべりっ子

〈へのやーい〉の資料問題　C7

前記までで、入手し得た資料の分類と状況をほぼ示すことができたが、最後に残った資料がある。それは上のような三様の〈へノへノ〉で、歌詞によれば①がいじめっ子、②が甘えっ子、③がおしゃべりっ子をあらわしている。

全国からの資料七点は、多少の差はあるものの歌詞も画図もほぼ同様で、①②③のような姿態の〈へノへノ〉はほかには例がなく、歌詞もまたユニークであった。しかしこれは資料提供者の数人が指摘していたように、NHKテレビ「おかあさんといっしょ」において一九七五年頃放映になった鶴見《つるみ》正夫《まさお》作詞・大中《おおなか》恩《めぐみ》作曲の『へのへのもへじやーい』が原典のものである（以下〈へのやーい〉と略記）。

本稿のような伝承遊びにおいて、発祥が創作であるか否かは問題ではない。この点について後に詳述するが、テレビや映画、雑誌などがもとになって発生したものも多く、有名無名を問わず発生時は個人の創作考案がもととなっているからである。問題となるのは、伝承伝播が行われたかどうかにかかっている。

この〈へのやーい〉の前記三様の全身像は、〈オカミサン〉のように、基本となる顔（C⑤）と全身像（C⑥）の両方があるのとは異なり、その基本となる泣き顔や怒り顔の伝承流布がまったくなく、突如として①②③の全身像だけの出現となっている。それはテレビ放映による記憶だけの孤立状態を示し、いまだ伝承過程には入っていない、あるいは入り得ないでとどまっていると推測された。

その後、一九七七年に楽譜や挿絵入りで出版されるに至ったので、あるいは伝承伝播が全国に及ぶのではと、一〇年間ほど注意を払ったけれど子どもの遊びの場での資料は得られなかった。したがってC⑥の一資料となるべき〈へのやーい〉は保留資料にとどまり、本稿から割愛せざるをえなかった（前記出版の著作権上、歌詞等は掲載をひかえる）。

〈ヘノヘノ〉の集約と検討

ここまで記した〈ヘノヘノ〉A類の資料の集約と、その検討結果を、次のようにまとめた。

以下A類の「へのへのもへじ系」「へのへのもへの系」「へのへのもへ〇系」「へのへのもへα系」はそれぞれ「へのへの…じ系」「へのへの…の系」「へのへの…〇系」「へのへの…α系」と略記する。

図11　へのへのもへじ率の収集期間による変化

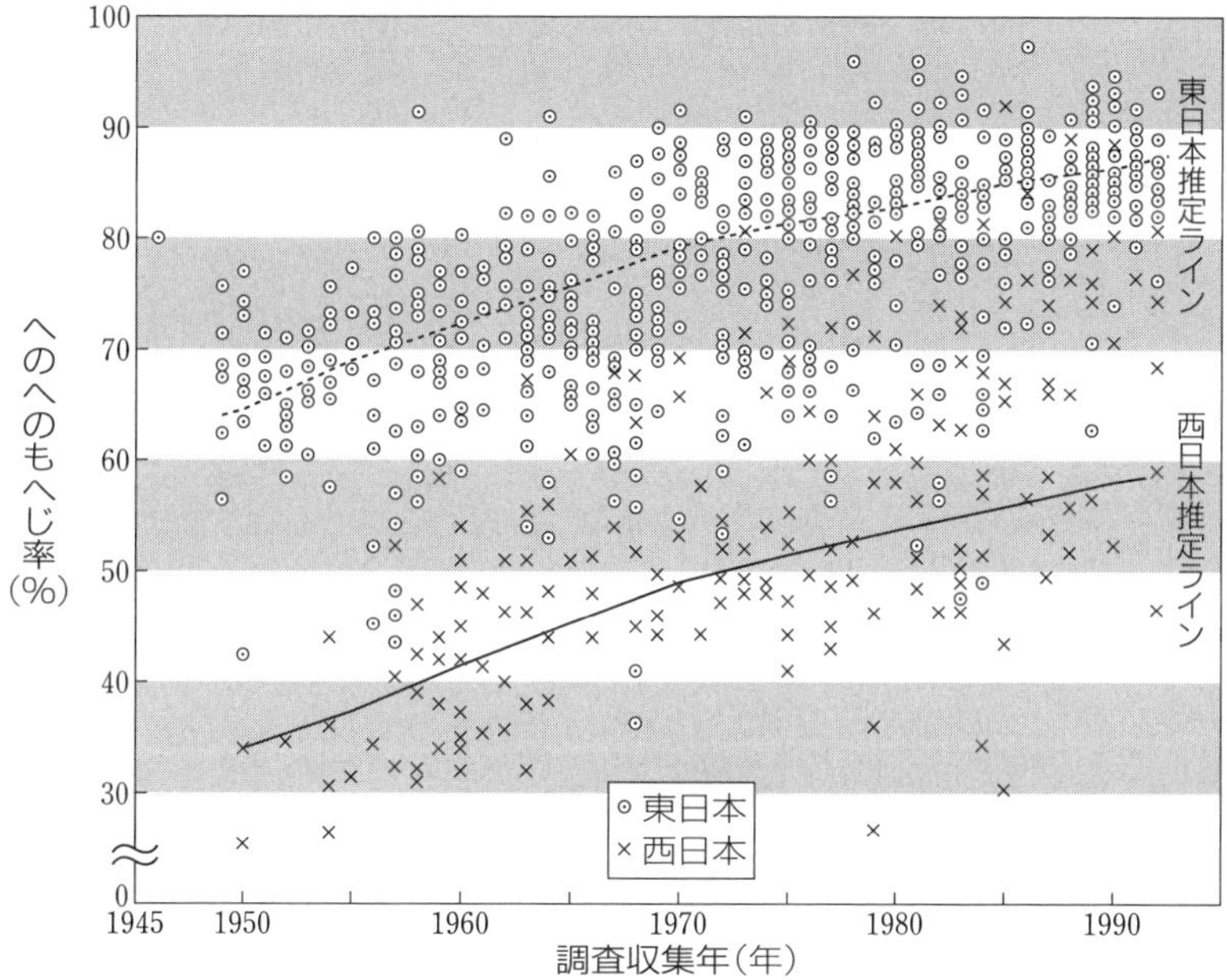

経年変化

資料整理の途次、収集年次により各種〈へへノへノ〉の占める比率の変化に気づいたので、集会や集団での収集のつど、その資料総数に対する「へのへの…じ系」の百分率と収集年月を記録して図11を得た。個別の資料や、収集年月不明のものは除外し、近畿以西を西日本、ほかを東日本に区分して、それぞれ×、○印であらわした。その結果、

❶四〇年間、近年になるに従い「へのへの…じ系」率が上昇してゆく傾向にあること。

❷西日本より東日本の「へのへの…じ系」率が高く、その差は三〇%もあること。が認められた。このことは、

❸地域によって〈へノへノ〉の分布構成に偏りがあること。

❹しかし近年になるに従い、そうした地域性

が失われつつあること。

を示している。したがって〈へノへノ〉の時代による変化を知る必要があり、その手がかりのひとつとして、〈へノへノ〉を覚えた年代による変化、すなわち年齢と記憶（〈へノへノ〉の種類）との対応を、次に求めることとした。

年齢変化

これまで資料収集にあたって、できるだけ自然自由な流布状態の資料を得るため、年齢や住所氏名などの記載を求めなかった。しかし小中高校での集いや、大学などでの講義の折、資料提供者のおおよその年齢が推定でき、稀《まれ》に進んで年齢を記述する方もあり、一九七〇～七一年にかけて、集中して調査した結果が図12である（年齢線が長いのは、推定年齢幅が大きいことを示す）。この図により、

❶年齢が増すにつれ「へのへの…じ系」率が低下する。すなわち古い時代には「へのへの…じ系」以外の種類も伝承していた。

❷しかし若年になれば一途に「へのへの…じ系」率が一〇〇％に近づくのではなく、小学校における学年別の別調査では、一年生は低く、二～三年生で急上昇し、結果的に中高校生が最高値を示したが、このことは、幼児にとって文字が障壁となり、その表示も不正確であるが、三～四年生以上では盛んに興味を持つ状況を反映している。

❸戦前、戦中時代は、雑誌・テレビなどで〈へノへノ〉が宣伝されるのは稀であったが、戦後、一九五〇

図12　年齢によるへのへのもへじ率の違い（1970〜71年）

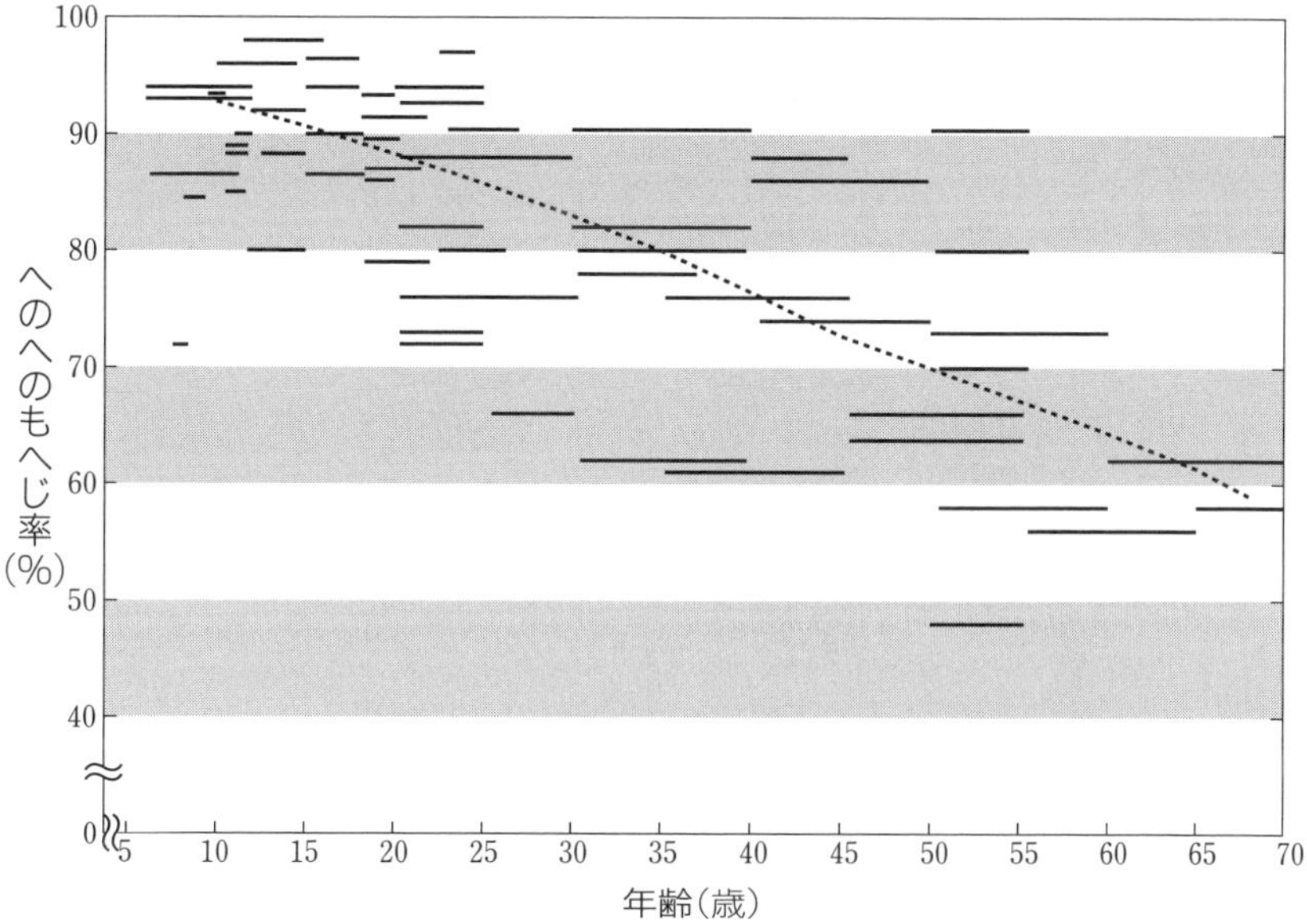

年以降、絵本など*で〈ヘノヘノ〉に接する機会が増え、その掲載、放映される大部分は「へのへの…じ系」で占められていて、その影響が大と考えられる。

が明らかとなった。

「へのへの…じ系」率が約七〇年間、年次や年齢により変化するゆえ、ほかの種類の変化も知らねば実態に迫れないので、〈ヘノヘノ〉各種の伝承分布を次に求めることとした。

地域依存性

各種〈ヘノヘノ〉資料の分布は地域により大きな差があり、その伝承概況を知るため、一九六〇年以降約五年間の資料に基づき、「へのへの…じ系」「へのへの…の系」「へのへの…〇系などその他」の三種の分布を図13に集約した。地域を北海道、東北一・二、関

＊絵本など＝『への、への、もへじ』西内ミナミ（母の友19）、『へへののもへじ』高梨章・ぶん、林明子・え（一九七八）福音館書店。

図13 〈ヘノヘノ〉比率の地域別分布

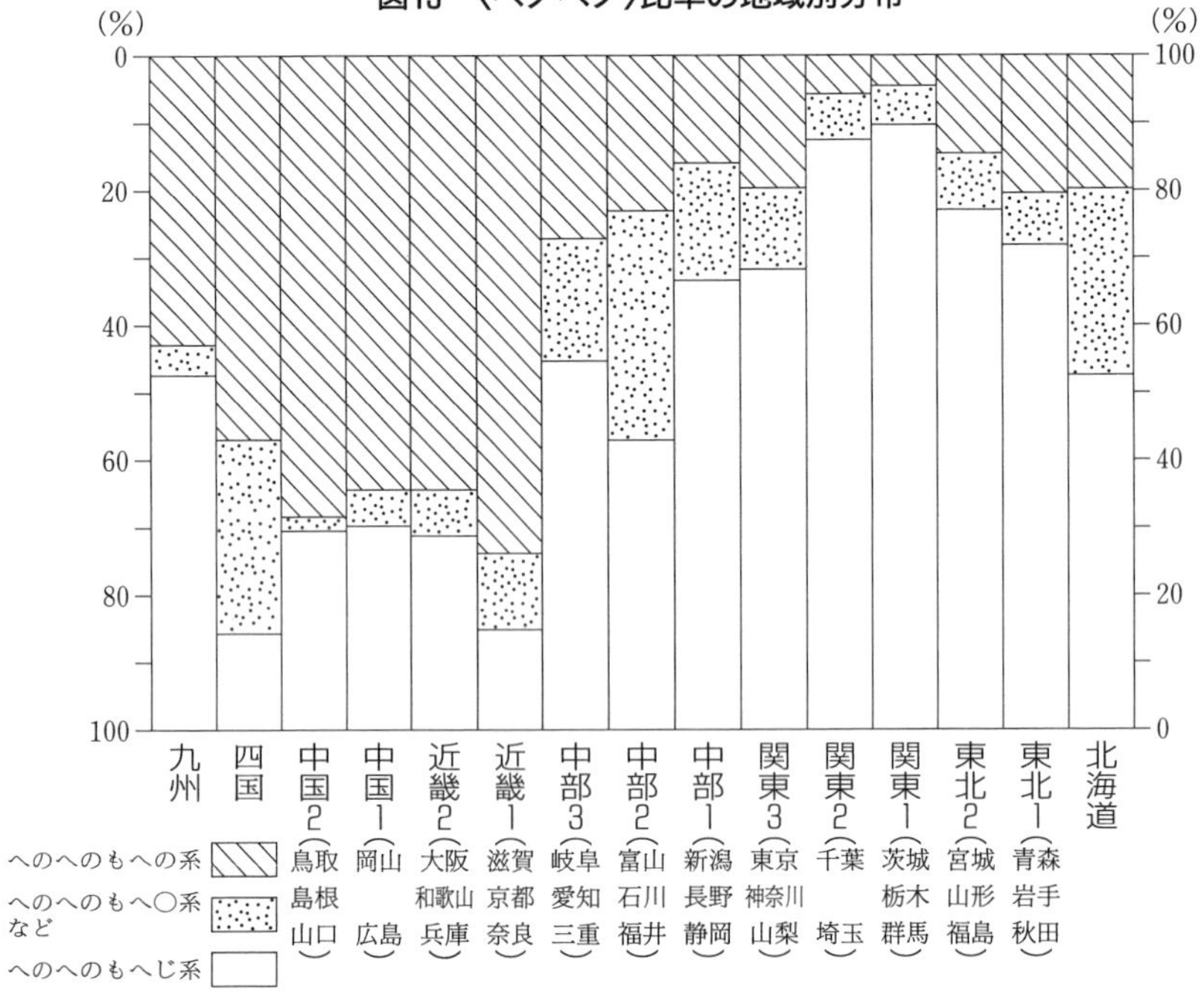

東一・二・三、中部一・二・三、近畿一・二、中国一・二、四国、九州の一五区域に大別し、区域内の県の分配は行政区分ではなく、社会文化面、とくに〈ヘノヘノ〉の資料状況に対応して行った。その結果、次のようなことが明らかとなった。

❶東日本（北海道、東北一・二、関東一・二・三、中部一）では「へのへの…じ系」が五〇〜七〇％を占め、「へのへの…の系」は二〇％以下であること。

❷西日本（近畿一・二、中国一・二、四国、九州）は「へのへの…の系」が四〇〜八〇％を占め、最多であること。

❸その間の（中部二・三）の分布は❶❷のふたつの伝承の対立という断層状態を示しているように見えるが不確定の部分もあり、詳細な検討を要する。

以上のような概況に基づき、さらに地域を細かな府県別の状況で見ることとした。

府県別分布

前記の調査以後、一九七〇～八五年にかけての期間、行政区分の都道府県四七及び外地*（朝鮮・台湾・樺太その他）の四八区分の〈ヘノヘノ〉の分布を、「へのへの…じ系」「へのへの…の系」「へのへの…〇系」「へのへの…α系などその他」の四種について求めた結果、図14を得た。

図14中の下部は「へのへの…じ系」、上部は「へのへの…の系」の占める部分で、間隙《かんげき》の上方は「へのへの…〇系」、下方は「へのへの…α系などその他」の分布である。この図より、次のようなことが読みとれる。

❶京都以西の西日本では「へのへの…の系」がおおむね三〇％以上の特徴を示すが、前記の図13より調査年が新しくなったためか「へのへの…じ系」も五〇％近くを占めている。

❷静岡以東の東日本では「へのへの…じ系」が八〇％以上を占め、「へのへの…の系」はおおむね一〇％以下にとどまった。

❸したがって〈ヘノヘノ〉の伝承は「へのへの…じ系」が高率を示す東日本と、「へのへの…の系」の高い西日本及び両方の間の境界地域に分かれる。

❹西日本地域で、「へのへの…の系」が最も高率なのは、近畿、中国、香川・徳島の地域である。

❺東西の境界地域である富山、石川、福井、岐阜、愛知、三重、滋賀は「へのへの…じ系」が六〇％、

＊外地＝幼少時代を朝鮮、台湾、樺太などで生活した人から、そこで得た資料を提供してもらった。

図14 〈ヘノヘノ〉比率の都道府県別分布

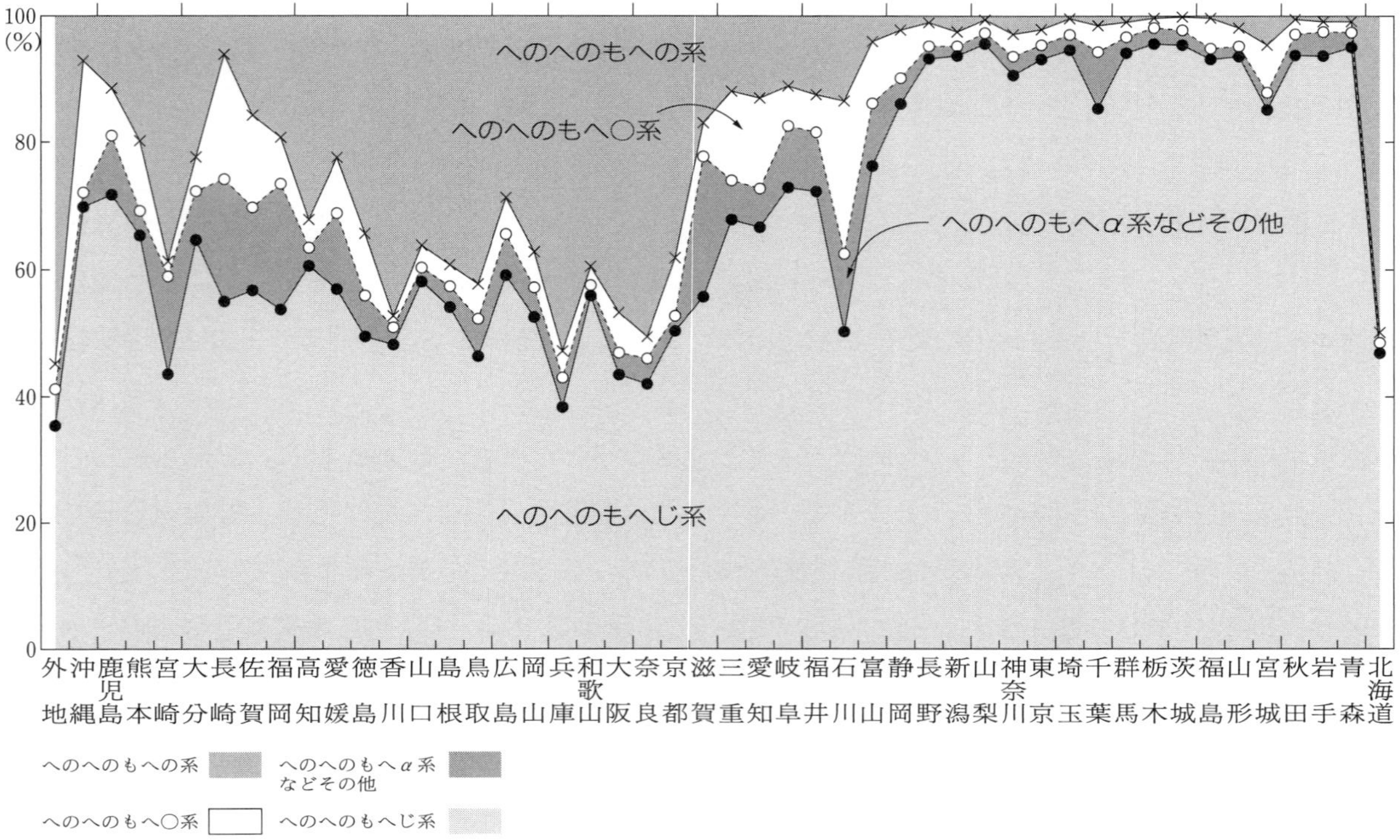

「へのへの…の系」が一〇%以上を示し、東西両傾向が影響しあっている。
❻この境界地域及び九州地域では「へのへの…〇系」及び「へのへの…α系などその他」の比率がほかに比して大きいという特異性を示す。
❼一方、北海道、九州、沖縄、外地は前記の傾向をはずれた分布を示す。
❽これら地域と各種〈ヘノヘノ〉資料分布の状況の中に、伝承伝播の流れと変遷の鍵が秘められていると看取される。

「へへ型」の問題

この項のはじめに「へのへのもへじ」と「へへののもへじ」を分離せず、資料も混合したまま一括「へのへの…じ系」として処理し、ほかの四種の〈ヘノヘノ〉でも同様に処理した旨を記した。巷間《こうかん》、両者は同一視され「その時の気まぐれで、どっちにも描くものだ」ともいわれ、事典、辞書類でも相互同様に扱われている。しかし実体はどうなのか。A類のうちの四種それぞれの総数に対して、各「へへのの」ではじまるもの（以下「へへ型」とする）の百分率を「へへ率」として、各府県別に図示したのが図15である（「へのへの」ではじまるものは以下「への型」とする）。この図により次のようなことがわかる。
❶「へへ型」でも「への型」でも、どちらでもよい、すなわち気まぐれで「へへ型」とするならば、その出現率は四種の「へへ型」とも、同様な範囲の率を示すはずである。
❷しかしながら四種の「へへ率」は共通の傾向を示していない。すなわち気まぐれで出現したとは言い難い。

❸「へへ…じ」の出現は、東日本に多く見うけられるが、その数値は一定せず、法則的でない。

❹「へへ…し」も東日本では「へへ…じ」と同傾向を示し、西日本では出現しない地域が多い。

❺このことは「へへ…じ」「へへ…し」の出現が同根であり、母体である「への…じ」「への…し」の影響のためと考えられる。

❻「へへ…の」は石川、群馬、神奈川を例外としてほとんど出現しない。

❼一方「へへ…〇」は、西日本及び富山で散発的に出現するが、不定である。

❽一般的に「へへ率」はおおむね三〇％以下で、このことは〈へノへノ〉の主軸主流は「への型」であり、「へへ型」の出現はそれぞれ何らかの理由によるものと考えられる。

❾このことは❻の「へへ…の」の出現傾向に明確に示される。それは「へのへのもへの」という音韻のくり返し、すなわち冒頭のへのと末尾のへのとが対応し、分離不可であり、そのことが「へへ…の」が西日本において皆無となってあらわれているのであろう。

❿この韻律性のない他系では、気まぐれの統計分布内で「へへ型」の出現があっても当然なのに、各系において散発不定なのはもっぱら地域社会の影響によるものであろう。

⓫こうした地域特性は三〇％程度で、その頻度の多い「へへ…じ」「へへ…し」は、境界地域、東日本で発現し、他系との相違を示す。

⓬「へへ…の」「へへ…〇」はおおむね二〇％以下でほとんど「への型」を指向しており、「へへ…〇」の例外三〇％も境界地域以西となっている。

図15 〈ヘノヘノ〉A類における「へへ率」の都道府県別分布

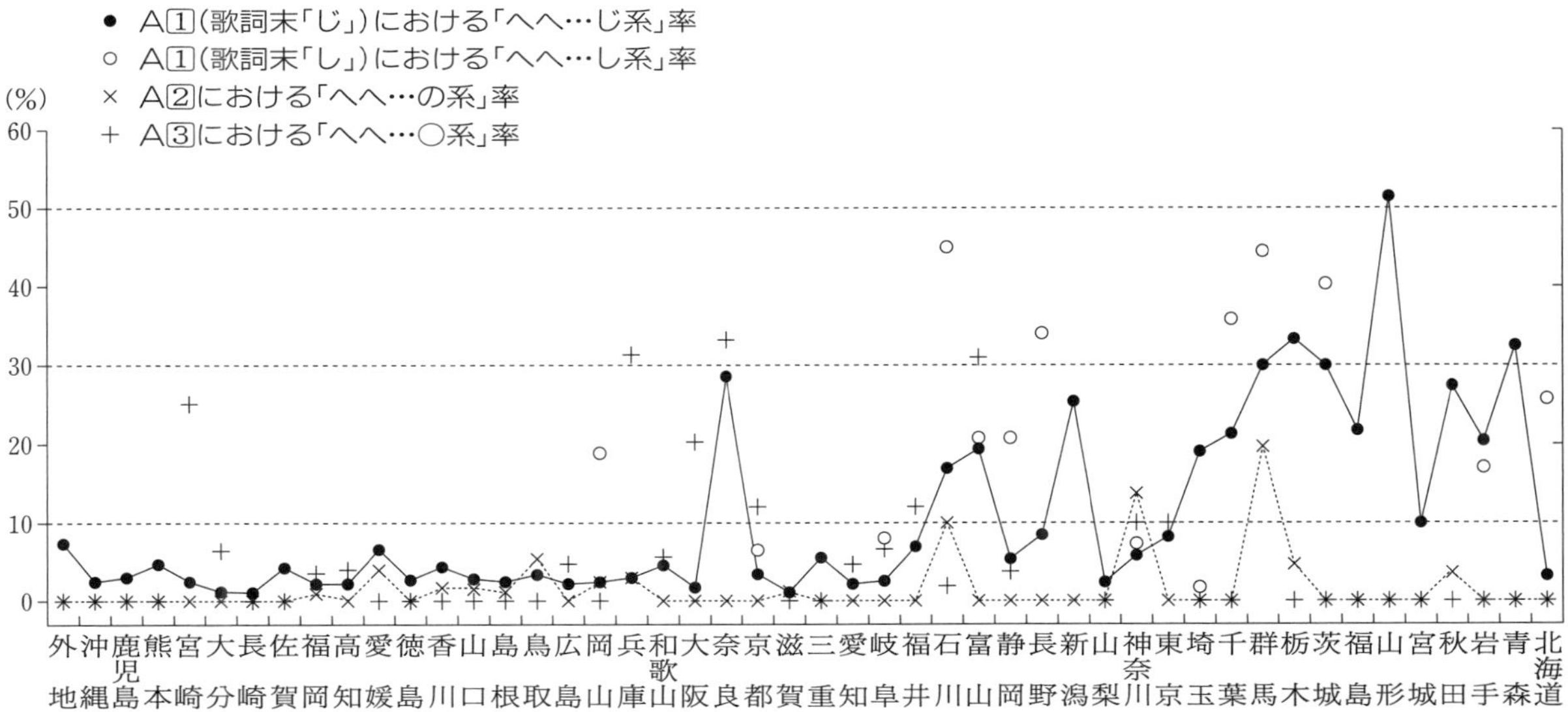

A類のうち、4種それぞれについて、「へへのの〜」ではじまるものの占める割合を示した。
グラフ中の「✳」は「+」と「×」の重なったものである。

⓭以上の結論として、〈へノへノ〉の主流「への型」に対し、特定の地域社会で「へへ型」が出現し、それは東日本では「へへ…じ」「へへ…し」、西日本では「へへ…〇」であった。したがって厳密には「への…じ」と「へへ…じ」はもともとは同一のものであったとは言い難い。

「へのへの…α系」の分布

資料の整理をしている際、岐阜県の資料に「へのへのもへと」というのが多いのに気付いた。〈へノへノ〉の四種について、都道府県別の分布は、前記の図14のようであったが、その中の「へのへのもへα系などその他」の中に含まれた「へのへの…α系」の様子を知りたく思った。資料が少数で分散していたため、一九六五〜八五年の長期にわたって入手した資料を集約したのが表18である。487ページの「への…α系」に記したように、αの文字を「あいうえお五十音表」の行別に分け、資料数を黒点で表示したが、この表18により次のようなことがわかる。

❶αで多いのはあ行（い）、さ行（さ、し）、た行（と）である。

❷地域としては境界区域の中部九県が最多であり、近畿、九州（北）がこれに次いでいる。

❸「へのへの…α」の多様なのは、〈へノへノ〉の伝承伝播の経路、及び流布に関係していると推考される。

❹すなわち東日本の「への…じ」、西日本の「への…の」にはさまれた中部境界地域では、両者の〈へノへノ〉の影響により、歌詞・画図が単一でないこと、逆に見れば各種のものがあってもよいという認識が伝播流布の間に生じ、したがって各自種々な型を考案試行する伝承となったのではないかと推測され

表18　へのへの…α系の地域分布表

府県 地域	沖縄 外地	宮崎 熊本 鹿児島	福岡 佐賀 長崎 大分	香川 徳島 愛媛 高知	鳥取 島根 山口	岡山 広島	大阪 和歌山 兵庫	滋賀 京都 奈良	岐阜 愛知 三重	富山 石川 福井	新潟 長野 静岡	東京 神奈川 山梨	千葉 埼玉	茨城 栃木 群馬	宮城 山形 福島	青森 岩手 秋田	北海道	資料数の 多い順序
あ行	•	•••	••	•••••	••	••••	•••••	••••••••	••	•••••	••	••	•	••	••	•	•	1
か行			•				•	•	••	••	•		•	•			•	7
さ行		•	••	•	•	••	••	•	••	••••	•••••••••	•••	•••	••••	••	•••	•	2
た行		•	•	•	•	••	••	••	••••••••••	••••	•••	••		•	•	•		3
な行	•		••	•		••	•	•	•••••••	••	•	•		•	•	•		5
は行	•	•	•	•	•	•	•	•	••	•••	••••	••	•	•	•		•	4
ま・や行			•	•			••	•										9
ら・わ行			•			•	••	•	••	•	•		•					8
ん・Q	•	•	•	•		•	•	•	••	•	•	•	•	•				6
黒点 合計	4	7	12	11	5	13	17	17	29	22	22	11	8	11	7	6	4	

黒点表示	•	••	•••	••••	•••••	••••••	•••••••	••••••••	•••••••••	••••••••••
資料数	1〜5	6〜10	11〜15	16〜20	21〜25	26〜30	31〜35	36〜40	41〜45	46〜50

る。

❺近畿・九州（北）の地域では、古くから伝承伝播があって、その中で「へのへのもへい」が多く定着、残留していったと推測される。

❻要するに東西のふたつの流布の衝突対立の境界地域と、伝承末端の辺境地域に、「へのへの…α系」が多出する結果を示している。

〈ヘノヘノ〉の考察と仮説

前述の資料集約と検討から、次のような結果則と仮説が導出される。

❶伝承には発生源があり、そこから流布伝播の輪を時間経過とともに広げ、辺境に至るという一般則に従えば、約七〇〜一〇〇年前から、東日本においては東京を中心にして「へのへの…じ系」が、西日本では京都、大阪を中心として「へのへの…の系」「へのへの…〇系」が伝承されてきたと推測。

❷伝承通過地域では、古形の〈ヘノヘノ〉と、しだいに変化、異形化する〈ヘノヘノ〉が共存するが、末端辺境地域では、比較的古形が多く温存されている。

❸その古形〈ヘノヘノ〉は「へのへの…じ系」「へのへの…の系」「へのへの…〇系」のうち、語音数、「へへ型」を派生しない音韻律、画図形成の順当性の三点から「へのへの…の系」と推定される。

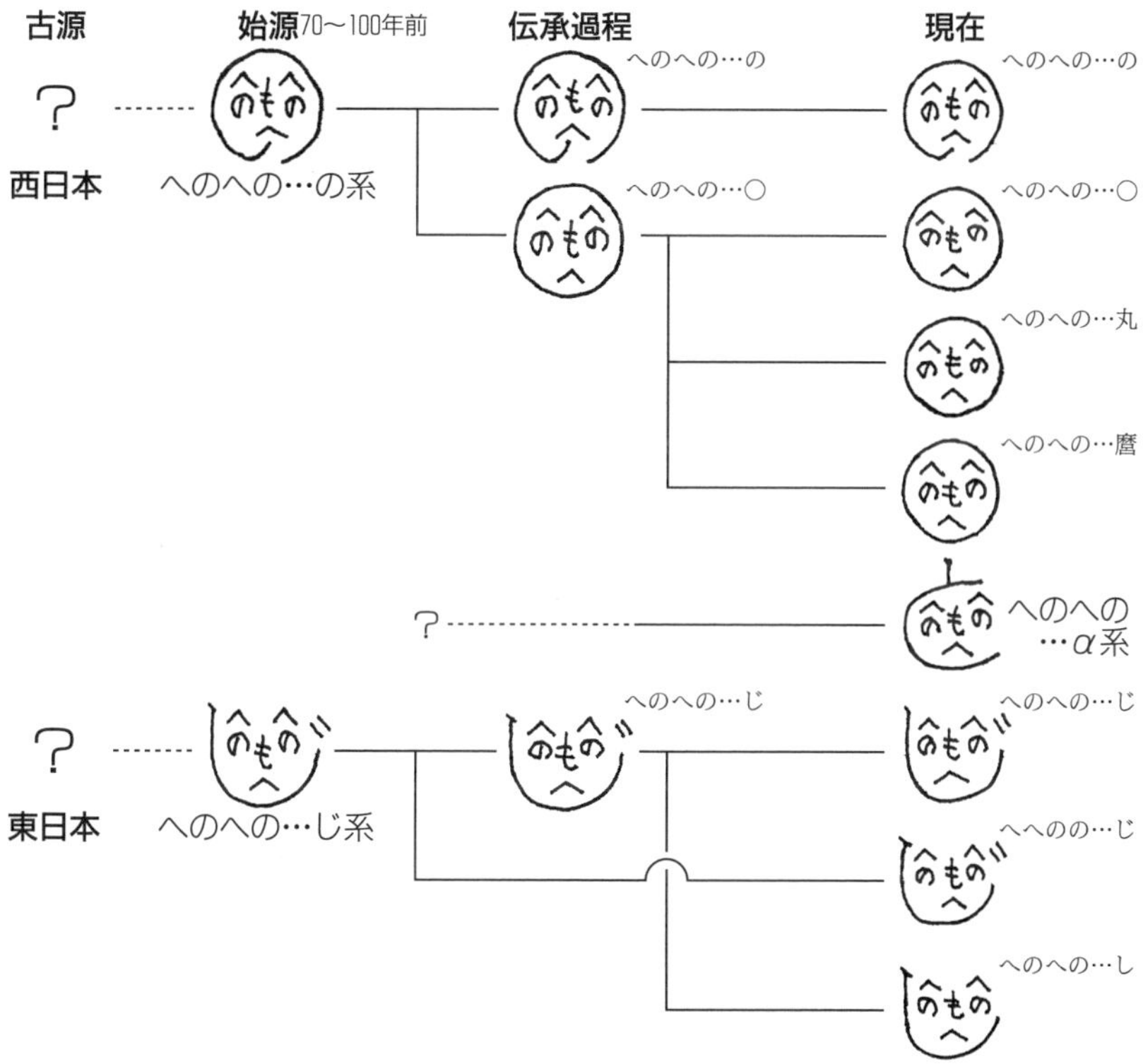

図16 〈ヘノヘノ〉伝承・変遷推定仮説図

❹この古形「へのへの…の系」より比較的早期に外形から「へのへの…○系」が派生し、その歌詞「へのへのもへまる」は、そのまま「へのへのもへ丸」という人名と理解され、さらに「へのへのもへ麿」をも併出し、歌詞の人名当人を、この顔面像の画図があらわした「画文一対の対応」として扱われた。

❺一方「へのへの…じ系」の「じ」という濁点のある文字は、図形上から必要性はなく、唯一「茂平次（治）」、などの人名のみ存在理由が成立する。この人名と顔面肖像の対応は、❹と別な発生と伝播を行ってきたこと、す

なわち何らかの制限や規制の存在や、地域や時代的事情が付加していたと予測される。

❻こうした双流が東西で伝播し、中部地方で境界を作るに至った理由は、絵かき遊びの伝承はもっぱら口承口伝《くでん》の口コミによって行われ、この地域は日本における東西方言の分岐区域であり、いわゆる江戸語の境界線が、新潟の親不知から静岡の浜名湖までの、糸魚川〜浜松ラインであることから、一応、理解することができる。

❼しかしこの境界地域で、伝承の断層がどのようにおこり、どのようにこえて行ったのかは、本稿の資料の遡行《そこう》できる期間、せいぜい明治三〇年代（一九〇〇年頃）をさらに溯り《さかのぼ》、それ以前の伝承の世界へ入らなければ解明できない。

❽一方、北海道、九州、沖縄地域の分布状況が東西二流の中でやや異なっているのは、❷の距離的辺境に加え、方言の断層や開拓移住などの政治社会的要因が加わっているゆえ、子どもの遊び世界をこえる視点が必要となる。〈へノへノ〉の伝播と変遷の末、どうして子どもに達したかの問題である。

前にも述べたが、子どもの遊びにことよせて、みだりに政治や社会の問題を論ずるのを私は好まない。しかし子どもの遊びといえども懐古趣味や郷愁心で、純真無垢《むく》の有様をのみ綴《つづ》っていたのでは、大人の独りよがりや天真爛漫《らんまん》に到達し得ても、子どもの問題は何一つ進まない。子どもの生態は時代が古くても、今もなまなましく現実的である。これまでから得た結果や仮説を検証するため、古い伝承の問題を次節で考察することとする。

文字絵の歴史と現在の展開

前述までの、各資料から得た知見と推測に基づき、子どもたちの絵かき遊びの一種〈ヘノヘノ〉が、どのように発生し、伝承されてきたかを辿《たど》り、文字絵の代表として流路を遡ることとした。

児戯の伝承、実利実益のない遊興遊芸であるから、確たる資料に乏しく、口承口伝が散見されるのみで、また記録があってもそれを裏付ける証がないため、そのまま事実とされる危険を省みず、あえてここで歴史を追求し、現時の展開につなげるようにした。

ことばと文字のはじまり

〈ヘノヘノ〉のような、ことば・文字・画図の遊びの源流をたずねてゆくと、大人の「文字絵」「絵文字」から、さらに遡って、人類の「ことばから文字の発祥」の域に到達する。

いつの時代、どこの民族にもことばは存在し、人間生活に不可欠な要素であるが、中でも子どもの成長、生活に、ことばがきわめて重要な役割を持つ。

人類の祖先は、ことばによる伝達の限界、時間や距離の障壁を乗りこえ、また忘却しないため、草木を

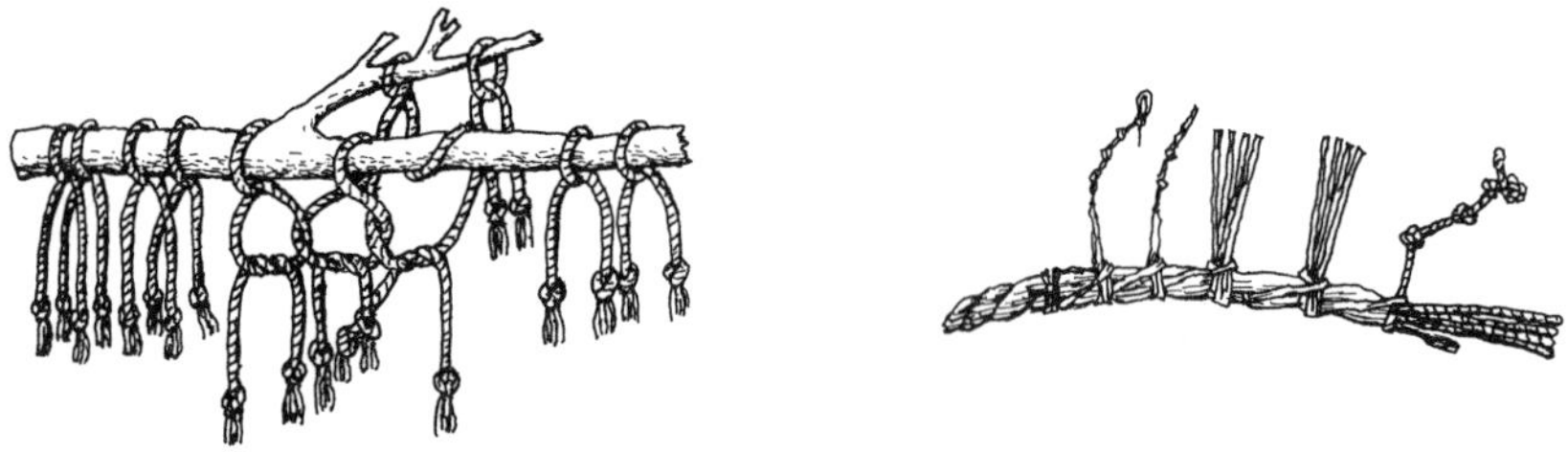

アメリカ・ネイティブアメリカン　　日本・八重山諸島

図17　縄文字・藁文字

折ったり、縄を結んだりの方法をとってきたが、もっと正確で複雑な内容を伝え、記録するためBC四〇〇〇〜三〇〇〇年頃、文明のおこった所では、それぞれ「文字」が考案されていった。

そのひとつ、西アジアのチグリス・ユーフラテス川の肥沃《ひよく》な流域地帯に、農耕・牧畜がおこり、シュメール人によって都市国家が作られ、法律・医術・数学・天文学・歴史などの学問が発達したが、それらは粘土板に印された「楔形《くさびがた》文字」によって記録された。

楔形文字の最初は、事物や行為の絵画的表示の「絵文字」であったが、しだいに簡明、記号化により「象形文字」に至った。

当時の王国では、法典や裁判、商用契約書を、この象形文字で記述、読解できる書記が重用されたが、一般市民は文字を知らず無縁な生活であった。シュメールの象形文字は、フェニキア文字、アッシリア文字を経て、表音文字のギリシア文字、ラテン文字となり、現在の欧米の文字の母体となった。

同じBC三〇〇〇年頃、アフリカのナイル河下流地域に古代エジプト王国が生まれ、太陽神話による宗教と文明が栄えた。各種の教典や呪文《じゅもん》、王の伝記、法令や天文、数学、建築、土木、測量、測地などの方法が、古代

表19　楔形文字

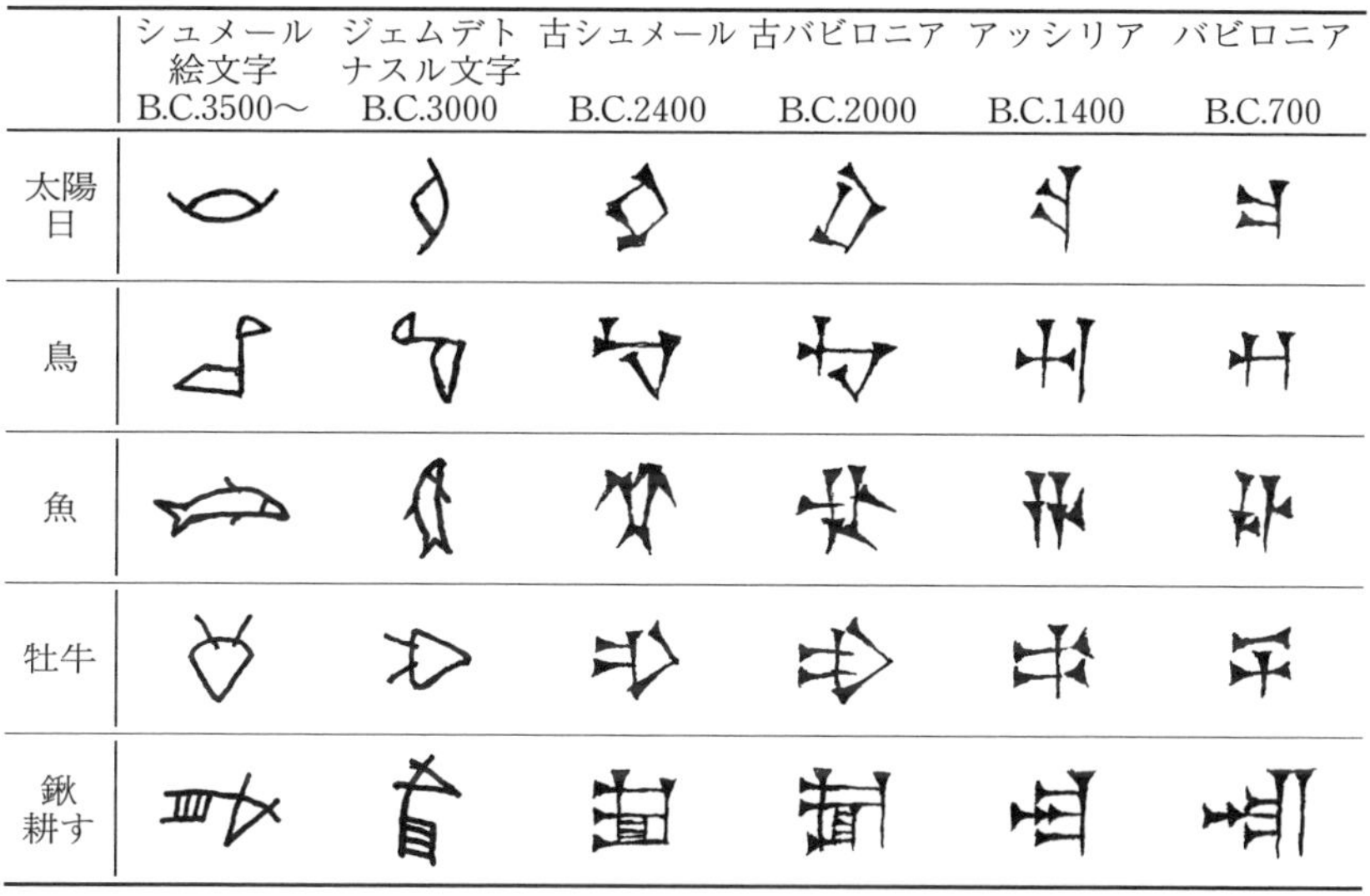

	シュメール絵文字 B.C.3500〜	ジェムデトナスル文字 B.C.3000	古シュメール B.C.2400	古バビロニア B.C.2000	アッシリア B.C.1400	バビロニア B.C.700
太陽 日						
鳥						
魚						
牡牛						
鍬 耕す						

表20　文字の変遷・変化

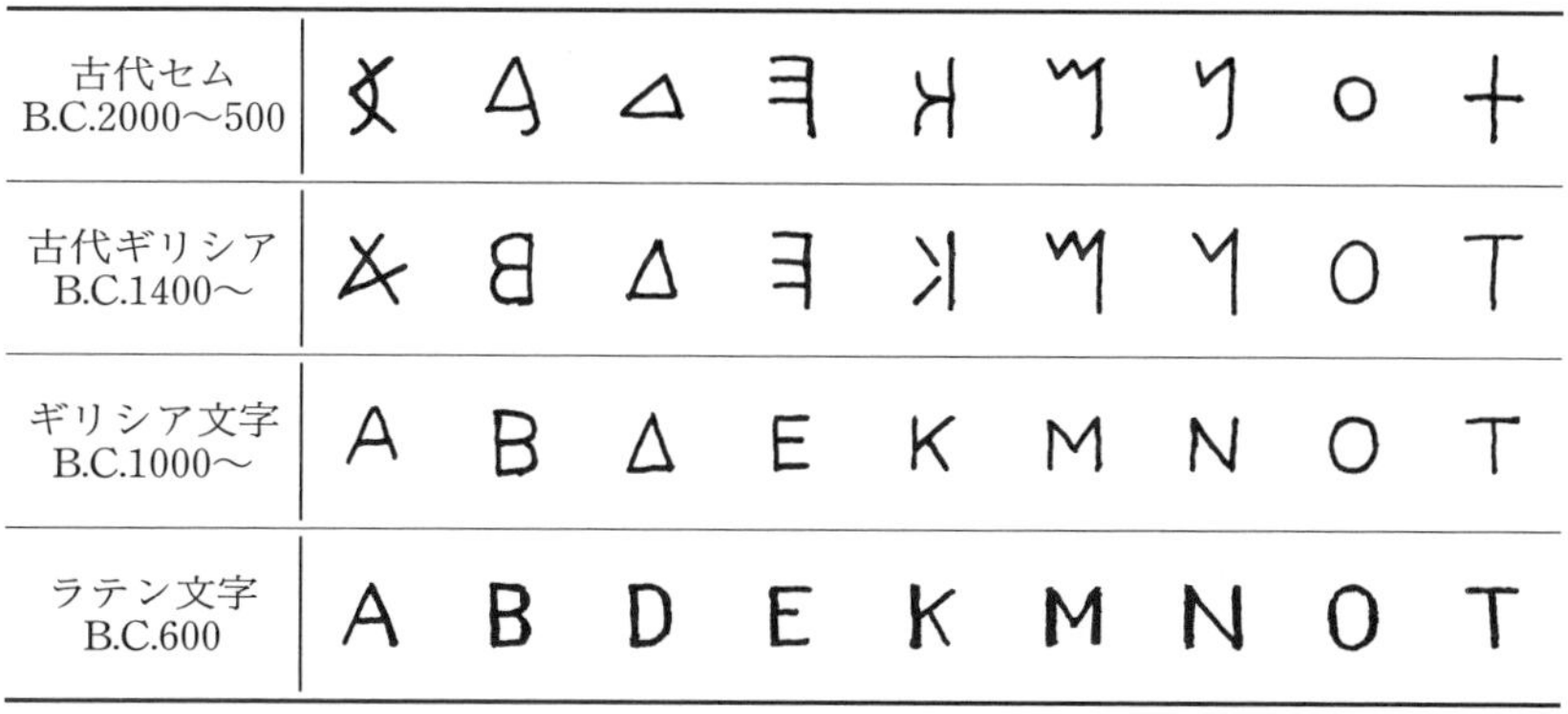

古代セム B.C.2000〜500									
古代ギリシア B.C.1400〜									
ギリシア文字 B.C.1000〜	A	B	Δ	E	K	M	N	O	T
ラテン文字 B.C.600	A	B	D	E	K	M	N	O	T

表21　古代エジプト文字の変容

	聖刻文字（ヒエログリフ）		神官文字（ヒエラティック）		民衆文字（デモティック）
	B.C.3000〜2800	B.C.2000〜1500	B.C.1900	B.C.200	B.C.400〜100
魚					
鳥					
草					
壺					

エジプト文字で記録された。

その最初は絵画表示と音を含む「絵文字」でヒエログリフ（聖刻文字）とよばれ、神殿や壁面に鏤《る》刻《こく》されたが、それを簡略化したヒエラティック（神官文字）は、パピルス紙に葦《あし》ペンで記述されるようになった。さらにBC七世紀頃になると、もっと記述しやすいデモティック（民衆文字）が考案されていった。

こうした古代エジプト文字による文書記録はいずれも難解で、それを操る書記は高級官僚として権力者に仕えていたから、その内容の真偽は十分な検討を要する。もちろん庶民は「文字」を読み書きすることはできず、現今の非識字者と同じ状態におかれていた。

一方、アジアでは黄河の流域に、農耕を営む人々が住み、精巧な青銅器などを作る技術や文明が栄えていった。そしてBC三〇〇〇年頃、宮殿や大きな墓地を持った殷《いん》（商《しょう》）とよばれる王国によって、はじめは物の形や姿をあらわす「絵文字」から、占いに使った亀甲や獣骨に残る「甲骨文字」とよばれる文字が作られ、さらに青銅器に刻まれた「金文」となり、これら

表22　漢字の発生と変化

	絵文字	甲骨文字 B.C.2000	金文 B.C.1100	篆書文 B.C.200	隷書文 B.C.200	楷書文
人						
矛						
刀						
矢						
牛						
羊						
犬						

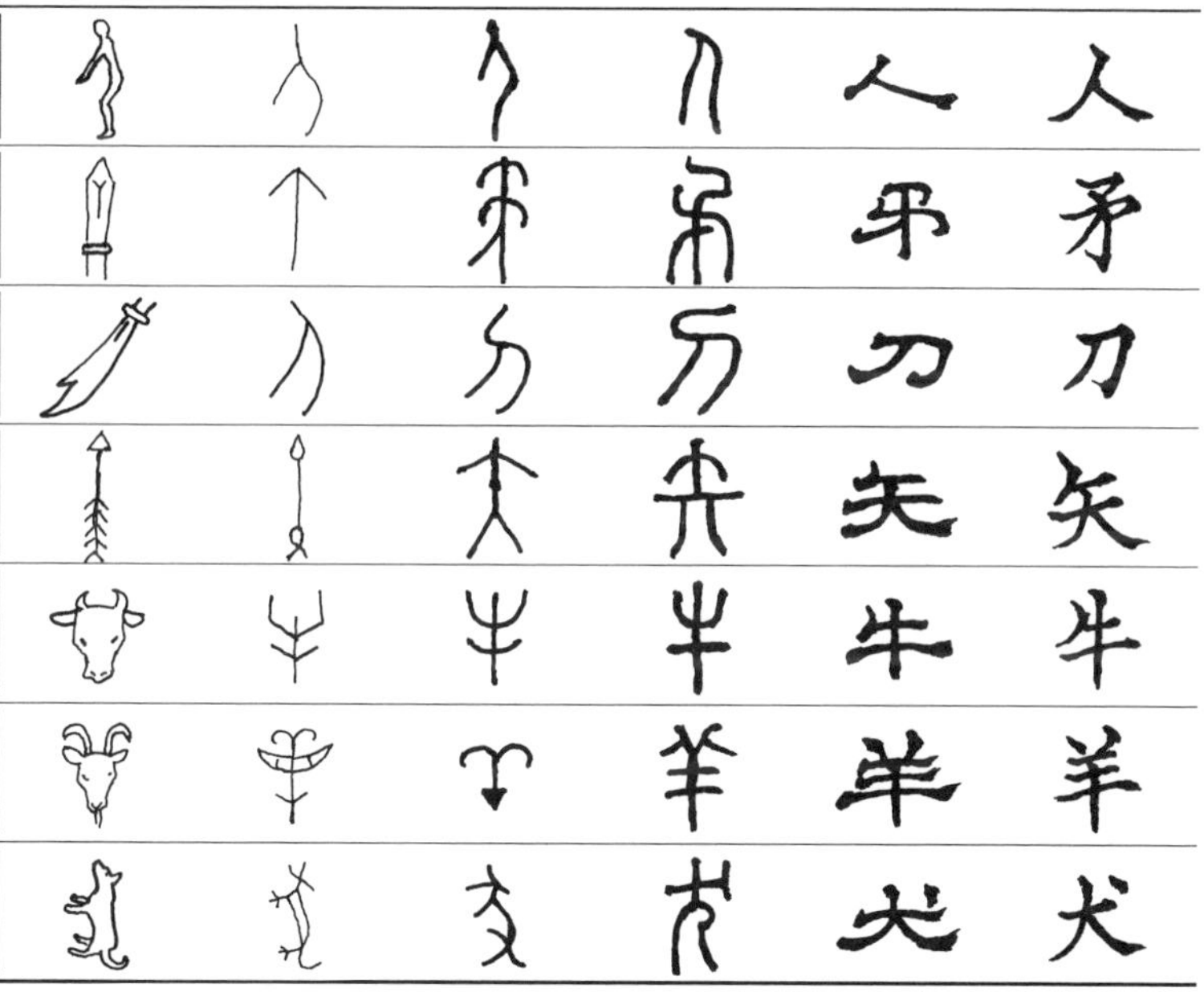

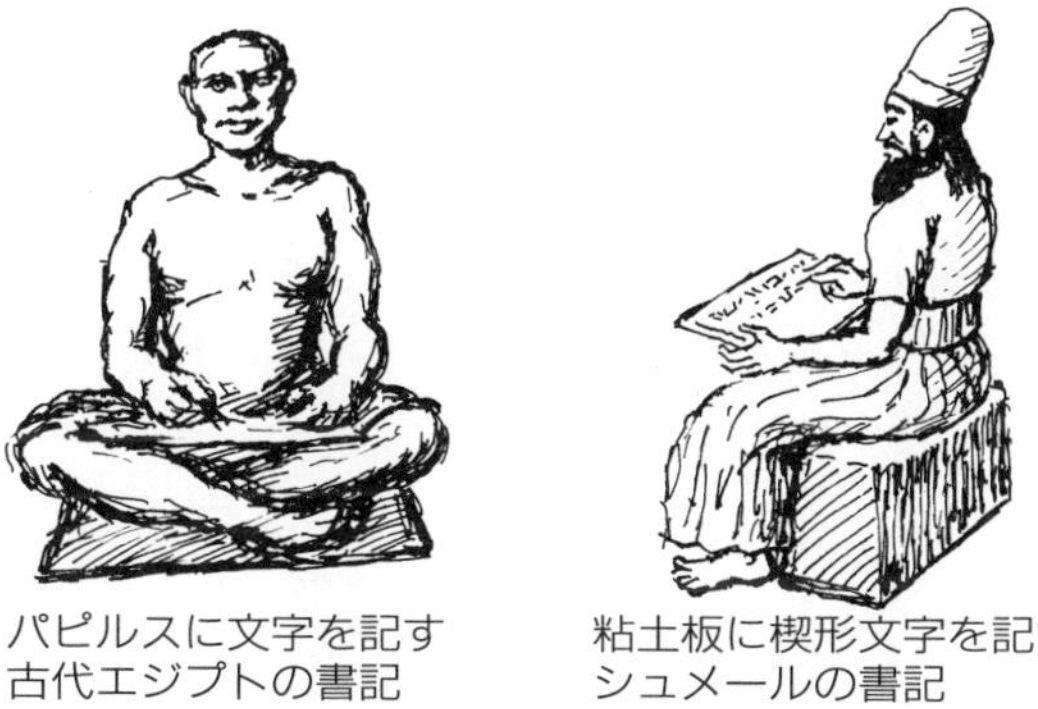

パピルスに文字を記す
古代エジプトの書記

粘土板に楔形文字を記す
シュメールの書記

図18　いろいろな書記

をもとにＢＣ二世紀頃には、秦の始皇帝により文字が統一され、篆書《てんしょ》、そして漢代に隷書《れいしょ》が制定され、漢字の基本となった。

このように人類の祖先が作ってきた文字は、そのいずれも最初は「絵文字」からはじまっていたが、そのほかの地域でもそれぞれの民族が工夫した文字も、みな絵文字からはじまっていることは、人間共通の感覚的理解や認識だけでなく「絵かき遊び」の基本にも通じる重要な基点を示している。

一方、こうしてできた中国の漢字が、五〜六世紀頃日本に伝来し、日本の文字となっていった。それは刀剣や鐘などに刻まれた「金石文」として残っているが、ことばの基本構造が違う日本語を、漢字であらわすことに、当時の関係者は大きな苦心と努力を傾けた。朝鮮、中国との交流往来、経典や文物の渡来を経て、本来、意味概念をあらわす漢字を、音をあらわす文字にも使用するという重複の方法によって、『古事記』（七一二年）、『日本書紀』（七二〇年）、『万葉集』（七五九年）などが記述されるようになった。

この過程で表音的に用いた、いわゆる万葉仮名や、意味内容を訓とした義訓仮名（たとえば「山上復有山」を「いづ（出づ）」とよむ）などが工夫された。こうして漢字という真名《まな》に対し、仮りの文字としての仮名が日本語の文字として登場することとなる。

そして紀伝博士や文章博士という専門学者や空海などの学僧の協力によって、平安時代になると万葉仮名をさらに簡略化したカタカナと、草書体をくずしたひらがなが用いられるようになった。こうして日本のことばは、真名・カタカナ・ひらがなの三種の文字で記されることとなったのである。

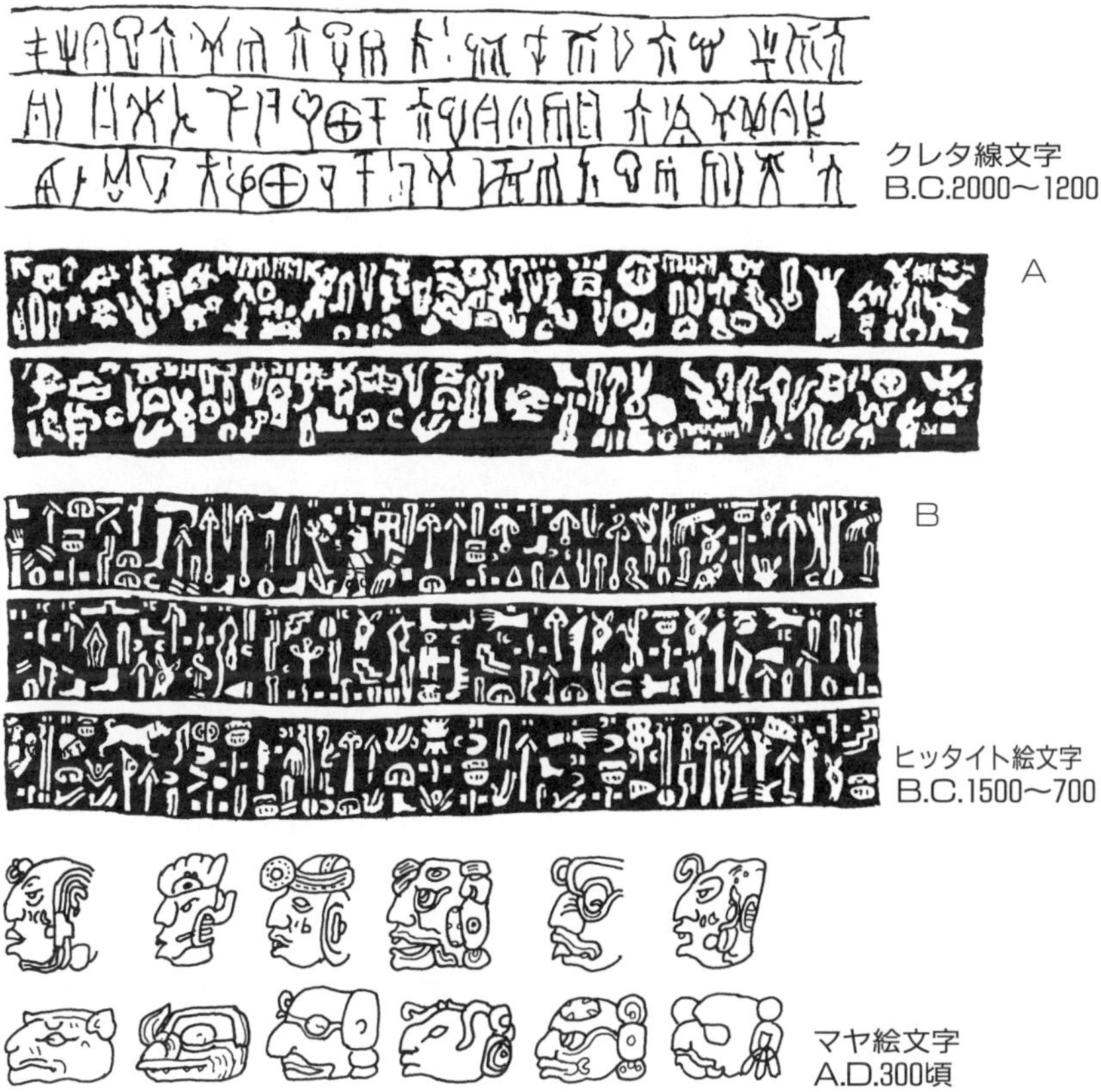

図19　各種の古代絵文字

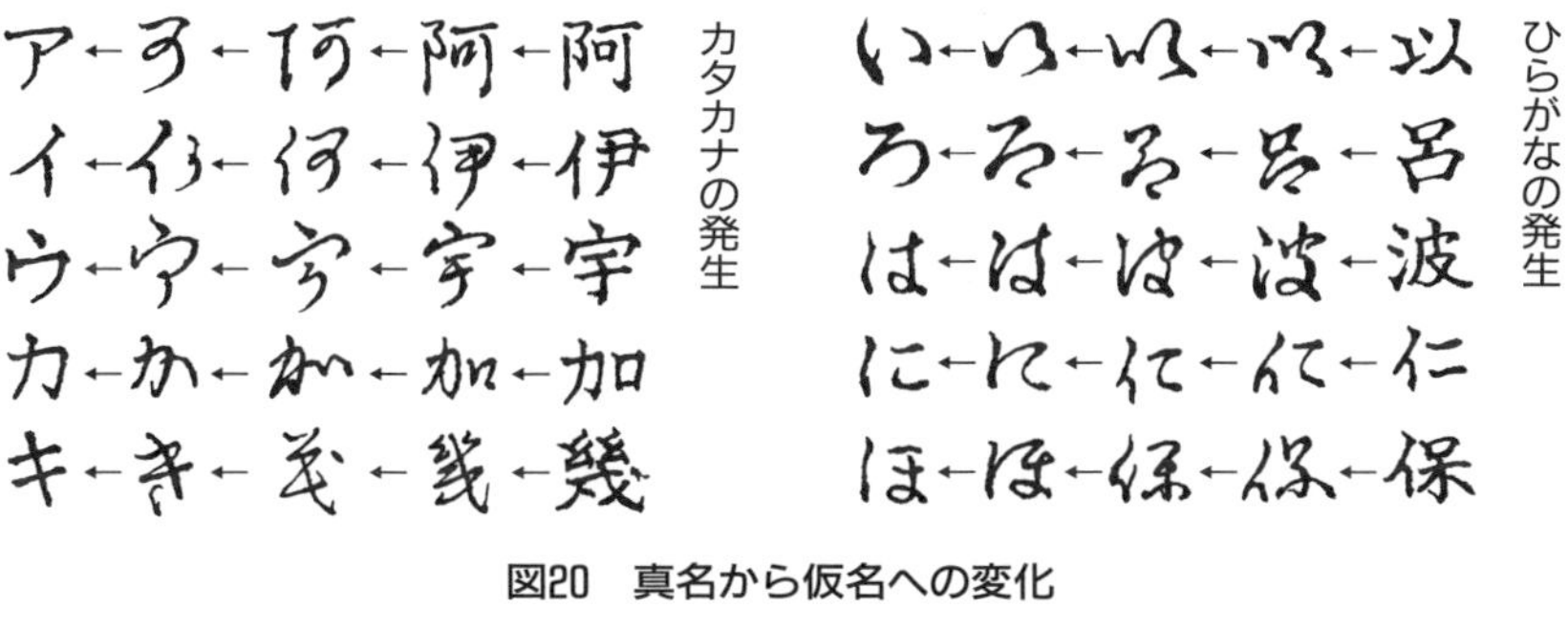

図20　真名から仮名への変化

男手、女手、葦手の出現

日本のことばを記述する三様の文字ができたが、平安時代以降も、公文書や通達は真名である漢字で記され、貴族や上位官位は男子が占めていたため、その文字は「男手」と称されていた。

しかしその間、文字の表現に、中国における書家の書風にならった飛白字《かすれじ》や鳥、虫、蛇の動物あるいは、竹、梅、蘭の植物を模した「絵文字」の字体・書風が用いられ、遊興趣味や呪術《じゅじゅつ》信仰に迎えられていた。

一方、ひらがな、カタカナは、真名の補助的表音文字であったものの、とくにひらがなはその書体の曲線的優麗さから女手、女文字として上流女性に愛好され、ひらがなで書かれた『源氏物語』（紫式部）、『枕草子』（清少納言）などの女流作品や『古今和歌集』（九〇五年）、『土佐日記』（九三五年？）があらわれた。

こうした間、平安時代の宮廷貴族の男女の社交宴席の場で、歌合せや和歌にひらがなが用いられるとともに、扇紙や絵巻物に、山水風景とひらがなの歌文を一体となるよう書きこむ「葦手《あしで》」「水手」「歌絵」とよばれる風雅な遊芸が広まっていった。

それらはひらがなで和歌や詩文を、整然とそろえて書くのではなく、一見川辺の植物や礫石《れきせき》、水鳥のごとくなぞられて書き、その周辺周囲に流水、風物を描き添えて、文画一体としたもので、その絵の部を注目して「葦手絵《あしでえ》」と称したのが「文字絵」の嚆矢《こうし》となった。

当時の上層上流人は、歌や文の出典である中国古典や『万葉集』などの、理解、解釈の知識に多くの意

飛白字《かすれじ》

秦爾文《しんじぶん》

竹書

梅花篆《ばいかてん》

図21　さまざまな字体・書風

図23　葦手書

葦手絵1

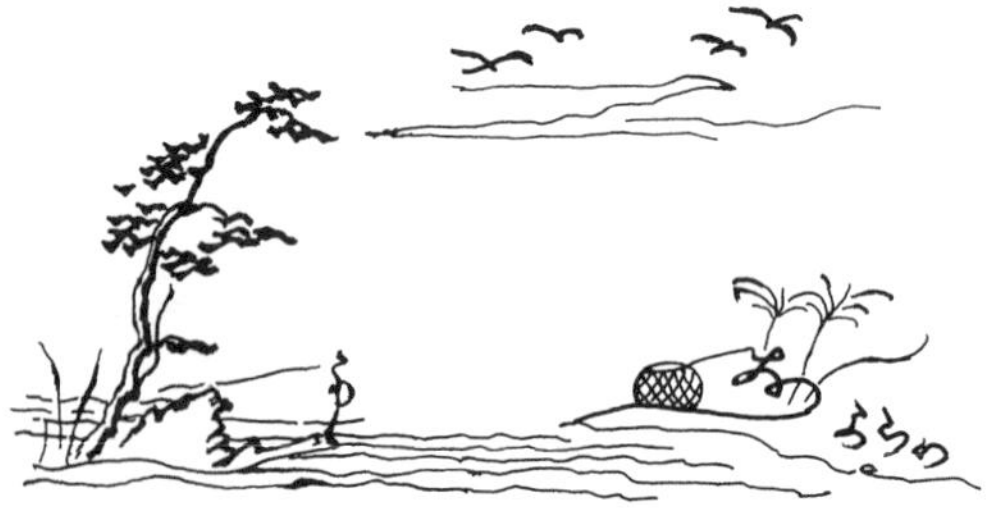

葦手絵2

図22　葦手絵のいろいろ

を注ぎ、貴族趣味や虚栄心から、平易明瞭に表示せず、暗喩《あんゆ》韜晦《とうかい》な「葦手かくし」の方向に力を用いていた。したがって明快な「文字絵」の出現、流布のためには、今しばらく時間を要することとなる。

　しかし「葦手絵」「歌絵」は和歌、漢詩という言語遊戯に装飾文字・吉祥《きつしよう》文字・隠し文字・絵文字・字音絵（たとえば三羽の鳥でみどりの意など）といった奇趣奇抜な絵画遊戯を重ね合わせる発想を生じ、後のさまざまな戯《ざ》れ絵や遊び絵、川柳・狂歌などの言葉遊芸を生み出す源流培地となっていった。

　さてその後、源平期から鎌倉幕府の時代、そして南北朝対立期に至る約四〇〇年は兵乱と抗争が続き、公卿《くぎよう》や貴族、僧侶や富裕商人に安隠な日々はなかった。

図24　水手絵

図25　葦手かくし

しかしまだ前時代の惰性のまま貴族趣味が保持継承されていた。

　室町時代に至り、さらに戦闘と飢饉《ききん》、悪政末法の世となったが、政治的な力と経済基盤を失った公卿文人の流浪と武士階級の王朝文化への憧憬《しょうけい》が混交し、古典と中国文化を権勢と耽美《たんび》で彩った北山文化やわび・さびによる幽幻瞑想《めいそう》的な東山文化を生み、従来の様相を一変していった。こうした文化状況下の、公家・僧侶・文人たちの集会宴席で、〈ヘノヘノ〉の原型やヘマムショ入道など、人の容貌《ようぼう》姿態を描いた「文字絵」が生まれたと推測される。

　なぜこの期になって「文字絵」があらわれたと推理するのか、その理由と傍証は、次の九点に拠っている。

図26　室町期の文字絵

❶平安王朝における遊興趣向は、貴族的風雅、上品端正な教養表現であり、鎌倉武士たちの文化探求も、封建的禁欲と儒教的戒律の範囲にとどまり、両者とも旧風を破るまでには至らなかったこと。

❷前記の時代に、あえて平易通俗的な「文字絵」を創案、呈出しても、周囲から嫌悪、排斥され、非難、嘲笑を浴びるにとどまり、広く市井《しせい》に宣伝流布するに至らなかったこと。

❸それまでの旧態を脱するために、社会的な混乱不安もさることながら、下《げ》剋上《こくじょう》や一揆《いっき》に見られる権威に対する挑戦や旧秩序打破の考え、とくに鎌倉中期以降に出現した奇矯、異端、現世的文化追求のバサラ風潮が浸透する必要があったこと。

❹支配階級や教養に奉仕する宗教ではなく、庶民の救済再生をめざした僧が、法然・親鸞《しんらん》・日蓮・一遍など次々にあらわれ、民衆の間で布教遊行を行ったこと。

❺平安期に設立された京都青蓮院《しょうれんいん》は天台宗僧坊として、また鎌倉期の尊円《そんえん》入道以来、御家流書道家元として知られているが、室町期、その襖障子裏に文字絵の戯画があったという伝承と記録があったこと（現品は度重なる出火で焼失）。

❻〈ヘノヘノ〉や「ヘマムショ入道」などの出現には、こうした庶民感覚を持った僧侶の影響と寺院僧坊の存在が濃厚で、たとえば連歌、茶会、立花などの場が想定されること。

❼江戸期の初期、江戸発行の草子書籍にはまだ〈ヘノヘノ〉などの存在が見うけられないが、中期以降には、あたかも常識化したごとく流布していて、これらから発祥期は江戸時代初期以前、発祥源は江戸以外、すなわち京都、大阪など上方を示していること。

❽室町期以後の戦国大名の領地版図や江戸幕府の大名配置は、〈ヘノヘノ〉の東西分離線である糸魚川〜浜松ラインと合致しており、一般の交通交流は関所などにより妨害され、大阪問屋の商品交易と、参勤交代制による人員文物の移動時期まで、伝播《でんぱ》が十分行われなかったこと。

❾したがって、はじめ上方で発生創出した〈ヘノヘノ〉が西日本全体に伝播波及し、その後に東の〈ヘノヘノ〉の伝播があったものと推測されること。

以上のような理由により、室町期の中期に上方京都近傍の貴族、公家、僧侶の遊宴の場で「文字絵」が出現し、その中の最も平易な〈ヘノヘノ〉が伝承流布していたと推定される。

〈ヘノヘノ〉の創出と伝播

室町時代の中期ごろ、京都の上流人の間で創始された〈ヘノヘノ〉は、どのようであったかといえば、既述の現行各種の〈ヘノヘノ〉のうちの「へのへの…の系」であったと推考される。

その理由は、次による。

❶伝承の各種〈ヘノヘノ〉の中で、七音七字が最多であり、それは始源の形態を伝承していると推測されること。

❷西日本の伝承〈ヘノヘノ〉の中で、「へのへの…の系」が最も多く、また広域に分布していること。

❸当時の上流人は、平安期の葦手の影響を保持していたから、その文に韻文、連歌の法則にのっとり、eoeo、oeoという母音のリズムを組み込んだと推考されること。

❹字形を組み合わせて顔面の戯画にするだけであれば「も」は不適であるにもかかわらず採用しているのは「及び」「さらにその上」の意が通じうる「へのへの…の系」のみであること。

❺その「も」の強調重複の意は、低俗卑猥《ひわい》な「へ（屁）」や「へのこ（陰嚢《いんのう》・睾丸《こうがん》）」を暗喩連想させる「への」の反復連記により完備されること。

❻こうした風流と猥雑《わいざつ》の危険な均衡、同居は、室町期の異端風潮を待たねばならなかったとともに、それが強力な伝播力となり波及を推進していったこと。

❼初形は「へのへのもへの」の後に、補意、補完の句があったかもしれないが、そうした冗長は間もなく失われ、平明端的な七音七字の文字絵の母型となったと考えられること。

この「へのへのもへの」が、京都を中心に、室町期の風流粋人達に伝承されてゆく間、ふたつの変化がおこった。

図27　「へのへの…の系」の初期の形

それは歌詞「へのへのもへの」の第一、第二の「の」と第三の「の」を書く際の、字形差に対する疑義と困惑から生起した。三番目の「の」を、大きく書く時、当時はいわゆる変体仮名も多用されていたため、筆順端初をどこからしてよいかの戸惑いから、①画図が多少歪曲《わいきょく》しても、端然とした文字を書く、②文字形はゆがめても、整った顔面の画図を描出する——というまったく逆の変化である。

この①は、現在の「へのへのもへの」の資料に見られるような、「の」の字形を失わない、したがっていささか異形の顔面図と歌詞「へのへのもへの」の伝承となって、各地に流布していくこととなった。

一方②は、顔面の外形を描く絵を、文字「の」であるより、円形として描くため、伝承の途次「へのへのもへマル」の八音の歌詞に変化をとげていった。そしてそのまま文字として「へのへのもへまる」と記する時、当時の人名とくに幼少時の通例に従い「へのへのもへ丸」と解釈されるに及んで、それまで単なる歌詞とその文字による画図の関係から、描かれた画図の当人が、この名の人物であるという対応関係を生じていった。さらに「へのへのもへまる」という歌詞を誤記か誤読によって「へのへのもへまろ」とするものもあらわれ、それもまた人名であるゆえに、公家、上流人に対する多少の皮肉、揶揄《やゆ》をこめ、画図と歌詞が当人名の対応関係として処理された。

こうして「へのへのもへの」から「へのへのもへまる」「へのへのもへまろ」が生まれ、近畿から東漸と西行しながら、伝承の輪を広げていったのであろう。その速度は比較的速やかであったが、単なる人と人の繋がりではなく、風流遊趣の人脈によるため、四国、九州に達するには時間を要し、また中部地方西方の境界地域では、容易に東へ伝播することができずに停滞していたと思われる。

糸魚川〜浜松ラインを境界とすることばの壁はこの時代、次のようなものであった。

❶戦国大名の厳しい領地管理の境界で、たとえば応仁の乱の西軍〔畠山（義）・富樫・朝倉・土岐《とき》〕、東軍〔畠山（政）・京極・細川・斯波《しば》〕の接線であり、戦国時代には西側〔佐々《さっさ》・姉小路・織田〕、東側〔上杉・武田・徳川〕の国境であったため、領民の交流往来は制限され、あっても乏しかったため、ことばの連絡が人為的に断絶されていた。

❷地形地勢的に峻険《しゅんけん》な山岳と、親不知《おやしらず》（糸魚川）に見られる断崖《だんがい》、深い渓谷、河川や積雪などで交通が困難、杜絶《とぜつ》していた。

❸平安時代、辺境を意味した東国の境界は滋賀・三重の県境近傍であったが、鎌倉時代の東国は糸魚川〜浜松ライン以東となり、中央政権親近地域の意にかわっていった。

❹こうした政治的、地理的区分により、糸魚川〜浜松ラインはアクセント・方言の東西境界となり、ことばだけにとどまらず風習・行事・生活文化の違いを形成していった。

❺当時の境界西方近傍の産業経済活動といえば、農耕と都市支配層関係の手工業や商業取引が一般的で、

図28　糸魚川〜浜松ラインとアクセントの違い

東方地域では山地の農林業と牧畜が特徴で、とくに馬の飼育養育による売買集散が、境界を超越する方途のひとつとなった。

以上のような境界地域を、どのようにいつごろ〈ヘノヘノ〉は乗りこえていったのであろうか。

東国・江戸への移行

室町期の後期から、戦国期の間のわずかな安息の時期、たとえば安土桃山文化が花開いた時、京・大阪の文化が、東国の武将や御用商人、僧侶、文人によって、東国に伝えられた。上方《かみがた》の調度品用具、織物、美術品が土産物や戦利品として運ばれ、関係する職人や売買される兵馬などの移動とともに、〈ヘノヘノ〉が東国に伝えられる機会が、散発、偶発的におこっていたと考えられる。しかし主たる伝播は、徳川幕府の体制と、諸国兵乱が安定した寛永《かんえい》、寛文《かんぶん》期まで要したと想定される。

それは幕府政治の中心が江戸に移ったけれども、なお文化的には到底上方に及ばず、とくに経済の実力は大阪で、その富裕商人が能・狂言・歌舞伎《かぶき》・浄瑠璃《じょうるり》・茶・俳諧《はいかい》・文芸出版などを支えており、その交易や取引の拠点を江戸に設けたことにより、ようやく文化が移植されるようになったからである。この主軸文化の移動とともに、付随の遊興諸芸や〈ヘノヘノ〉も江戸に伝わっていった。

その型は「へのへのもへの」のみでなく「へのへのもへ〇」「へのへのもへまろ」も随伴したであろ

う。要するに、①七～八音・七～八字で、②顔面の文字絵を描き、③その歌詞人名が画図の当人、という条件が江戸へ移行していったのである。

　そうした間に「茂平次（または治）事件？」なるものが偶発したと推測される。政治や治安に関する事件ではなく、おそらく男女間の三角関係などの風俗事件で、口伝えで、あるいは読売と称せられた初期の瓦版《かわらばん》により広まったのであろう。この主人公の名を挿入し、その面体を戯画とした新しい〈ヘノヘノ〉が

図29　安藤広重《あんどうひろしげ》『新法狂字図句画《しんぽうきょうじずくえ》』「ヘヘののもへいじ」の模写

図30　江戸の文字絵「へのへのもへじ」

江戸粋人の間で生まれた。その理由は[1]茂平次（治）なる人名と[2]巷間《こうかん》話題となる事件ゴシップ性が具備されていたからである。西日本系〈ヘノヘノ〉の、いまひとつしっくりしない点を、「への…じ」が埋めることとなり、次のような社会動向と相まって、さらに広く波及してゆくこととなった。

❶諸大名支配制度としての参勤交代によって、家臣随行者、商工業職人の往来が諸国間で頻繁に行われるようになった。

❷各種商取引の場や株座、講、問屋の集会や、観劇・遊里の接待など、遊興遊芸の場が支配層ではなく、新興商人を主とする町人層によって設けられるようになった。

❸好色物や心中物を描いた浮世草子や絵草子、赤本、青本などから市井に迎えられ、歌舞伎や俳諧が盛んとなり、貞享《じょうきょう》から元禄にかけて、従来とは異なり商人町人層による文化が萌出《ほうしゅつ》、開花していった。

❹この間、中層町人も意欲的に文字習得を行い、僧侶や文人による私塾や、かな草子などの出版がそれを助け、こうした識字文字習得が〈へノへノ〉の流布を支えることとなった。

こうした間「への…じ」が江戸を中心として東国各地に伝えられ、境界地域に達するに至ったと考えられる。すなわち境界地域を西方から東へ〈へノへノ〉が越境したのではなく、まず江戸に伝播した後、そこで「への…じ」を生み、それが東国各地に伝えられ、境界地域に東から到達したとの推論である。

この推論の傍証として、次の諸事項が参照される。

❶各藩大名の領主、家臣が江戸より〈へノへノ〉を伝えたという伝承が宮城、福島、長野県飯田に残っていること。

❷〈へノへノ〉伝播といずれが前後か不明であるが、茂平・茂兵衛・茂兵次・茂十などの名のマタギ話・馬鹿婿《ばかむこ》話の断片が、秋田、新潟、長野に分散してあること。

❸「への…じ」の変形である「へへののもへじ」は、前述の「茂平次事件」を暗に示すように「へへ（陰門）」を付した人名であるとする伝承が、東北の方言「へへ」地域に流布していること。

❹封建時代の領地や交通の障壁がなくなった現在においても、境界地域の東西においてアクセントの相違とともに〈へノへノ〉の分布の違いが明らかであるばかりか、その境界地域に「へのへの…α系」が多数伝承していることは、伝播が西から東へ（またはその逆に）順次に流れたのではなく、当時明らかに断絶があり、それぞれの伝播による分布が、伝承されて今日に至ったのを示していること。

❺江戸中期の天明～享和《きょうわ》期には、多くの洒落本、黄表紙が出まわり、浮世絵・狂歌・川柳が盛んになると

図31　〈ヘノヘノ〉伝承分布推測図

ともに、各種の絵草子類が文人・画家によって作られ、その中には〈へノへノ〉などの伝承文字絵とともに、多くの創作文字絵が収録されていること。

❻したがって前記の❸の元禄以後から天明期にかけての間「への…じ」が、すでに江戸の文人商人に受け入れられ、流布していた様子を物語っていること。

❼さらに文化文政期に至ると、滑稽《こっけい》本、人情本の文芸出版や、春画・枕絵などの版画などとともに、山東《さんとう》京伝《きょうでん》や安藤広重《あんどうひろしげ》など文人墨客によって、文字絵やことば遊びが徹底して追求され、庶民層までこれを歓迎し、爛熟《らんじゅく》の域に達したこと。

こうして〈へノへノ〉を含む文字絵の歴史で、江戸時代は最も重要な時期となったのである。

山東京伝《さんとうきょうでん》『奇妙図彙《きみようずい》』(1803)の模写

鼻山人《はなさんじん》の一筆がき(1850?)の模写

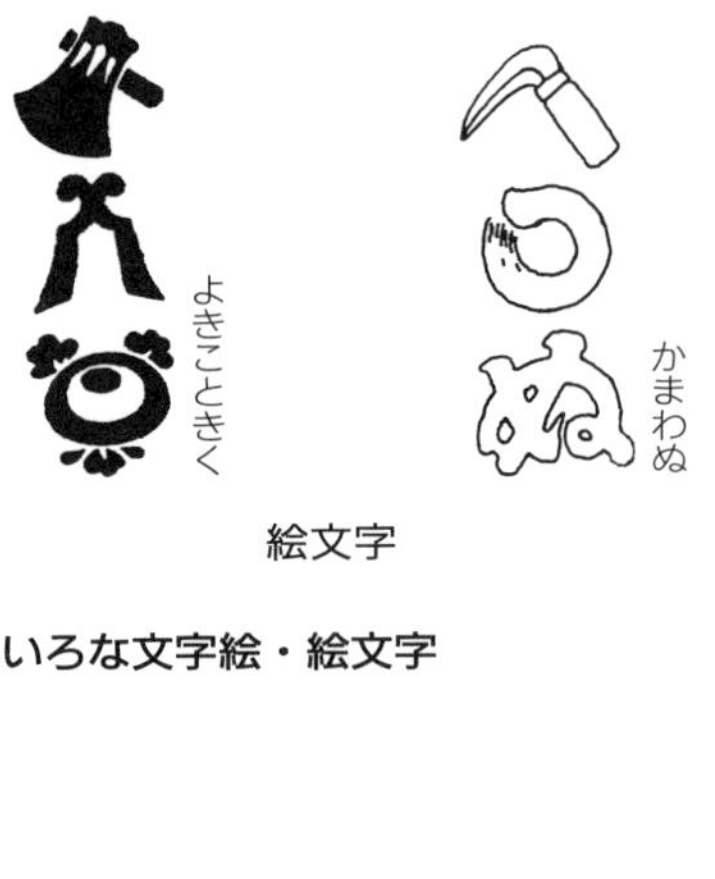

絵文字

いろいろな文字絵・絵文字

葛飾北斎《かつしかほくさい》の文字絵(1814)の模写

文字絵「ふじ」

紫野《しの》大心《たいしん》「人丸」の模写

狩野《かのう》常信《つねのぶ》「梅」の模写

鶴《つる》屋《や》南北《なんぼく》の身振文字(1829)の模写

葛飾北斎《かつしかほくさい》の一筆画の模写

安藤芳虎《あんどうよしとら》の上下画(1861)の模写

熊野密教烏文字

図32　江戸期の

明治以後の文字・ことば遊び

前項によって、江戸時代の文政期には〈へノへノ〉がほぼ全国に伝播された旨を記したが、それはいずれも商人・画家・墨客等大人の風流遊興の添え物であった。さらに余裕ある階層が中流に及び、寺子屋が多く設立され、庶民の子弟まで「読み書きそろばん」を習得するようになると、大人たちが興じている文字絵や〈へノへノ〉に対し、子どもたちが関心を持つようになった。

はじめ文字習得の効果を狙ったり、種々な含意を説明したり、絵師達が創案したさまざまの「文字絵」を大人たちは教示したかもしれないが、最も簡明で適切な〈へノへノ〉を子どもたちは歓迎し、やがて習字草紙のいたずらがきの主人公となり、ほかはしだいに忘却されていった。

さらに〈へノへノ〉が全国の子どものものとなっていったのは、明治の義務教育によって小学校で文字を習得し、道路や塀の隅に「絵かき遊び」が描かれるようになった一九〇〇年以降のことである。

以上、日本における約一〇〇〇年の文字絵の歴史を述べてきたが、そのうちの八五〇年は大人によって考案、流布してきた過程であって、文字絵が子どものものとなったのは近々一五〇年余りに過ぎない。そして現今、大部分の大人は「文字絵」などという幼稚なものは一顧だにせず、もっと高級・精妙・上品な(?)遊興へ移ってしまい、文字絵の代表としての〈へノへノ〉は子どもの遊び世界にわずかに残り、前述の〈へノへノ〉B類やC類への変化を生じ伴いながら現在に至ったのである。

子どもたちがことばを、記述記録する方法として文字を知るに至り、その喜びと活用の発露として〈へノヘノ〉など文字絵を自分たちのものとしていったのは、以上のごとくであるが、この間さらにことば遊びや文字遊びを多く生み出し、工夫を加え絵かき遊びとともに楽しんできた。その状況を次に項目別に概記する。

図33　寺子屋で習字をする童子（渡辺《わたなべ》崋山《かざん》『一掃百態《いつそうひゃくたい》』の模写）

なぞなぞ

事物の性質、ごろ合わせや多義性によるなどのことば遊び。

・毎日同じようにつくるのに、同じものがひとつもないもの、何？（新聞）

・ひきたい時、たたくもの、何？（ピアノ）

・国語になくて算数にあり、飛行機になくて自動車にあり、どろぼうになくて警察官にあるもの何？（サ行のことば・文字）

判じ物（数読み）

数詞をことばとして用いた遊び。

・ええええええええざららららららららら（やえざくら）

・かかかやややややややや（さかなや）

・きききききききききのはははははははは（きくのはな）

かくしことば(かくれ文字)

言語句文中に、さらに秘められたことばを探す遊び。

・ぼうしかけ(うし、しか)
・いすつくえ(いえ、つえ)
・ぼうえんきょう(うえき)

組みかえことば

句文の文字を入れかえてほかのことばにする遊び。

・いつかみたいぬ(いぬかみついた)
・なんどもころんだ(だんなもどろんこ)

回文

天地を逆にして読んでも同じことばとなる遊び。

・いもおもい
・なつまでまつな
・とさむすめすむさと

違い文字

字の違いを示す遊び。

・ち／さ（右はちかみち　左はさかみち）
・く／へ（立てばくろう　ねればへいき）
・わ／れ／ね（わら短い　れんこん長い　ねこ尾をまるめる）
・椿榎楸柊（つばき・えのき・ひさぎ〔きささげ〕・ひいらぎ）

漢字の書き方

書き順、字形の覚え方遊び。

・寒（ウ　三　棒々　八　ちょんちょん）
・暑（日《ひ》　土《ど》　イ　ヨ）
・熱（土　八　土　丸めて　ちゃんちゃんぽんぽん）
・茶箱（草と木の間に人、竹と木のそばに目）

このほかさまざまな早口ことば、しゃれ、からかい歌、替え歌などが、「絵かき遊び」とともに、現今の子どもの世界に引き継がれ、生きている。

絵文字と文字絵の世界

地球はおろか、はるかな宇宙までリアルタイムでCGやバーチャル映像が行き交う二一世紀、古くさい伝承とか絵かき遊びなど何の意味があるのかと思われるかもしれないが、完全無菌の超高層住宅で生まれた超現代児も、人類発生時と同様、卵《らん》から胞胚《ほうはい》、胎芽、胎児に至る間、生物発生の跡をたどって出生し、保護と環境の刺激により心身を発達させてゆくのは古代と何らかわらない。子どもという生物の成長時、ことば・文字・図形などを理解・認識・活用する力は脳神経系との相互作用によりしだいに拡大深化してゆくが、最初は微小・低遅・単純の段階——文字習得面を見るなら、人類祖先が文字の工夫をはじめた頃の状態からはじまる。しかも、無理な指導教習ではなく、自らの生きる力の発露として、喜びを伴って追い求めるのでないと結果は不完となる。そうした人間生育の基本点、保育、乳児教育の原点に連なる面から再考三検してみよう。

絵文字

既述のごとく文字の考案をもたらした、古代の絵文字は、

❶意味概念をあらわし、包含している。

❷言語の音声をあらわし、伝える。

性能を持っていたが、すでに文字が定まって以後の絵文字は、

④李朝朝鮮 絵文字「義」　③李朝朝鮮 絵文字「孝」　②中国絵文字「寿」　①江戸絵文字「初日」

装飾文字・花文字

絵文字・イギリス

絵文字・フランス

図34　いろいろな絵文字

❸関係する意味や音を持つ物品、動作、状況で文字形を作る。

❹無関係な動植物、人体などで装飾美術的に文字形を作る。

ものとなっている。

たとえば江戸時代の絵文字では「初日」を正月にちなんだ物品姿態であらわし①、中国民間の年画における「寿」は天神、桃果であらわしている②。

また朝鮮李朝の民画の絵文字では、儒教倫理の基本である「孝」を吉祥《きっしょう》図案であらわしたもの③や、鳥魚花果によって「義」を示したもの④など、いずれも❸❹の機能を示している。

現今の出版や商業美術においては、さまざまな絵文字が考案創出され、諸外国では各種の装飾文字、花文字とともに絵

図35　現代のいろいろな絵文字

文字が盛んに使用されている。

これらはいずれも文字形に適した対象を選び、整備した表現に力点が置かれ、文字の識別表示は、第二義となり、したがって作者の絵画的力量が大きく作用することとなる。このことは一般の子どもにとって「絵文字」はもはや作る対象ではなく、専ら享受する側に追いやることとなった。

文字絵

文字で絵を描く技巧技術や遊びは、

❶関係する文字やことばを使って絵をあらわし作成するもの。

❷適した形の文字を任意に組み合わせて絵を作りあげるもの。

に大別される。

たとえば「は（変体仮名）なうり（日本・江戸時代）①」、「たか（イタリア）②」、「かもめ（ロシア）③」、「カメレオン（ドイツ）④」の例は❶、「イスラムの箴言《しんげん》文字絵（パキスタン）⑤」、「武家大小暦（日本・江戸時代）⑥」、「かもしか（イギリス）⑦」、「ふくろう（アメリカ）⑧」、「ちょう（パキスタン）⑨」は❷の文字絵ということになる。

現代の商業美術では、各種の標識、マークなどに絵文字や文字絵が多用され、極論すればどんな文字でも絵にすることが可能であるため、❶❷の差は問題となっていない。

図36　いろいろな文字絵

⑩日本

⑪日本

一般の子どもたちの場合、大人の専門家のようではないが、あらわすべき内容や対象がはっきりしていれば、自分が書ける文字を使っての遊びだから、容易に文字絵を楽しむもので、子どもたちの作った「きつね（日本）⑩」、「おみこし（日本）⑪」はそれぞれ❶❷に該当している例である。

子どもたちの場合、形状字形に無理のあるもの、判読しにくいもの、画像が不明瞭のものは不可で、要するに誰にでもわかって、読めて、形姿が美しいものが合格となる。この厳しいが正当な基準に照合すると、江戸時代の名だたる大家の作も、現代の美術家のものも大いに反省批判の余地を残すこととなる。

絵まじり文（絵とき文）

字をあらわす絵によって、単語や文を作るもので、全文が絵であらわすものや、文字をまじえたものなどで、絵手紙・絵日記・暗号遊びなどで愛好される。

・はねつき　とらっく　すけいと　うちゅう⑫

・でた　でた　めが　でた⑬

以上のような現今の絵文字・文字絵・絵まじり文に、そのほかの文字遊び・ことば遊びの要素を包含して、絵を描く行為を遊びとして楽しんでいるのが、子どもたちの「絵かき遊び」の現在である。それは日本の子だけの特例ではなく、諸外国でも同様である。

⑫絵まじり文(『かこさとしあそびの大宇宙』より)

安藤芳虎《あんどうよしとら》の描いた判じ物の模写

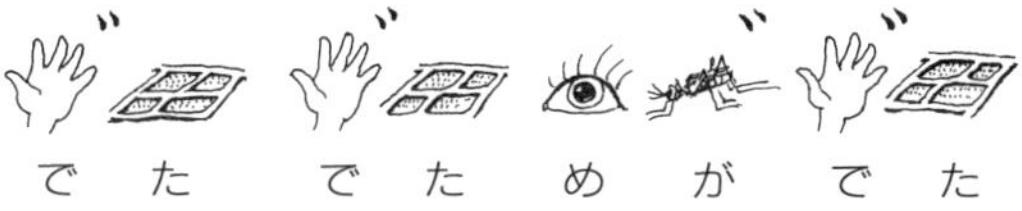

⑬絵まじり文

図37　いろいろな絵まじり文

外国の絵かき遊び

日本以外の絵かき遊びはあまり知られていないし、それを記した書もほとんどない。

しかし世界各地の子どもたちも日々生活し、成長している。その子どもたちの生活実態に深くかかわっていれば、必ず子どもたちが生み出し楽しんでいるものを知ることができる。私の乏しい経験で得られた、外国の「絵かき遊び」には次のようなものがあった。

デンマーク③

（1973年シースゴール氏より）

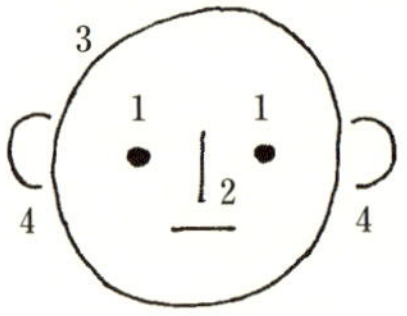

1･くろまる　くろまる

2･たて棒　よこ棒

3･丸いお月さんに

4･耳をつければ　かわいい
　坊やがうまれます

中国②

（1995年李《り》蓓《ばい》君《くん》さんより）

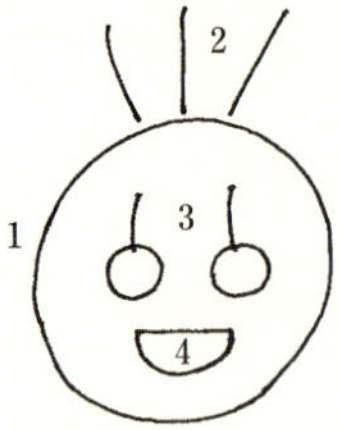

1･大きな　うりに

2･ねぎ三本

3･さくらんぼ　二つ

4･みかんで　赤ちゃん

中国の数字絵（組字画）①

（『小朋友《しゃおぺんゆう》』1957年より）

オーストラリア⑥
（1987年スタイン氏より）

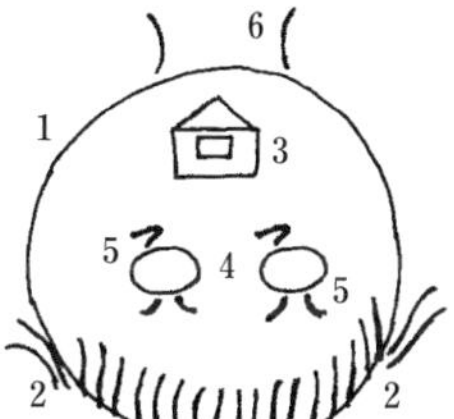

1·ひろい野原

2·草がはえて　草がはえて

3·小さなとり小屋

4·たまごが　二つ

5·ひよこが生れて
　走りまわって

6·上下さかさで　誰かのお顔

イギリス⑤
（1949年マーシーさんより）

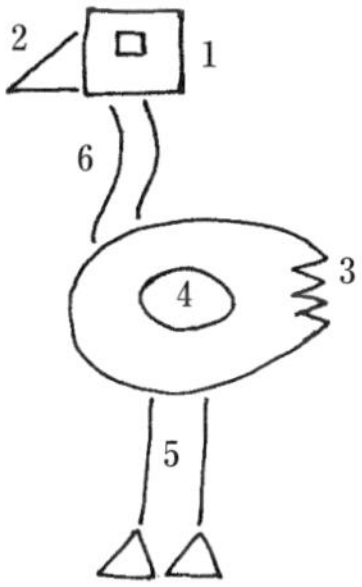

1·1軒家に

2·ベランダあって

3·池の中には

4·島があって

5·三角やねの
　とりごやふたつ

6·道をつければ
　だちょうさん

ロシア④
（1975年イーゴリ君より）

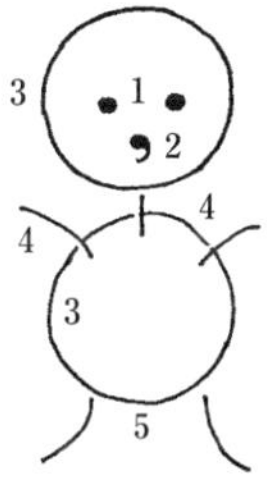

1·点うって　点うって

2·カンマうって　まちがえた

3·紙をまるめて　紙をまるめて

4·友だち　いっしょに

5·あそびにいこう

以上のような歴史と記録、資料と推測によって、〈ヘノヘノ〉を軸とする文字絵の来歴、とくに子どもの絵かき遊びの基点を辿《たど》り、現況を概観した。ここから私は何を得たのか。そして何を伝えようとするのか。そろそろ結論を急がねばならない。

第9章・絵かき遊び、それがどうしたのか——

若干の問題と補遺、総論

前章までの記述で、絵かき遊びを五〇年余にわたり追ってきた私の得た主要事項はおおむねふれてきたが、なお数点、残ったことを以下に付記する。

伝承と創作の問題

わらべ歌や昔話などでも同様であるが、本題のように「子どもの伝承」が大きな比重を持つものに付随し生起してくる問題である。

たびたび記したように「伝承してきたもの」といえども、その最初は誰かが考え、唱えはじめたものである。「作者不詳」「読人知らず」でも、また単独でも複数でも、初作者が存在したのだから、当人は広義の創出者、発案人であり、できたものは創作品として、有名無名を問わず尊重されねばならない。

この発祥時に創作物であったものが、ひとたび伝承過程に入ると、不特定多数の自由な提言と考案が加わり、矯正・選択・改変されて、多数の参画、研磨による合作物、共有の文化財となってゆく。したがって特定の占有は失われ、使用制限は認められなくなる。よって「伝承物」か否かは厳密に区別されねばならない。

「伝承」とは時間をかけて多人数に次々伝えられ、「伝播《でんぱ》」とは広域にしだいに広まっていくことであるから、具体的にその人数や、日数や、場所の広さが問題となるが、往時のような対面口承の、いわゆる口コミの特定伝達だけではなく、近時の種々な伝達手段や情報機器の進歩により、条件を規定することが困難となっている。しかし十分条件でないまでも、資料として採用する最低条件として、既述のように①直接関係のない二名以上、②少なくも一〇キロメートル以上離れた複数の地域、③三年以上の経過、④類似同系のものが存在する、ことで「伝承物」と判定した。

なにゆえこうした限定をしなければならないかといえば、古来から伝承されてきたもののほか、子どもたちの世界では、現在も時々刻々「伝承物」が生産されているからである。それは発生発案が明らかな物が、伝承過程に入りつつあるということで、前記の①創作物と②伝承物の二重性を持つ場合が見うけられる。こうした状況では、種々な問題が派生する。

たとえば伝承遊び（の一部）を調査・収集・採譜・採画・記録したにすぎないのに、あたかも自作した所産物のごとく権利を主張し、排他独占しようとする傾向である。いかにほかより早く発表したからといって、伝承してきた子どもたちを無視して優先主張する一部の「大人」は、同系類似型まで、発明特許の「類推、類似」として権利範囲を外挿拡大するがごとき論は不当であるのは明白である。子どもたちが共有文化財として練り上げてきたものを、「大人」が後から記録したにすぎず、主体である子どもたちや後出の研究者などに、自由な形で戻しておかなければならない。こうした点で日本の著作物や、伝承物に対する法的基準はあいまい、不十分で、根本から整備する必要があると考える。

また一方で、上記とまったく逆のケースがある。私が関係しているので、恐縮の至りだが、ほかの方にも同種の問題がおこったのを仄聞《そくぶん》しているので具体例として述べるとする。

私がかかわっていた子ども会では、子どもたちとともに創作した「絵かき遊び」をたびたび記録集*として発表した。それらはその子ども会はもちろん、近隣の子らにも愛用されたが、その中には次のようなものが入っていた。

にわとり①

1・月が
2・四つで
3・日が
4・三つ
5・星が
6・二つで
7・とりこっこ

春の花②

1・うめ・もも
2・さくら
3・たんぽぽ
4・すみれ
5・れんげに
6・すもも
7・なし
8・りんご

＊記録集＝『こども会活動作品集』（一九五八）川崎セツルメント。「絵あそび子ども会」『子どものしあわせ』（一九五八）福音館書店。

この絵かき遊びを作るのに参加した者も、時期も明確であるが、権利の主張や保全などは毛頭考えず、子どもたちに愛好され広まってゆくのを秘かに願っていた。しかしその後数十年にわたる調査では、約三キロメートル四方の地域に少数広まったのみで広域への伝播はもちろん、伝承の徴候は皆無であった。しかるにこの①〜④の絵かき遊びが、数冊の書に「伝承絵かき歌」として、転載記述されているのを後年になって知った。

もちろんそれらの書には①どうして「伝承」と判定したかの記述も記録もない、②出典を明示せず、無断転載である、③「伝承」の実がないのに「伝承」であるがごとく偽称している、④しかも当の書には

ぞうさん④

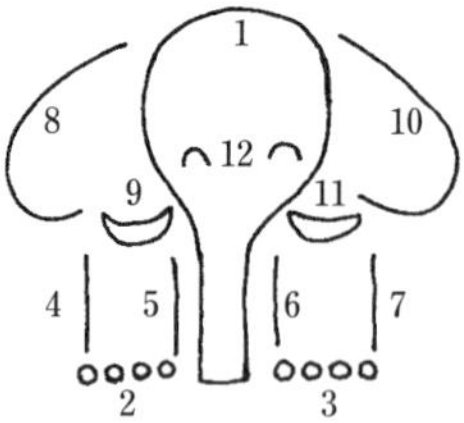

1·しゃもじで　ごはんを
　よそったら

2·パラパラ　ごはんが
　こぼれます

3·パラパラ　ごはんが
　こぼれます

4·これを

5·みていた

6·おかあ

7·さん

8·しっかり

9·よそって　ちょうだいナ

10·つうよく

11·よそって　ちょうだいナ

12·ぞうさん　ぞうさん
　でき上り

夕ごはん③

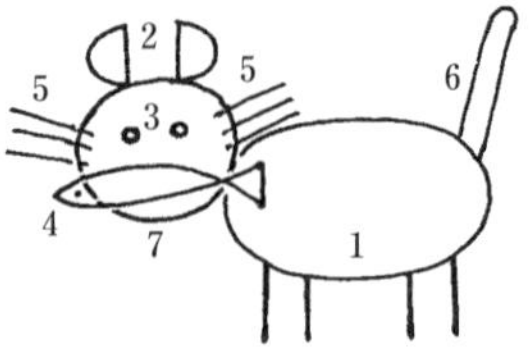

1·ちゃぶ台　出して
　ちょうだいナ

2·卵を　わって
　ちょうだいナ

3·お豆を　二つ
　ちょうだいナ

4·お魚　やいて
　ちょうだいナ

5·お醤油　かけて
　ちょうだいナ

6·尻尾が　はえて

7·ゴロ　にゃん　にゃん

「無断転載放送不許可」を掲げているのであるから、はなはだ罪深いと言わざるを得ない。こうした非文化的行為をしながら、なぜ、子どもの伝承文化などにかかわるのであろうか。

子どもたちが未熟な力や知恵を動員して、自らの楽しみを積み上げる遊びという行動に関心を持たれるのは、まことに結構と歓迎していたのであるが、どうやら名誉とか名声、とくに金銭がからんでくると「結構な大人」ばかりではないことを、ここで知るに至った。こうした「非結構人」に対処するため、絵かき遊びの伝承と創作の権利の問題点を列記する。

❶絵かき遊びは、子どもや大人の、個人や集団の、偶然や意図的な、創作や考案にはじまる。

❷発祥の状況、記録などが不明であっても、始源創作物に対しては、社会的文化的権利が存在し、保護保全されなければならない。

❸創作物が作者の手を離れ、伝承過程に入ると、不特定多数の子どもの参加、使用、協力により、種々の改修、加工、変造分化が行われ、その結果共有文化財となってゆく。

❹こうして得られた伝承物は、子どもたちに広く自由に使用、享受、関与、参画し得るよう開放されるべきものである。

❺したがって何人《なんぴと》も伝承物を占有し、権利を主張することは認められない。

❻伝承物は文化財として尊重されなければならず、伝播者として関与する以外、みだりに変廃改ざんするのは文化破壊行為となる。

❼伝承物の記録、調査、収集、解析等を行った時、その社会的学術的文化的名誉は保全されるが、伝承物

に対しては何らの権利も生じない。

❽伝承物と創作物とを競合対比したり、いずれか一方を優位とするのは誤りであり、文化的にまったく同一視点で尊重保全されねばならない。この視点を失った法解釈などは、文化的には意味を失う。

❾とくに伝承文化に対する無知、無関心ははなはだしく、文化以前というより、非文化状況であることを自戒しなければならない。

遊びと画図の問題

子どもの遊びの重要性については、すでに教育分野を中心にして多くのことが論じられている。しかし遊びのひとつである「絵かき遊び」についてはほとんど何も明らかにされていない。解明どころか無視、無用どころか、邪魔で悪業だとする美術教育論があることは既述した。

描画が「概念化」し、決まった形に「固定」するというが、子どもたちは一本の描線を描くのに、いかに考え、迷い、試み、辿《たど》りついたかはすでに各種の資料によって示した通りで、画面の外形だけを論ずる「概念」論ではなく、子どもの実態に即していなくては問題は少しも進まない。絵かき遊びに対する大半の大人たちの状況は、このようであるから、絵かき遊びの本質の考察などは未開のままである。

絵かき遊びの本質とは何であろうか。すでに多くの資料で述べてきたように、歌詞やことば、歌曲ではなく、それらによって描いてゆく画図が、絵かき遊びの主点である。逆にこの遊びから、画図を無視除外するなら、この遊びの主柱を失い、ことば遊びや文字遊び、あるいは歌遊びとなってしまう。ほかの遊びと明らかに異なり、その中にこの遊びの持つ特質と重要性がこめられているのは、画図を描くところなのである。

しかるに絵かき遊びの最重点の画図に、十分な注意と解明が払われていない。たとえば絵かき遊びを掲載した本を開けばわかるように、至ってお粗末な画図しか添付されていない。編集や校正に少し手間をかければ、適切な画図が得られるのに、そうでないのは、画図が最重要部であることを見ぬいていないいゆえであろう。最重要であるからといって、むやみに大きく掲示したり、美麗多色刷りにする必要はない。完成した画図の、表面的美醜ではなく、少なくとも、①ことばにつれ描きあげてゆく過程、②描きあがった画図の特徴差同——の二点が、添付画図に明示されることが必要である。

この①は、時間的経過とともに、描線が集積してゆく過程であるから、それらが適切簡潔に表示されていなければならない。完成図との関連と対応を見越しながら、どの個所からはじまり、次はどこにどの描線が加わるのか、描出順序と構成部分を明快に示

図38　各種絵かき遊び本の添附図

することが必要となる。

②では画図構成の、曲線であるならその開閉、直線なら縦・横・斜めの方向や交叉交点の有無、点や円形の大小比例や数量により、図形全貌《ぜんぼう》の特徴差異を確かめ、相違がないことが認められるようにすることである。

この①②は、極言すれば、

❶線条によって作られる図形の、位相幾何的差異、相同のチェック。

❷描線の配置、大小、位置間隔の適正な図学的構成。

❸コンパスや定規を使用しない、フリーハンド描法で、温かい美と和やかな質的表示。

ということになる。

こうした❶❷❸を欠いた画図では、絵かき遊びの重点がどこにあるのかが伝達されず、そうした欠陥図しか示せないのでは、ほとんど絵かき遊びの楽しさを失っているのではとの疑念を抱かざるを得ない。

適正な図を付すのは決して困難なことではない。幼児さえ何の教導訓練もなく、見よう見まねで取得し、ひじやひざをまっ黒にしながら描いている画図なのだから、できないのではなく最重点を見落とし、把握できなかったのであろう。

こうして前掲のごとく、本などに掲載されている添付図には、画図として表示すべきポイントが欠落している上に、幼児が描くからというのか、わざとカスレやゆがんだ外形で稚拙さをあらわす「痴能」ぶりに出会うこととなる。

「文は人なり」と同様、「絵は人格」である。子どもが絵かき遊びに熱中して描く画図は、画図としては稚拙であっても、楽しさに浸っている子どもの心が反映し、遊びの情念が画図にあふれている。絵かき遊びの画図はこうした遊びの心が反映していなければ、不完全となる。ほかの目的や意図をもって描いたのと、遊びの情熱をもって描いたのとでは、明らかな差を生ずる。

絵かき遊びの重点が画図にあるということは図形上表示すべき点を欠かさぬようにすると同時に、画図に「遊び」が反映、凝縮すること、すなわち描き手が遊びの精神をもって対峙することが求められる。こうした姿勢なしに、またその有無による画図の差を見ぬけぬまま、前記のような稚拙や痴能ぶりであるのでは、「美術以前」「教育以前」となる。「絵は人格」であるならば「人格形成以前」ということにもなる。

このように絵かき遊びは、大人の真の審美眼の有無、当人の人格形成がどのようであるのかを表示する、恐ろしい一面を持っているのである。

秘めた遊びの問題

さて、書き残した問題のひとつに、「秘めた遊び」の事項がある。ある日、子どもが寄ってきて、私の耳にそっと次のようなものを教えてくれた。以下浮世絵の例にならいワ印として記述する。

ワ①（東京）

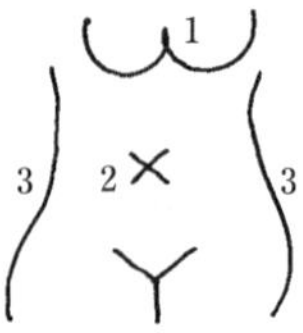

1・さんちゃんが

2・XYで

3・サッ　サッ

ワ②（東京）

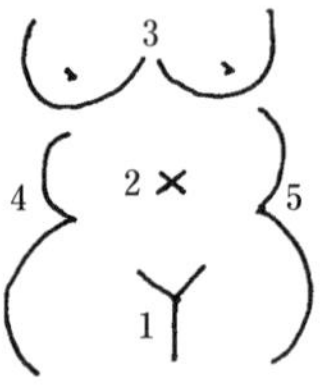

1・ワイはなァ

2・X団の

3・ぼォんぼォんで

4・三人兄弟

5・3番目

というのであった。また別な子の例は、

ワ③（神奈川）

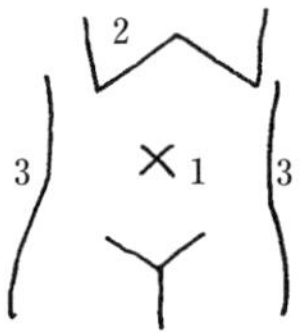

1・X　Y

2・*Zの

3・チャッ　チャッ

ワ④（神奈川）

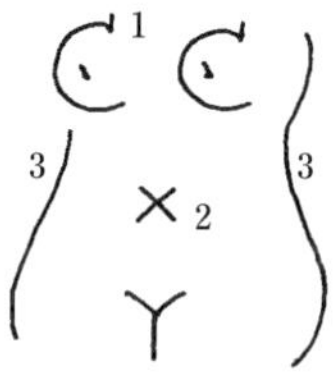

1・C点　C点

2・X　Y

3・すーい　すーい

ワ⑤（東京）

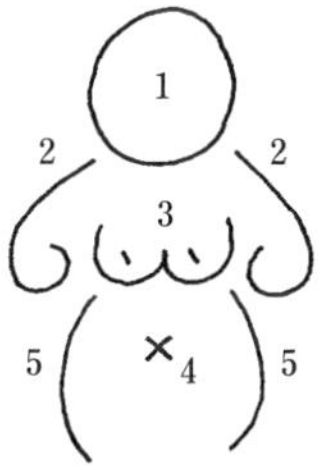

1・丸ちゃんが

2・6月6日に

3・3点でー

4・バッ点でー

5・あーれ　あれ

何のことはない、ヌード版の絵かき遊びである。いずれも英字を用いる所が、時代の反映であろうか。このほか、画図を省略するが、次のようなのも伝授された。

ワ⑥（東京）

1・たらいの中に

2・橋かけて

3・卵がおちて

4・パッパッパ

ワ⑦（神奈川）

1・左カーブ　右カーブ

2・まん中通って
ストライク

3・おうえん団長が
チャッチャッチャッ

ワ⑧（神奈川）

1・お皿じゃないよ
葉ッパだよ

2・葉ッパじゃないよ
お天とさんだよ

3・お天とさんじゃないよ
×××だよ

＊Zの＝「w」を描いているのに、歌詞では「z」。即妙。

これらは、歌詞によって太陽の絵文字のような女性性器を描くのである。資料が東京、神奈川などに限られているのは、いずれも年長、子ども会での親しい仲間の子であり、私に伝授してくれる際「ほかの大人に見られちゃだめだよ」と、わざわざ注意をくれる同志であった。さらに子どもたちは、偏ってはと思ったのか、男性のも次々教えてくれた（⑪⑫は画図を省略）。

ワ⑨（神奈川）

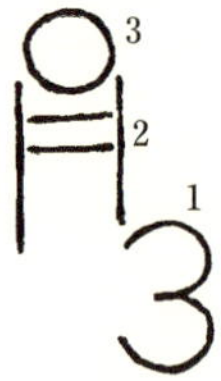

1･さんちゃんが

2･はしごを　かけて

3･レイてんだ

ワ⑨'（神奈川）

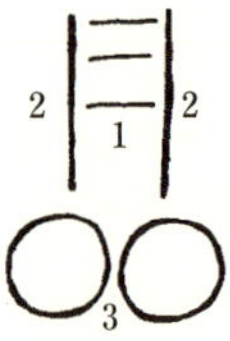

1･さんちゃんが

2･はしごを　かけて

3･レイてんだ

ワ⑩（東京）

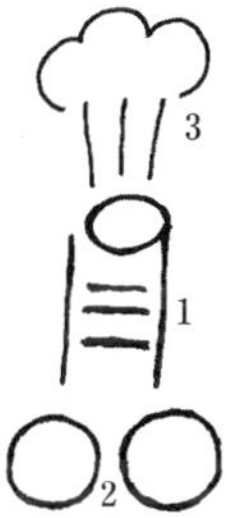

1・19連隊　参謀長

2・たまをこめて

3・ズドン

ワ⑪（神奈川）

1・19連隊

2・たま二つ

3・満州めがけて

4・ズデン　ドン

ワ⑫（山梨）

1・19連隊　参謀長

2・敵にかこまれ
たま二つ

3・ジョキジョキ
ジョキジョキ

4・チンチン
ドンドン

〈ワ〉⑩〜⑫の歌詞は、２７４ページの「連隊チンドンヤ」と同じものが用いられているではないか。不覚にも同じ歌詞が、こういう画図を描くのに使われようとは、まったく気づかなかった。また〈ワ〉⑧は１０３ページの〈カッパ〉の所で述べた弁証法的手法を用いている。これらはどちらが原型で、どちらがその応用なのか、とまどうことしきりであった。

さてこうした少々いかがわしい資料を発表したものかどうか、私が迷ったのは、その一部をある教育雑誌に掲載した前例があったからである。その折、真っ先に週刊誌の記者がとんできて、全部教えろというのである。その意図がミエミエだったから、体よくお引き取り願ったが、ややあって次に、さる宗教系幼稚園の園長女史から、純真な子どもたちに、けがらわしい遊びを吹きこむといわんばかりの非難があったと仄聞《そくぶん》した。私はこの両極の大人の態度を知って吐息をついた。

前掲の諸例は東京、神奈川などの親しく接していた子どもから教えてもらったので、私が求めたり誘導したのではなく、まして週刊誌の記者の口車にのって、ほかの地域の子どもたちにまで聞いてまわるようなことはしなかった。しかしほとんどの子どもたちは、この種の遊びなんか先刻みな承知していたのである。子どもたちは知ってはいるが、親や教師、とりわけ園長女史のような大人には決して見せず、私のような同志（？）と思える者にしか教えてくれない。同志に遇されたことを喜ぶべきか悲しむべきかは、別のこと。

さてこうした秘めた遊びに遭遇した場合、大人はどうしたらよいかの問題は、広義に解釈すれば、「性に関する指導と教育」になるだろう。子どもが生育成長の過程で自分や異性の体への関心を抱きはじめ、その兆候のひとつとして「秘めた遊び」をしたとしても、それは極めて正常で健康な、喜ぶべきことである。その関心や興味を、正しく成長に応じて伸びてゆくよう配慮するのが、先験先達者としての親や大人の、普通のつとめであろう。

このつとめの方途はふたつに分かれる。ひとつは園長女史のように、天使のごとき純真無垢《むく》な子どもに、いらざる知識や刺激の強い指導など無用不要という態度である。普通の親や一般の大人も、正面から子どもの関心に対処できず、いずれ友達や雑誌などで自然に知るようになるのだから、できるだけ「静かにお通り」と、先送りして、結果的には園長女史と同じ姿勢となる方向である。

もうひとつの方途は、人間は生まれた時はみな裸であり、性器をさらしてきたのだから、隠蔽《いんぺい》したり恥ずべきこととするのは、単なる社会的習慣に過ぎず、もっと高らかに性を謳歌《おうか》すべきだとして、性教育も具体的即物的に教示伝達する動きに連なる。こうした論に便乗した上、低俗な刺激を商売にしようというのが、かの週刊誌などの行き方なのであろう。

奇《く》しくもこの両極の方途の代表に出会ったのもなにかの縁ではあるが、講演会などで「どの行き方がいいのか」という質問にがっかりすることがたびたびである。「御意見を拝聴」と丁重だが、「当方は迷っているのだから、お前は街頭の占い師のごとく、さっさと結論を示せ」というのに等しい。

大人や親がこんなのでは浮かばれない。子どもたちの方が、先刻ちゃんと「これはむやみにほかの者に見せたりしちゃだめだよ」と明示してくれたではないか。性や性器に関する事項はそれが必要な場合、必要な相手にのみ開示、伝達、処理すればいいので、ほかは問題外なのである。

もうひとつ大切なことがある。子どもたちが、私の耳に口をよせて教えてくれたように、こうした相互の信頼、親愛関係がきずかれていなければ、教育も指導もみのらないということである。すぐれた性教育本や教材ができれば、戸惑いも迷いもおこさずにすむなどというのは妄想にすぎず、事前の営みや接触の苦労なしに、成果だけを得ようという手抜きでは、子どもという生き物の指導や教育はできないよということを、この秘めた遊びは改めて教えてくれたのである。

傷つけるヒマワリの問題

さらに「ヒマワリの問題」と仮称している事項がある。

それは昭和二八（一九五三）年五月、子ども会の実状報告を、学生とともに大学の文化祭のひとつとして教室で行っていた折、参観に来た女子高校生が教えてくれた花の絵かき遊びにはじまる。それは次のようなものであった。

ヒマワリ①（東京）

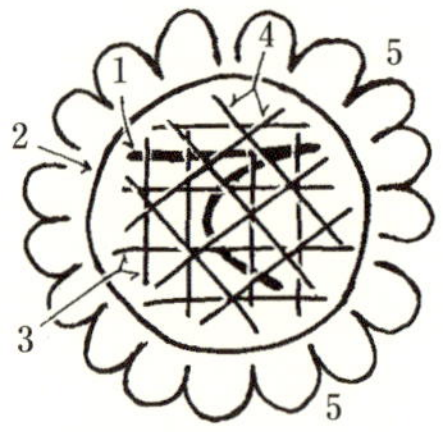

1・てっちゃんが
（名前と文字変更自由）

2・しけんをやって　0点で

3・父ちゃんにぶたれて
キズだらけ

4・母ちゃんにたたかれ
キズだらけ

5・ほんとに　いたいな
コブだらけ　コブだらけ

当時はまだ学習塾や進学戦争などのない時代で、子ども会とともにやっていた教育系の学生たちの勉強会は、基礎学力をしっかり身につけるのを目標にしていた（もちろん無料の奉仕活動であったが、後年それぞれ著名な教育学者となった学生チューターのこの勉強会を、今も最高のものとして私は尊敬の念を抱いている）。

そんな時代だったから、この「傷つけるヒマワリ」にビックリした。いささかの誇張と過剰表示だと思っていたところ、同系のヒマワリが次々各地で開花していることがわかった。

ヒマワリ②（愛知）

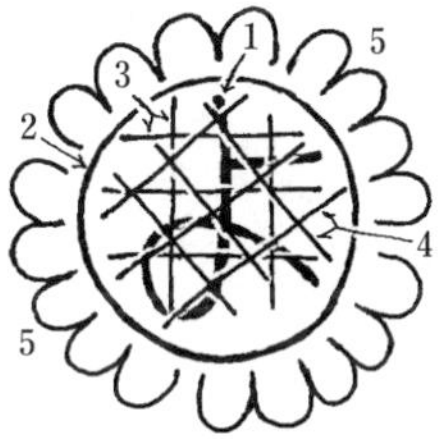

1・よっちゃんが
（名前と文字変更自由）

2・学校のテストが　0点で

3・父ちゃんにぶたれて
キズだらけ

4・母ちゃんにひっかかれて
キズだらけ

5・ほんとにほんとに
かわいそう
ほんとにほんとに
かわいそう

ヒマワリ③（福岡）

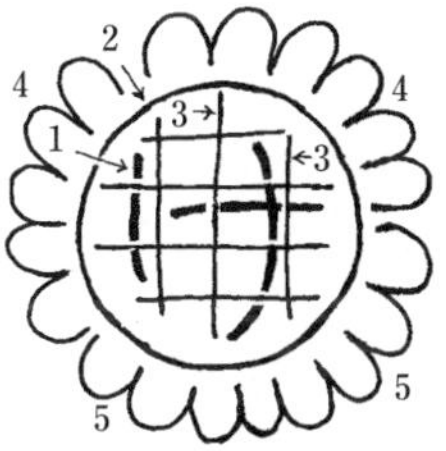

1・けんちゃんが
（名前と文字変更自由）

2・0点とったら
おこられて

3・父さんに　しかられ
キズだらけ　キズだらけ

4・母さんに　しかられ
コブだらけ　コブだらけ

5・あっという間に
ヒマワリだ

このヒマワリはいったい何を意味しているのだろうか。子どもはこのヒマワリに何を託し、何をメッセージとしているのか。その時うかつにも私は十分読みとることができなかった。

その間に時の経済人をして「天佑《てんゆう》」と言わしめた朝鮮戦争（一九五〇～五三年）により、日本の産業は兵站《へいたん》基地として復興し、さらに高度経済成長路線を邁進《まいしん》してゆくとともにヒマワリもまた全国に蔓延《まんえん》していった。

ヒマワリ⑥（静岡）

1·いっちゃんが

2·0点とったら　おこられて

3·父さんに　しかられ
こぶだらけ　こぶだらけ

4·母さんに　しかられ
キズだらけ　キズだらけ

5·あっという間に
ヒマワリで　ヒマワリで

ヒマワリ⑤（広島）

1·まるちゃんが

2·父ちゃんに　しかられ
こぶだらけ　こぶだらけ

3·母ちゃんに　しかられ
キズだらけ　キズだらけ

4·あっという間に　ヒマワリだ

ヒマワリ④（兵庫）

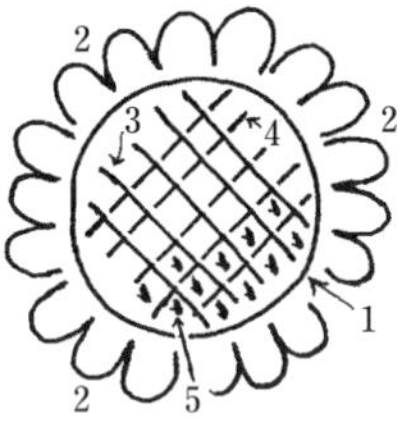

1·月が　でてきました

2·雲が　もくもく
もくもくもく

3·母さんに　ひっかかれて

4·父さんに　かじられて

5·あららと　いう間に
ヒマワリさん

ヒマワリ⑨（岐阜）

1･としちゃんが（名前変更自由）
問題だされて　0点で

2･試験をしたら　半丸で

3･父さんに　おこられ
キズだらけ　キズだらけ
キズだらけ

4･母さんに　おこられ
こぶだらけ　こぶだらけ
こぶだらけ

5･あらっと　いう間に
ヒマワリだ

ヒマワリ⑧（岡山）

1･まるこちゃんは

2･国語は　みんな　半丸で
算数も　みんな　半丸で

3･おっとさん　おこって
ひっぱだき　ひっぱだき

4･おっかさん　おこって
ぶったたき　ぶったたき

5･みるみる　ヒマワリ
花ざかり

ヒマワリ⑦（愛媛）

1･いっちゃんが

2･国語のテストが　0点で
算数のテストが　0点で

3･クラスの試験も　0点で

4･父さんに　たたかれ
キズだらけ
母さんに　たたかれ
キズだらけ

5･父さんに　ぶたれて
こぶできて
母さんに　ぶたれて
こぶできて

6･あっと　おどろく
ヒマワリだ

単に「絵かき遊び」の一種として伝播していっただけなら問題はない。しかしヒマワリの歌詞には、学業、成績、点数と親との関係が述べられている。子の成績を気にして、叱咤《しった》激励するのは、親として当然だが、ここでは親の体罰処罰が述べられているのである。何のこともあるまい、子ども一流の、例の大げさな被害被虐意識の表明なのだろうと、気休めをしている間に、豊かなモノづくりを求める社会は、それを支える人づくり、すなわち教育の世界を一挙に進学受験の渦中にまきこみ、前述のワ印の歌詞にもバッ点や0点が散見し、学生たちの勉強会を沈没させてしまった。

しかもベトナム戦争（一九六一〜七三年）をテコに重化学工業を中心に経済大国をめざす大波は、相次ぐ総合開発、建設工事と農業の衰退、都市集中と公害、過疎と出稼ぎなどの問題をおこし、子どもたちには学力テスト、偏差値教育のかげに、非行、暴力、無気力、鍵っ子の蔓延を生み出していった。

破壊された自然と、排気ガス充満の道路、汚染地域では、子どもたちは遊び場を失い、学習塾や習いごとが盛んになっても、ゆっくり考えるより結果が合ってさえいればよいという傾向は真の学習意欲を失わせ、各種の家庭電化製品によりお手伝いの場も機会も失われた王女、王子様と、若殿、姫様群となっていった。この様相を私は一九七五年「遊ばず、学ばず、手伝わず」の「三ずの子*」と述べたことがある。ヒマワリを知って二〇年たったその頃、「三ずの子」たちによって、その「ヒマワリ」の遊びそのものが消えつつあったのである。

「三ずの子」とはどういうことなのか。子どもにとって遊ぶということは、単に遊び方を知っているとか、社交的であることではない。大人の遊蕩《ゆうとう》と違って、子どもの遊びとは、成長によって得た心身の機能を用い、それによって新しい経験と充足感を獲得し、さらに心身各部を伸長、解放してゆく、自発自律的な行動であって、成長過程にある子どもの存在・人権にかかわっている。

また子どもは生後、周辺周囲から受ける刺激や示唆から、大脳への知識情報と思考系路を求め、身体各部の自由操作を得ようと試みる、すなわち「学ぼう」としている。この意欲は、少々の苦痛や疲労、困難や制止をのりこえてゆく強さを持っている。

さらに最も親しい近親者、親や兄弟姉妹などの家族の一員として、家事の手伝いをし、家庭内労働に参画することは、家族との一体性、連帯感を高めるのみでなく、社会的な人間としての存在意義を認識、形成することとなる。

このように「遊び、学び、手伝う」ことは子どもという生きてゆくもの、伸びてゆくものの大きな特徴であり、生きている、生きようとしている証左でもある。間違えてはいけない。遊ばせ、勉強させ、手伝いをさせれば、こうした意欲を持つのではなく、生きる力がみなぎっている子は、遊びに熱中し、勉学にいそしみ、家事の手伝いを自発的に行うのである。そうでない「三ずの子」とは、したがって生きる力にかげりを持ち、意欲に欠け、生きる喜びを失っていることとなのだ。誰がそんなひどいことにしたのか。

その元兇《げんきょう》はやがてわかることとなるが、こうした間も、時代の流れはやむことなく激しい変動を続けた。そしてさしもの成長経済も、世界第二位に達するや、地球の許容限界をこえて上昇を続ける開発、生産、消費サイクルは、バブルという虚構泡沫《ほうまつ》となって破綻《はたん》に至り、六〇〇兆円の赤字（二〇〇三年の日本国家財政収支）と無責任な雇用削減を残して消えた。哀れなのはそうした企業や政府の方策に依存し、人

＊三ずの子＝フジテレビ・奥様ニュースコラム（一九七五・九）。『自然・人間・社会』（一九七九）関東学院大学経済学部教養学会。

生目的を高収入と逸楽消費においていた大人たちである。

その大人たちが、子どもたちの教育目標を、自らがそうであったような、遊びや手伝いの必要性を無視除外し、ひたすら高額所得への最短路としての学習強制と、暖衣飽食・マイホームという利己中心に置いていたのを、いち早く見抜いていたのは子どもであった。自ら伸びよう、生きようとする途は閉ざされ、「お前の将来のためなんだよ」とおしきせの勉学がめざしているのは、親自身が失敗、破綻した人生目的ではないか。

当然反発や、精神不安、ひきこもり、緘黙《かんもく》、家庭内暴力となり、学校ではいじめ、いやがらせ、さまざまな破壊、損傷事件や非行、暴行、淫行《いんこう》、私的制裁をおこし、学級混乱、学校崩壊をおこしてきた。学校関係者は、秘密裡《ひみつり》に処置を試みるが訓戒や警告では追いつかず、応報の処罰や隔離排除、放逐となっていく。中でも親はそれまでの（一方的）愛育の意外な結果に驚き、強圧的指導と激しい体罰、虐待で屈伏させようとする。体力的に未発達の子どもの場合は抑圧されたまま暴発の時を待つが、親より体力がまさっていれば、どのような噴出と連鎖となるかは、一九九〇年以降の少年犯罪の事例を見れば明らかである。四〇年ほど前、絵かき遊びの歌詞に述べられていた強制学習と児童虐待が、現実の、普通の家庭の、普通の子どもの世界に出現してきたのである。

そんなのは特殊な、ごくまれの、子どもか家庭に欠陥があるためだなどと、呑気な親は思うかもしれないが、生をうけた子どもが、生きてゆこうと自覚し、その目標を求めても見出せず、提供されるのは古びた、画一的なものでしかなく、挑戦する機会も許されない時、子どもはそのエネルギーを集中して、自らの生命を賭け、邪魔者を屠《ほふ》っても進もうとする。

私は中学と高校の生徒の、赤裸々な心情を述べた文集を読んだことがある。学級の全員がこれからの人生についてどのように生きるべきかについて煩悶《はんもん》し、親や教師や政治家の行き方を痛罵《つうば》していた。青年期としては当然であるが、その六割以上の子が、閉塞された状況を打ちやぶるため、自殺とともに殺人を何度も考えたことがあると述べていた。その後一〇年くらいの間に残虐悲惨な殺戮《さつりく》を行った少年Aや犯人H、さてはいかがわしい宗教集団の一員としてまったく悔悟の念なく殺人を行った若者など、次々おこった事件の主と、同じことが文集に述べられていた。

一皮むけば拝金主義の、楽をして金をせしめ、享楽にふけりたいという浅薄な人生目標しか描けぬ親や大人に対しての真面目な批判であった。人間として自らの個性に合った生き方を探し求め、生涯かけて構築してゆく人生の意義を、適確正明に伝授できないでいる教育、経済、政治、社会への絶望の文であった。

こうした状態は二一世紀になった今も、そのまま続いている。五〇年前の「傷つけるヒマワリ」は、教育の怠慢、大人への警告、社会への予告であったのに、サインを見落したとは、慚愧《ざんき》の至りであった。

総論としての三本の柱

多くの子どもたちや篤志の方々の力による一〇万一〇〇〇余の資料と、五〇年間の彷徨《ほうこう》の末、ようやくということである。

「絵かき遊び」とはどんなものなのか述べるところに辿《たど》りつくことができた。それをひとことに要約するなら、「子ども」「図形遊び」「伝承文化」の三本柱によって成り立っているということである。

第一の「子ども」とは、大人と対立する、未発達、未成熟の生物面だけではなく、成長過程にあるゆえに、可能性と希望を持った存在となる。とくに「絵かき遊び」という総合文化形の主体としての「子ども」であるから、身体各部の個別的発育状態が問題であるより、心身の総合積層状態が重要となる。「子ども」の成長の総合指標のひとつとして、とくに身体面では、骨格、内臓、筋肉などを集積した体重の増加（体重曲線の微分）と、精神知能面の基礎となる脳重の増加（脳重曲線の微分）をパラメーターとすると、各種の運動能力や機能の増進伸長をほかと関連して理解することができる。本題の「絵かき遊び」には、手や指の機能や視覚、視力の充実、ことば、言語の習得と図形画像の認識と描出力の準備が必要であり、これら機作《きさく》の萌出《ほうしゅつ》により、「絵かき遊び」がはじまり、遊ぶことにより諸機能がまた促進伸展し、「子ども」自身の発達をもたらす。

こうして「子ども」とは、心身全体の諸機能を動員し、すべてを使用しながら成長するもので、ある種の大人のようにまったく一部を使うことをやめたり忌避したり、逆に一部をのみ過度に駆使発達させるのとは立脚点が異なることとなる。したがって、もし、機能に障害や不備がある子どもには、できうる限りの除去、補完の策が講じられなくてはならない。

第二の「図形遊び」とは、図形を描いてゆく遊びということで、「歌詞」と称している言葉、短句があ

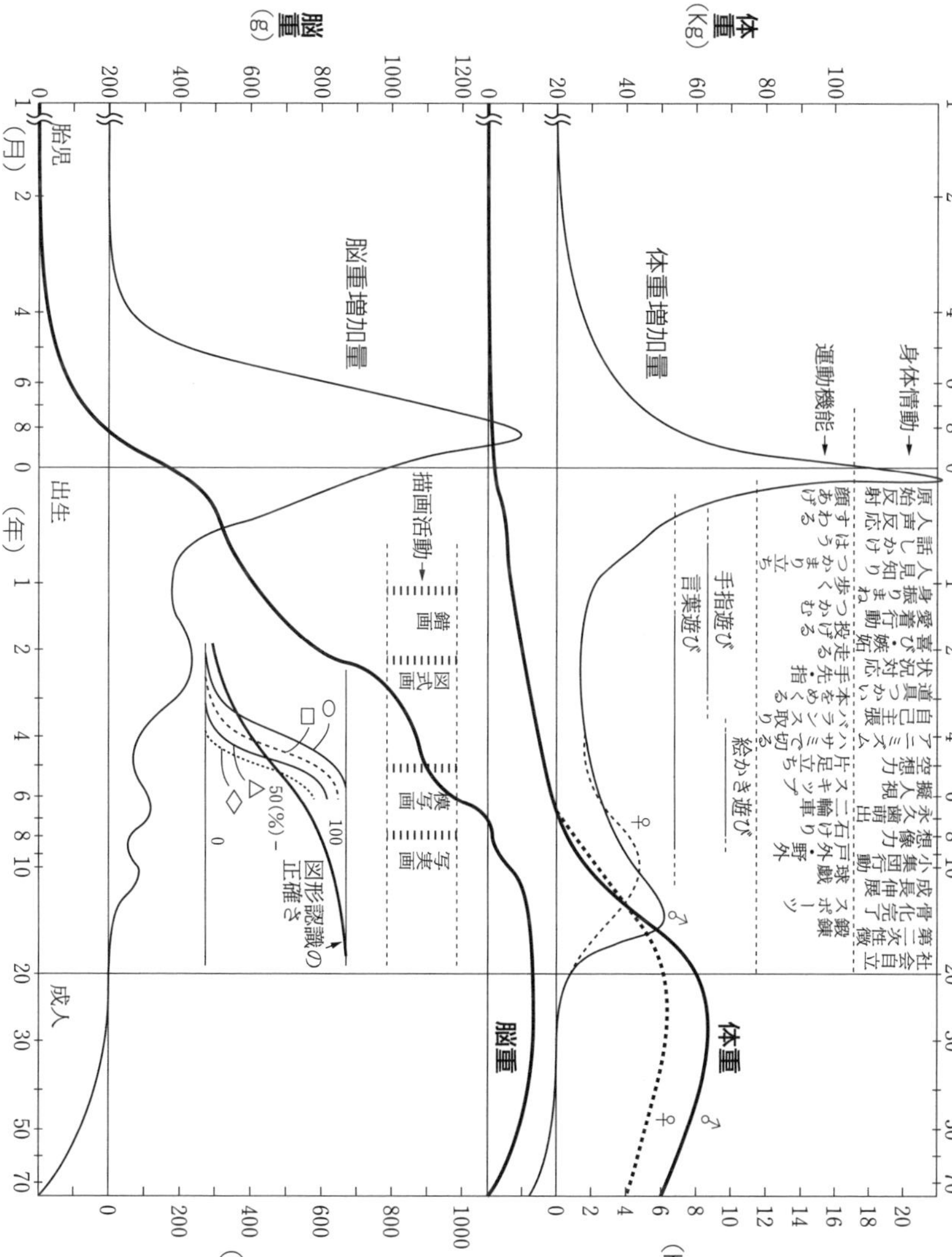

図39 子どもの成長と機能の発達対比図（大学における講義ノート 加古1979・5より）

って、韻をふみ、対句や畳語をなすことがあるが、文芸詩歌そのものではなく、音程やリズムをとるけれども歌謡や音楽ではない。不可欠なのは、図形であるが、直線や円だけでなく、時に「文字」や点、記号もまじるから図案模様ではなく、鳥獣や人の顔をあらわしていても、絵画や児童画とも違うので本書では、「画図」と称してきた。その画図は、美や完成度を鑑賞堪能《たんのう》するのではなく、図形の予定された経路や出入り口を探す「迷路遊び」でもない。まして若者の悪戯《いたずら》のように、誇大な錯描乱画で壁などを汚す愉快犯が目的ではない。小さな声で歌詞をつぶやきながら、それにつれて描き加えてゆく図形の変化、順番の変容、積み重なる画図の完成に近づく過程を楽しむのである。ほかに見せたり、見てもらうのは次のことで、自分が描いてみなければ得られぬ面白さを味わうのが第一なのである。この自らが歌い、描き、指や目や耳で満喫、獲得するのが「図形・画図を描く遊び」すなわち「絵かき遊び」の真髄なのである。

第三の「伝承文化」は、単にひとりよがりの創作や、テレビ雑誌発祥のキャラクターであっても、不特定多数の子どもの共感共鳴、淘汰《とうた》選別、参画関与が加わった結果もたらされる。前記したごとく「図形遊び」だけなら孤独な遊びに終わるが、その前後に「伝承」があるため、多くの子どもとの共同作業となり、連帯共生の営みとなる。そして、何の報酬も見返りもないこの作業を支えるものは、子どもたちが口伝え、口コミによって、同じ生活感覚に貫かれ、共通した生活感情が盛りこまれた画図やことばやらの総合体、すなわち「口承生活文化」の力である。

こうして子どもたちの自由な参加や関与が得られる開放性と、不特定の支持や不確実な口伝えは、変貌《へんぼう》変化を容易にしている反面、消滅消去してゆく不安を常に抱えていることとなる。子どもたちの生活実態をゆるがす社会状況により、これまで多くの子どもの「生活文化」が消えていった事実があり、本題の「絵かき遊び」もまた例外ではありえない。

以上のように「絵かき遊び」を支える「子ども」「図形遊び」「伝承文化」の三本柱は、それ自身の持つ長所と欠点、弱点をあらわすこととなる。

とくに「伝承文化」が衰微したり消滅しかかると、奇特な方々によって、維持復活させようとの努力が行われる。まことに御苦労なありがたいことであるが、既述のごとく、発展維持する子どもたちの活動や意欲を失わせるような、社会状況がそのままであるなら、こうした大人の行動は基本問題を回避した逃避行と言われかねない。

同時に「子ども」は、その生きている時代とともに変化し、変容してゆくもので、既述の〈ヘノヘノ〉初期の江戸時代の子どもと、現今の子どもとは同じではない。しかし成長過程のあるものとして、自ら興味を抱き、将来が予見しうる時、多くの制止や障壁を乗りこえる努力を傾ける点では、古今、東西をこえて不変である。

この変異と不変の両側を持つ子どもが、生み出し、磨きあげた「生活文化」であるから、いったん衰退したとしても、真に必要であるならたちまち復興隆盛となるのは、ほかの子どもの「伝承文化」で見られるところで、あまり憂慮するにあたらない。

本題の「絵かき遊び」での具体例を述べれば、調査をはじめた頃、セツルメントの友人が「大地との遊びの研究ですね」と励ましてくれたことがあったように、当時は舗装道路はもちろん、赤土の凸凹道にもくりひろげられる遊びであったが、その後の交通事情や排気環境の変化で「地面に描く遊び」は失われていった。

しかし子どもたちは、ほかの思い思いの場を求め、今なお健在であるとともに、長い伝統の「へのへの」群に対し、新しい「へめへめ」群を創出し、広がりつつある様子は、既述の通りである。

以上が遅鈍な私が、いただいた膨大な資料と時間の集積によって得た「絵かき遊び」の集約である。そんなつまらぬ簡単な三項目などなら、とっくの昔にわかっていたと述べられる向きがあるかもしれないが、その点を明示した内外の論考には残念ながら接したことがなかった。最も重要な「図形」に対してすら実証的な考究はなく、「伝承」に関しても、歯の浮くような余暇遊興の文明論を寸借、机上論を述べているに過ぎない。したがって「子ども」の実体や実像にはほど遠く、生活や権利などは言葉の綾でしかなく、既成概念と自らの権益拡張の虚論のみで、それらに対する批判も反論もない、低次元の状況であった。

経済政治社会が、利益至上主義に狂奔したことを先に述べたが、この間日本の児童文化関係者は何をしていたのだろうか。戦乱や飢餓など、生活をおびやかす状況がなくなった五〇年間、基本的な調査や根元に迫る研究のよき時代であったのに、同じく利益追尾にあけくれていたのではなかろうか。そうでなければ、本書のこんな些々《ささ》たる集約は、その存在意義を失うはずなのである。

ではそんな憎まれ口をたたくお前は、なぜ「絵かき遊び」などを追い求め、そのあげく長々とこんな報告文をまとめたのかと、詰問されることであろう。

有り体に述べれば、私は本来、子どもの遊び世界に、大人は関与すべきでないと考えている者である。先達者としての指導、親としての訓育、市民としての教導等、なすべき事項ややりうる場があるのに、唯一子どもの自主自律にまかすべき遊びの場に大人が介入する必要はない。まして非行不良化の防止とか遊びを悪いものと良いものに二分し、善導矯正するなど、お節介の至りである。

人間の子は、ほかの動物に比し「早産」とよばれるくらい、未熟未完成で出生する。したがって周囲の大人などによって、保護愛育されなければ、生命の維持ができない。しかし間もなく、二足歩行や自我が萌出《ほうしゅつ》し、数多くの経験と失敗を重ね、自分の好みや楽しみを増やしてゆく。そして家庭や地域の状況や、周辺の同輩や友人たち、さてはその時の自然や社会の動向の中で、遊びを知り、その楽しさにつれて心身を使い、考え、学び、きたえ、未知の経験と満足と疲労を得て、心地よい睡眠により次の日を迎え、成長してゆく。

だが子どもはいかに遊びに熱中し、いかに巧妙美麗な遊びに酔いしれていても、やがては遊びを脱去し、遊びによって得たものを自らの成長の糧として、次の発展へと進んでゆく。

見方をかえれば、遊びは成長していった子どもたちの「排泄物《はいせつぶつ》」といってもよいだろう。郷愁や老後の癒しとして「子どもの遊び」を考えておられる方には、野卑低劣なたとえだと批難されるかも知れぬが、幸か不幸か私は工学部という三Kの分野に従事をしていた者、下着まで滲透《しんとう》する悪臭有機汚泥や腐敗物に比すれば、この「排泄物」に接するのは快い愉悦、至福の時間であった。

なぜならば、身の程も知らぬまま、若気の至り、「子ども」をよく知りたいと思っていたからである。その道の先賢の講義を秘かに盗聴したり、先達の書を読みあさったが得心できず、それならば「子ども」に接し、じかに取得しようと、昭和二三年以降の全休日を利用して子ども会に携わってきたものの、子どもたちはみるみる成長してゆき、あとに「排泄物」が残ったというわけである。結構なことにこの「排泄物」を検査分析することで、彼らが何を食べていたか、何が摂取され、何が無益であったかを知ることができた。

さらにほかの地域や各時代の「排泄物」を集め、野外生物研究家の糞便学《ふんべん》（Scatology）のごとく比較検討することで、その本体である子どもの実態に迫りたいと願った。多くの子どもと長時間、接しうる場を持ち得なかったため、こうした間接法で子どもを知ろうとしたのが真意であり、その顚末《てんまつ》は既述の通りである。

ありがたいことにその間、子どもたちとともに遊びに寄せる情熱や好奇心を共有できるようになり、その心理の一端にふれ得たり、「秘めた遊び」をそっと教えてくれる行動を通じ、子どもの実像に接することができた。

ようするに「絵かき遊び」を介して、間接的ではあるが、共通した「子ども像」を知るとともに、生きた行動行為を通じ、直接「子ども」を知るという二重像が得られたのである。

したがって煩瑣《はんさ》冗長な資料に目を通していただいた読者に深謝申し上げるとともに、一部の好事家《こうずか》のように、遊びそのものの収集は、ついに私の対象とはならなかったことをお詫び申し上げる。

こうして得られたものをどのように生かし得たかは、また別問題であるが、無謀不遜《ふそん》な私の願いに応じてくれた同時代の子どもたちと、協力、教示を寄せて下さった方々に、同志としての挨拶と深い感謝を送り、この小論を終えさせていただく。まことにありがとうございました。

参考資料

●本書に先行発表し、参考となる筆者の資料類は次の通り。

- ●『**こども会活動作品集**』一九五八年五月　川崎セツルメント
- ●「絵あそび子ども会」『**子どものしあわせ**』一九五八年八月号　福音館書店
- ●「絵遊び」『**東京新聞**』一九六八年四月二日付朝刊
- ●「絵かき遊び」『**ほるぷ教育月報**』一九七四年五月　No.28　ほるぷ総連合
- ●「絵かき遊び(その1～5)」『**教育評論**』一九七七年五～九月号　日本教職員組合情宣局
- ●「『6月6日』がなぜ『三学期』になったか」『**のびのび**』一九七七年六月号　朝日新聞社
- ●「日本の子どもに欠けているもの」『**自然・人間・社会**』一九七九年六月　関東学院大学経済学部教養学会
- ●「『へのへの』の問題」『**東京新聞**』一九七九年一二月一〇日付夕刊
- ●「児童伝承遊びの秘密と法則」『**厚生**』一九八四年五月号　厚生問題研究会
- ●「へのへのもへ字考」『**目の眼**』一九八五年二月号　里文出版
- ●「文字絵・いたずらがきの秘密」一九八五年六月　東京大学教育学部教官集会資料
- ●「子どもの遊びと現代社会」『**子どもの文化**』一九八八年三月号　子どもの文化研究所
- ●「子どもたちからのメッセージ」『**健康教室**』一九八九年一一月増刊号　東山書房
- ●「伝承絵かき遊びについて」『**創大教育研究**』一九九三年　第三号　創価大学教育学会
- ●「つるさんの秘密と心配」『**週刊金曜日**』一九九四年九月二日号　金曜日
- ●「『へのへの』のふしぎ」『**神戸新聞**』二〇〇三年一月八日付朝刊、『**中国新聞**』二〇〇三年一月九日付朝刊など(共同通信社配信)

図版索引

- 本書に掲載した著者収集の絵かき遊び図を五十音順に配列した。
- 同名の絵かき遊び図は番号順に掲載。

わ行

索引

● 本索引の事項は、本文および注、図・表中の用語（絵かき遊び図下部の歌詞を除く）を対象とし、五十音順に配列した。

加古里子《かこさとし》

一九二六(大正一五)年福井県武生町生まれ。一九四八年東京大学工学部卒業。工学博士。技術士。民間化学会社研究所に勤務しながら、セツルメント活動、児童文化活動に従事。一九五九年から絵本作家としての道に進み、一九七三年に勤務先を退社後、作家活動に専念しつつ、テレビニュースキャスター、大学で児童文化、行動論の講師をつとめる。

また、ラオス、中国などで識字活動、障害児教育、科学教育の実践指導などを行い、海外の現地補習、幼稚園などで幼児教育、児童指導の講演実践を行う。

二〇〇八年「絵本作家、児童文学者としてのユニークな活動と、子供の遊びについての資料集成『伝承遊び考』全四巻の完成」により菊池寛賞を受賞。

二〇一三年春、福井県越前市に「かこさとしふるさと絵本館 砳(らく)」、二〇一七年夏、越前市中央公園に「だるまちゃん広場」などがオープン。

二〇一八年五月二日、逝去。

かこさとし公式Webサイト http://kakosatoshi.jp/

伝承遊び考 1 絵かき遊び考

2006年10月24日 第1刷発行
2018年7月20日 第3刷発行

著者 加古里子

ブックデザイナー 杉浦範茂

発行者 小峰広一郎

発行所 株式会社小峰書店
〒162-0066
東京都新宿区市谷台町4-15
TEL:03-3357-3521
FAX:03-3357-1027
https://www.komineshoten.co.jp/

組版所 株式会社タイプアンドたいぽ

印刷所 株式会社三秀舎

製本所 小高製本工業株式会社

用紙 株式会社竹尾

乱丁・落丁本はお取り替えいたします。
NDC384.55
598P
22cm
ISBN978-4-338-22601-1